欲仁而得仁

孔子的故事

卞朝宁 著

南京大学出版社

图书在版编目(CIP)数据

欲仁而得仁:孔子的故事 / 卞朝宁著.—南京:南京大学出版社,2021.12
ISBN 978-7-305-25241-9

Ⅰ.①欲… Ⅱ.①卞… Ⅲ.①孔丘(前551—前479)—生平事迹—通俗读物 Ⅳ.①B222.2-49

中国版本图书馆CIP数据核字(2021)第267054号

出版发行　南京大学出版社
社　　址　南京市汉口路22号　　邮　编　210093
出 版 人　金鑫荣

书　　名　欲仁而得仁:孔子的故事
著　　者　卞朝宁
责任编辑　刘　丹

照　　排　南京紫藤制版印务中心
印　　刷　徐州绪权印刷有限公司
开　　本　718×1000　1/16　印张 32.75　字数 453千
版　　次　2021年12月第1版　2021年12月第1次印刷
ISBN 978-7-305-25241-9
定　　价　98.00元

网　　址　http://www.njupco.com
官方微博　http://weibo.com/njupco
官方微信　njupress
销售热线　025-83594756

＊ 版权所有,侵权必究
＊ 凡购买南大版图书,如有印装质量问题,请与所购图书销售部门联系调换

题记

  "欲仁而得仁"是孔子名言，也是他的人生信条，他时常把这句话挂在嘴边，子张向他请教从政问题时，他说："欲仁而得仁，又焉贪？"（《论语·尧曰篇》）子贡请他评价上古圣贤伯夷、叔齐时，他又说："求仁而得仁，又何怨？"（《论语·述而篇》）

  "仁"原本是氏族社会中贵族之间讲求的一种仁爱之情和道德规范，《尚书·太甲下》："民罔常怀，怀于有仁。"随着氏族组织的逐渐瓦解，维系氏族血缘关系的礼乐制度随之崩坏，人们不敬鬼神，疏离宗亲，私欲横流，道德沦丧。孔子为了拯救乱世，对传统的"仁"进行了系统改造和理性提升，使之成为一种超越各种人伦关系的普世之爱，即所谓博爱、大爱、泛爱……。在儒家思想中，"仁"既是个人修养的最高境界，也是统御天下的治世法宝。

  "得仁"是孔子的人生理想，他一生孜孜以求，甚至抱有"杀身以成仁"的决心(《论语·卫灵公篇》)。在孔子看来,"得仁"其实很简单,只需做到"欲"和"求"。"欲"是主观愿望,只要激发人们心中的天性就能"得仁",所以他说:"我欲仁,斯仁至矣。"(《论语·述而篇》)"求"是身体力行,只要在视听言动等方面恪守礼制,就可以在一日之间"得仁",所以他说:"克己复礼为仁。一日克己复礼,天下归仁焉。为仁由己,而由人乎哉?"(《论语·颜渊篇》)从"为仁由己"而推至"天下归仁",这是何等的政治自信!

"欲仁而得仁"不仅蕴含了孔子仁学思想的深刻内涵,也体现了他行仁于天下的自信精神。然而现实是无情的,历史车轮无法倒转,所以孔子的仁学思想在当时并没有得到广泛认同和积极响应,甚至遭到种种质疑,他自己也如同丧家之狗一样四处奔走游说,经历了无数磨难,遭受了各种讥讽,最终郁郁不得志,以悲剧结束一生。但是孔子在追求理想的过程中意志坚定,充满信心,因为他坚信"欲仁而得仁"。

有时候,伟人的伟大之处未必在于理想伟大,而在于坚持理想、百折不挠的伟大精神!

《先圣像》(选自天启间珍本版画《鼎锓二翰林校正句解评释孔子家语正印》)

《圣人降生》(选自天启间珍本版画《鼎锓二翰林校正句解评释孔子家语正印》)

《问礼老子》(选自天启间珍本版画《鼎锲二翰林校正句解评释孔子家语正印》)

《礼诱仲由》(选自天启间珍本版画《鼎锓二翰林校正句解评释孔子家语正印》)

《封鲁司寇》(选自天启间珍本版画《鼎锓二翰林校正句解评释孔子家语正印》)

《诛少正卯》(选自天启间珍本版画《鼎锓二翰林校正句解评释孔子家语正印》)

《厄于陈蔡》(选自天启间珍本版画《鼎锓二翰林校正句解评释孔子家语正印》)

《感麟绝笔》(选自天启间珍本版画《鼎锓二翰林校正句解评释孔子家语正印》)

序言

　　孔子去世后，孔门弟子在孔子墓前结庐守孝三年。在此期间，众人把孔子生前的言论和事迹整理汇总成册，形成《论语》一书。《论语》是研究孔子最直接的材料，也是儒家最重要的经典之一。

　　三年守孝期满后，孔门弟子分散四处，传播儒学，随着儒家思想的广泛传播，有关孔子的故事开始在各地广为流传，各类典籍中也多有记载。简单梳理，相关典籍大致可以分为几类：

　　一、各类史书。先秦两汉时期，史书主要由官方主导，因此可信度比较高。《左传》《国语》中有许多关于孔子的记载，相关内容大多是经过核实的，而且也能与《论语》形成相互印证关系。比如孔门弟子冉有在担任季氏宰期间，积极协助季康子在国内推行"用田赋"的税制改革，孔子对此坚决反对，《左传》《国语》中均有详细记载，《论语》中则将此事记为"季氏富于周公，而求（冉有）也为之聚敛而附益之"，而且孔子从清理门户的角度对弟子们说:"非吾徒也。小子鸣鼓而攻之,可也!"(《论语·先进篇》)再比如《左传·文公二年》中载有孔子批评鲁国政卿臧文仲"不仁者三,不知者三"的言论,其中"下展禽""作虚器"等内容与《论语》中的"臧文仲居蔡""知柳下惠之贤而不立"的说法是一致的。《史记》中的《孔子世家》和《仲尼弟子列传》比较完整地记载了孔子的生平事迹以及孔门七十二贤的求学修业情况,《汉书·艺文志》中则对儒学传承和儒家著作进行了全面梳理,这些都是研究孔子的重要资料。

二、儒家经书。儒家以传授礼学知识为主,因此经书主要有"三礼",即《仪礼》《周礼》《礼记》,《礼记》又有《大戴礼记》和《小戴礼记》,此外还有曾子受教孝道于孔子而著述的《孝经》。相比较而言,《仪礼》《周礼》内容比较完整,体例也比较规范,因此西汉至王莽时期均被列为官学经典。《礼记》则是用历代习礼者的教学笔记编撰而成的儒学杂记,内容比较杂乱、琐碎,《汉书·艺文志》将其定性为"七十子后学所记"。从思想内容和史料价值来看,《礼记》中既有对国家典章制度(礼制)重要性的深入论述,也有对日常生活礼仪实用性的详细解读,这些内容集中体现了儒家的礼制精神,值得深入研究。此外,《礼记》中还有许多关于孔子言行和事迹的记载,相关内容也能与《左传》等史书形成相互印证关系。比如《左传·哀公十一年》中记载鲁国公族贵族公为和嬖僮汪锜为了抵御齐国入侵而战死沙场的英勇事迹,孔子给予他们高度评价,《礼记·檀弓下》中也有相同记载。再比如《论语·宪问篇》中记"原壤夷俟"之事,在《礼记·檀弓下》中也有更为详细具体的记载。《大戴礼记》以记录孔子应答言论为主,相关内容涉及儒学核心要义和热门话题,虽然在语言风格上与《论语》不太一致,但是在思想内容上却是相通的。儒家经书是儒学教科书,也是研究孔子的重要辅助资料。

三、诸子著述。在百家争鸣的历史背景下,各个学派都提出各自的政治主张和学说思想,并通过著书立说来加大宣传,扩大影响。在《孟子》《荀子》《孔丛子》《孔子家语》等儒家著述中,孔子当然是最重要的人物,因此有关孔子的记载很多,不过在子贡、宰我等弟子的推动下,孔子此时已经超凡入圣,"德与周公齐,名与三王并"(《荀子·解蔽》),"自生民以来,未有盛于孔子也"(《孟子·公孙丑章句上》),世俗的孔子逐渐被神圣化的孔子取代。在道家、墨家、法家等学派的著述中,《庄子》《列子》《墨子》《慎子》《韩非子》等书中虽然也载有许多与孔子有关的故事,但是真实的成分不多,孔子基本成为宣传其他学派思想的工具或受到无情嘲讽或严厉批判的对象。诸子著述在学说思想方面形成对立,相互驳难,这些都是研究孔子的重要参考资料。

四、历代类书。汉人著述,搜集散简,以类相从,"类"是按照某一主题归类,如"立节""贵德""侍君览""泰族训"等。此类著述主要有两汉时期的《吕氏春秋》《淮南子》《贾子新书》《韩诗外传》《说苑》《新序》,以及魏晋南北朝时期的《中论》《搜神记》《拾遗记》等。类书叙述故事、塑造人物主要服务于某一主题,所以有关孔子的故事演义的成分比较多,艺术价值大于史料价值。不过类书中所记载的许多故事具有一定的逻辑性和合理性,人物形象和故事情节引人入胜,这些都是研究孔子的重要参照资料。

五、战国竹简。近年来,随着考古新发现,出土了大量战国竹简和木版,如《郭店竹简》《定县八角廊儒家者言》《上海博物馆藏战国楚竹简》等,其中有许多儒家著作。这些新近发现的竹简和木版是研究孔子的重要补充资料。

对于记载孔子言行事迹的古代典籍做出上述分类,目的在于让读者对故事的真伪虚实能有一个大致判断,毕竟故事都是过去发生的事情，有些可信，有些则姑妄听之。

从某种意义上说，古代典籍中有关孔子事迹的各类记载已经成为一种独特的文化现象，然而自古及今几乎没有人来专门研究这种文化现象，这不能不说是一种遗憾。南朝时期有人曾把孔子言行的相关记载搜集、整理为《孔子正言》，唐人王勃也编有《次论语》，但是这些著述已不存见。清人马骕编撰的《绎史》中有《孔子类聚》一卷，把分散在古代典籍中记载孔子言论和事迹的各种史料汇总在一处，便于研究者查阅。孙星衍也编撰了《孔子集语》，不过他主要是对各种资料进行整理、汇总、校勘等，既没有分析，也没有评述，也就是说，死材料没有活用，因此没有多少新意。今人研究孔子（包括海外学者），多着力于儒学思想的理论性研究，论文很多，专著也不少，然而基于文化传承和市场推广的普及性研究则无人问津，因为这是一件吃力不讨好的事情。

读书为文，总是在雅俗之间纠结，雅是学术研究的专业性，俗则是喜闻乐见的通俗性，两者似乎难以折中、调和。我在完成《论语三评》（《论语人物评传》《论语事件评述》《论语言论评析》）之后，手上积累了大量研究孔子的原始材料，于是我决定走"俗"的路线，用这些材料来编著一本有关孔子故事的通俗读物，这样既可以普及儒家文化知识，又可以调动读者阅读古代典籍的兴趣。

在前期研究的基础上，我又扩大文献检索范围，从八十余种古籍中整理出一千多条与孔子言论事迹相关的原始材料。经过认真研读和仔细筛选，选取部分叙事性较强的资料来进行文学加工，最终形成近三百个人物形象鲜明、情节相对完整的小故事。

本书从收集资料到完成写作历时四年有余，这个时间跨度确实超出我的想象，而且其间我基本维持全天候的写作状态，可见

"俗"一点儿不比"雅"简单省力。

简单概括一下,本书在写作和体例方面有几个特点:一是史料齐全,内容丰富。在先秦各种学说思想空前繁荣的大背景下,本书以儒家思想为主体,兼顾道家、墨家、法家、名家、兵家等学派的思想观点,故事内容丰富多彩,并且按照故事类别分为20个大类。迄今为止,本书应该是关于孔子故事最为齐全的普及读物之一。二是与《论语》联系紧密,形成呼应。本书中有许多故事对《论语》中的孔子言论进行深入解读,两者联系紧密,相互阐发,因此本书可以用作研读《论语》的辅助读物。三是知识性强。结合叙事,穿插介绍故事发生的时代背景、前因后果、人物特征、思想观点等,在叙事中进行分析,通过分析来介绍相关历史文化知识和儒家思想内涵。此外,在每一大类之前专门设有一个"概说"部分,重点向读者介绍相关知识,加深读者对每个故事的理解。在每个故事的文末还注明征用古籍出处,便于读者进一步查阅研读。为了不影响阅读效果,许多知识介绍都以页下注的方式呈现,"著者按"的内容有简有繁,读者可读可不读。四是可读性强。在体例上,叙述是本书写作的主要方式,通过完整流畅的叙事和生动活泼的语言,塑造了许多个性鲜明、历史感强的人物,让读者产生阅读兴趣。

当然,由于著者能力和水平有限,书中难免有疏漏、乖错之处,恳请读者批评指正。

卞朝宁
2021年夏于南京曲水斋

一、世本　六则

01. 显赫身世 / 003
02. 避祸奔鲁 / 006
03. 感天而生 / 008
04. 慎葬父母 / 010
05. 既祥五日弹琴而不成声 / 012
06. 后世不昌 / 013

二、观周　四则

01. 学礼于老子 / 019
02. 学乐于苌弘 / 021
03. 观乎明堂 / 023
04. 宥坐之器 / 024

三、适齐　十一则

01. 齐景公问霸 / 029
02. 齐景公问政 / 030
03. 齐景公为大钟 / 031
04. 齐景公以弓招虞人 / 033
05. 齐大旱 / 034
06. 周釐王之庙遇灾 / 035
07. 游于齐而不见晏子 / 036
08. 陈氏戮其小臣 / 038
09. 齐之危病若无辖之车 / 040
10. 在齐闻《韶》 / 041
11. 固辞尼谿 / 042

四、用鲁 十四则

01. 螭食乎清而游乎浊 / 047
02. 季孙氏赐以粟千钟 / 048
03. 玙璠之争 / 049
04. 阳虎之乱与东周之志 / 051
05. 三年有成 / 054
06. 鲁侯欲以孔子为大司寇 / 058
07. 断狱屯屯 / 060
08. 断父子相讼案 / 061
09. 往见盗跖 / 062
10. 夹谷之会 / 067
11. 堕三都 / 071
12. 行摄相事而有喜色 / 074
13. 坐朝七日而诛杀少正卯 / 075
14. 去父母之国迟迟行 / 077

五、周游 十则

01. 削迹于卫 / 083
02. 畏于匡邑 / 089
03. 伐树于宋 / 091
04. 遭谗不进 / 092
05. 相失东门 / 095
06. 过蒲要盟 / 096
07. 临河兴叹 / 098
08. 厄于陈蔡 / 100
09. 道穷于楚 / 104
10. 干君七十余 / 107

六、归鲁 二十四则

01. 自卫返鲁 / 113
02. 与鲁哀公论大礼 / 115
03. 与鲁哀公论儒行 / 116
04. 答鲁哀公圣君之问 / 118
05. 与鲁哀公论国家之存亡祸福 / 120
06. 与鲁哀公论身不下堂而国治 / 121
07. 与鲁哀公论舜冠 / 122
08. 有邦之道与相邦之道 / 124
09. 与鲁哀公论无攻无守之道 / 125
10. 与鲁哀公论用兵 / 126
11. 与鲁哀公论"莫众而迷" / 127
12. 与鲁哀公论五仪 / 128
13. 与鲁哀公论取人 / 130
14. 与鲁哀公论小辨 / 133
15. 与鲁哀公论西益不祥 / 134
16. 与鲁哀公论非命之死 / 136
17. 与鲁哀公论君子不博 / 136
18. 鲁邦大旱 / 138
19. 季康子问于孔子 / 139
20. 反对用田赋 / 142
21. 季氏旅于泰山 / 144
22. 祸起萧墙之忧 / 145

23. 鲁人烧积泽 / 149

24. 《丘陵之歌》/ 150

七、求道　十四则

01. 观于东流之水 / 155

02. 吕梁观水 / 156

03. 济乎觞深之渊 / 158

04. 南至沛见老聃问道 / 159

05. 见老莱子求学进业之道 / 163

06. 亢仓子视听不用耳目 / 165

07. 卫有恶人曰哀骀它 / 167

08. 鲁有兀者王骀 / 169

09. 鲁有兀者叔山无趾 / 172

10. 孟子反、子琴张临尸而歌 / 173

11. 不道之道和不言之言 / 176

12. 未有天地而可知 / 178

13. 颜渊为学日益 / 180

14. 哀莫大于心死 / 181

八、崇礼　二十四则

01. 卫文公入朝于周 / 185

02. 不如多与之邑 / 185

03. 卫公使其大夫求婚于季氏 / 187

04. 卫将军文子将立先君之庙 / 189

05. 八佾舞于庭 / 190

06. 吊昭公夫人吴孟子 / 191

07. 正假马之名 / 194

08. 康子昼居内寝 / 196

09. 丧欲速贫 / 196

10. 孟氏之臣叛 / 197

11. 杀人亦有礼 / 199

12. 赵襄子善赏 / 200

13. 邾隐公既即位将冠 / 202

14. 凶事不豫 / 204

15. 让登之礼 / 205

16. 不法之礼 / 206

17. 扶轼之礼 / 208

18. 食祭之礼 / 209

19. 乡射之礼 / 210

20. 待客之礼 / 212

21. 执杖之礼 / 214

22. 观蜡有感 / 214

23. 君子为礼 / 216

24. 居父母之仇如之何 / 217

九、儒业　十八则

01. 从老聃助葬 / 221

02. 观延陵季子葬子 / 222

03. 其曰明器，神明之也 / 223

04. 子游问丧具 / 224

05. 在卫相礼 / 226

06. 往如慕而返如疑 / 227

07. 勿殇婢僮汪踦 / 228

08. 孟孙才居丧不哀 / 229

09. 鲁大夫练而床 / 231

10. 死欲速朽 / 233

11. 鲁公索氏将祭而亡其牲 / 235

12. 助丧原壤 / 236

13. 除丧弹琴 / 237

14. 拱而尚右 / 239

15. 朋友有服 / 240

16. 吊哭的讲究 / 241

17. 哭子路于中庭 / 243

18. 哭掉一匹马 / 244

十、敬慎　十则

01. 金人铭 / 249

02. 齿坚于舌而先之敝 / 250

03. 罗网之患 / 251

04. 知命者不立乎岩墙之下 / 252

05. 微言之祸与白公之乱 / 253

06. 赵氏其昌乎！ / 255

07. 东闾子尝富贵而后乞 / 257

08. 齐高庭问事君子之道 / 258

09. 见之以细而观远化 / 259

10. 乐正子春下堂而伤其足 / 260

十一、善说　十三则

01. 大忘之忘 / 265

02. 陈惠公筑凌阳之台 / 266

03. 以黍雪桃 / 267

04. 楚弓楚得 / 268

05. 多所知与无所知 / 269

06. 陈恒欲作乱于齐 / 270

07. 马逸食农夫之稼 / 272

08. 阿谷停云 / 274

09. 以莛撞钟 / 277

10. 子贡誉仲尼 / 278

11. 堂衣若扣孔子之门 / 279

12. 浸水与膏雨 / 281

13. 颜渊借梽 / 282

十二、论政　二十则

01. 三公问政 / 285

02. 与鲁哀公论政 / 286

03. 与鲁哀公论为政 / 287

04. 与宋景公论长有国之道 / 289

05. 宋大水 / 291

06. 与卫出公论任臣 / 292

07. 反对铸刑鼎 / 294

08. "齐之以礼"与"齐之以刑" / 295

09. 有礼刑省　无礼刑繁 / 297

10. 御马有术 / 298

11. 民之父母 / 300

12. 子张问入官 / 302

13. 季桓子使仲弓为宰 / 303

14. 子路治蒲 / 306

15. 宓子贱治单父 / 309

16. 颜渊欲东至齐求仕 / 312

17. 子羔为卫之士师 / 313

18. 弃灰于道者刑 / 315

19. 苛政猛于虎 / 316

20. 奉先王雅琴礼乐奏于越 / 317

十三、知人　十五则

01. 九徵识人法 / 321

02. 誉赏毁罚　贤人不居 / 322

03. 人君孰为贤 / 323

04. 人臣孰为贤 / 324

05. 大夫有差等 / 326

06. 臧文仲、臧武仲孰贤 / 328

07. 误判赵氏 / 330

08. 楚令尹子西不免于白公之难 / 331

09. 荆公子行年十五而摄荆相事 / 333

10. 天生宰嚭以亡吴 / 334

11. 弟子孰为贤 / 335

12. 赐之华不若予之实 / 337

13. 颜渊攫甑中灰饭而食之 / 339

14. 有诸中必行诸外 / 340

15. 舍于沙丘知主人 / 341

十四、访贤　十二则

01. 问官于郯子 / 345

02. 遭程本子于郯之途 / 346

03. 见荣启期而知三乐 / 348

04. 丘吾子哭人有三失 / 349

05. 林类衣若县鹑而意不慊 / 350

06. 大公任言不死之道 / 352

07. 见温伯雪子不言而出 / 354

08. 陆沉者市南宜僚 / 355

09. 途遇姑布子卿 / 356

10. 子桑伯子不衣冠而处 / 358

11. 假人林回弃金负子而亡 / 359

12. 渔夫听琴 / 361

十五、授徒　二十九则

01. 孔门之徒何其杂 / 369

02. 四邻与四友 / 370

03. 农山言志 / 372

04. 三折肱为良医 / 373

05. 人贵自知自爱 / 375

06. 善与不善　因人而异 / 376

07. 子路与巫马期薪于韫丘之下 / 377

08. 惜乎颜渊以退为进 / 379

09. 乐天知命亦有忧 / 381

10. 为人下者犹土 / 382

11. 子贡观于鲁庙之北堂 / 384

12. 子贡问玉 / 385

13. 子贡倦于学 / 386

14. 子路初见孔子 / 389

15. 子路盛服见孔子 / 391

16. 子路问治国何为先 / 392

17. 子路请释古之道而行由之意 / 393

18. 子路问强 / 395

19. 孝行、孝心、孝名 / 395

20. 君子有终身之乐而无一日之忧 / 397

21. 子路鼓瑟 / 398

22. 子路将行 / 399

23. 过人亦徐言阇阇 / 400

24. 与人相交应推其长而违其短 / 401

25. 曾子问听狱之术 / 402

26. 曾子耘瓜误斩其根 / 403

27. 孔蔑问行己之道 / 404

28. 析薪之忧 / 406

29. 承蜩者说 / 407

十六、明经 十八则

01. 读《诗》及《小雅》 / 411

02. 《关雎》至矣乎! / 412

03. 论《诗》至于《正月》之六章 / 413

04. 子夏读《书》已毕 / 414

05. 殷伐有伦 / 416

06. 若保赤子 / 417

07. 哀敬折狱 / 417

08. 老而好《易》 / 418

09. 读《易》至《损》《益》 / 421

10. 自筮偶得《旅》 / 422

11. 自筮得《贲》 / 423

12. 卦遇《大畜》 / 425

13. 鼎折足 / 426

14. 蓍神龟灵 / 427

15. 《文王操》 / 428

16. 《猗兰操》 / 430

17. 读史至楚复陈 / 430

18. 陨霜宜杀 / 432

十七、辨物 十四则

01. 土之怪曰羵羊 / 437

02. 会稽巨骨的来历 / 437

03. 肃慎氏之贡矢 / 440

04. 鲁桓、僖之庙燔 / 441

05. 夏十月犹螽 / 442

06. 夔一足 / 443

07. 楚王渡江见萍实 / 446

08. 一足之鸟飞集于公朝 / 447

09. 月离于毕 / 447

10. 桓山之悲 / 449

11. 有鸟九尾 / 450

12.《灵宝五符》/ 450

13. 紫文金简 / 452

14. 北方有兽 / 453

十八、不语　七则

01. 宋元君得神龟 / 457

02. 黑牛生白犊的征兆 / 459

03. 有鬼魅求见 / 461

04. 梦麟获书 / 462

05. 鲲鱼成妖 / 463

06. 木杖化龙 / 464

07. 钟离意修夫子车乘 / 465

十九、杂事　十则

01. 孔子葬狗 / 469

02. 鲁有俭啬者 / 469

03. 渔者献鱼 / 470

04. 遥望吴阊门 / 471

05. 子路募金赎友　孔子仗义执言 / 472

06. 猫捉老鼠乱琴音 / 474

07. 子路搏虎 / 475

08. 饥约则妄取　赢饱则伪行 / 476

09. 两小儿辩日 / 477

10. 刈菁遗簪 / 478

二十、终记　三则

01. 以备王道成六艺 / 483

02. 西狩获麟 / 485

03. 哲人其萎乎！/ 487

本书采摭文献要目 / 492

一、世本 六则

概说

孔子的身份意识很强,他多次声称自己是"从大夫之后"(《论语·颜渊篇》),这是一种流淌在血液之中的贵族气质,具体地说,就是古代世袭贵族所特有的一种优越感和荣誉感。

孔子的身世确实不凡,他是殷商王室贵胄的后裔,所以他姓殷商王室的子姓。武王克殷之后,微子启受封于宋,奉其先祀,孔氏先祖为宋公室成员。宋湣公时期,孔氏先祖弗父何为了避免氏族内部自相残杀,让君位于其弟鲋祀,世人无不赞颂,称其圣人,故而若干年后孔子仍被人们称为"圣人之后"(《左传·昭公七年》)。宋殇公时期,孔子六世祖孔父嘉为宋大司马,他因佐助嗣君有功而获赐族之恩典,遂另立门户,以孔为氏,聚族而居。孔子四世祖孔防叔因避乱而举族迁居鲁国,孔氏从此便逐渐衰落,沦为士人。

孔子的家庭成员并不复杂,后世数代单传,鲜有显达者。

01 显赫身世

孔子崇拜周朝的历史和文化，但是他并不是周人，而是殷人，而且他的种族归属感很强，临终前他向子贡交代后事时，要求按照殷人的礼俗办理丧事——"殡于两楹之间"①。

孔子的先祖最早可以追溯到殷商末年的微子启。微子启是商王帝乙的长子，帝辛（商纣王）同父异母的庶兄，商朝王室成员，受封于微（今山东梁山西北），为子爵，故称微子②。武王克殷后，微子启肉袒面缚，臣服于周，后来周成王因其贤能而封之于宋，建立宋国，奉其先祀，周公作《微子之命》加以警戒和训导。微子启接受了周王朝的分封，由殷商王室成员（王）转为周朝封国诸侯（公），身份和地位都降了一等。这里需要说明一点，殷商王室是子姓③，微子启受封于宋后，仍然保留了原来的种姓④，孔子是殷商王室的后裔，所以他应该姓子，而非姓孔。

微子启是宋国开国之君，经微仲、宋公稽、丁公申，四传至宋湣公。宋湣公有两个儿子，长子弗父何，次子鲋祀，孔氏一族出自弗父何。宋湣公死后并没有让自己的儿子继承君位，而是按照殷商时期兄终弟及的传统，把君位传给了自己的弟弟炀公熙。兄终弟及引发了内乱，后来鲋祀弑杀炀公熙，夺回君位，开始他想让兄长弗父何继位为国君，但是弗父何坚辞不受，因为如果他继位为国君，就必须治鲋祀弑君之罪，兄弟相残，亲情化为仇恨，这是他不愿意看到的，所以他拥立其弟鲋祀为国君，是为宋

---

① 《淮南子·氾论训》："夏后氏殡于阼阶之上，殷人殡于两楹之间，周人殡于西阶之上，此礼之不同者也。"
② 《史记·殷本纪》："帝乙长子曰微子启，启母贱，不得嗣，少子辛，辛母正后，辛为嗣。"
③ 《论衡·奇怪篇》："禼母吞燕卵（子）而生禼，故殷姓曰子。"
④ 《世本（孙冯翼集本）》："宋，子姓。"《史记·殷本纪》："契为子姓，其后分封，以国为姓。"

厉公，他自己则仍为贵卿，这就是史书中所说的"弗父何以有宋而授厉公"①。经历了这次变故之后，弗父何一支由诸侯（公）转为大臣（卿），身份和地位又降了一等，然而他在这个事件中所表现出来的高尚品德赢得世人称赞，孔子后来被称为"圣人之后"，其出处就源于此。

弗父何之后，经宋父周、世子胜而三传至正考父（正考甫），世代均为宋国上卿。正考父在宋国历史上是一位有影响的人物，他历辅戴公、武公、宣公三代国君，一生勤勉敬业，克己奉公，然而每次受命晋爵，他愈加谦卑、恭敬，即所谓"一命而偻，再命而伛，三命而俯"②。他曾自制鼎铭警醒自己，诫勉后人③，此事在当时被传为美谈。

正考父对宋国做出了巨大贡献，但是他为人仍然保持谦卑恭敬的姿态，说明他在道德修养方面已经达到至高境界，这种品德必将恩泽后人。鲁大夫孟僖子就曾引用臧武仲之言曰："圣人有明德者，若不当世，其后必有达人。"他认为这个"达人"就是孔子，于是要求两个儿子师从孔子学礼④。

正考父死后，其子孔父嘉继承卿位，出任宋大司马之职，孔父是其字，嘉是其名。当时宋国政坛纷争不断，公族之间相互倾轧，争权夺利，最终发生华督之乱。华督（华父督）是宋戴公之孙，时任宋国太宰，他与孔父嘉同为正卿。根据《左传》等史书记载，孔父嘉的妻子长得非常漂亮，有一天，华督在路上遇见孔父嘉的妻子，立即被她的美貌深深吸引，目不转睛地盯着她看了很久，不禁赞叹道："美而艳！"华督回到家中后，脑子里全是孔父嘉妻子的倩影，于是他便萌生了谋杀孔父嘉的念头，他先让人在国中散布流言："殇公在位十年间，宋国与郑国打了十一场仗，连年战争致使国力凋敝，民不聊生，这些都是大司马孔父嘉好战所造成的，所

---

① 《左传·昭公七年》。
② 《左传·昭公七年》。
③ 《礼记·祭统》："夫鼎有铭，铭者，自名也，自名以称扬其先祖之美，而明著之后世者也。"
④ 《左传·昭公七年》。

以我将诛杀孔父嘉，让宋国民众过上安宁、稳定的生活！"第二年，华督借由发兵攻打孔氏，诛杀孔父嘉，最终如愿以偿地娶到孔父嘉的艳妻。宋殇公得知孔父嘉被杀的消息后极为震怒，准备问罪华督，华督索性一不做二不休，干脆弑杀殇公，另立穆公之子冯为国君，此后宋国军政大权完全由华督掌控。孔氏一族在这场内乱中元气大伤，损失惨重，从此便一蹶不振，逐渐退出政治舞台。

孔父嘉是孔子六世祖，孔氏一族也是由他开始从种姓（子姓）中分离出来的。在古代氏族社会中，从种族（姓）分化为氏族（氏）至少需要经历五世（五服），五服以外，血缘关系渐渐疏远，如果某一氏族能够获得种族首领（国君）的赐族恩典，就可以在种族之外单独立氏，即所谓"五世亲尽，别为公族"①。孔子先祖从弗父何至孔父嘉共经历了五世，族人不断繁衍，氏族规模也不断扩大，于是族人便以孔父嘉的字为氏，从此另立门户，这就是孔氏的由来。还有另外一种说法："孔父"是孔父嘉生前获得的赐号，氏族后人以此为荣，便以孔为氏了。

孔父嘉之后，经木金父、睪夷而传至孔防叔，几代人虽然仍保留了世袭贵族的身份和待遇，在经济上也享有一定的特权，但是却一直生活在华氏强权的阴影之下，生存环境恶劣。孔防叔时期，孔氏可能遇到什么难以应对的重大变故，于是举族迁徙到鲁国避难，从此便家道中落，沦为普通士人。

孔子身世显赫，拥有王公卿相的贵族血统，所以孔子的贵族意识很强，时常在不经意之间流露出来，左右他的思想和行为，这既是他成为千古圣人的关键因素，也是造成他人生悲剧的重要原因。

（《左传·桓公元年》《左传·昭公七年》《史记·宋微子世家》《孔子家语·本姓解》）

---

① 《孔子家语·本姓解》。

02　避祸奔鲁

孔防叔是孔子的曾祖父，他在宋国虽然仍然保有世袭贵族的身份，但是在政治上已经被边缘化了，况且华督之乱以后，孔氏与华氏之间成为世仇。当时华氏当朝执政，大权在握，对孔氏步步紧逼，着着用狠，必欲除之而后快，所以孔防叔不得不带领族人出奔鲁国避祸，这一变故彻底改变了孔氏族人的命运。

孔防叔举族迁徙到鲁国后，鲁国给了他一个防邑大夫的头衔，故称防叔。根据史书记载，鲁国有东防和西防，东防位于季氏费邑东北（今山东平邑县以东），原本属于鲁地，是鲁国臧氏的世袭采邑，即孔子所说的"臧武仲以防求为后于鲁"①；西防位于鲁、宋边境（今山东金乡县西南六十里），原本属于宋邑，鲁隐公十年（公元前713年），鲁国败宋师于菅，将西防收归于鲁。从地理位置和历史渊源来看，西防原本是宋邑，而且有可能就是宋国孔氏的世袭封地，因此孔氏一族到鲁国避难，选择西防作为安家之处是合乎情理的，也是有据可依的。

氏族宗法制的一个重要特点是对内具有凝聚力，对外则具有排他力。宋国（子姓）与鲁国（姬姓）并非同宗同族，因此孔防叔迁居到鲁国之后，基本被排除在政治体制之外，也不享有贵族特权。孔氏一族在鲁国既无封邑，亦无田产，他们只能像普通士人一样出仕或参战，以此来换取微薄的俸禄维持生计。长此以往，人心涣散，家道中落，许多家庭不得不脱离氏族，另谋生路，氏族规模日渐萎缩。

孔防叔死后，经伯夏再传至叔梁纥，此时孔氏族人大多已沦为自食其力的普通士人。叔梁纥是孔子的父亲，曾任鲁国陬（亦作鄹）邑大夫，所

---

① 《论语·宪问篇》。

以有人("或")称孔子为"鄹人之子"①,这种称呼带有一点轻蔑的意味。

叔梁纥身长十尺(周代一尺约合23.1 cm),武力绝伦,鲁襄公十年(公元前563年),晋国会同鲁、宋、卫、曹等国发兵围攻偪阳邑(鲁、宋之间的一个小方国),偪阳虽然城小,但是防备坚固,城门有里外两重,都是用厚重的木材制成的,开门上悬,关门下闭,如果贸然攻城就有可能落入陷阱。偪阳人为了诱敌入城,主动打开外面一重城门,待攻城者进入外面一重城门后,守城者迅速落下城门,将攻城者关在两重城门之间,让他们进退不得,只能坐以待毙。叔梁纥当时率领武士攻入城门,突然发现其中有诈,立即冲上前去硬生生地扛住即将落下的城门,让受困的武士们得以逃出险境。叔梁纥独自托举城门的壮举一时间传为美谈,《左传》中专门记载了此事,不过并没有点名道姓,而是用"陬人"一语带过,这说明叔梁纥的显赫身世与贵族血统已经没有人关注了,人们只记住了他的神勇之力。

孔子成年以后,遗传了叔梁纥身材魁梧的体貌特征,《史记·孔子世家》:"孔子长九尺有六寸,人皆谓之'长人'而异之。"而且孔子的臂力惊人,能托举国门之关,《淮南子·道应训》:"孔子劲杓国门之关,而不肯以力闻。"《列子·说符篇》:"孔子之劲,能拓国门之关,而不肯以力闻。"不过,孔子后来并没有成为靠卖力气吃饭的劳力者,而成为靠礼学知识辅政的劳心者。

(《左传·襄公十年》《史记·孔子世家》《史记·宋微子世家》《孔子家语·本姓解》)

---

① 《论语·八佾篇》。

03 感天而生

孔子的生父是鲁国郰邑大夫叔梁纥,又称郰叔纥,他娶有一妻一妾,原配夫人施氏生有九女,妾生有一子,名曰孟皮,字伯尼。孟皮天生有脚疾,且行为荒诞,整日游手好闲,不思进取,是一个不成器的废人。孔氏九女一男,没有一个能存续氏族香火,叔梁纥焦虑万分。到了老年,叔梁纥原配夫人施氏去世了,为了求得一嗣,他便向鲁国颜氏求婚。颜氏家中有三个女儿,颜父对三个女儿说:"郰邑大夫叔梁纥是商朝王室微子的后裔,孔氏一族在宋国身份显贵,受人尊重,后因避华氏之乱而出奔鲁国,氏族此后便逐渐衰落。叔梁纥身长十尺,武力绝伦,我对他颇为中意,虽然他年龄偏大,性子也有点儿急,但是这些都不是什么大问题,现在他来向我们颜氏求婚,你们三个谁愿意嫁给他呀?"

颜氏大女儿和二女儿听后都默不作声,小女儿颜徵在则明确表态道:"我愿意听从父亲的安排,如果父亲要我嫁给叔梁纥,我别无二话。"

颜父高兴地对颜徵在说:"我也觉得你挺合适。"

当时叔梁纥已经六十多岁了,颜徵在才十几岁,两人年龄相差很大,但是颜父看重的是人品,所以爽快地把小女儿颜徵在许配给叔梁纥为妻。

颜徵在嫁给叔梁纥后,为了能为孔氏家族添一男丁,存续氏族香火,曾私祷于尼丘山祠,不久后她果然怀孕了,并于鲁襄公二十二年(公元前551年)十一月庚子(阳历九月二十八日)甲申时生下一个男婴①。因为颜徵在祷于尼丘山,所以她为男婴取名为丘,姓孔氏,字仲尼,是为孔子。

关于孔子的诞生,后人为了渲染孔子异乎常人,竟然编造出许多离奇古怪的故事来:颜徵在在怀孕的前一夜,梦见有两条青龙从天而降,攀附

---

① 著者按:关于孔子的诞辰日,或曰鲁襄公二十一年(公元前552年),或曰鲁襄公二十二年(公元前551年),两千多年来学界为此一直争论不止,没有定论。此从《史记·孔子世家》。

在她的房间,于是她有所感应而怀孕了。孔子出生之时,她又梦见两位仙女手托露盘从空中飘然而至,用清香的露水帮她洗身濯发,天帝还派来了乐队,在她的房间里列队演奏天宫的仙乐。在演奏仙乐的过程中,空中传来一个声音说,上天感应而生圣人,所以特别赐予和谐快乐的管弦钟鼓之乐,这种音乐与人间音乐是不同的。当时还有五位老人站在颜徵在的庭院中,他们是专司金、木、水、火、土的五大星神。孔子将要出生的时候,一只麒麟又突然来到孔氏居住的阙里,从口中吐出一块刻有文字的玉石,玉石上写道:"水星神的儿子,为了维系衰微的周朝而降临人间,他将成为引导世人走向盛世的素王。"一位精通相术的先生也神神道道地对颜徵在说:"这个男婴是商汤王之后,因此他合于水德,今后必将成为万世景仰的素王。"所谓"素王",就是有帝王之德而无帝王之位的圣人。

颜徵在是一个有才识的女人,她知道这些神奇的事情都是吉祥征兆,于是她用一条彩色丝带系在麒麟的角上,麒麟在孔氏阙里过了两宿就离开了。到了鲁哀公十四年(公元前481年),鲁国叔孙氏族人鉏商到曲阜郊外水草丰茂的大泽狩猎时①,捕获了一只麒麟,人们发现当年颜徵在系在麒麟角上的彩色丝带仍然保存完好。鉏商把麒麟带回来给孔子看,孔子见到麒麟,知道自己的生命即将终结,于是他抱起麒麟,解下丝带,不由得心如刀绞,泪如雨下。从麒麟出现到孔子解下彩带,其间经历了七十多年。

为了庆祝一位伟人的诞生,上天居然弄出如此大的阵仗,圣人果然不同于凡人!

(《孔子家语·本姓解》《拾遗记·卷三》)

---

① 著者按:《左传·哀公十四年》记为"叔孙氏之车子鉏商"。

04 慎葬父母

孔子三岁时，其父叔梁纥就去世了，寡母幼子失去了拿主意的当家人，他们只能请族人来帮忙料理后事，把叔梁纥安葬在曲阜城东二十五里的防山（今山东曲阜城东）。因为颜徵在是年轻丧夫，她害怕别人议论，所以当时没有去墓地送葬，也不知道茔地的具体位置，等孔子长大成人后，她也一直没有提起墓葬之事。

孔子年少时（不到十七岁），其母颜徵在也病故了。在办理母亲丧事的过程中，孔子遇到两个棘手问题：第一个问题是要不要把父母合葬一处，因为古今丧葬制度不同，各国礼俗也不同。孔子经过反复研究，多方求证，最终决定将父母合葬一处，他对人解释说："古代（殷商时期）确实有夫妻不合葬的礼俗，这是因为人们不忍心打开棺椁后再次看到早先去世的亲人。周朝自周公以来便开始实行夫妻合葬的丧葬制度了，所以《诗》中有'死则同穴'的诗句。关于合葬的方式，各国习俗也不同，卫人采用的是'祔'的方式，就是夫妻分为两个墓穴并排安葬，棺椁之间是有间隔的；而鲁人采用的是'合'的方式，就是将夫妻棺椁同葬在一个墓穴之中，中间没有间隔。我觉得鲁人的方式比较好，所以我打算选择鲁人的合葬方式①。"第二个问题是需要尽快确定其父叔梁纥墓茔的具体位置，因为此前从来没有人对他说起此事，所以他对父亲的安葬地点一无所知。慎重起见，孔子先把母亲的灵柩暂时安放（浅葬）在曲阜城外的五父之衢，然后四处打听父亲的茔地，几经周折，最终从陬邑人挽父（邹曼甫）的母亲那里打听到父亲茔地的具体位置②，经过反复确认之后，他最终将父母合

---

① 《礼记·檀弓下》："孔子曰：'卫人之祔也，离之；鲁人之祔也，合之，善夫。'"
② 《孔子集语·事谱十一下》引《御览·五百六十》："鲁大夫叔梁纥冢，在鲁国东阳聚安泉东北八十五步，名曰防冢。"

葬于防山。

秦汉时期还流传另外一种说法：孔子是通过吹律（五音）的方法推断出自己的贵胄身世和父亲墓葬的具体位置的。《论衡·实知篇》："孔子生不知其父，若母匿之，吹律自知殷宋大夫子氏之世也。不案《图》《书》，不闻人言，吹律精思，自知其世，圣人前知千岁之验也。"这种说法当然是无稽之谈，是后儒为了美化孔子而编造出来的故事，所以王充直斥"此皆虚也"。

孔子安葬好父母后，心情沉重地对人说："我听说古人坟墓是不堆坟头的，而我孔丘从今往后是一个四处奔走、居无定所的人，也许很多年以后才能回来祭祀父母，所以应该在坟墓上做个标记。"于是他决定在父母的坟墓上堆一个四尺高的坟头。坟头堆到一半时，孔子因为急着要赶回去操持安魂祭祀礼仪（虞祭），于是就让几个族人留下来继续堆坟①。孔子走后不久，突然天降大雨，把堆到一半的坟头冲塌了，族人只好重新堆坟，反复折腾，弄到很晚。族人回来后，孔子问他们道："你们怎么弄到这么晚才回来呢？"族人回答道："大雨把坟头冲塌了，我们只好重堆。"孔子当时没有什么反应，族人连说三遍，他才流着泪说："我听说有'古不修墓'的说法，今日之事算是应验了。"

鲁国贵族大夫孟懿子曾向孔子请教有关孝的问题，孔子当时只用了"无违"二字简单作答，事后他向弟子樊迟解释道："生，事之以礼；死，葬之以礼，祭之以礼。"②孔子慎葬父母就具体体现了"葬之以礼，祭之以礼"的要求。

（《礼记·檀弓上》《孔丛子·陈士义》《史记·孔子世家》《孔子家语·本姓解》《孔子家语·曲礼公西赤问》）

---

① 著者按：相关典籍中均记为"门人"，不确。孔子三十岁以后才开始设帐授徒，此时他尚未成年，何来门人？因此应为"族人"比较合理。
② 《论语·为政篇》。

05 既祥五日弹琴而不成声

"祥"是周朝通行的一种祭祀礼仪,这种礼仪起源很早,甚至可以追溯到周朝立国以前。祥有小祥和大祥之分:小祥是父母去世十三个月(期年)后举行的祭祀,亦称练祭,小祥之后,孝子可以吃蔬菜瓜果,改住垩室(有墙壁和屋顶的房屋),睡觉可以铺席子,衣着也可以改穿比较轻便的丧服;大祥是父母去世二十五个月(又期年)后举行的祭祀,大祥之后(既祥),孝子可以饮酒吃肉,也可以回到原来居住的房间里和夫人一同睡在床上,丧服也可以除去,不过头上还要戴用生绢制成且镶着素边的冠,《礼记·杂记下》:"祥,主人之除也,于夕为期,朝服。祥因其故服。"孔门弟子有若大祥以后,立即穿上有丝绦饰边的鞋子,戴上用丝组做带子的冠,此举显然不妥,因而招致他人非议①。小祥或大祥其实是祭祀亡亲的一种形式,保留这种形式的目的是激发子孙追思先人的原始情感,发扬孝敬父母的传统美德。但是失去亲人的悲伤之情必须有所节制,既不能过度悲伤,毁瘠不形,也不能无动于衷,敷衍应付,应该做到当哀则哀,当止则止。

孔子为母亲举行大祥祭祀五天之后,仍然无法从悲痛之中摆脱出来,所以他弹琴仍然不成曲调,让人无法听下去;十天之后,他的情绪才稍有平复,吹笙勉强成曲,但是仍然有气无力。

对于祥祭,孔子看重的不是外在形式,而是内在感受,他说:"丧礼,与其哀不足而礼有余也,不若礼不足而哀有余也。祭礼,与其敬不足而礼有余也,不若礼不足而敬有余也。"②意思就是,丧葬之礼的本质是向先人致哀致敬,礼仪形式则可适当简约。

(《礼记·檀弓上》《礼记·间传》《孔子家语·曲礼子贡问》)

---

① 《礼记·檀弓上》。
② 《礼记·檀弓上》。

06 后世不昌

孔子有妻有妾,这种事情在古代是再正常不过的了,所以无须讳言。《孔丛子·记义》:"(夫子)妻不服彩,妾不衣帛。"显然,人们关注的只是服饰简朴,而非妻妾成群。

关于孔子的妻子,史书中几乎没有什么记载。据说孔子在十九岁时娶宋国丌官氏(上官氏)之女为妻,一年后生下一子,鲁昭公当时特意派人送来一条鲤鱼表示祝贺,孔子为了铭记国君的恩赐,特意为儿子取名为鲤,字伯鱼。此后不久,丌官氏又生了一个女儿,孔子可谓儿女双全了。

孔子在正妻之外,还娶有一妾(估计在丌官氏去世以后),至于妾的身份以及子嗣情况均不见记载,也许是因为她出身卑微的缘故。

孔子的妻子丌官氏相貌端庄,性情温和,属于贤妻良母型。因为孔子在鲁国一直没有受到重用,经济收入不稳定,所以丌官氏长年在家中操持家务,相夫教子,一家人日子过得很清苦。

丌官氏大约在伯鱼尚未成年之时就去世了。在为亓官氏举行周年练祭时,伯鱼思念慈母,控制不住悲伤的情绪,不由得哭出声来,孔子听到哭声后问道:"谁还在哭呀?"

弟子答道:"孔鲤在哭。"

孔子不高兴地说:"哼!孔鲤太过分了!"

孔子生气是有原因的,因为伯鱼此时仍然啼哭不止是不符合礼制规范的。丧葬之礼规定:如果父亲已不在世,母亲死了,孝子通常要为母亲服丧三年,大祥(二十五个月)之后就可以停止哭泣了;如果父亲健在,母亲死了,孝子通常只需为母亲服丧一年,小祥(十三个月)之后就应该停止哭泣了①。

---

① 《礼记·丧服四制》:"资于事父以事母而爱同,天无二日,土无二王,国无二君,家无二尊,以一治之也。故父在为母衰期者,见无二尊也。"

伯鱼受到孔子的训斥之后，立即脱去丧服，不再哭泣了。

因为孔子与伯鱼是父子关系，所以孔子不便亲自施教，但是他对伯鱼督学甚严，反复教导伯鱼要认真学习："君子不可以不学，其容不可以不饬。""夫远而有光者，饬也；近而愈明者，学也。"① 有一次，孔子看见伯鱼穿庭而过，就叫住他问道："你学诗了吗？"

伯鱼老老实实地回答道："没有学。"

孔子立即训导道："不学诗，无以言。"

没过多久，孔子又看见伯鱼穿庭而过，于是叫住他考问道："你学礼了吗？"

伯鱼回答道："没有学。"

孔子又训导道："不学礼，无以立。"②

学诗和学礼，都是做人的立身之本，所以孔子要求伯鱼在这些方面勤下功夫。

孔鲤在五十岁时就先于孔子去世了，他与原配夫人生有一子，名伋，字子思，即孔子之孙。

孔鲤的原配夫人是卫国人，后来不知什么原因被休，她回到卫国后改嫁给卫国的庶氏男子，因此她就不能算鲁国孔氏的人了。子思的生母（孔鲤原配夫人）在卫国去世后，娘家派人来向子思报丧，子思当时由于悲伤过度，竟然跑到孔氏宗庙中去吊哭，这真是找错了庙门哭错了地方！后来门人提醒他说："卫国庶氏的女人死了，你怎么跑到鲁国孔氏的宗庙中吊哭呢？"子思连忙自责道："我错了！我错了！"然后躲到自己的房间里吊哭了。

孔子对女儿非常宠爱，对于女儿的婚姻大事也格外重视，孔门弟子公冶长虽然出身卑微，但是人品很好，能够忍辱负重，孔子对他青睐有加，

---

① 《孔子家语·致思》。
② 《论语·季氏篇》。

于是亲自做主，把女儿许配给他为妻①。

孔子有一个同父异母的哥哥（叔梁纥之妾所生），名曰孟皮，字伯尼。孟皮先天患有脚疾，行走不便，他不学无术，人品也不好，没有什么正经营生，所以孔子平时和他很少往来。孟皮有一儿一女，儿子名忠，字子蔑，史书中多记作孔蔑。孔蔑年轻时也拜在孔子门下学习儒业，学有所成，成绩优良，被列为孔门七十二贤之一。孟皮的女儿聪明贤淑，性格开朗，孔子很喜欢她，她的姑姑（叔梁纥原配夫人施氏所生的女儿）去世时，孔子亲自教她辫盘丧髻的方法："尔毋从从尔，尔毋扈扈尔。盖榛以为笄，长尺，而总八寸。"②这种辫盘丧髻的方法听起来很复杂，但是孔子教她的时候很有耐心。后来由孔子亲自做主，把她嫁给了天资聪慧、勤奋好学的得意门生南宫适③。

孔子共有九个姐姐，她们都是叔梁纥与原配夫人施氏所生的。孔子与九个姐姐感情深厚，有一个姐姐去世了，他拱手祭拜时特意用右手掩着左拳，即尚右，这是为姐姐服丧时的礼俗④。

孔氏后人数代单传，且鲜有显达者，后世不昌。孔子生孔鲤，孔鲤生孔伋（子思）。孔伋的生身父母去世后，孔子就把他托付给了年轻有为的得意门生曾参。曾参受托之后，意识到自己肩负重任，他明确表态道："可以托六尺之孤，可以寄百里之命，临大节而不可夺也，君子人与？君子人也。"⑤在曾参的悉心教导下，孔伋勤学善思，成绩优异，他对于人性问题进行了深入系统的研究，作《大学》《中庸》等篇，开创了思孟学派，成为儒学发展承前启后的重要人物。

① 《论语·公冶长篇》。
② 《礼记·檀弓上》。
③ 《论语·公冶长篇》。
④ 著者按：古人拱手礼拜时一般用左手掩着右拳，《礼记·内则》："凡男拜，尚左手。"为亲人服丧时则改为用右手掩着左拳。
⑤ 《论语·泰伯篇》。

孔伋生孔白，字子上，孔白的生母（子思之妻）去世了，因为此时她已被休，所以孔白没有为她服丧，子思的门人不理解，就跑去问子思道："当年您为被休后死去的生身母亲服丧了吗？"

子思答道："是的。"

门人又问道："那么您为什么不让孔白为自己被休的生身母亲服丧呢？"

子思说："当年我的父亲孔鲤能够严格按照丧葬礼仪来行事，该隆重则隆重，该简约则简约，而我在这些方面则有所欠缺，许多礼仪程式执行得都不到位，所以我只能采取最简单的办法：现在名义上是我的妻子，那就是孔白的母亲；现在名义上不是我的妻子，那就不是孔白的母亲。"①

孔白生孔求，孔求生孔箕，孔箕生孔穿，孔穿生子慎②，子慎生孔鲋，孔鲋在孔氏后人中算是一个有亮点的人物。孔鲋，字子鱼，孔子八世孙，陈胜在陈郡（今河南淮阳）称王后，他曾在陈胜帐中任博士、太师等职，为陈王分析局势，出谋划策，功不可没。由于陈胜不能听取他的意见和建议，导致起义形势急转而下，他最后在与秦军决战中战死，卒年57岁。据传，《孔丛子》是由他编撰成书的。

孔鲋之后，孔氏后人虽然世代为儒，但是已无显贵之人。汉代独尊儒术，孔氏嫡长孙被封为奉祀君，这是世袭爵位。此后历朝历代统治者都借用"大成至圣文宣王"这块金字招牌来为自己脸上贴金，孔氏后人也受到各种礼遇，成了统治者的帮凶。到了宋朝，奉祀君改为衍圣公，这个封号一直延续至今。末代衍圣公后来迁寓台湾，他们仍以讲习儒学为业，传授内容既无学术价值，又无思想内涵，而且在那种政治氛围中，只能苟延残喘了。

（《史记·孔子世家》《礼记·檀弓上》《礼记·檀弓下》《说苑·政理》《孔子家语·子路初见》《孔子家语·本姓解》）

---

① 《礼记·檀弓上》。
② 著者按：《孔丛子》中记作子顺，曾任赵、魏两国国师。

二、观周

四则

【概说】

春秋末年，礼崩乐坏，各国诸侯僭越礼制法度，君臣父子背弃伦理纲常，致使天下失序，纷争不断。孔子为了正本清源，全面恢复西周礼制秩序，专程赴周朝王廷学习、考察礼乐制度，这是他人生中的一次重要经历，也是步入仕途的一个重要契机。

孔子在周朝王廷查阅了大量的秘藏典籍，学习到许多古代礼学知识，了解到许多历史典故，并从中感悟到古代先王的政治智慧和奉献精神，这为他确立以礼治国的政治理想奠定了基础。

孔子在周朝观礼期间，还朝拜了先王宗庙和先圣遗迹，让他更加直观地感受到西周盛世的辉煌和历代先圣的英明，进而坚定了他的政治理想和阶级立场。

01　学礼于老子[①]

孔子少年时期对俎豆之事（执礼）就很有兴趣，出仕之前又向许多人学习古代礼乐知识，其中周礼是他最向往的。有一次，他对鲁大夫南宫敬叔说："我听说周王室守藏室之史老聃博古通今，知晓礼乐的起源，明白道德的归属，我想到周朝王廷去拜师学礼。"老聃即老子，中国古代著名思想家，其生卒年不可详考，大约比孔子年长三十岁，他精通古代历史和典章制度，是唯一一位有资格当孔子老师的人。南宫敬叔是鲁国世袭贵族孟僖子的儿子，其父临终前曾立下遗嘱，让他一定要师从孔子学礼，虽然他后来没有正式拜在孔子门下，但是与孔子实为师生关系，他见孔子对老聃如此景仰，于是赶忙应声道："我一定遵从您适周学礼的意愿！"

不久后，南宫敬叔对鲁君（鲁昭公）说："先父在世时曾说，孔子是圣人之后，他勤修道德，知识渊博，对周礼也很有研究，因此我想跟随他学习礼乐知识，今后能随国君出访相礼。鲁国宗庙之中虽然藏有许多古代典籍[②]，但是因为长年保管不善，许多简册字迹已经模糊不清，甚至被蠹虫蛀毁，所以孔子前几天说他想到周朝王廷去深入学习周礼，考察先王遗制和礼乐盛况，这是一件功德无量的大事！我愿意随他一同前往，如蒙准许，还恳请您提供车乘物资等资助。"

周王朝是鲁国的宗主国，同为姬姓，在历史渊源和文化传统方面有着千丝万缕的联系，因此鲁君爽快地答应了南宫敬叔的请求，并为孔子提供了一辆车、两匹马和一个驾车的御者（竖子）。

[①] 著者按：关于孔子适周问礼之事，古代典籍中有多种记载，但是具体时间不统一，人物也存在诸多争议。相对而言，《史记·孔子世家》中的记载比较真实、可信，《孔子家语·观周》在此基础上稍有演义，使故事更加完整，内容也更加充实。

[②] 《左传·昭公二年》："（晋大夫韩宣子访鲁观书于大史氏）曰：'周礼尽在鲁矣，吾乃今知周公之德与周之所以王也。'"

孔子等人到达周朝王廷后（今河南洛阳），不仅向老聃学习了有关礼的知识，向周大夫苌弘学习了有关乐的知识①，还走访了各种祭祀场所，考察了明堂规制，了解了宗庙制度，从而进一步明确了复兴西周礼制的政治方向。

朝拜先圣遗迹是为了坚定政治信仰，求教现世智者则是为了获得心灵启迪。孔子在访周期间多次拜访老聃，认真向他请教周礼方面的知识。此时周室已经衰微，周朝礼制也名存实亡，老聃对诸侯争霸的混乱局面忧心忡忡，却又无可奈何，他清醒地意识到，周王朝一统天下的鼎盛时代已经一去不复返了，因此在言谈之中流露出一种悲观情绪，他对孔子说："你所求教的礼乐制度已经不复存在了，那些制礼作乐的先圣尸骨也早已化为尘土，只有那些谆谆教诲犹在耳边。求道之人应该顺应时势，得其道则行，不得其道则藏。我听人说，精明的商人都深藏不露，有德的君子都笨拙木讷。我敬劝你平时要注意克制自己身上的进取之心和傲人之气，不要表现出志存高远的样子，这种姿态对你是有害无益的！我能告诫你的只有这些了。"老聃是周朝主掌古代典籍的职官，他经历多，见识广，思考深，这些都是孔子不具备的。

老聃的话对孔子启发很大，后来他对弟子说："我知道鸟能在天上飞，鱼能在水中游，兽能在山中跑。对于能飞的鸟，我们可以用弓箭射落，对于能游的鱼，我们可以用丝网捕捉，对于能跑的兽，我们可以用机阱擒获。但是对于天上的龙，我们却不能乘风云上青天与之相遇。今天我拜见老聃，算是见识到真正的龙了！"

还有一次，孔子向老聃抱怨道："当今之世，推行先王治国之道实在太难了！我致力于复兴西周礼制，每到一国，都要穿戴整齐，冠冕堂皇，拜见各国国君，向他们宣传先王治国之道的重要性，可是至今无人响应。推行先王治国之道实在太难了！"老聃答道："游说者言辞过于华丽，听言者

---

① 《孔丛子·嘉言》："夫子适周，见苌弘，言终而退。"

思想就被扰乱。'道'应该是朴实无华的,明白这个道理,就知道如何去说服别人了,'道'也就不会被人遗忘。"

孔子赴周朝王廷问礼,是他人生中的一次重要经历,他系统地学习了周朝礼制,虔诚地朝拜了历代宗庙和先圣遗迹,这对于他形成复兴周朝礼制的政治理想起到了至关重要的作用。

孔子观周结束后,老聃亲自为他送行,语重心长地对他说:"我听说富贵者用财物送人,仁德者则用言语送人。我不是富贵者,只能借用'仁德者'这个名称送你几句话吧:因为聪明智慧、善于观察而危及生命的都是那些喜欢非议别人的人;因为知识广博、能言善辩而危及生命的都是那些喜欢揭发别人隐私的人。为人子者就不能只考虑自己,为人臣者更不能只考虑自己。"

老聃这番话是有所指的,也许是指孔子积极进取的处世态度不合时宜,也许是指孔子复辟周礼的政治主张不切实际……总之,孔子西见老聃,这个流传数千年的故事让后人领略到两位古代圣贤的博学和睿智,也给后人留下了无限的遐想和启示。

孔子从周朝王廷返回鲁国后,正式开始设帐授徒,教授与周礼相关的礼乐知识,此后名声渐显,门人渐增。

(《史记·孔子世家》《史记·老子韩非列传》《孔子家语·观周》)

02　学乐于苌弘

孔子说:"三人行,必有我师焉。"①子贡也说:"夫子焉不学?而亦何常师之有?"②孔子一生勤奋好学,不耻下问,但凡有一技之长者都可以成

---

① 《论语·述而篇》。
② 《论语·子张篇》。

为他的老师，所以他一生中有很多老师，有名有姓者有老子、苌弘、老莱子、师襄子、郯子、季札、孟苏、夔靖叔①、项橐等人，无名无姓者就不计其数了。

在孔子的众多老师中，苌弘的师者身份是比较明确的，他对孔子的影响也很大。苌弘，亦作苌宏或苌叔，周朝大夫，他涉猎甚广，博古通今，"先知祸福，言无遗策。"②他对于天文历法和音律乐理尤为精通，"昔者苌弘，周室之执数者也。天地之气，日月之行，风雨之变，律历之数，无所不通"。③"数"是术数，主要包括天文、历谱、五行、蓍龟、杂占形法等④。根据《礼记》《大戴礼记》等经书记载，孔子观周期间曾专门向苌弘学习古代音乐知识以及乐教在施政过程中的作用与功效等。

孔子向苌弘学习音乐非常认真，思考问题的角度也与常人不一样，他常常会有一些新奇的想法和独到的见解，令苌弘刮目相看。

学习结束后，孔子起身施礼告退。苌弘待孔子离开后，对一旁陪坐的周大夫刘文公说道："刚才我仔细观察了仲尼的体貌，发现他有圣人仪表：他的眼眶平直而细长，额头高隆，这是黄帝的容貌；他的双臂修长，后背像乌龟壳一样隆起，体长有九尺六寸，这是成汤的体貌。此外，他言谈举止之中透露出一种非凡的气度：说话总是言称先王，举手投足恭敬谦卑；他思维敏捷，博闻强记，见多识广。这些难道不是圣人再世的征兆吗？"

刘文公则不太认可苌弘的看法，他说："当今周朝王室衰微，诸侯争霸，礼崩乐坏，天下失序。孔丘只是一介布衣，无土无地，无国无民，所以纵然他有圣人的才智和修为，终究是无处可施。"

苌弘说："尧、舜、文王、武王等古代圣王统御天下的法度虽然现在已经被废弃，周朝的礼乐制度也已名存实亡，然而仲尼有志于复兴先王之

---

① 《吕氏春秋·仲春纪·当染》："孔子学于老聃、孟苏、夔靖叔。"
② 《淮南子·齐俗训》。
③ 《淮南子·氾论训》。
④ 《汉书·艺文志》。

道,他这次专门到周朝王廷来学习古代礼乐知识和典章制度,我认为今后他一定能光大周朝正统,复兴礼乐制度。"

孔子后来得知苌弘对自己的评价后谦逊地说:"我怎么能担当得起复兴周礼的历史重任呀?我只不过是一个喜欢学习和研究礼乐知识的人。"

(《孔丛子·嘉言》)

03 观乎明堂

明堂是周公摄政时期召集三公议政或会见四方诸侯的场所,也有人说是周公之庙①,建筑形状是四方形的,四面围墙的正中各开有一扇门,朝廷命官和四方诸侯根据尊卑之序或内外之别从不同方向的门进入明堂,然后按照班爵等级各自就位。《大戴礼记·明堂》:"明堂者,古有之也。凡九室,一室而有四户八牖,三十六户,七十二牖。以茅盖屋,上圆下方。明堂者,所以明诸侯尊卑。"由此可见,明堂是一个讲究等级秩序的场所。

孔子访周期间,特意去参观了周公明堂,他看见四扇门之间的墙壁上画有尧舜和桀纣等历史人物的画像,人像容貌的善良与邪恶一目了然,旁边写有关于国家兴衰存亡的警示语。墙壁上还有周公辅佐周成王的画像,画像中周公抱着周成王背对着屏风、面朝南面接受四方诸侯觐见。孔子在明堂中逗留了很久,他对每一处布置、每一幅画像、每一件器物观察得非常仔细,并用心体会其中的寓意。走出明堂之后,他指着墙壁上的画像对随行的人说:"这些画像时时刻刻在警醒人们,这正是周公能让周王朝兴盛的原因!这些画像就像明镜一样,映照着现实世界,人们可以从中看到历史上的成败得失,也可以看到未来的兴衰存亡!如果当政者不努力引导国

---

① 《大戴礼记·明堂》。

家朝着正确的方向发展，不重视那些导致国家走向灭亡的潜在危机，那么就如同一个人倒着走路却又想追赶往前奔跑的人一样，他能不为自己迷失方向而感到困惑吗！"

周公旦是西周政权的建立者，也是礼乐制度的创制者，孔子对他顶礼膜拜。访周期间，孔子看到许多与周公相关的遗迹，听到许多与周公相关的故事，同时也深切体会到周公"制礼作乐"的伟大与英明。周公的音容笑貌仿佛就在他的眼前，他由衷赞叹道："此周公所以盛也。夫明镜所以察形，往古者所以知今。"孔子认为，周公之所以能成为千古圣人，周朝之所以能称王天下，就是因为西周统治者能够以古为鉴，时刻保持警醒。

（《孔子家语·观周》）

04　宥坐之器

宥坐，亦称右坐、宥卮、侑卮等，是古代的一种盛水器物，其形状为口小、腹大、底尖、两头高翘，重心不稳，容易倾倒，故又称欹器，"欹"通攲，倾斜之义。由于宥坐之器具有"中则正"的象征意义，因此古代帝王喜欢将其置于座位右边，起到时刻警醒自己守正持平的作用。《文子·九守》："故三皇五帝有戒之器，命曰侑卮，其冲即正，其盈即覆。"另据《晋书·杜预传》记载，东汉时期，周朝时期的宥坐之器仍然放置在皇帝御座的右边。

孔子访周期间，在周庙中曾有幸见到这个宥坐之器①，他当时问守庙人道："这是什么器物？"

守庙人答道："这是古代帝王放在座位右边用来警示自己的宥坐

---

① 著者按：《荀子·宥坐》《淮南子·道应训》《孔子家语·三恕》中均记为"孔子观于鲁桓公之庙"，《韩诗外传·卷三》《说苑·敬慎》中则记为"孔子观于周庙"。此从《韩诗外传》等。

之器。"

孔子继续问道:"我听说这个器物内空时会倾倒,灌入一半水时就能维持端正,灌满水后就会翻覆。这种说法属实吗?"

守庙人说:"的确如此。"

孔子回过头来对弟子说:"向里面灌水吧。"

弟子舀来水慢慢往宥坐之器里灌,器皿灌入一半水就端正了,灌满水后就翻倒了,而水倒空后又倾斜了。

孔子沉思良久,然后长叹一声道:"唉!宥坐之器让人明白了'满则覆'的道理。有什么器物能在装满东西以后不倾覆呢?"

子路在一旁轻声问道①:"请问有什么办法能保持器物在装东西时不倾覆呢?"

孔子说:"只有一种办法,那就是往器物里装东西要控制一个合适的度,少了就要适量增加,多了就要适量减少,使器物始终保持适中状态。"

子路又问道:"您这句话如何理解?"

孔子说:"万物达到鼎盛之后就会走向衰败,快乐达到极致之后就会转为悲哀,太阳过了正午之后就会向西偏移,月亮满盈之后就会慢慢亏缺。人们要从万事万物中领悟到盛极而衰的道理:天资聪慧的人要学会用愚笨来持守睿智,学识渊博的人要学会用浅薄来持守博闻,勇武强悍的人要学会用怯懦来持守刚强,富甲天下的人要学会用节俭来持守财富,恩泽四方的人要学会用恭谦来持守功德。上述五条,是古代帝王一统天下、保持不败的重要法则,违反这五条法则就会出现危机!"

维持事物的中正状态,防止"虚"和"满"两种极端,这是中国古代文化思想中的特有智慧,被广泛运用于生活之中,所以后人在评述此事时都引用了古代典籍中的名言警句来进行阐述,《淮南子·道应训》:"故《老子》曰:'服此道者不欲盈。夫唯不盈,是以能弊而不新成。'"《韩诗外

---

① 著者按:《淮南子·道应训》中作"子贡"。

传·卷三》:"《诗》曰:'汤降不迟,圣敬日跻。'"《说苑·敬慎》:"《易》曰:'不损而益之,故损,自损而终故益。'"所有阐述都强调了一点:"满招损,谦受益,时乃天道。"①

(《荀子·宥坐》《淮南子·道应训》《韩诗外传·卷三》《说苑·敬慎》《孔子家语·三恕》)

---

① 《尚书·大禹谟》。

三、适齐 十一则

【概说】

　　齐、鲁都是周朝初期分封的诸侯国，两国地缘相近，语言相通，习俗相同，人文相亲，联系比较紧密。孔子在五十岁之前一直没有受到鲁国当政者的重用，因此他很早就有就近到齐国去寻求发展的计划。鲁昭公二十五年（公元前517年），鲁国发生斗鸡之变，鲁昭公出逃齐国，政卿季平子把持国政。由于孔子在政治上持有保守立场，因此被当权者彻底弃用，于是他也跑到齐国去了。

　　孔子在齐国期间（昭公二十五年冬至昭公二十七年），虽然没有出仕为官，参与齐国政务，但是他经常应齐景公之召入朝应询各种为政问题，并提出许多有价值的施政措施和为政建议，因而得到齐景公的赏识和认可，齐景公一度打算重用他，"以季、孟之间待之"（《论语·微子篇》），后因齐大夫晏婴等人强烈反对而作罢。

　　孔子有志于齐，然而最终却未能受到重用，主要原因不是他与齐景公在政治理念上存在差异，而是齐国传统的宗法体制难以突破。

01 齐景公问霸

齐景公是春秋史上一位有抱负、有作为的国君,他从小受到齐桓霸业的熏陶,有志于争霸中原,建功立业。继位以后,他积极组建抗晋联盟,有效地遏制了晋国东进的争霸势头,维持了中原地区相对均衡、稳定的局面。

在组建对抗晋国联盟的过程中,鲁国是齐景公关注的重点,因为齐、鲁两国有许多共同利益。鲁昭公二十年(公元前522年),孔子三十岁,齐景公在国相晏婴的陪同下到访鲁国,白天他们与鲁昭公密谋结盟之事,晚上就下榻在公馆。

当晚住下后,齐景公让晏婴去把孔子请来面谈,因为孔子当时已经小有名气,况且他头上还顶着"圣人之后"的光环。孔子应召来到公馆,这是他第一次与齐景公见面,对于双方来说都很重要。齐景公问道:"秦穆公在位时期,秦国只是一个偏于西隅的小国家,然而很快就能称霸西戎,这是什么原因?"

孔子答道:"秦国当时虽然地处偏远,国小势弱,但是当政者志向远大,行为正直,处事公允。必须承认,秦穆公是一位有远见、勇担当的君主,他施政谋略得当,举措果断,执法无私,令行禁止,最重要的是他能够不拘一格选拔和任用人才。当年五羖大夫百里奚只是一个陪嫁的家奴,秦穆公发现他是一个不可多得的霸王之才,就破格提拔他为贵族大夫。秦穆公与百里奚深谈三天之后,就把国政交给他全权处理。秦穆公的政治魄力和用人智慧是各国诸侯不具备的,所以秦国称霸西戎理所当然,称王天下也不是没有可能。"

齐景公对于孔子提出的政治观点高度认可,连声称善,他对孔子的印象也非常深刻。

孔子与齐景公初次见面，两人在政治理念方面高度契合，彼此印象也很好，这为他们日后深入交往打下了良好的基础。

(《史记·孔子世家》《说苑·尊贤》《孔子家语·贤君》)

02　齐景公问政

鲁昭公二十五年（公元前517年），鲁国发生斗鸡之变，鲁昭公出逃齐国，以公山不狃、阳虎等人为代表的新兴势力受到重用，而保守势力则受到排挤和打压。孔子是保守势力的代表人物，他在任何时候都"祖述尧舜，宪章文武"①，在鲁国根本没有市场，所以他也跑到齐国去另谋发展。是年孔子三十五岁。值得注意的是，《庄子》《论衡》等书为了渲染孔子在鲁国遭受种种不公待遇的悲情，把孔子去鲁适齐描绘成遭到驱逐。其实，孔子离开鲁国的真正原因不是被动遭逐（当时他并未出仕），而是主动求变，他希望在齐国能够找到一个施展政治才华、实现人生理想的大舞台。

孔子到齐国以后，经人介绍，先在公族大夫高昭子家里当家臣。高氏在齐国是很有影响力的望族，高氏先祖高傒是当年拥立齐桓公的头等功臣，位列上卿，孔子想通过高氏这层特殊关系接近齐景公。

根据各类典籍记载，孔子淹居齐国期间，齐景公曾多次问政于孔子，其中有两次比较重要：一次是齐景公向孔子请教处理君臣父子关系的原则与方法，孔子回答道："君君，臣臣，父父，子子。"②意思就是，君臣父子都要各守其名，各安其分，这样礼制秩序就能得到有效维护。孔子提出这个建议是具有很强的针对性的，当时齐景公等公室贵族纵情享受，穷奢极欲，厚敛于民，渐失民心，而以陈文子为首的陈氏（田齐）集团则博施于

---

① 《礼记·中庸》。
② 《论语·颜渊篇》。

民，笼络人心，日益做大，久而久之，"君不君，臣不臣"的局面逐渐形成，潜在危机也随时会爆发；齐景公晚年讳言立嗣，群公子名分不清，行为不当，争斗不已，因此"父不父，子不子"的情况也非常严重。孔子提出的通过妥善处理君臣父子关系来化解国内政治危机的建议确实是非常高明的。另一次是齐景公向孔子请教如何解决财用不足问题，孔子回答道："政在节财。"①意思就是，为政的首要任务是节省财用，尽量减少不必要的开支，以减轻民众的负担。孔子的这个建议也是很有针对性的，因为齐景公在执政后期，争霸雄心逐渐衰退，他在生活上贪图享受，挥霍无度，浪费严重，财税入不敷出。为了解决财政危机，当政者只好不断加重国民的税赋负担，国人生活日益艰难，怨声载道，齐相晏婴尖锐地批评道："民参其力，二入于公，而衣食其一。公聚朽蠹，而三老冻馁。"②孔子目睹齐国民众的生活惨状，因此提出节省财用的主张确实是切中时弊的。

此外，孔子在齐国期间还对齐国的一些具体政务也提出许多富有建设性的意见，许多意见都被齐景公认真听取和采纳。他对于齐国政坛上的一些重要人物也做出评价，这些评价都是比较中肯的，因此引起人们的关注。

随着齐景公对孔子的日益倚重，齐国氏族贵族对孔子的戒备之心也日益加重，孔子的处境越来越艰难了。由此可见，氏族宗法制的铁幕在短时间内是很难打破的！

（《史记·孔子世家》《孔子家语·贤君》）

03 齐景公为大钟

齐景公既是争霸之主，也是一个奢靡之君，他在位期间接二连三地大

---

① 《史记·孔子世家》。
② 《左传·昭公三年》。

兴土木，修筑高台楼榭，耗费了大量的人力物力，齐国民众苦不堪言，怨声载道。等到路寝之台和长庥之台修建完毕后，齐景公又要征用民力铸造大钟（"为大钟"），以此来彰显自己的圣功伟业。齐相晏婴劝谏道："君主为了满足自己的欲望，先修筑高台，现在又要铸造大钟，齐国民众不堪重负，弄不好会出乱子的！以民众之哀来满足君主之乐，这是不祥的。"然而齐景公不听劝谏，坚持加重税赋，调用民力，最终铸成大钟。

大钟铸成之后，需要悬空吊起来，在正式启用之前，还要举行祭祀先祖仪式，然而齐景公却迫不及待地要举办大型庆功宴会，邀请国内所有显贵者参加。齐相晏婴、孔子和周朝史官柏常骞三人都觉得这样做不妥，于是他们一起去觐见齐景公，并共同发出警告："这口大钟即将毁坏。"

果然，这口大钟一经撞击就毁坏了，齐景公立即召见晏婴、孔子和柏常骞询问原因。晏婴先答道："大钟铸成之后，不祭祀先祖就举办庆功宴会，这是违反礼制的，所以我据此判断大钟必将毁坏。"

柏常骞说："今天是庚申日，也是雷震之日，历法上载有与此相关的忌讳规定：雷震之日的所有声音都不能超过雷震之声，否则必有灾祸，然而这口大钟的钟声显然比雷声要大，所以我据此判断大钟必将毁坏。"

孔子则说："这口大钟口朝下悬挂在低处，撞击它时气流在下面回旋，形成巨大冲力之后向上冲击，这种冲力如同排山倒海之势，大钟难以承受，所以我据此推断大钟必将毁坏。"

晏婴、孔子和柏常骞虽然都做出大钟将毁的推断，但是因为三人的身份和地位不同，所以做出推断的依据也各不相同：晏婴是齐国政卿，肩负治理国家的辅政重任，他为了维护齐国的礼制秩序和齐景公的君主威望，就必须从政治的高度向齐景公发出警示；柏常骞是周朝史官，专司天文历法事务，因此他必须恪尽职守，从专业的角度对齐景公提出警醒；孔子是鲁国下大夫，此时他寄居齐国，无官无职，没有资格和义务对别国的国事政务指手画脚，说三道四，所以他只能就事论事，从科学的角度做出推断。

不得不说，孔子对自己的身份和地位拿捏得非常到位，此时该说什么不该说什么,他一清二楚,绝不违礼越界。更令人惊奇的是,孔子做出大钟将毁的推断是最符合现代科学的声学原理的,也是最富有科学精神的,这确实难能可贵。

(《说苑·正谏》《晏子春秋·内篇谏下》《晏子春秋·外篇不合经术者》)

04　齐景公以弓招虞人

齐景公好田猎,有时外出田猎十几天,把政事都耽搁了,《晏子春秋》《说苑》等古代典籍中对此多有记载。

有一次,齐景公到沛丘(今山东博兴县南)去田猎,因为临时有事需要虞人(管理山泽的官吏)前来侍奉,于是他就举起手中的弓召唤虞人,然而那个虞人却站在原地不动,没有听从召唤。齐景公大为恼怒,立即命人将虞人押解过来责问。

虞人不慌不忙地辩解道:"以前齐国先君田猎的时候,都是举旗召唤大夫,举弓召唤士人,举皮帽召唤虞人。刚才我没有看见您举起皮帽,所以不敢前来冒犯。"

齐景公听了虞人的辩解后,觉得错在自己,于是就把他放了。

孔子当时在齐国求仕,他听说这件事情后,对这个虞人"非其招而不往"的遵礼行为大为赞赏,他说:"善哉!守道不如守官。"意思就是,这个虞人能够遵从礼制,忠于职守,他没有盲目地听从君主的命令,而是严格履行守官的职责。后来孟子在谈论此事时对孔子的观点也表示赞同,他说:"志士不忘在沟壑,勇士不忘丧其元。孔子奚取焉?取非其招而不往也。"[①]

在职场中,最重要的不是身份或地位,而是规则和规矩。孔子在两千

---

① 《孟子·滕文公章句上》。

多年前就已经悟到这个道理。这样的道理在现今职场中仍然是通行的。

（《左传·昭公二十年》《孟子·滕文公章句下》《孔子家语·正论解》）

05　齐大旱

根据《左传》《国语》等史书记载，鲁昭公二十六年（公元前516年），齐国出现彗星等的怪异天象，随后出现严重旱灾，旱情持续时间很长，导致第二年春季爆发全国性的大饥荒，许多国人不得不外出逃荒，有的难民就饿死在路旁。为了帮助逃荒的难民，不少富有人家主动施舍行善，齐国有一个叫黔敖的贵族在路边支起一个粥篷，给逃荒的难民分发食物。有一个难民用衣袖遮住脸，跟跟跄跄地走过来，黔敖左手拿着吃的，右手拿着喝的，粗鲁地对那个难民大声喊道："嗟！来食！"那个难民抬起眼来瞪着黔敖说道："我就是因为不吃'嗟'来的食物，才沦落到这种地步！"黔敖意识到自己态度不对，再三向那个难民道歉，但是那个难民坚决不吃嗟来之食，最后饿死在路边。

为了应对灾情，齐景公紧急召集群臣商议救灾对策，有人建议举行祭神仪式，禳灾弭祸，然而齐相晏婴则表示反对，他对齐景公说："无益也，祇取诬焉。天道不谄，不贰其命，若之何禳之？且天之有彗也，以除秽也。君无秽德，又何禳焉？若德之秽，禳之何损？"①意思就是，彗星（扫帚星）是扫除秽物之义，如果国君在道德上没有瑕疵，祭神禳灾岂不是多此一举？当时两种意见相持不下，齐景公只好请孔子来应询，他问道："齐国旱情严重，您有什么好对策？"

孔子答道："大荒之年，公室贵族首先要带头节省财用，出门用驽马驾

---

① 《左传·昭公二十六年》。

车,尽量不征用劳力,停止宫室道路建设,举行祭祀活动时可以用币或玉来代替活牲,也不用讲究鼓乐齐鸣的排场。总之,能不开支就不开支,能减少支出就减少支出,这是贤明君主通过节减个人财用来赈灾救民的最正确方式,这也是符合传统礼制的。"

孔子有关"凶年则乘驽马"的言论和他提出的"政在节财"的施政观点是完全一致的。

(《左传·昭公二十六年》《礼记·檀弓下》《晏子春秋·内篇谏上第一》《新序·节士》《孔子家语·曲礼子贡问》)

06　周釐王之庙遇灾

孔子在齐国淹留期间,住在齐都营丘的客舍中,有一天齐景公到客舍来看望他,两人刚行完见面之礼,贴身侍从就急忙跑来向齐景公报告:"周王的使者前来通报,周廷先王的宗庙发生了火灾。"

齐景公问道:"哪位先王的宗庙发生了火灾?"

贴身侍从一时回答不上来,孔子则在一旁说道:"肯定是周釐王的宗庙发生了火灾。"

周釐王是东周初年的周王,他在位时间与发生火灾的时间相隔久远,而且他的事迹也早已被人遗忘,所以齐景公对此表示怀疑,他问孔子道:"您怎么知道是周釐王的宗庙发生火灾?"

孔子回答道:"《诗经》中有言:'皇皇上天,其命不忒。天之与人,必报有德。'①意思就是,上天是公正无私的,不会欺骗人,积德行善之人必有福报,同样,秽德恶行之人也必将遭遇灾祸。就拿周釐王来说,他在位

---

① 著者按:今本《诗经》中无此诗,旧说为逸诗。

期间篡改了文王和武王时期制定的政治制度，采用玄黄之类的华丽色彩作为装饰，宫室高大，车马奢华，生活奢侈淫逸到无以复加的地步，所以上天必将有所报应，降祸于他的宗庙。这就是我推测周釐王之庙遇灾的依据。"

齐景公继续问道："既然周釐王品行不端，秽德彰显，那么为什么上天当时没有直接惩罚他本人，而是一直等到现在才将灾祸降到他的宗庙呢？"

孔子说："这大概是因为文王和武王吧。如果上天把灾祸降到周釐王的身上，那么文王和武王就有可能绝嗣。但是上天是公正无私的，所以就把灾祸降到他的宗庙，以此来彰显他的过错，并警示后人。"

过一会儿，贴身侍从又跑来报告："周廷火灾果然发生在周釐王之庙。"

齐景公听后吃惊地站了起来，恭恭敬敬地向孔子行再拜之礼，然后说道："简直太神奇了！圣人的智慧确实不是凡人能及的！"

孔子是如何推断周釐王之庙遇灾的呢？这得益于他平时善于观察和思考，能从许多生活细节中发现端倪，找到答案。孔子年轻时曾到周廷去向老子学礼，并参访了周朝历代先王的宗庙，他对每座先王宗庙的建筑结构以及维护情况都有所了解，所以他的推论是有一定科学依据的。

（《说苑·权谋》《孔子家语·六本》）

07　游于齐而不见晏子

晏子，名婴，字平仲（仲），谥平，春秋时期齐国政卿，先后辅佐灵公、庄公、景公三代国君，从政五十余年，以直言进谏、惠人爱民、节俭危行、机智善辩而见重于齐国，名显于诸侯。

孔子与晏婴是同时期人，两人交往颇多，相互敬重，然而由于成长背景和从政经历不同,他们在思想观念和处世方法上存在差异。孔子曾说:"晏平仲善与人交,久而敬之。"①这个"久"字生动地表现了他对晏婴的认识经历了一个由不敬到敬的转变过程。

孔子开始不敬晏婴,主要是因为晏婴前后侍奉了三位德行和秉性完全不同的国君,而且他都顺利地应付下来了,像他这种用不同方法与态度来侍奉不同君主的人,在为人处事方面肯定大有问题。孔子对此评述道:"卫灵公行为不检点,晏婴以严整齐正的礼制规范来侍奉他;齐庄公崇尚武力,晏婴以宣扬武德来侍奉他;齐景公生活奢侈浮华,晏婴以谦虚节俭来侍奉他。从晏婴侍奉国君的方法来看,他忠心耿耿,认真履职,确实是一位令人尊敬的君子;但是从治国理政的效果来看,他辅政期间并没有造福齐国民众,给国人带来实实在在的利益,因此他又是一个格局不大的小人('细人')!"

因为孔子对晏婴存有偏见,所以他到齐国以后一直不愿意与晏婴来往,齐景公和弟子子贡都曾劝说他不要意气用事,可是他态度非常坚决,一直拒绝面见晏婴。

晏婴听说孔子不愿意面见自己后并没有生气,他对人解释道:"孔子误会我了!我用不同的方法和态度来侍奉三位国君,但是用心完全是一样的。我辅佐的几位国君虽然秉性各异,但是他们都希望国家安宁,百姓富裕,我就一心一意地辅佐他们实现这个目标,所以我是一心辅政,而非三心事主。我听人说,把对的说成不对的或者把不对的说成对的,这些都是错误的。在两种错误之中,孔子必占其一。至于孔子说我辅政期间为了保住自己的爵位,一味地顺从讨好国君,没有为齐国民众谋取福利,对此我不得不分辩几句:我确实不能像孔子那样坚持自己的理想和信念,做到'用之则行,舍之则藏'②,因为在我们晏氏氏族中有几百户人家要靠我的

---

① 《论语·公冶长篇》。
② 《论语·述而篇》。

俸禄来祭祀先祖，在齐国还有许许多多的贫寒之士要靠我的赈济来度日活命，所以我不得不努力保住自己的爵位和俸禄，我总不能靠讲大道理来给人当饭吃吧？"

晏婴的态度是诚恳的，他所说的情况也是真实的。孔子听到晏婴的辩解后，意识到自己错怪了晏婴，于是对弟子们说："晏婴用自己的俸禄来救助百姓，却从不标榜自夸；用自己的品行来补正三位国君的缺点，却从不居功自傲。晏子确实是一位正人君子啊！"后来他又愧疚地对人说："常言道：虽然在近处说话，声音却能传得很远，无法消除；行为虽然发生在自己身上，却能被众人看见，无法掩盖。我非议晏子，却没有弄清情况，把是说成了非，把对说成了错，故而误导了众人，这完全是我的过错！我听人说，有德行的君子把不如自己的人当作朋友，把比自己优秀的人当作老师。我在批评晏子时说了错话，然而晏子在批评我时说话却很中肯，所以无论从哪方面来说，我都应该把晏子当作我的老师和朋友！"

后来孔子主动去拜见了晏婴，并郑重地向他做出道歉。此后两人交往越来越频繁，关系也越来越密切。相处日久，交往日深，孔子对晏婴也愈加敬重，他说："晏子于君为忠臣，于行为恭敬。故吾皆以兄事之，而加爱敬。"①他把晏婴当作值得尊敬的师长，所以司马迁在罗列孔子所敬重的贤人名单时说："于齐，晏平仲。"②

（《晏子春秋·内篇问下第四》《晏子春秋·外篇不合经术者第八》）

08　陈氏戮其小臣

孔子在齐国期间，经常奉齐景公之召到朝中议事。有一次，孔子正在

---

① 《孔子家语·辩政》。
② 《史记·仲尼弟子列传》。

与齐景公谈论事情，齐大夫梁丘据匆匆忙忙地赶了过来，齐景公问道："你为什么来得这么迟啊？"

梁丘据是齐景公的宠臣，他为人圆滑，善于应变，故而深得齐景公器重。梁丘据见齐景公有责怪之意，于是就小心翼翼地答道："陈氏族中有一个小臣（家臣）犯禁，族人要对他施以刑戮处罚，需要我提供相关证词，所以我来迟了。"

梁丘据所说的"陈氏"是齐国陈氏第四代宗主陈文子。陈氏一族从陈国流亡到齐国后，经过几代人的苦心经营，在齐国逐渐站稳脚跟，势力日益强大。陈氏惩处小臣，这原本是氏族内部事务，但是出于谨慎，陈氏要求梁丘据出面提供证词，坐实罪名。齐景公觉得这件事情值得向孔子夸耀一番，因为孔子总是当着他的面批评齐国贵族摒弃礼制，刑戮无度，于是他面带微笑地对孔子说："《尚书·周书》中载有'明德慎罚'的遗训，齐国大夫无不谨记在心，认真履行，比如陈氏宗主陈文子对族中小臣处以刑戮，他绝不主观武断，一定要搜集充分、可信的证据，此可谓慎之又慎。"

孔子觉得齐景公对"明德慎罚"的理解过于狭隘，有必要做出全面解释，于是说道："周朝建立之初，武庚伙同管叔、蔡叔等人发动叛乱，危害周朝统治。周公平定叛乱之后，封武王之弟康叔于卫，统领'三监'之地，并任命他为诸侯之长，名曰孟侯。为了防止再度发生叛乱，周公以周成王的名义发布《康诰》，要求康叔继承周文王的懿德，严厉打击各种违法犯罪行为，禁止酗酒等逸乐腐败生活。《康诰》中的原话是'惟乃丕显考文王，克明德慎罚'。'克明德'是要求当政者善于任用那些道德高尚、品行端正的人，而不是当政者品德高尚的自诩之辞；'慎罚'是要求当政者实施刑罚一定要出于公心，能够服众，只有众人一致认为处罚是公平正义的，才能施以刑罚，否则就应该弃刑而不用。概括地说，这两句话的原意是，用人不应该错失有德之人，施罚不应该错过有罪之人（即不应处罚无罪之人）。"

齐景公是一个善于听取批评意见的君主，他听了孔子关于"明德慎罚"的解释后，主动承认道："如果不是我说了错话，怎么能得到高人的指点呢?"

其实对照《尚书》原文,齐景公的理解并没有错,"明德"和"慎罚"都是针对当政者而言的,然而孔子却刻意做出另一番解释,不知是何用意,也许是他想提高向齐景公进谏的实际效果,也许是他对陈文子的"明德慎罚"不太认可。

(《孔丛子·论书》)

09 齐之危病若无辖之车

齐景公晚年意志消沉,贪图享受,无心理政,致使齐国政坛动荡不安,乱象丛生,已经到了失控的边缘。齐相晏婴忧心忡忡,多次向齐景公进谏,齐景公均置之不理。有一天晚上,晏婴跑到馆舍来向孔子倾诉心中的苦闷,两人酒酣耳热之际,说了一些私密话。

晏婴心情沉重地对孔子说:"现在齐国的情况已经非常危急,就像是一辆缺失关键刹车部件(无辖)的车辆正在冲向千仞深渊,即使车辆不倾覆,恐怕也难逃坠落深渊的厄运!您是我的知心朋友,您现在又把齐国当作栖身之地,因此对齐国现状比较了解,如果您有什么解救危难的良策,千万不要有什么顾虑,请如实告诉我。"

孔子沉吟了片刻,然后答道:"俗话说:死病不可以求医。现在齐国患的就是'死病',已经病入膏肓,无可挽救。如果把治理一个国家比作驾驭车辆,那么政令就是国君手中的衔辔(缰绳),国君靠发布政令来指挥官吏,控制子民[①]。然而齐国国君失权已久,政令不畅通,君不君、臣不臣的情况非常严重。您身为国相,虽然竭力想稳住车辕,扶正车轮,但是毕竟

---

① 《孔子家语·执辔》:"子曰:'夫德法者,御民之具,犹御马之有衔勒也。君者,人也;吏者,辔也;刑者,策也。夫人君之政,执其辔策而已。'"

力量有限,因此很难有所作为。也许您能保全国君和自己,但是终将无法改变齐国姜姓将要被陈氏(田氏)取代的命运。"

齐景公在位时期,以陈文子为代表的陈氏集团是新兴崛起的政治势力,他们采取大斗贷出小斗收回等小恩小惠的手段来笼络人心,经营多年,日益做大;而以齐景公为代表的姜姓贵族阶层则日趋腐朽没落,逐渐失去国人的信任与支持。在新旧两股势力的较量中,齐国就像一辆失去控制的"无辖之车",坠落深渊是不可避免的。孔子清醒地意识到,陈氏(田氏)代齐是历史发展的必然,但是他毕竟人微言轻,所以只能点到为止。

(《孔丛子·嘉言》)

10　在齐闻《韶》

《韶》是帝喾时期的宫廷舞乐,最初由乐官黑咸创制,虞舜时期又进行了修改和完善,内容主要是歌颂上古帝王让位于贤的盛德,所以孔子说《韶》乐"尽美矣,又尽善矣"[①]。

孔子第一次听到《韶》乐是在齐国,当时他从齐都临淄的郭门外路过,遇见一个与自己并行的小男孩,小男孩手里提了一壶酒,眼睛很有神,神情很专注,举止很端庄。孔子对御者说:"赶快跟上!赶快跟上!"

孔子一路跟到小男孩的家门口,突然听见《韶》乐声起,洋洋洒洒,悦耳动听,此后《韶》乐就一直萦绕在孔子的耳畔,他竟然痴迷到"三月不知肉味"的程度,他由衷地赞叹道:"不图为乐之至于斯也!"[②]意思就是,想不到《韶》乐能给人带来如此美好的享受!

这个小男孩究竟是什么来历?自古至今没有人能说得清楚,估计是记

[①]　《论语·八佾篇》。
[②]　《论语·述而篇》。

事者为了追求艺术效果而编造出来的一个虚构人物。不过从常理来说，心思越单纯的孩童，对音乐的领悟就越透彻，所以一个小男孩演奏《韶》乐，能让孔子听得如醉如痴，这种事情不是没有可能的。

（《说苑·修文》）

11 固辞尼谿

孔子与齐景公的治政志向比较一致，共同话题也比较多。《说苑·善说》："孔子经营天下，南有陈、蔡之陀，而北干景公，三坐而五立，未尝离也。"可见两人关系非常亲密。

孔子多次应齐景公之召咨政，对齐国国事政务提出许多有价值的意见和建议。齐景公对孔子的政治主张高度认可，打算重用孔子，还要把尼谿之田分封给孔子，这样孔子每年都有固定的田赋收入，生活也就没有后顾之忧了。尼谿是齐邑，亦作廪丘或尔稽，位于山东济水之南（今山东郓城境内）。

齐景公打算重用孔子并不是一时头脑发热，心血来潮，而是有深远谋划和统筹安排的。当时齐国公族势力十分强大，氏族之间盘根错节，明争暗斗，危机重重，而以陈文子、晏婴、鲍文子等人为代表的新兴势力迅速崛起，成为齐景公倚重的政治力量。在新旧政治势力的较量中，齐景公希望起用新人，彻底摆脱传统氏族势力的羁绊，在国内大刀阔斧地进行改革，孔子则是他推行改革的重要人选，齐景公曾明确向孔子许诺道："若季氏，则吾不能；以季、孟之间待之。"[1]所谓"季、孟之间"，就是三卿人选[2]，

---

[1] 《论语·微子篇》。
[2] 著者按：《礼记·王制》："次国三卿，二卿命于天子，一卿命于其君。"春秋时期，齐国是非姬姓诸侯国，属于次国，因此国、高二氏由周天子直接任命，二卿之外，齐君还可以再任命一卿，当年管仲就是由齐桓公直接任命的辅政大臣。

为主政大臣之一，这是非常高的礼遇了。

齐景公与孔子，一个是争霸之君，一个是经世之才，如果两人携手合作，肯定能干出一番大事业来，甚至有可能改写历史！然而孔子受封尼谿之事并未能进行下去，根据各类典籍记载，后续发展有两个版本：

第一个版本是孔子不愿意无功受封，主动辞受，此说以《吕氏春秋》《说苑》《孔子家语》等书为代表。孔子听说齐景公打算用尼谿的田赋来礼聘自己，当即表示推辞不受，后来他对弟子解释说："常言道：君子无功不受禄。我虽然向齐君提出一些有益的为政建议，言辞恳切，切中要害，但是这些建议尚未付诸实施，因此无法验证实际效果，在这种情况下，我怎么能接受齐君分封呢？这说明齐君对我的为人还不太了解！"孔子觉得齐景公和其他诸侯国君一样，不能真正了解自己的政治抱负和道德操守，于是他不久便离开齐国。这种说法显然是由孔门徒子徒孙们编造出来的，他们认为，孔子是圣人，圣人行走天下，岂有不受礼遇优待的道理！

第二个版本是由于晏婴等齐大夫强烈反对，齐景公最终不得不弃用孔子，此说以《墨子》《史记》《晏子春秋》等书为代表。根据《墨子·非儒下》中记载，齐景公把礼聘孔子的想法告诉了齐相晏婴，晏婴当即表示强烈反对，他历数儒家学说思想的种种弊端，否定孔子以礼治国的政治主张。司马迁作《史记》时基本沿用了《墨子》的说法，就连语言表述也基本相同。

孔子和晏婴在当时都是有名望的贤士，他们在政治思想和执政理念方面也比较一致，都主张以礼治国，宽惠待人。但是因为两人在统治集团内部所处的地位不同，所以观察和思考问题的角度不同，解决实际问题的态度也不同。晏婴是齐国世袭贵族，一直在位辅政，每天都面临许多有关国计民生的实际问题，所以他的为政风格比较亲民务实，追求实效，善于权变；而孔子则是没落贵族的后裔，长期得不到重用，只能以旁观者身份站在道德批判的高度进行说教，所以他的思想观点过于理想化、概念化，长于伦理道德的说教而短于随俗而化的行动。如果齐景公重用孔子，孔子必定会在齐国推行那些不切实际的道德教化，这样反而会扰乱民心，破坏统治秩序，所以晏婴劝谏齐景公道："君欲用之以移齐俗，非所以先细民也。"①意思就是，儒家的道德说教不适合齐国国情，也不可能取得实实在在的施政效果！

与此同时，齐国许多贵族大夫也反对齐景公重用孔子，他们担心让一个异姓异族的没落贵族来主持齐国国政，辅佐齐景公推行内政改革，必然会损害他们的政治特权和经济利益，所以他们私下串通结党，企图加害孔子。

在晏婴等齐国大夫的强烈反对下，齐景公不得不改变态度，决定弃用孔子，后来他无奈地对孔子说："吾老矣，不能用也。"②言下之意，齐国不能用你了，你请另谋高就吧。孔子虽然愤懑不平，但也无可奈何，只好惆怅地离开齐国，返回鲁国。

孔子此时年三十有七，正当意气风发之年。

孔子有志于齐，原本是一出好戏，结果就这样仓促收场了，难免让人觉得窝囊！后人对此评论道："孔子辞廪丘，终不盗刀钩。"③意思就是，齐景公弃用孔子，真正蒙受损失的不是孔子，而是齐国！不过说这些话似乎仍不解气，于是后来又有人把孔子固辞廪丘的剧情延续到"田常之乱""夹谷之会"，让孔子在这些重大历史事件中狠狠地报复了一下齐国，总算是出了一口恶气！

(《墨子·非儒下》《史记·孔子世家》《吕氏春秋·离俗览·高义》《说苑·立节》《晏子春秋·外篇不合经术者第八》《孔丛子·诘墨》)

---

① 《史记·孔子世家》。
② 《论语·微子篇》。
③ 《淮南子·氾论训》。

四、用鲁 十四则

概说

孔子是殷人之后，宋国公室贵胄的后裔，但是他对鲁国有着强烈的归属感，因为他出生和成长在这个地方，他把鲁国当作父母之邦和魂归之地，渴望自己有朝一日能够有所成就，报效鲁国。

孔子在三十岁时就已经完成了知识储备和能力提升，"吾其为东周"的政治理想也基本形成，他一直在耐心地等待出仕的机会。然而在以氏族血缘关系为主体的宗法体制中，他长期被边缘化，郁郁不得志，只能在世袭贵族季氏手下当"委吏""乘田"之类的小官吏，养家糊口而已。

孔子在五十岁时终于迎来了人生的重大转机，阳虎之乱迫使鲁定公以及"三桓"之家不得不认真思考整饬礼制问题，而一贯主张复兴周朝礼制的孔子终于得到重用，他从中都宰一路擢升至大司寇行摄相事，位高权重，红极一时。孔子在为官期间采取德威并重、宽猛相济的施政策略，在内政和外交方面都取得不俗政绩，鲁国国力明显增强，国际地位也有所提升。然而孔子毕竟不是鲁国公室成员，各种怀疑和猜忌接踵而来，几年以后他就被弃用了。

孔子在鲁国出仕前后约五年，仕途大起大落的经历让他悟到了许多人生哲理，即所谓"五十而知天命"（《论语·为政篇》）。

01　螭食乎清而游乎浊

"三桓"（孟孙氏、叔孙氏、季孙氏）是鲁国公室贵族，也是势力最强大的政治集团，他们在鲁国垄断朝政已有多年，任何想从政为官的人都必须依附他们。孔子是宋国流亡贵族的后裔，他在鲁国既没有社会根基，也没有人脉关系，所以只能投靠"三桓"，在季孙氏（季氏）手下当差。孔子开始给季氏当委吏，相当于仓库管理员，他对自己的要求是"会计当而已矣"，就是进出的货物能对得上账；后来他又当过乘田，负责管理牛羊牲畜，他对自己的要求是"牛羊茁壮长而已矣"①。当然，这些差事都是谋生手段，他真正的志向是辅佐君王治国理政，全面复辟西周礼制。

有人听说孔子投靠季氏，觉得他自贬身份，有失体面，各种批评的声音和讥讽的闲话迅速蔓延开来，孔子无奈地对人解释道："龙在清澈的水里游动，在清澈的水里吃食；螭在浑浊的水里游动，在清澈的水里吃食②；鱼则在浑浊的水里游动，在浑浊的水里吃食。我孔丘上不及龙，下不比鱼，我大概和螭一样吧。"

螭是古代传说中的一种动物，似龙非龙，《说文解字》："螭，若龙而黄，北方谓之地蝼，从虫，离声，或无角曰螭。"孔子把自己比作食乎清而游乎浊的螭，其实他想告诉人们，他虽然身处于污浊的环境之中，但是仍然能坚持清正廉洁的道德操守。

记事者对此评述道：那些想建功立业的人，哪能时时处处都合乎规则呢？有时为了成就大事，就需要做出必要的牺牲。援救溺水者难免会沾湿衣服，追逐逃亡者必然要拼命奔跑。同样，想要别人接受自己，就不能墨守成规，必须通过各种方式（合规或不合规的）来接近对方，然后才能让

---

① 《孟子·万章章句下》。
② 著者按：《论衡·龙虚篇》中"螭"记为"龟"。

对方接受自己的主张或道理。

(《吕氏春秋·离俗览·举难》《论衡·龙虚篇》)

02　季孙氏赐以粟千钟

孔子出仕之前,生活没有固定收入,门下弟子虽然定期行束脩之礼,但是经常入不敷出,生活十分拮据。鲁国贵族"三桓"见孔子生活困难,有时会向他提供一些必要的资助,比如孔子想到周朝王廷去向老聃学礼,孟孙氏贵族南宫敬叔就为他争取到车马等物资资助,他才得以成行。

季孙氏是鲁国政卿,他在经济上也经常接济孔子,季孙氏宗主季桓子曾一次赐予孔子粟千钟,一钟约合六斛(石)四斗,这个数目在当时是相当可观的了。

面对如此丰厚的馈赠,孔子没有推辞,他旋即把粟千钟分送给生活困难的门人弟子。子贡当时不解地问道:"季孙氏以为您生活穷困,所以赐予您粟千钟。您现在接受了季孙氏的馈赠,却又转手送给别人,这不是辜负了季孙氏的一片好心吗?"

孔子并没有立即反驳,他反问道:"这话是什么意思?"

子贡答道:"季孙氏赐予您粟千钟,这是对您施以恩惠,以期报答,可是您却不领情。"

孔子说:"我没有不领情呀,既然我接受了季孙氏的赐予,就接受了他的恩惠,而且我觉得这是一件特别荣耀的事情。当然,我可以一个人独享季孙氏的恩惠,让自己的生活富足起来,也可以与众人分享,让更多人能够吃饱肚子。让更多人享受季孙氏的恩惠,这才是对他最大的回报。"

孔子对于他人的善意资助和慷慨馈赠是心存感激的,若干年后他对人说:"自季孙之赐我千钟,而友益亲。自南宫顷(敬)叔之乘我车也,而道加行。故道,有时而后重,有势而后行。微夫二子之赐,丘之道几于废也。"①意思就是,有了季孙氏的资助,孔子再将其转送给那些更需要帮助的人,才能让他与受资助人的关系更加亲密;有了南宫敬叔的资助,孔子才有机会到周朝王廷去向老聃学礼,进而让文武之道流传得更广,影响力更大。孔子进一步总结说,我所追求的先王之道固然很重要,但是必须等到恰当的时机才能被人接受,必须具备必要的条件才能广泛流行。如果当年没有季孙氏和南宫敬叔给我提供财物资助,我所追求的"道"恐怕早已化为泡影了!

(《说苑·杂言》《孔子家语·致思》《孔丛子·记义》)

3 玙璠之争

玙璠或作璠玙,是一块稀世美玉。鲁公伯禽当年受封于鲁,从周朝带来大批珍贵的文献宝物,其中包括玙璠宝玉。《法言·寡见》:"玉不雕,玙璠不作器。"《盐铁论·晁错》:"夫以玙璠之疵而弃其璞,以一人之过而兼其众,则天下无美玉信士也。"《初学记·宝器部》引《逸论语》:"璠玙,鲁之宝玉也。孔子曰:'美哉,璠玙!远而望之,焕若也;近而视之,瑟若也。一则理(纹理)胜,一则孚(色泽)胜。'"

玙璠历来归鲁国公室所有,历代国君随身佩带,以显尊贵。然而斗鸡之变后,鲁昭公仓皇出逃齐国,政卿季平子擅权专政,这块美玉便落入他的手中。

鲁定公五年(公元前505年),季平子去世,季氏家臣阳虎打算把玙璠宝玉作为随葬品一同下葬,但是却遭到季桓子(季平子之子)嬖臣仲梁怀

---

① 《说苑·杂言》。

的反对，他对阳虎说："改步改玉。"意思就是，当年鲁昭公逃亡齐国，季平子在国内摄政，因此他可以像国君一样小步缓行，即行君步，他也可以佩带玙璠宝玉，即佩君玉。但是现在鲁定公继位已有五年，国有君主，玉有宝主，玙璠宝玉是鲁国的国宝，鲁君的信物，因此理应立即将其归还给鲁国公室，不能把它作为季平子的随葬品一同下葬。

关于玙璠宝玉的处置问题，阳虎和仲梁怀发生了激烈争执，后来又把季桓子、公山不狃（季氏费邑宰）等权贵牵扯进来，双方甚至要诉诸武力。阳虎是鲁国新兴势力的代表人物，他为人强势霸道，不拘礼俗，敢作敢为，在鲁国政坛上人脉很广，能量很大，所以没有人敢与他作对。

孔子当时虽然无官无职，人微言轻，但是他觉得此事关系到礼制大体，必须表明立场和态度，于是他立即赶到季氏府中进行劝说。由于事态紧急，他顾不上礼仪，直接从西阶（宾客位）穿过中庭，越级登上东阶（主人位）[①]，他对季氏族人说："如果把玙璠宝玉作为随葬品随同季平子一同下葬，就如同把尸体暴露在野外一样危险！因为这样做可能会诱发不良之徒获取奸利（盗墓窃玉）的念头，最终有害于死者，所以你们千万不能干这种傻事！我相信你们都能明白这样的道理：孝子不会因为顾及自己的感情来危害亲人，忠臣也不会让邪恶的征兆出现来陷害国君。"

季氏族人后来听从了孔子的劝告，没有把玙璠宝玉作为随葬品随同季平子一同下葬。

玙璠之争的本质是礼制问题，阳虎想把归公室所有的玙璠宝玉作为随葬品下葬，这种做法显然是违反礼制的。然而孔子在劝阻这件事情时比较理智，他采取了避实就虚的方法，绝口不提违礼之事，而是把季氏族人的注意力转移到墓葬安全方面，从而成功化解了一次政治危机。不过这场政治危机在三年之后还是爆发了，最终结局是阳虎落败而逃。孔子后来虽然

[①] 《吕氏春秋·孟冬季·安死》："径庭历阶，非礼也。"《论衡·薄葬篇》："孔子睹微见著，故径庭丽（历）阶，以救患直谏。"

没有直接参与平定阳虎之乱,但是他为鲁国公室赢得了宝贵时间。

(《左传·定公五年》《吕氏春秋·孟冬季·安死》《论衡·薄葬篇》《孔子家语·曲礼子夏问》)

04 阳虎之乱与东周之志

在孔子的人生经历中,阳虎(阳货)是一个绕不过去的人物,此人精明强悍,不拘礼俗,善于权变,是鲁国新兴势力的代表人物。阳虎最初在季氏府中当家臣(陪臣),季平子对他非常器重,大小事务均委派他去办理。阳虎借助季氏的权势四处网罗人才,培植亲信,势力越来越大,私欲也日益膨胀,后来他竟然利用公室与卿家之间的矛盾发动政变,篡位夺权,把鲁国政坛搅得天翻地覆。孔子说"陪臣执国命"①,指的就是阳虎。

孔子与阳虎,一个是恪守礼制的正人君子,一个是破坏礼制的势利小人,然而两人相处,孔子总是落于下风,所以他对阳虎是既敬又怕。《论衡·言毒》:"孔子见阳虎,却行,白汗交流。""却行"是不自觉地往后退,"白汗"是紧张得头上冒热气,如此狼狈,实在是有损圣人形象!可见,再牛的人也有克星,阳虎就是孔子的克星!

若论年岁与资历,阳虎比孔子要长一辈,两人之间的恩怨早在孔子年轻时(十七岁之前)就已结下了。孔子在举行母亲周年祭时,阳虎代表季氏前来礼拜,礼毕之后,他有意无意地对孔子说:"今天季氏将在府中宴飨国中士人,你听说此事了吗?"

季氏宗主季平子在鲁国独揽朝政,位高权重,是人人争相巴结的权贵,他在府中设宴邀客,如果能够获邀,当然是一份殊荣,所以孔子说:

---

① 《论语·季氏篇》。

"我没有听说此事。如果听说了,即使我还在服丧期间,也会去参加的。"

阳虎有意向孔子透露季氏在府中宴飨宾客的消息,原本是想让孔子主动向他提出请求,因为他是季氏家臣,深得季平子宠信,有权安排赴宴人选。可是孔子没有领会这层意思,或者他更希望通过正规渠道(而非家臣)来发出邀请,所以就实话实说,没有表达拜请阳虎帮忙的意思。阳虎觉得孔子不领自己的情,于是就悻悻地说道:"你以为我说的不是真吗?我告诉你,季氏今天确实在府中宴飨士人,不过没有邀请你。"

显然,孔子与阳虎之间的对话不太友善,两人互不信任,甚至怀有敌意。阳虎离开后,曾点问孔子道①:"刚才您对阳虎说的话是什么意思?"

孔子说:"我正在服丧守孝,但是我仍然向阳虎表达了愿意参加季氏宴飨士人活动的愿望,并没有责怪他失礼的意思。"

孔子后来确实没有收到季氏的邀请,但是他还是腰间系着孝带去参加宴飨活动了,然而在季氏家门口却被阳虎拦了下来,阳虎霸气地对他说:"季氏今天宴飨国中士人,但是没有邀请你,你请回吧!"孔子只好失落地离开。

此事还有一种解说:孔子在服丧守孝期间,腰间仍需系一根麻布制作的丧带,即所谓"要经",这种情况一般是不适合出席公共宴飨活动的。阳虎此前有意向孔子透露季氏将宴飨境内士人的消息,含有暗示孔子参加的意思,这是有违礼制的。不过无论何种解释,孔子总是斗不过阳虎!

鲁定公五年(公元前505年),季平子去世,季桓子继位为季氏宗主,鲁国政卿。因为鲁定公能力有限,魄力不够,加之季桓子资历尚浅,经验不足,难以服众,所以鲁国一时出现权力真空的局面。阳虎敏锐地捕捉到这一篡政夺权的大好时机,他先从季氏宗族中下手,拉帮结派,排除异己,与季氏费邑宰公山不狃(公山弗扰)联手把季桓子的嬖臣仲梁怀驱逐

---

① 著者按:《孔子家语》中记为曾参,显然有误,因为曾参比孔子小四十六岁,孔子十七岁时,曾参还没有出生。此依《绎史》改。

出境，进一步巩固了自己的地位，树立了自己的权威。与此同时，他又在社会上大张旗鼓地网罗人才，孔子此时不仅声名鹊起，而且弟子人众，孔门师徒在鲁国政坛上已经成为一股不可小觑的力量，于是阳虎想拉拢孔子加入他的篡政团队。阳虎是一个心机很深的人，他想约孔子面谈，但预料孔子可能会避而不见，于是就利用"大夫有赐于士，不得受于其家，则往拜其门"的礼俗①，特意带上一头蒸熟的小猪到孔子家去登门拜访，这样即使遇不见孔子，孔子也不得不依礼到他家去回拜。阳虎到孔子家拜访时，果然没有遇见孔子。孔子接下来为难了，因为他既不愿意与阳虎同流合污，又不能不遵从礼俗回拜阳虎，于是他也趁阳虎不在家的时候去回拜，然而两人却在途中不期而遇，这真是——不是冤家不聚头！

《论语·阳货篇》中生动地记载了孔子与阳虎在途中不期而遇的情形：阳虎当时咄咄逼人地对孔子说："来！予与尔言。曰：'怀其宝而迷其邦，可谓仁乎？曰：不可。好从事而亟失时，可谓知乎？曰：不可。日月逝矣，岁不我与。'"意思就是，自己胸怀大志却让国家迷失方向，这样的人能称得上仁吗？自己求仕心切却屡屡错过出仕为官的机会，这样的人能称得上智吗？"仁"与"知"是孔子所崇尚的重要道德观念，阳虎抓住了孔子的心理，层层设问，步步紧逼，孔子只能唯唯诺诺地回答道："诺，吾将仕矣。"当然，孔子的"诺"也只是虚与委蛇而已，因为他与阳虎根本不是一路人。

继阳虎之后，季氏宗族中的另外一位重要成员公山不狃也打算在费邑发动叛乱，他派人前来邀请孔子加入他的反叛团队，共同干一番惊天动地的大事业，孔子当时已经动心，子路则强烈反对，孔子不得不为自己辩解道："夫召我者，而岂徒哉？如有用我者，吾其为东周乎？"②"吾其为东周"，就是重建周朝盛世的礼制秩序，这是孔子毕生追求的政治理想。孔

---

① 《孟子·滕文公章句下》。
② 《论语·阳货篇》。

子这句话的潜台词是，无论我为谁所用，我的政治理想和人生目标是不会改变的。

鲁定公八年（公元前502年），阳虎等人经过精心谋划和长期准备，终于在国内发动夺权政变，不过叛乱很快就被平息了，阳虎出逃齐国。从种种迹象来看，孔子最终没有参与阳虎之乱，这说明他的政治立场是非常坚定的。

（《左传·定公五年至十二年》《史记·孔子世家》《孔子家语·曲礼公西赤问》）

05　三年有成

孔子在五十岁之前，一直没有受到重用，他只好把全部精力放在设帐授徒、研修儒学等方面。不过，他对于自己的政治抱负和从政能力是充满信心的，他曾经放言道："苟有用我者，期月而已可也，三年有成。"[①]意思就是，如果让我主持政务，一年可以有所改观，三年必见成效。

阳虎之乱后，"陪臣执国命"的惨痛教训促使鲁定公、季桓子等当政者认真反思，他们认为必须恢复尊卑有序的礼制秩序来缓解统治集团内部的矛盾，于是一贯倡导以礼治国的孔子受到重用，被任命为中都宰。

中都是曲阜城西的一个鲁邑（今山东汶上县西），长期以来由于治理不力，社会风气日益败坏，经常发生坑蒙拐骗的事情，却没有人敢站出来公开谴责，比如当地有一个叫沈犹氏的羊贩，他为了虚增羊的重量，经常早上把羊的肚子灌满水，然后拿到集市上去欺诈买主。再比如公慎氏有一族人，他的妻子与别人淫乱，他却视而不见，任由妻子在外面寻欢作乐，伤

[①]　《论语·子路篇》。

风败俗。慎溃氏也有一族人，生活奢华，僭越礼制，在当地造成非常恶劣的影响，却没有人出面制止。当地奸商无不耍奸使坏，巧取豪夺，贩卖牲口的商人总是想法子在牲口身上做手脚，以此来抬高售价。

孔子初任中都宰时，当地民众并不看好他，有人甚至在私底下传诵民谣来讥讽他：

> 麛裘而韨（穿着鹿皮衣和蔽膝），
> 投之无戾（抛弃他没有关系）。
> 韨而麛裘（穿着蔽膝和鹿皮衣），
> 投之无邮（抛弃他没有罪过）。

"麛裘"是居家的常服，"韨"则是官服的蔽膝，两者是不可以搭配在一起穿的，否则会让人觉得不伦不类不靠谱。这首民谣在当地广为传诵，说明老百姓对孔子很不信任。

孔子出任中都宰之后，决定先从整顿市场秩序和规范礼制行为入手，他采取强硬措施，严惩各种欺诈行为，社会风气大为好转：沈犹氏不敢再给羊灌水虚增重量了，公慎氏也休了妻子，而慎溃氏则举家出逃别国。三个月以后，整顿市场秩序的成效明显，卖牛马的商贩不敢漫天要价了，卖猪羊的商贩也不敢在猪羊身上做手脚来谋取不正当的利润了。与此同时，孔子还大力推行礼乐教化，努力提高普通民众遵从礼制规范的自觉性和自制力。他还制定了一系列生有所养、死有所葬的规定：在生有所养方面，他提倡按照年龄长幼来分配不同的食物，根据能力大小来分派不同的差事；男女走路要各走一边，在路上捡到别人遗失的东西不可占为己有，日用器物不得追求浮华雕饰，铺张浪费；男人要讲求忠诚信义，女人要崇尚贞洁顺从，年轻人要遵从孝道。在死有所葬方面，他倡导节俭，量力而行，死人装殓的棺木厚度不得超过四寸，椁木厚度不得超过五寸；修墓不能占用农田，最好依傍丘陵山地而建；墓茔不要堆高大的坟头，也不要在墓地周围种植松柏。此外，孔子还注重发挥传统民俗的教化作用，鲁国有许多古代民俗，比如阙党邻里子弟打猎或捕鱼回来，都会给需要奉养父母的人多分一份或让他们取大者。孔子要求民众发扬这种传统美德，大力提倡尊老敬长的孝道①。

孔子在中都邑主政一年就取得了令人瞩目的政绩，当地社会治安大为好转，夜不闭户，路不拾遗，男女别途，器不雕伪；市场买卖没有人敢抬高物价，种田打鱼的都谦让长者，头发花白的老人走在路上不用自己背负重物；百姓安居乐业，四方商贾宾至如归，中原地区各诸侯国都纷纷效仿孔子的成功做法。

鲁定公听说孔子为政有方，就问他道："如果用您治理中都邑的成功经验来治理鲁国，是否可以取得相同的施政效果？"

孔子回答道："推行礼治，即使统御天下也易如反掌，治理鲁国当然不在话下。"

到了第二年，孔子受到提拔重用，鲁定公委任他为司空，主掌鲁国土地、水利、营建等事务。孔子在司空任上，把土地分为山林、川泽、丘陵、高地、沼泽五种类型，根据水土性质不同，分别种植不同作物，因此各种作物的收成都很好。

孔子在任司空期间，还处理了一件非常棘手的事情：鲁昭公二十五年（公元前517年），鲁国发生"斗鸡之变"，鲁昭公在季平子等权贵的逼迫之下逃亡齐国，此后他在外流亡八年之久，最终客死于晋国乾侯。鲁昭公归国安葬时，季平子为了泄私愤，不把他与先君安葬在同一区域，故意把他安葬在鲁国先君陵寝墓道以南，这种做法是有违礼制的，也是不得人心的。孔子决定拨乱反正，他组织人力挖了一道深沟，把鲁昭公的陵墓与鲁国先君的陵墓连通起来。为了消除季氏后人的误解，他专门向季平子之子

---

① 《说苑·政理》："古之鲁俗，涂里之间，罗门之罗，妆门之渔，独约于礼，是以孔子善之。夫涂里之间，富家为贫家出；罗门之罗，有亲者取多，无亲者取少；妆门之渔，有亲者取巨，无亲者取小。"

季桓子解释道:"令尊采取报复手段来羞辱先君,这种行为不仅不理智,而且有违礼制,反而彰显了令尊的罪过。现在我们把先君陵墓沟通到一处,这样就可以不露痕迹地改正令尊不守臣道的错误做法。"孔子处理此事完全遵从礼制,出于公道,因此受到鲁国民众的称赞。

到了第三年,鲁定公又任命孔子为鲁司寇(小司寇),负责维持社会治安、处理民间诉讼等事务。当时鲁国政卿是季桓子①,孔子遇有重要政事都要去找他商量,需要征得他的同意。起初孔子与季桓子关系密切,两人配合默契,共同辅佐国君干成一些大事。后来季桓子贪图享受,懈怠政务,孔子去找他商量政事,他很不耐烦,有时还会冲着孔子发火,但是孔子并不计较,仍然坚持,一次不行就两次,两次不行就三次……

弟子宰我觉得孔子屡屡屈节求见季桓子,换来的却是一次次的怠慢与屈辱,因此他愤愤不平地对孔子说:"以前我常听老师说:'王公贵卿如果不礼聘我,我就不会主动去找他们。'现在您担任司寇时间不长,多次放低姿态去找政卿议事,然而政卿对您却爱理不理的,难道您非要如此低三下四吗?"

孔子表情凝重地说:"你说的没错,因为现在鲁国以人众欺凌弱小、以武力强暴平民的情况非常严重,而且已经持续很久了,社会治安令人担忧,然而大小官员对此都不闻不问,任由其发展蔓延,长此以往,必将会引发暴乱,所以我必须忍辱负重,尽忠尽责。既然当政者礼聘我担任主管刑狱的官员,希望我能加大整治力度,保护民众利益,我理应有所担当,严厉惩处不法分子,维护社会安宁,难道还有什么事情(包括个人尊严)比维护社会治安更重要吗?"后来孔子又解释道:"违山十里,蟪蛄之声,犹尚存耳。政事无如膺之矣。"②"蟪蛄"是一种会鸣叫的昆虫,听力好的人远离深山十里之外也能听到它们的叫声;"膺"同应,回应的意思。孔子用蟪蛄的鸣叫声来比喻民间的各种诉求,作为主掌社会治安和民间诉讼事

---

① 著者按:《说苑·政理》中记为季康子,有误,当为季桓子。
② 《说苑·政理》,并见《孔子家语·子路初见》。

务的官员，在处理诉讼案件时一定要认真听取各方诉求（包括民间微弱的呼声），也要征询当政者的意见，这样才能避免犯错。

鲁国民众听到孔子这样说都很感动，他们高兴地说："圣人将要来治理鲁国了，大家好自为之吧，千万不要再干违法的事情了！"从此以后，鲁国民众都安分守己，服从政令，循规蹈矩，远离刑戮，人与人和谐相处，相互关爱，社会风气越来越好。

孔子为官三年①，政绩显著，礼制秩序逐渐恢复，民间习俗也大有好转，于是民间又有歌谣广为传诵：

> 衮衣章甫（穿礼服戴礼帽的君子），
> 实获我所（让百姓实现愿望）。
> 章甫衮衣（戴礼帽穿礼服的君子），
> 惠我无私（无私地施惠于百姓）。

"衮衣"是官服，"章甫"是官帽，这里用来代指从政为官的孔子。鲁国民众歌颂他为官造福四方，不仅实现了国人的愿望，也为民众带来实实在在的利益。

（《荀子·儒效》《史记·孔子世家》《吕氏春秋·先知览·乐成》《淮南子·泰族训》《说苑·政理》《新序·杂事第一》《孔子家语·相鲁》《孔丛子·陈士义》）

06　鲁侯欲以孔子为大司寇

孔子为官三年，施政有道，政绩突出，因此鲁定公打算擢升他为大司

---

① 著者按：《孔丛子·陈士义》中记为"三月"，此从《吕氏春秋·先知览·乐成》。

寇①。在周朝官制中，司寇一职有大、小之分，大司寇主掌刑狱事务，地位相当于政卿（三公），位高权重，责任重大，因此大多由公室贵族出任此职。鲁国大司寇历来由公室贵族臧氏世袭，鲁襄公二十三年（公元前550年），臧氏宗主臧武仲因得罪政卿季武子而出逃邾国，他为了保留臧氏世袭贵族的待遇，不得不致信鲁襄公，表示愿意放弃大司寇的世袭特权，此后鲁国大司寇之职就一直空缺②。

鲁定公继位后，鲁国政坛的态势是"三桓"之家把持朝政，此时让孔子出任大司寇一职，无疑会对"三桓"专权起到钳制作用，因此鲁定公对此事格外慎重。为了避免日后产生不必要的矛盾，他先去找在鲁国名望很高的得道高人颜阖征求意见，颜阖认为，孔子所鼓吹的以礼治国是"饰羽而画，从事华辞"③，根本不能适应时代发展变化的要求，也不可能改变鲁国政坛的乱象，所以他建议不要重用孔子。后来鲁定公又打算去找"三桓"商议，他把这一想法告诉了鲁太史左丘明。左丘明是春秋时期鲁国史官（太史）④，活动年代稍早于孔子，他不仅学识渊博，见多识广，而且为人正直，疾恶如仇，孔子对他十分敬重，曾明确表示："巧言、令色、足恭，左丘明耻之，丘亦耻之。匿怨而友其人，左丘明耻之，丘亦耻之。"⑤

左丘明认为鲁定公的想法不可行，他说："孔丘是圣人，圣人当朝理政，对于那些图谋不轨的小人肯定不利。'三桓'之家出于自身利益，肯定会竭力阻止孔丘出任大司寇，所以同他们商议是不会有好结果的。"

鲁定公后来听从了左丘明的建议，没有与"三桓"商议就直接任命孔子为大司寇了。

---

① 著者按：或曰司徒，不确。
② 《左传·襄公二十三年》。
③ 《庄子·列御寇》。
④ 著者按：这个左丘明与《春秋左氏传》的作者不是一人，详见拙著《〈论语〉人物评传·左丘明》（江苏人民出版社2015年3月第1版）。
⑤ 《论语·公冶长篇》。

为了凸显任命孔子为大司寇的合法性和权威性，鲁定公在任命仪式上特别强调道："宋公之子弗甫何（弗父何）孙，鲁孔丘，命尔为司寇。"弗甫何是宋湣公之子，孔氏先祖。孔子是弗甫何的后裔，拥有公室贵胄的高贵血统，所以孔子出任鲁国大司寇是完全符合以血缘亲疏为标准的周朝礼制。孔子则推辞道："弗甫敦，及厥辟，将不堪。"[①]他谦虚地表示自己才疏学浅，能力有限，不堪重任，不过这些都是场面上的客套话而已。

孔子出任大司寇之后，坚持宽猛相济的为政策略，"宽"是实行以礼乐教化为主的德治，"猛"则是实行以刑杀威慑为主的法治，两者相辅相成，相得益彰。在具体的施政过程中，孔子积极贯彻以德治为主、以法治为辅的原则，大力推行礼乐教化，国人道德水准大幅提高，因此鲁国虽然有各种法规禁令，但是在大多数情况下都派不上用场。当然，对于那些罪大恶极的乱政者，孔子是绝不手软的。

（《史记·孔子世家》《御览·卷二百八》引《符子》）

07 断狱屯屯

大司寇的主要职责是听讼断狱，明辨是非，实施刑罚，这些都是性命攸关的大事，所以孔子担任大司寇期间，审理每一起案件都非常慎重，一定要认真研究，仔细分析，"屯屯"就是认真严谨的意思。

在给犯人定罪之前，孔子通常会征询众人意见，逐一问道："您对这个案件有什么看法？您觉得这个案件应该如何定罪？"在广泛征询众人意见的基础上，孔子最后总结道："某人的意见明辨是非，符合事实真相，合情合理合法，因此应当依照某人的意见来断案。"其实孔子在做出断狱决定

---

① 《韩诗外传·卷八》。

之前，心里已经有了比较成熟的意见，但是他不愿意让自己的意见来左右他人，所以他一定要让每一个人都充分发表意见，然后再从各种意见中选出与自己最接近的文辞和观点。

孔子在审理案件过程中，坚持与众人商量，认真听取每一个人的意见，杜绝凭个人主观判断来定罪量刑，这样就可以有效保证断狱的过程公正和结果公正，这种做法至今仍具有借鉴意义，所以后人评价他办案断狱是"赂遗不受，请谒不听，据法听讼，无有所阿"，"断狱屯屯，与众共之，不敢自专"①。

（《史记·孔子世家》《说苑·至公》《春秋繁露·五行相生》《孔子家语·好生》）

08　断父子相讼案

断父子相讼案是孔子任大司寇期间处理的一起典型案例，充分体现了他先教后杀、恩威并重的为政理念。

该案的起因是一对父子到官府来打官司，他们相互诉告，各不相让。孔子见一时分不清是非对错，就先把父子俩关押起来，而且特意把他们两人关在同一间牢房里，让他们自己去慢慢反省。三个月过去了，孔子既不提审，也不判决，那个父亲有点沉不住气了，他觉得亲生父子没有必要这么闹，于是就主动提出撤诉请求。孔子见这对父子都有悔过之意，于是就把他们释放了。孔子认为，听讼断狱的最高境界是天下无讼，他说："听讼，吾犹人也，必也使无讼乎！"②

---

① 《春秋繁露·五行相生》。
② 《论语·颜渊篇》。

季孙氏听说此事后很不高兴①，他对人说："孔夫子欺骗我啦！以前他曾经对我说：'治理国家一定要大力倡导孝道。'但是他在处理这起父子相讼案时却没有做到这一点，当时他完全可以诛杀那个不孝之子，以此来教导国人遵从孝道，进而弘扬孝的观念，结果他什么也没有做，而是莫名其妙地把人释放了！"

弟子冉有后来把季孙氏的话告诉了孔子，孔子觉得季孙氏思考问题太肤浅，只知其然而不知其所以然，于是他洋洋洒洒地发表了一通议论。孔子认为，当政者的首要任务是对民众实施礼乐教化，加强道德约束力，这样就可以有效地预防犯罪。如果当政者一味地依靠刑杀手段来维持统治，各种严刑酷法繁杂、琐碎，弄得民众不辨是非，不知廉耻，必然会导致违法犯罪的人越来越多。这种情况发展下去，罚不胜罚，国家必将大乱！

孔子从复兴周礼的政治立场出发，提出了实现国家长治久安的施政之策，充分展现了一位政治家的远见卓识和政治担当。而以季孙氏为首的贵族集团只关注眼前的既得利益，他们对国人实施残暴的剥削和压迫，因而激起民众的强烈反抗，导致政权岌岌可危。孔子与季孙氏在为政思想和施政策略方面的分歧是难以弥合的，所以此时虽然孔子红极一时，但是危机正在慢慢地逼近。

（《荀子·宥坐》《韩诗外传·卷三》《说苑·政理》《孔子家语·始诛》）

09　往见盗跖

盗跖是春秋末年的一个江洋大盗，从谈吐来看，他应该是一个受过良

---

① 著者按：孔子出任大司寇期间，鲁国执政国卿是季桓子，但《韩诗外传》《说苑》等书均记为季康子，显然有误。

好教育的没落贵族①，对于传统的道德观念比较熟悉，并且能将其运用于指导偷盗实践。有人曾问他道："强盗这个行当也有道（规则或规律）吗？"他说："强盗当然也有道。能够准确猜测到室内藏物称作'圣'；能够冒险先进入室内称作'勇'；能够在得手之后负责断后称作'义'；能够分析判断动手时机称作'智'；能够做到分赃均匀称作'仁'。不能具备以上五者，就不能成为大盗。"此番盗亦有道的谬论绝非鸡鸣狗盗的小毛贼能想得出来的。

根据各类典籍记载，盗跖在鼎盛时期，手下聚集了九千多人，动乱波及许多诸侯邦国。他们声势浩大，横行天下，摧城拔寨，抢夺财产，霸占妇女，无恶不作，令天下人痛恨不已。

盗跖有一个哥哥，名叫柳下季，因其谥曰惠，故又称柳下惠。柳下惠是鲁国有名的正人君子，坐怀不乱的故事就发生在他身上②。柳下惠和孔子是惺惺相惜的好朋友③，两人在谈论盗跖种种离经叛道恶行时都深感忧虑。孔子认为，盗跖带头发起暴乱，不仅严重破坏了现有的统治秩序和社会治安，也损害了传统的道德伦理和宗教观念，因此他希望柳下惠能够尽到兄长的责任，对盗跖加以劝导，并表示愿意代表柳下惠去找盗跖认真谈一谈，劝他迷途知返。

柳下惠对孔子说："我这个弟弟从小就很任性，他不拘礼俗，行为乖张，喜怒无常，思维与常人不一样，他所认定的事情是很难改变的，所以我建议您还是不要去见他为好。"

孔子没有听从柳下惠的劝告，他打听到盗跖当时正好带领人马在泰山

---

① 著者按：有人曾把盗跖美化成一位农民起义领袖，但是从历史实际情况来看，当时社会的主要矛盾是守旧势力与新兴阶层之间的权力和利益之争，并不具备爆发大规模农民起义的社会基础。
② 《荀子·大略》。
③ 著者按：虽然孔子在言论中多次提及柳下季（惠），并给予他高度评价，但柳下季是鲁僖公时期人，与孔子相差近百年，所以"孔子与柳下季为友"之说纯属虚构。

南麓一带休整，于是就让颜渊、子路驾车一同前往拜见。

孔子见盗跖的场面颇具戏剧性。孔子到达盗跖的驻扎营地后主动下车步行，他对守卫的士卒说："我是鲁国人孔丘，久闻将军（指盗跖）神勇仗义，今日特来拜访，烦请你向将军通报。"

士卒进去通报时，盗跖正在用刀切人肝吃，听说孔丘来访，他勃然大怒，眼睛瞪得滚圆，头发也竖立起来，他说："来访者是鲁国的那个伪君子孔丘吗？你代我转告他：他整天鼓吹圣王之道，满嘴仁义孝悌，害得天下学士迷失本性，坠入歧途，实在是罪大恶极！你让他赶快离开，否则我将用他的肝来当膳食！"

孔子毕竟是见过世面的人，几句狠话吓不住他，他让士卒再进去通报："我有幸与将军的兄长结为挚友，恳请将军慎重考虑这层特殊关系，安排与我面见。"

看在兄长柳下惠的面子上，盗跖终于同意见孔子一面，他让士卒把孔子带进大帐。

孔子进入大帐后，快步走到座位前，然后躬身退了两步，毕恭毕敬地对盗跖行再拜之礼。

盗跖并不还礼，他大大咧咧地坐在座位上，手按长剑，怒气冲冲地对孔子吼道："孔丘上前来说话，如果你的话顺我心意，我就不杀你；如果不顺我心意，我就要你的命！"

孔子起身上前，不急不忙地开始劝说，他先从"天下有三德"说起，所谓"三德"，就是公认的几种优秀品质和才能。然后他不无夸张地称赞盗跖一人兼具三德，加之身材魁梧、相貌堂堂、声若洪钟等优越条件，他天生就是一个能够成就一番大事业的天下奇才。紧接着孔子话锋一转，进而表达了他对盗跖种种离经叛道行为的深切忧虑和坚决反对，希望他能够遵从上古圣人之言，罢兵休战，停止杀戮，改邪归正，回归到天下一家亲的礼治社会，重续血缘亲情，共同祭祀先祖，这才是天下人的共同心愿。

孔子站在维护礼乐文明和礼制秩序的立场上，对盗跖的种种反文明行为进行了批判,然而这一点恰恰是盗跖不能接受的,因此他对孔子的言论进行了无情嘲弄和猛烈抨击。

盗跖批判孔子言论的核心观点是:只有人性回归到初始的自然状态,才能真正体现人生的价值和意义。在阐述这一观点时,盗跖先从历史分析入手,他把人性的发展和变化分为两个阶段:第一阶段是人性初始时期。这一时期,人类社会刚刚摆脱原始状态,生活条件极其简陋,所有人都群居在一起,没有男女家庭,没有伦理道德,没有尊卑贵贱,也没有利益争夺,人们最大的愿望是能够吃饱穿暖,繁衍后代。有巢氏和神农氏是人性初始时期的代表人物,他们在担任部族首领期间,满足了人们最基本的生活需求,同时也保持了人性初始的自然状态,所以他们的功绩可谓"至德之隆"。第二阶段是人性扭曲时期。从黄帝大战蚩尤开始,人类社会便进入天下纷争的年代,以强凌弱,以众暴寡,大规模的战争不断爆发,杀人无数,血流成河,人性已经严重扭曲。盗跖尖锐地指出,历史上的那些圣人其实都是利益的争夺者和攫取者,他们打着仁义道德的幌子,干着窃取天下的勾当,他们才是真正的大盗!盗跖一口气列举了数十位被美化为英雄的历史人物,包括尧、舜、禹、商汤、周文王、周武王等古代帝王,这些人都是孔子顶礼膜拜的政治偶像,然而在盗跖看来,他们都是欺世盗名的历史罪人,所以"圣人不死,大盗不止"①。更令人痛恨的是像孔子这样的道德说教者,他们摇唇鼓舌,花言巧语,不仅为古代圣贤歌功颂德,掩饰罪行,还竭力鼓吹仁义忠孝等道德观念来蛊惑人心,戕害人性,孔门弟子子路等人都是仁义道德的牺牲品。盗跖还列举了伯夷、叔齐、鲍焦、申徒狄、介子推、尾生六位贤士和比干、伍子胥两位忠臣,他们或舍生取义,或杀身成仁,自古以来,人们认为这些人都是历史上的道德楷模,然而盗跖却认为,这些人所坚守的道德理念是戕害人性的毒素,而他们则是被道德绑架的牺牲品。

---

① 《庄子·胠箧》。

盗跖最后讥讽孔子道:"今天你到我这里来自以为聪明地对我进行劝导,实在是可笑至极!如果你对我说鬼的事情,也许我不知道,但是你对我说人的事情,我肯定比你更明白。现在让我来告诉你什么是人的真情本性:人有耳目口腹之欲,这是人的本性,人的这些天生欲望仅仅靠道德说教是无法满足的,所以你不要自欺欺人了;人还有追求健康和快乐的欲望,这也是人的本性,必须得到满足。人的生命是有限的,上寿百岁,中寿八十,下寿六十,而你为什么要让人们为了虚伪的道德利益而牺牲有限的生命呢?这是违反人的本性的!人生苦短,快乐的时光就更有限了,除去病痛折磨和死丧忧患,真正能够享受快乐的日子,一月之中不会超过四五天,而你为什么要让人们为了遵从繁文缛节而放弃追求快乐呢?这是极端自私的残忍行为!人的初始本性就是满足各种欲望,追求长寿和快乐,所有道德绑架都是欺骗,而你今天在这里对我进行道德说教就是最大的欺骗!你如果想保全性命,就立即从这里离开,不要再多说一句话,因为我对你那套说辞已经厌恶透了!"

不得不承认,盗跖的气场太强大了,而且他的口才很好,思路也很清晰,他抓住人性回归这个关键点来进行阐述,观点鲜明,分析透彻,巧妙地把他们的强盗恶行辩解为人们满足基本欲望和追求健康快乐的合理诉求。与此相比,孔子津津乐道的那些社会法则和伦理道德根本就不值一提!

面对盗跖咄咄逼人的气势,孔子完全被镇住了,他一句话也说不出来,只好起身再拜,慌慌张张地走出大帐。出门上车之后,他似乎还没有缓过神来,马辔三次失手。一路上他目光呆滞,面如死灰,头靠在横木上不言不语,就像失了魂一样。

孔子等人回到曲阜城中,在东门正好遇见柳下惠。柳下惠见孔子垂头丧气的样子,就关切地问道:"最近几天一直没有见到您,现在看到您风尘仆仆的样子,莫非您真的去见盗跖了?"

孔子仰天长叹道:"是的。"

柳下惠已经猜到了结果，但是仍然忍不住问道："他是不是像我前几天对您说的那样凶悍霸道呀？"

孔子说："确实如您所言。我这次急急忙忙跑去见盗跖，原本以为能劝他回心转意，痛改前非，结果却是摸了虎头，撩了虎须，差点儿落入虎口！我真是无端生事，自找苦吃呀！"

当然，孔子见盗跖只是道家学派编造的一个故事，故事中不仅人物年代错乱，而且许多情节也经不住推敲，但是在批判儒家学说思想虚伪迂腐方面倒是入木三分，所以后人评述道："当此之时，不任斤斧，折之以武，而乃始设礼修文，有似穷医，欲以短针而攻疽，孔丘以礼说跖也。"[1]把孔子劝导盗跖比作用短针来治疗毒疮，实在是再恰当不过了。

（《庄子·盗跖》《庄子·胠箧》《淮南子·道应训》《吕氏春秋·仲冬季·当务》）

10　夹谷之会

夹谷之会是春秋时期非常重要的一次诸侯会盟，也是孔子人生中最为出彩的一次政治经历。夹谷是位于齐、鲁边境的夹谷山（今山东莱芜夹谷峪）[2]，在齐国境内。

春秋末年，诸侯争霸的格局发生了重要变化，老牌霸主晋国日渐衰落，而以齐国为首的反晋联盟正在逐渐形成，此时鲁国成为新老霸主争夺的焦点。鲁国是晋国的传统盟国，鲁定公即位以后，继续奉行联晋抗齐的外交策略，多次出兵侵犯齐、郑等国，对齐国西进争霸的计划起到了牵制作用。当时齐国国君是齐景公，他是一位有谋略、敢担当的国君，为了扩

---

[1]　《盐铁论·大论》。
[2]　著者按：《春秋穀梁传》中作"颊谷"。

大反晋联盟，他希望与鲁国重修旧好，进而再现齐桓霸业的辉煌。在这种特殊的历史背景下，齐、鲁两国国君举行夹谷之会，意义就非同寻常了。

鲁定公十年（公元前500年），齐、鲁两国决定在夹谷山举行会盟，齐景公和鲁定公出席。周朝礼制规定，诸侯出疆，政卿必须随行，鲁国政卿是"三桓"之家，然而当时鲁国季氏陪臣阳虎篡取国政，"陪臣执国命"①，"三桓"大权旁落，所以只好委派孔子代理政卿主持会盟礼仪，即所谓"摄相事"。孔子此时已经官至大司寇，职位仅次于政卿，而且他见多识广，熟悉外交礼仪，因此他是辅佐国君出席会盟最合适的人选。

因为齐、鲁两国多年征战，积怨很深，所以两国君臣之间相互猜忌，各怀心思。会盟之前，齐景公身边的谋士犁弥（犁钽）建议道："孔丘虽然通晓礼仪，但是却不善武战，我们不妨在会盟现场安排莱人战俘进行战阵表演，趁其不备，劫持鲁侯，这样就可以轻而易举地逼迫鲁国就范。"齐景公觉得此计可施，于是就让他去暗中准备。孔子在临行前也提醒鲁定公道："我听说，和平外交必须做好军事斗争的准备，军事斗争也必须做好和平外交的准备。以前诸侯国君离开国境，必须配备相应的文武官员随行，此次夹谷之会，也请您命令左右司马领军随行。"鲁定公听从了孔子的建议，命左右司马领军随时准备接应。

鲁定公、孔子等人到达夹谷山后，齐人已经在会盟地点筑起了一个三层的高坛。两国国君先行会面之礼，然后相互谦让，共同登上高坛。双方按宾主相向而坐，中间空出一块场地，孔子则站在高坛下面密切观察现场动静。宾主互致献酢（敬酒）之礼后，犁弥趋步向前奏请道："两国国君在此举行友好会盟，何不让莱人战俘来演奏四方之乐助兴？"齐景公假意应允，于是一队头上插着羽毛、手中持有剑戟的莱人战俘敲着战鼓一拥而上，载歌载舞，现场一片混乱。孔子发现高坛上面发生异常情况，便一个

---

① 《论语·季氏篇》。

箭步登上高坛,站在最后一级台阶上厉声对齐景公喝道:"今日两国国君在这里举行友好会盟,彼此以礼相待,以乐相和,我听说'牺象不出门,嘉乐不野合',然而夷狄异族战俘竟然敢手持兵器扰乱会盟现场,甚至对鲁君图谋不轨,难道这就是齐侯对待天下诸侯的方法吗?自古以来,异族不得图谋华夏,夷狄也不得搅乱中国,异族战俘不应扰乱诸侯盟会现场,武力挟持也不应破坏两国交好,因为这样不仅对神灵不敬,也有失道义和礼节,我相信这不是齐侯的本意。"

齐景公本来就心里有鬼,听了孔子这番话后,更觉得自己理亏,因此不得不向孔子表达歉意,然后他退后几步对犁弥等人说:"孔子陪同鲁君与齐国举行会盟,我们应该遵循古礼,以修旧好,你们却让莱人战俘用夷狄之俗扰乱会盟,真不知道你们想干什么!"说完便悻悻地挥了挥手,让莱人战俘退了下去。

莱人战俘被斥退后,两国会盟继续进行,孔子又退回到高坛下面静候。过了一会儿,齐国司仪上前奏请道:"请奏宫中音乐。"齐景公觉得奏乐只是作乐助兴而已,于是就同意了。一时间乐声大作,歌舞俳优和侏儒小丑在国君面前开始表演各种低俗不堪的歌舞和伎戏,弄得会盟现场乌烟瘴气!孔子发现高台上面又发生异常情况,于是快步登上台阶,站在第二级台阶上高声说道:"这些小丑艺人竟然敢在大庭广众之下轻佻放浪,戏弄诸侯,这是败坏礼制的严重罪行,请右司马立即对他们行刑问斩!"众人见孔子神情严肃,态度坚决,谁也不敢上前阻拦,只好眼睁睁地看着这些俳优小丑被武士斩断手脚,齐景公当时也被吓出一身冷汗。

经过友好协商,齐、鲁两国最终决定结为同盟关系,在举行歃血结盟仪式时,齐国突然要求在盟书上加上几句话:"两国订立盟约之后,凡齐国举兵出境征伐,鲁国必须派兵车三百乘从征,否则将按违反本盟约实施制裁。"孔子也让鲁大夫兹无还针锋相对地回应道:"两国订立盟约之后,如果齐国不归还侵占鲁国的汶阳之田,只是单方面要求鲁国派兵随齐军出征，也将按违反本盟约实施制裁。"这里所说的汶阳之田，是指被齐国侵占的鲁国土地和城邑，主要有郓（今山东郓城东部）、谨（今山东宁阳北部）、龟阴（今山东新秦西南、泗水县东北一带）等地。

双方签订盟约后，齐景公准备设宴款待鲁定公等人，孔子对齐大夫梁丘据说："阁下难道不了解齐、鲁两国的传统礼仪吗？以前历代国君在订立盟约后就不再举行宴飨活动了，因为没有必要再劳累那些事务官了。况且按照礼制规定，牛形和象形的酒具是不可以拿出宫门的，高雅的宫廷音乐也不适合在野外荒山演奏。如果在这里举行宴飨活动，使用宫中的专用酒具和音乐，那是违反礼制的；如果筵席一切从简，那就如同舍弃五谷而用秕稗。总而言之，筵席过于简朴将有损齐侯的颜面，追求宫中奢华则有损齐侯的名声，所以请您慎重考虑利弊得失。举行宴飨活动是为了彰显齐侯的美德，如果宴飨效果适得其反，不如干脆作罢。"时人都知道孔子精通礼仪，能言善辩，所以齐人最终听从了他的建议，取消了宴飨活动。

齐、鲁两国都是西周初年分封的诸侯大国，由于两国的发展路径和政治生态不同，春秋后期便逐渐呈现出齐强鲁弱的态势。夹谷之会期间，齐国更是恃强凌弱，蛮横霸道，多次采取卑鄙手段逼迫鲁国就范。紧要关头，每次都是孔子挺身而出，沉着应对，为了维护鲁国的正当权益和鲁君的基本尊严，他既坚持原则，又有礼有节，充分展现出大国气度和君子风范，迫使齐国不得不做出让步。与孔子相比，齐大夫梁丘据等人则心胸狭隘，目光短浅，违礼从俗，手段卑劣，就像没有见过世面的乡巴佬。

夹谷之会结束后，齐景公恼羞成怒地对群臣说："孔子用君子之道来辅佐君主，彰显了道义的力量，你们却用夷狄陋俗来误导我，让我颜面扫地。现在我们得罪了鲁君，两国关系也没有根本改善，接下来真不知如何是好！"

梁丘据等人吓得都不敢作声，有一个明事理的小官吏说："有德君子犯了错会用赠送物质资产的方式来向对方表达歉意，无德小人犯了错则会用花言巧语的虚伪态度来掩饰错误。君主如果想向鲁侯表达歉意,进而达到重修旧好的目的,鄙人建议齐国应该对鲁国做出一些实质性的补偿,这样才能赢得对方谅解。"齐景公后来听从了这个小官吏的建议,主动归还了侵占鲁国的汶阳之田。

夹谷之会是鲁国外交史上的一次重大胜利,也是孔子初露锋芒的一次精彩亮相。齐、鲁两国订立盟约之后,有效地维持了区域内相对均衡的态势,有利于发展经济,促进贸易。后人对此评论道:"孔子仕于鲁,前仕三月及齐平,后仕三月及郑平,务以德安近而绥远。当此之时,鲁无敌国之难,邻近之患。"①这样的评价是公允的,也是恰当的。

(《左传·定公十年》《穀梁传·定公十年》《新语·辨惑》《史记·孔子世家》《孔子家语·相鲁》)

11 堕三都

堕三都是鲁国历史上的一个重要事件,孔子是这个事件的主要发起者和主导者,具体时间在鲁定公十二年(公元前498年)。堕,毁也;三都,鲁国"三桓"之家的采邑(食邑或私邑),即季孙氏之费邑、叔孙氏之郈邑和孟孙氏之成(郕)邑。

采邑是"三桓"之家的主要经济来源,因此主家通常会挑选那些精明强干的人来担任邑宰,帮助他们管理采邑的日常事务,比如季桓子当年就曾想聘请德才兼备的孔门弟子闵子骞来担任费邑宰,不过被他断然拒绝了②。这些邑宰手握重权,人脉通天,时间长了,难免会心生歹念,图谋不轨,他们坐拥城邑,扩建城墙,私藏兵器,与社会上各种人勾结在一起,

---

① 《盐铁论·备胡》。
② 《论语·雍也篇》。

对主家构成严重威胁。比如季平子时期的费邑宰南蒯就曾发动叛乱，季孙氏花了大半年时间才将叛乱平息①。

面对三都邑宰坐拥城邑、日益强大的严峻形势，鲁国当政者深感忧虑，然而却无计可施，因为三都是"三桓"之家的私邑，鲁定公不便出面干预，而"三桓"之家又各有各的盘算，意见难以统一。孔子此时挺身而出，他向鲁定公提出建议："卿大夫之家不能私藏兵器铠甲，采邑城墙也不能超过一百雉，这是周朝礼制明确规定的。现在季孙氏、叔孙氏、孟孙氏三家私邑的城墙都已超过百雉规模，因此应当按照礼制规定将其拆毁。"百雉之城究竟是什么样的规模呢？《春秋公羊传》中做出具体解说："雉者何？五板而堵，五堵而雉，百雉而城。"古制八尺为一板，百雉为两万尺，周长约为十一里三十二步又二尺，这是公侯之制。

孔子提出堕三都的建议是经过深思熟虑的，因为当时鲁国刚刚经历了阳虎之乱，"陪臣执国命"的严重后果让当政者意识到维护传统礼制秩序的重要性和紧迫性，因此他们在打击家臣坐拥城邑、大肆扩张势力方面是比较容易形成共识的。此外，孔子当时深受鲁定公的器重，一年之中，一再擢升，官至大司寇，位列六卿。执政国卿季桓子对孔子也是信任有加，言听计从②。

堕三都计划最终得到了鲁定公的认可，并由季桓子和孔子来组织实施，弟子子路则在其中发挥了重要作用，因为当时他是季氏宰，棘手的事情都由他打头阵，他也因此得罪了不少人，若干年后还有人在季孙氏面前说他的坏话③。

堕三都计划在实施过程中，开始进行得比较顺利，叔孙氏根据礼制规范，主动将郈邑城墙拆毁。季孙氏在拆毁费邑城墙时却遇到了不小的麻烦，邑宰公山不狃（公山弗扰）早有反叛之心，他四处笼络人才，组织力

---

① 《左传·昭公十二年》。
② 《春秋公羊传·定公十二年》："孔子行乎季孙，三月不违。"
③ 《论语·宪问篇》："公伯寮愬子路于季孙。"

量,叔孙氏庶子叔孙辄因在族中不得势,就与公山不狃等人勾结在一起,他们煽动费邑民众发动暴乱,暴乱的邑众涌入都城曲阜。鲁定公和"三桓"之家的宗主仓皇躲进季孙氏府中,登上武子之台①。暴乱的邑众将武子之台团团围住,不断发起猛烈攻击,当时情势十分危急,邑众射出的箭镞纷纷落在鲁定公身旁。此时孔子临危不乱,沉着指挥鲁大夫申句须、乐颀率领甲兵发起反击,众人冲下武子之台,击溃暴乱邑众,公山不狃和叔孙辄等人逃亡齐国,费邑城墙才得以拆毁。

《春秋繁露·五行相胜》中说:"孔子为鲁司寇,据义行法,季孙自消,堕费、郈城,兵甲有差。"由此可见,孔子的堕三都计划在郈邑和费邑实施得都比较顺利。郈邑和费邑能够顺利拆毁,首先是因为这个计划具有正当性和合法性,即所谓"据义行法";其次是因为季孙氏和叔孙氏两家宗主态度坚决,积极配合,即所谓"自消"。然而孟孙氏的情况则有所不同,孟孙氏宗主孟懿子对堕三都计划从一开始就怀有抵触情绪,郕邑宰公敛处父对主家忠心耿耿,绝无二心,因此从氏族内部来说,确实没有堕城拆墙的必要。此外,郕邑位于鲁国北境,是抵御齐国入侵的一个重要关口,具有保障国家安全的战略意义,因此公敛处父对孟懿子说:"如果拆毁郕邑城墙,齐国自北入侵就少了一道屏障,这对鲁国是极为不利的。而且郕邑是孟孙氏的主要经济来源和重要军事保障,没有郕邑就没有孟孙氏,所以不能让孔子等人堕城毁墙。等孔子率人来堕城毁墙时,主公您不用出面,让我来与他们周旋。"当年十二月,孔子派人到郕邑去拆毁城墙,公敛处父固守城邑,官兵围攻数月,无奈郕邑城高墙厚,久攻不下,最后只好不了了之。

堕三都计划虽然只执行了三分之二,但是却有力地打击了那些潜在的分裂反叛势力,贵族大夫的权力得到了加强,鲁国国君的地位也得到了巩

---

① 著者按:武子之台是季孙氏第四代宗主季武子在高阜之地修筑的一个高台,旧址在曲阜城东北五里。

固。从长远来看，堕三都所取得的成效只是暂时，因为社会深层次的矛盾并没有真正解决。当新型的生产关系（封建制度）确立以后，新兴势力取代没落贵族就成为历史的必然了。

（《左传·定公十二年》《公羊传·定公十二年》《史记·孔子世家》《孔子家语·相鲁》）

12　行摄相事而有喜色

孔子在任大司寇期间，积极辅佐鲁定公推行各项施政措施，对外与诸侯各国举行会盟，三个月后就与齐国订立夹谷之盟，鲁国成功收复了被齐国侵占多年的郓、讙、龟阴之田，六个月后又与郑国订立盟约，鲁国在诸侯国中的地位大幅提升；对内大力整饬礼制秩序，积极实施堕三都计划，沉重打击了"陪臣执国命"的分裂势力，社会风气大为好转。

由于孔子政绩突出，加之政卿季桓子体弱多病等原因，鲁定公决定让孔子由大司寇行摄相事，即代理政卿行使职权，这意味着孔子已经处于一人之下万人之上的高位，仕途发展达到顶峰，是年孔子五十六岁。

孔子受到重用之后，志得意满，喜形于色，子路觉得他这样有失君子风度，应该稍微收敛一点，于是就委婉地劝谏孔子道："弟子曾听说，有德君子遇到祸事面无惧色，遇到福事也不得意忘形，如今您官就高位，却抑制不住心中的喜悦，满脸笑容，这样是否妥当？"

对于子路的善意提醒，孔子狡辩道："古代君子确有此言，不过这句话不够全面，还应该补充一句：'乐其以贵下人。'意思就是，身居高位固然是可喜之事，但是重要的是身居高位仍能谦卑待人，这才是真正的君子风度，也是我需要努力的。"

事实证明，孔子的君子风度并没有维持多久，他担任行摄相事仅仅七天就当朝诛杀异己者少正卯，在朝野上下引起不小的震动，也为自己失意于鲁埋下了祸根。

（《史记·孔子世家》《孔子家语·始诛》）

13　坐朝七日而诛杀少正卯

少正卯是与孔子齐名的鲁国名流，少正是以官为氏。关于他的身份问题，历来说法不一，有人说他是贵族大夫，也有人说他是在野学人（野鄙之人），按照常理推断，后一种说法比较合理，因为春秋时期大夫是无权诛杀大夫的，国君也只能流放或赐死大夫，孔子当时虽然官至大司寇行摄相事，位高权重，但是并没有诛杀大夫的权力。

孔子与少正卯之间的矛盾由来已久，他们既是政治观点不同的敌对者，又是学说思想相悖的竞争者。少正卯早年也在曲阜城中开办私学，设帐收徒，与孔门儒学形成竞争关系，由于他不拘礼俗，行为乖张，言辞诡辩，思想观点标新立异，因此在年轻士人中具有很大的影响力，有一段时间孔门弟子也纷纷改投到他的门下，致使孔门"三盈三虚"①。孔子认为，少正卯传授的那些异端邪说背弃传统，蛊惑人心，危害极大，因此必须予以强烈谴责和坚决制止，所以他说："攻乎异端，斯害也已。"②

鲁定公十四年（公元前496年），孔子由大司寇之职代理政卿主持朝政，他一朝大权在握，便动了杀机，坐朝理政第七天就公开诛杀少正卯，刑戮是在朝廷门外的两座高台之间执行的，刑后又在朝廷门外暴尸三日。

孔子诛杀少正卯决心之大，行动之快，手段之狠，在朝野上下引起巨大震动，各种质疑之声不绝于耳。孔门弟子也都聚拢到孔子身边，虽然当

---

① 《论衡·讲瑞篇》。
② 《论语·为政篇》。

时没有人说话，但是表示反对的态度是一致的。子贡是最后一个赶到的，他上前责问孔子道："少正卯是鲁国知名人士，他在民间声望很高，各方学子对他也是顶礼膜拜，然而老师您刚刚执掌朝政就诛杀异己，这样做恐怕不妥吧！"

孔子却不以为然，他对子贡说："你坐下来仔细听我分析，人们都以为盗窃是危害最大的重罪，必须严惩，其实盗窃只能危害一时一地，却不能真正动摇统治根基。天底下最大的罪恶有以下五种：一是通达事理而又用心险恶；二是行为邪僻而又坚定固执；三是言谈虚伪而又口才捷利；四是记叙丑恶而又广闻博记；五是纵容错误而又加以掩饰。以上五种罪恶行径严重危害了礼制秩序，扰乱了人们的正常思维，所以如果有人犯有其中一条，都会被当政者无情诛杀，而少正卯是五罪并犯，罪大恶极！"

从表面上看，孔子与少正卯的矛盾冲突属于意识形态之争，因为孔子为少正卯所罗列的种种罪名都是主观臆断的，少正卯并没有付诸有形的叛乱行动，也没有对现实统治造成任何实质性的破坏。但是孔子观察和思考问题是极其敏锐的，他清醒地意识到，治国者要维持现实统治秩序，就必须加强对意识形态领域的控制，坚决果断地对异端邪说的传播者实施惩处，不能有一丝怜悯或一点疑惑，否则就会误国误民，贻害无穷。所以后人在评论此事时说："孔子诛少正卯，而鲁国之邪塞。"①

最后需要补充一点：关于"孔子朝七日而诛少正卯"之事，《论语》《孟子》等儒家经典中均未语及，《左传》《国语》等史书也不见记载。最早记载孔子诛杀少正卯之事的是《荀子》，后来《史记》《说苑》《孔子家语》《尹文子》等书中也有记载，内容大同小异，因此有人对此事的真实性提出质疑，认为有可能是《左传·定公九年》中的驷歂诛邓析案之误，或者是由后人编造出来的一桩伪案，种种推测至今尚无定论。在某一特殊历史时期，又有人把孔子诛杀少正卯上升到儒法斗争的高度，进而揭示了阶级斗

---

① 《淮南子·氾论训》。

争的必然性和残酷性,这就更是无稽之谈了!

(《荀子·宥坐》《尹文子·大道下》《史记·孔子世家》《说苑·指武》)

14 去父母之国迟迟行

孔子在鲁国受到重用,他在一系列重大事件中充分展示出突出的才干和过人的胆识,一时间声名鹊起,威震诸侯,也引起部分国家的警觉与恐慌。

在各国诸侯中,最为不安的是齐国国君齐景公,因为鲁定公是弱主,孔子是强臣,由孔子当权主政,鲁国必霸,而近邻齐国必然首当其冲,将来很有可能被鲁国兼并。齐国群臣见齐景公忧心忡忡,便纷纷提出应对计策,国相晏婴建议齐景公可以私底下向孔子示好,许之以齐相之位,这样孔子就会不计后果地向鲁君进谏,久而久之,就会造成他们君臣失和。齐景公身边的宠臣黎𪺬(黎且)更加歹毒,他提出了一个离间之计,他建议齐景公挑选一些貌美如花的宫廷乐女和舞女送给鲁君,让鲁君滋生骄奢之气。鲁君得到新欢之后必然会贪图享受,懈怠朝政,而孔子肯定会强谏不止。时间长了,君臣失和,孔子在鲁国就待不下去了。齐景公觉得这个计策高明,于是就让黎𪺬从宫中挑选了四十八个(六列)年轻貌美、能歌善舞的歌舞女乐和一百二十匹(三十驷)体格健壮、毛色斑斓的骏马送给鲁定公①。

齐国的美女和骏马送达鲁国后,使者先在曲阜城南的高门外把一百二十匹骏马一字排开,又让四十八个美女排成六列翩翩起舞,鲁国民众纷纷前来围观。执政国卿季桓子听到这个消息后,也换上便服登城观望,他见

---

① 著者按:有关女乐和骏马的具体数目,各种记载稍有差异。

这些女乐个个婀娜多姿，貌若天仙，不禁心旌摇荡，情绪亢奋，于是就赶到宫中请鲁定公一同前往观赏。鲁定公见到这些女乐和骏马后也把持不住心中的欲望，立即将这些女乐和骏马统统收归宫中。此后连续三天，鲁定公和季桓子从早到晚在宫中观赏女乐歌舞表演，无心问政，即使孔子求见，他们也推辞不见。孔子明知鲁定公等人已经中了齐人的计谋，但因此事牵涉到自己，无法向他们解释清楚，所以心中闷闷不乐，他坐在家中远望龟山，创制了一首琴曲，名曰《龟山操》，此曲收录在《琴操》中，曲词曰：

> 予欲望鲁兮，龟山蔽之。
> 手无斧柯，奈龟山何？

龟山是鲁国境内的一座小山（今山东枣庄市区附近），孔子把权臣季桓子比作龟山，他遮蔽了国君的视野，出卖了鲁国的利益。

子路见孔子情绪低落，就建议他干脆离开鲁国，到别国去另谋发展，然而孔子不愿意离开自己的母国，同时他对鲁定公等人仍然抱有一丝幻想，他说："今天是鲁国举行郊祭的日子，按照惯例，郊祭结束后，国君会给关系亲近的大夫分送祭肉（致膰）。如果今晚我能收到祭肉，说明国君仍然信任我，我就不必离开鲁国。"结果孔子从前一天晚上等到第二天早上，一直没有等到鲁定公送来的祭肉，于是他便失落地离开鲁国。

"齐人归女乐"的计谋并不高明，常人一眼就能识破，然而鲁定公、季桓子等人却愚蠢至极，居然一招中计，令人心寒。鲁国公族贵族对于孔子离开鲁国的态度也比较冷淡，他们"送之不出鲁郊，赠之不与家珍"[1]，这些都是促使孔子决意离开鲁国的原因。孔子离开鲁国时心情沉重，依依不舍，《孟子》中描述了当时的情景："孔子之去鲁，曰：'迟迟吾行也，去父

---

[1] 《韩诗外传·卷一》。

母国之道也。'"①《史记》中说孔子当时由于无法用语言来表达自己的愤懑心情,于是就咏歌一曲,向前来送行的师己道别:

> 彼妇之口,可以出走;
> 彼妇之谒,可以死败。
> 盖优哉游哉,维以卒岁!

"彼妇"是指那些在国君面前挑拨离间的邪臣("三桓"),他们为了一己私利,残害忠良,我与其死于这些"彼妇"之口,不如去周游列国,优哉游哉!

孔子带着破灭的理想失落地离开鲁国,这是他人生中的一次重要转折,此前他雄心勃勃,意气风发,准备在政治舞台上施展才华,干出一番惊天动地的大事业来;此后他便四处周游,屡屡碰壁,终无所试,日渐消沉,累累若丧家之狗。

(《韩非子·内储说下六微》《晏子春秋·外篇不合经术者》《史记·孔子世家》《孔子家语·子路初见》《孔丛子·诘墨》)

---

① 《孟子·尽心章句下》。

五、周游

十则

[概说]

孔子失意于鲁后,便带领弟子们离开鲁国,开始了长达十四年的周游生活。这段时间,孔子一直在诸侯各国之间来回奔走,他先后去过十几个国家,游说大小诸侯七十余君,努力宣扬他的政治主张和治国理念,然而却无人响应,屡屡碰壁,终无所遇。

孔子行说诸侯屡屡碰壁的原因很简单:他所宣扬的政治主张和治国理念已经不能适应时代发展变化的需要了,在现实政治中既无法缓解社会矛盾,又无力挽救颓败乱世,所以没有市场。孔子经历了无数挫折之后,思想发生了一些变化,礼制主义的理想色彩慢慢褪去,民生主义的现实诉求逐渐成为他关注的重点,这是一种进步。

周游列国是孔子人生中最为坎坷的一段经历,他不仅遭受了各种冷遇与嘲讽,也经历了无数困厄与凶险。他有时会心灰意冷,情绪低落,甚至萌生"乘桴浮于海"(《论语·公冶长篇》)、"欲居九夷"(《论语·子罕篇》)的厌世念头,然而他坚信自己肩负着传承先王之道的神圣使命,因此始终坚守理想,意志坚定,从容应对,成功地化解了一次次危机。

01　削迹于卫

鲁定公十四年（公元前496年），孔子苦等致燔不至，他知道自己已遭鲁公弃用，于是便愤然离开鲁国①。

孔子离开鲁国后，首选之地是卫国，因为两国地域相邻，而且都是姬姓诸侯国，卫国先祖是康叔，鲁国先祖是周公旦，他们都是周文王之子，血缘关系相亲，政治形态相近，与齐、宋、陈、楚等异姓诸侯国是完全不同的，所以孔子说："鲁卫之政，兄弟也。"②此外，卫国当时在位国君是卫灵公，他思想比较开明，敢于打破氏族传统，大胆起用贤良之才，孔子希望能得到他的重用，在卫国实现自己复兴周朝礼制的政治抱负。这是孔子第一次来到卫国。

在赴卫途中，孔子与弟子冉有在言谈中提出了"庶""富""教"的为政三阶段："庶"是实现国家人口富庶；"富"是现实百姓生活富足；"教"是普及礼乐教化。从谈话的内容来看，孔子对于自己到卫国求仕是信心十足的，他对未来也满怀憧憬③。

孔子到达卫国后，首先需要选择一个合适的主家（居所），这件事情是马虎不得的，因为你寄居在什么样的人家，就说明你是什么样的人，所以当时流行两句话："观近臣，以其所为主；观远臣，以其所主。"④意思就是，观察本国当朝大臣，主要看他接待什么人；观察外来求仕大臣，主要看他寄居在什么人家。

---

① 著者按：《史记·孔子世家》中把孔子去鲁适卫时间记为定公十四年，而《史记·卫康叔世家》中则记为卫灵公三十八年，即鲁定公十三年，两处记载有一年误差。
② 《论语·子路篇》。
③ 《论语·子路篇》。
④ 《孟子·万章句上》，并见《说苑·至公》。

经由子路介绍，孔子到卫国之后先选择居住在子路朋友颜雠由家中①，耐心等待拜见卫灵公的时机。颜雠由是卫国知名的贤君子，他善事父母，为人仗义，和子路交情很深，孔子对他也比较认可。当时子路的连襟弥子瑕也在卫国做官②，他是卫灵公身边的嬖臣，如果由他来向卫灵公举荐孔子，孔子在卫国求仕就会变得非常简单。弥子瑕听说孔子选择暂住在颜雠由家中，就跑去对子路说："如果让孔子住到我家来，我可以保证他得到卫国政卿的官位。"

子路后来把弥子瑕的话转告给了孔子，孔子淡定地说："人生中有许多事情（仕与不仕或得与不得）都是命中注定的，我们只需做到进以礼、退以义就行了，无须太多的人为算计。"

不久后，经颜雠由引荐，孔子得以面见卫灵公。孔子原本想在卫灵公面前好好表现一番，把"庶""富""教"的为政理念系统地阐述一下，然而卫灵公似乎对此并无兴趣，他只是礼节性地问道："先生在鲁国出仕为官，一年所得俸禄几何？"

孔子答道："奉粟六万斗。"

卫灵公说："那么卫国也给您提供相同的俸禄待遇吧。"说完便结束了会面，至于任用之事只字未提。

过了一段时间，有人跑到卫灵公那里去说孔子的坏话，卫灵公听信了谗言，让卫国大夫公孙余假领兵故意在孔子的住所进进出出，对他进行武力威胁，孔子担心被人陷害，于是就暂时离开卫国。孔子这次在卫国大约住了十个月③。

离开卫国后，孔子原本想到陈国去寻求出仕机会，不料在匡邑受到匡人围攻，当时情势非常紧急，孔子只好派人去向在卫国当官的故人求救。

---

① 著者按：《史记·孔子世家》中记为颜浊邹，有误。
② 《孟子·万章章句上》："弥子（瑕）之妻与子路之妻，兄弟也。"
③ 《史记·卫康叔世家》："（卫灵公）三十八年，孔子来，禄之如鲁。后有隙，孔子去。后复来。"

在故人的斡旋下，孔子等人才得以脱身。无奈之下，孔子又带领弟子们返回卫国。这算是孔子第二次来到卫国。

孔子这次寄居在卫国贤君子蘧伯玉家中。蘧伯玉是卫国老臣，他为人谦和，处事稳重，在卫国名望很高，孔子对他也十分仰慕，曾称赞他道："君子哉，蘧伯玉！"①

孔子当初到卫国来是想干一番大事业的，不料卫灵公每天在内宫之中花天酒地，寻欢作乐，根本没有时间召见他，也没有重用他的意向。孔子整日闲居家中，无所事事，心中十分焦虑。有一天，卫国大夫王孙贾来看望孔子，他见孔子闷闷不乐，就对孔子说了两句寓意隐晦的古语："与其媚于奥，宁媚于灶。""奥"是位于室内西南方位的主神，虽然地位尊贵，高高在上，但是未必能解决实际问题，这里暗喻卫灵公；"灶"是主管饮食之事的灶神，虽然地位不高，但是却当权实用，能够实实在在地解决问题，这里暗喻卫灵公身边的宠妾和嬖臣（南子、弥子瑕等人）。王孙贾用这两句话来暗示孔子：如果想面见卫灵公，进而得到赏识和重用，就必须结交那些在卫灵公身边得宠的人（"媚于灶"）。孔子对于这种搞裙带关系、走旁门左道的卑劣伎俩非常反感，他对王孙贾说："不然，获罪于天，无所祷也。"②意思就是，真正主宰人的命运的是上天，如果得罪了上天，祈求任何神祇都没有用！

后来卫灵公夫人南子派人来带话给孔子："四方之君子不辱欲与寡君为兄弟者，必见寡小君。寡小君愿见。"③意思就是，如果有人想觐见卫灵公，必须先来见我。孔子迫不得已，只好先去拜见君夫人南子。

关于"子见南子"之事，《论语》《史记》等书中均有记载，孔子与南子当时是按照宾主会见礼仪走流程的，整个过程比较简单，其间也没有发生什么意外，至于两人的对话内容则没有记载，也许只是你好我好之类的客

---

① 《论语·卫灵公篇》。
② 《论语·八佾篇》。
③ 《史记·孔子世家》。

套话，没有什么价值。就事论事，孔子拜见南子的目的是非常明确的，除了正常的礼节因素外，他还是想利用君夫人南子这层特殊关系面见卫灵公。后来有人认为南子为人轻佻放荡，风流韵事很多，名声也不好，加之子路事后情绪反应过于激烈，一次简单的礼节性拜访竟然引发各种推测和猜疑，以至于孔子为此背负了不少骂名，"子见南子"也就成了千古积讼①。

孔子拜见君夫人南子，南子对孔子颇有好感，所以一个月之后就安排孔子面见卫灵公了，不过面见形式有点特别：驾乘出游。出游当天安排了两辆车乘，卫灵公和南子乘坐前车，由宦者雍渠驾乘，孔子和子路则乘坐后车（次乘），所以孔子当时根本没有机会向卫灵公陈述自己的政治主张和治国方略，出仕为官之事也没有机会提及。

卫灵公一行人一路上笑声浪语，招摇过市，不成体统，孔子跟在他们后面就像一个俗不可耐的好色之徒，遭人耻笑，脸面全无，于是他恨恨地骂道："已矣乎！吾未见好德如好色者也。"②"好德"是热衷于修德之人，"好色"是贪恋美色之徒。其实"好色"没有错，但是"好色"的程度超过了"好德"，那就让人瞧不起了！"已矣乎"既表达了孔子对卫灵公的失望，也表达了他打算离开卫国、另谋出路的想法。此后不久，孔子再次失落地离开卫国，他离开卫国的时间大约在鲁定公十五年（公元前495年）夏五月。

孔子离开卫国后，在曹、宋、郑等国短暂盘桓，后来在陈国淹留约三年。鲁哀公二年（公元前493年），因为陈国频繁受到晋、楚两个大国的交相征伐，国无宁日，民无安时，所以孔子又回到卫国。这是孔子第三次来到卫国。

卫灵公听说孔子回到卫国，便亲自跑到郊外去迎接，如此高规格的礼

---

① 著者按：关于"子见南子"之事，可参阅拙著《〈论语〉事件评述·孔子见南子》（江苏人民出版社2016年3月第1版）。

② 《论语·卫灵公篇》。

遇又激发了孔子的从政欲望。有一天，卫灵公突然召见孔子，向他请教军旅之事，孔子当时感到非常失望，因为治国之本在于整饬礼制秩序，推行礼乐教化，用兵打仗则是等而下之的事情，所以他冷冷地回答道："俎豆之事，则尝闻之矣；军旅之事，未之学也。"①"俎豆"是祭祀贡献时用的礼器，这里代指礼乐制度。孔子这几句话的意思是，我只懂得以礼治国，实现王道，对于军旅征伐之类的事情则毫无兴趣，知之甚少。

这段时间，孔子与卫灵公有过多次接触，但是每当孔子对他进行说教时，卫灵公都表现出心不在焉的慵懒状态，两人根本无法进行深入交流。孔子觉得卫灵公已经年迈昏庸，不能再对他抱有希望了，于是又沮丧地离开卫国。当年夏四月，卫灵公去世。

鲁哀公六年（公元前489年），孔子在陈、蔡、曹、楚等国经历了许多磨难之后又回到卫国。这是孔子第四次来到卫国。

此时卫国在位国君是卫出公，他是卫灵公之孙，原卫太子蒯聩之子。蒯聩由于早先得罪了卫灵公夫子南子等人，被褫夺太子之位，流亡晋国。卫灵公去世后，尊奉卫灵公遗命，立公孙辄为君，是为卫出公。与此同时，卫太子蒯聩在晋国政卿赵鞅的护送下，也匆匆赶回卫国争夺君位。此后十余年间，这对亲生父子为了争夺卫君之位，各自网罗人才，积蓄力量，争斗得你死我活。孔子当时名显天下，声震诸侯，他不仅本人具有丰富的为政经验和强大的政治号召力，而且门下弟子人数众多，个个都是出类拔萃的人才，所以孔子回到卫国后，卫出公急于拉拢孔子，奉之以高官厚禄，希望能壮大自己的力量。

孔子此时表现得格外冷静，他并没有对卫出公的延请做出明确承诺，因为他不愿意贸然卷入这场父子争权的矛盾之中，所以每天闭门谢客，在家中闲坐。

时间长了，弟子们沉不住气了，子路是急性子，他直接跑去问孔子

---

① 《论语·卫灵公篇》。

道:"卫君待子而为政,子将奚先?"意思就是,如果卫出公请您主持朝政,您将如何施政?尽管这是一个假设性的问题,但是却引出孔子关于"必也正名乎"的大段论述,孔子担心在君臣父子名分不清的情况下,怎么做都是徒劳无益的①。其实,孔子的心思已经很明白了,可惜子路听不懂。

冉有私下里也向子贡打听孔子的出仕意向,子贡则换了一种比较隐晦的方法问孔子道:"伯夷、叔齐何人也?"孔子答道:"古之贤人也。"子贡又问道:"怨乎?"孔子说:"求仁而得仁,又何怨?"伯夷和叔齐是商朝末年孤竹国的两位太子,他们为了成全对方继承君位,都跑到北海之滨隐居去了。与伯夷、叔齐相比,蒯聩为臣不臣,与国君争夺君位,卫出公为子不子,将生父拒于国门之外,这对父子的所作所为实在是冷血无情,卑鄙自私,令人不齿!从道德层面来判断,孔子是不愿意与这种寡廉鲜耻之人为伍的,所以子贡得出"夫子不为"的判断②。

孔子这次在卫国大约淹留四年左右,他为了保持清誉,避免卷入政治纷争,只接受了卫出公公养之仕的礼遇③,就是只领取俸禄不做事,有事偶尔应询一下,乐得清闲,倒是门下有些弟子比较活跃,出仕为官者不在少数,比如子贡、子路、子羔等人,孔子对于他们在政务方面遇到的问题有时也会加以指导。

鲁哀公十一年(公元前484年),卫国政卿孔圉(文子)为了帷幕之事准备向卫大叔(卫国公室贵族世叔齐)发起攻击,他专门来向孔子征询意见。当时卫国政坛混乱不堪,当权者都是一些卑鄙无耻的小人,他们为了一己私利,置国家利益于不顾,公然违反礼制,挑起内斗,孔子对这些人早已厌倦透了,因此他冷冷地答道:"胡簋之事,则尝学之矣;甲兵之事,未之闻也。"说完之后,他让弟子赶紧准备驾乘,打算尽快离开卫国,弟子

---

① 《论语·子路篇》。
② 《论语·述而篇》。
③ 《孟子·万章章句下》:"于卫孝公(出公辄),公养之仕。"

们觉得时间过于仓促，他则解释道："鸟则择木，木岂能择鸟？"①意思就是，卫国现在就像一棵即将倾倒的大树，飞鸟应该另择良木而栖。此时正值齐、鲁两国关系恶化，征战不断，鲁国正当用人之际，鲁哀公命人奉重币急召孔子回国效力，于是孔子便从卫国回到鲁国。

孔子在行说诸侯期间多次出入卫国，每次居住时间或长或短，加起来共有五六年，他把卫国当作周游列国的一个重要落脚点。孔子在卫国期间，历经卫灵公、卫出公两代君主，也结交了不少朋友，积累了不少人脉，但是他始终未能受到重用，因此后人把孔子在卫国的种种经历概括为"削迹与卫"。"削迹"的本意是没有踪迹，这里是指孔子在卫国没有取得什么值得人们称道的成绩或留下什么令人印象深刻的事迹。

（《左传·哀公十一年》《孟子·万章章句上》《史记·孔子世家》《说苑·至公》）

02　畏于匡邑

"畏"是拘禁、拘押的意思，《荀子·赋篇》："比干见刳，孔子拘匡。"匡是位于郑、卫、宋三国交界处的一座城邑（今河南长垣匡城），归属国历来说法不一。《左传·定公六年》："公（鲁定公）侵郑取匡，为晋讨郑之伐胥靡也。"从这段文字记载中可以看出，匡邑最初属于郑国，鲁定公为了讨好晋国，发兵讨伐郑国，攻破匡邑。当时鲁军统帅是阳虎，阳虎性情粗鄙，为人强悍，手段残忍，匡邑被攻破之后，他摧毁城墙，残暴邑民，与匡人结下深仇大恨，也为孔子遭匡人拘禁埋下祸根。

孔子离开鲁国后，在卫国闲居了大半年，眼见卫灵公没有重用他的意

---

① 《左传·哀公十一年》。

思，于是就带领弟子们赶往陈国寻找机遇，途中经过匡邑。那天为孔子御驾的是弟子颜刻（颜高），当年匡邑被鲁军攻破时，为阳虎御驾的也是他。孔子一行人从匡邑城外路过，颜刻用马鞭指了指一段残缺的城垣，向孔子炫耀道："当年我为阳虎驾御，就是从那个缺口处攻入匡邑的。"颜刻这一举动是失礼的，《礼记·曲礼上》："登城不指。"他随手一指引起了匡人的警觉。事有凑巧，因为孔子在体格和相貌上与阳虎有几分相像，所以匡人误把他认作当年领军攻破匡邑的仇人阳虎，邑众带兵披甲，一拥而上，将孔子等人团团围住，当时情况十分危急。

孔子见匡人将自己团团围住，料想其中必有误会，但是面对突如其来的凶险局面，他一时也束手无策，不知所措，只能泰然处之，听天由命。为了稳住弟子们的情绪，他放言道："文王既没，文不在兹乎？天之将丧斯文也，后死者不得与于斯文也；天之未丧斯文也，匡人其如予何？"[①]意思就是，我孔丘敬奉上天旨意，来到人世负责传承周文王的文化遗产和政治智慧，这一重要使命在未完成之前，匡人是奈何不得我的！

匡人领头的是匡简子，此人当年与阳虎结下了梁子，因此他不停地向孔子等人发起挑衅，子路实在按捺不住性子，就拔出长剑要与他决斗，孔子赶忙制止道："哪有崇尚仁义的君子与头脑简单的鄙夫计较是非长短的道理？这些匡人不诵读《诗》《书》，不学习礼仪，这也许是我孔丘的过错！但我明明不是阳虎，他们却把我错认作阳虎，这就不是我孔丘的过错了。我们不必与他们一般见识，来来来，我来弹琴，你来应和。"

子路听从了孔子的嘱咐，收起长剑，耐着性子与孔子唱和起来。据传，孔子弹奏的琴声非常悲切，如狂风暴雨一般掠过，匡人听后纷纷扑倒在地。三曲过后，匡人发现认错人了，因为阳虎不善弦歌，而且也没有习礼之人的优雅风度，于是就主动上前向孔子道歉道："刚才我们把您错认作阳虎了，所以把你们包围起来；现在才发现认错人了，我们马上撤离。"说

---

① 《论语·子罕篇》。

完匡人便自动解除了围拘。

孔子在匡邑被拘,是他人生中最凶险的一次遭遇,他险些就此丧命。《论语》中有一个细节可以佐证当时的凶险情势:"子畏于匡,颜渊后。子曰:'吾以女为死矣。'曰:'子在,回何敢死?'"①匡人围攻孔门师徒时,由于现场十分混乱,颜渊与孔子等人走散了,孔子以为颜渊遭遇不测,心里好一阵难过,幸好只是虚惊一场!

(《庄子·秋水》《史记·孔子世家》《韩诗外传·卷六》《说苑·杂言》《孔子家语·困誓》)

03 伐树于宋

孔子是宋国公室后裔,其先祖因避华氏之乱举族迁居鲁国,所以孔子与宋国公族之间存有血缘关系。然而春秋乱世,王公贵族之间争权夺利,相互残杀,血缘亲情已被冷血弑杀所取代,伐树于宋就是在这样的时代背景下发生的。

鲁哀公二年(公元前493年),卫灵公去世以后,卫国政局动荡不安,孔子只好暂时离开卫国,再次到陈国求仕,途经宋国时,一行人在城外的大树下休息,弟子们诵诗习礼,气氛平和。正当此时,宋国司马桓魋带领一队人马赶了过来,他们砍倒大树,追杀孔子,现场一片混乱,孔子在弟子的护卫下且斗且退,险象环生。弟子们一再催促孔子赶紧离开,可是他从容不迫,缓步徐行,甚至放言道:"天生德于予,桓魋其如予何?"②意思就是,上天会保佑有德之人的,桓魋之类的跳梁小丑奈何不得我!但凡在紧要关头,孔子都会把"天"抬出来安慰自己,这种情况已经不止一次

---

① 《论语·先进篇》。
② 《论语·述而篇》。

了。后来弟子让孔子换上村民的衣服（微服），才得以逃脱桓魋的追杀。

在伐树于宋的整个事件中，桓魋是一个关键人物，宋国桓氏宗族出自宋桓公，桓氏兄弟当时在宋国把持朝政，蛮横霸道。按理说，桓魋在血缘关系上与孔子同属宋国公族，理应以礼相待，然而他对孔子不念血脉亲情，一路追杀，必欲除之而后快，史书中也多次提到他对孔子"恶之"，不知是何缘故？也许是因为他担心孔子回到宋国后会与自己形成争权之势，决定尽早铲除。

此后不久，桓氏兄弟在宋国发动叛乱，叛乱平息后，他们四处流亡，桓魋的三弟司马牛则散尽家产，跑到鲁国投在孔子门下，他曾伤感地对子夏说："人皆有兄弟，我独亡。"子夏则安慰他道："四海之内，皆兄弟也。君子何患乎无兄弟也。"[①]往日桓魋不念血脉亲情，一路追杀孔子，今日孔门弟子不念旧恶，用同门情谊来安慰司马牛，总算给伐树于宋的故事画上一个温情的句号。

（《孟子·万章章句上》《史记·孔子世家》《说苑·杂言》）

04　遭谗不进

孔子在宋国的遭遇实在是太离奇了，让人无法评说！他先在城外的大树下带领弟子们习礼，不料遭到宋司马桓魋的侵扰，险些丢了性命，后来又因宋大夫子圉进谗而未能面见宋景公。

子圉是宋国大夫，生平不详，从事状来判断，他是一个心机颇深的人，而且非常在意个人得失。孔子在宋国期间，他把孔子引荐给了宋太宰。宋太宰为人心胸狭隘，专断独行，如果他向国君引荐的人在国君面前

[①]　《论语·颜渊篇》。

说了冒犯他的话，以后肯定会遭到报复①。

宋太宰面见孔子时，开口问道："很多人都说您是圣人，您是圣人吗？"这个问题宋太宰也曾向孔门弟子子贡求证过，子贡的答复是肯定的②。

孔子谦虚地答道："我怎么敢妄称圣人！我只不过比别人好学多知罢了。"③

宋太宰又问道："那么三王是圣人吗？"

"三王"是指夏、商、周三代开国君王，他们都是通过武力征伐来夺取政权的，孔子认为他们虽然功绩卓著，但是在道义上仍有瑕疵，因此对他们并不完全认可，他答道："三王都是擅长使用武力和智慧的人，至于他们是不是圣人，我就不知道了。"

宋太宰接着问道："那么五帝是圣人吗？"

"五帝"是指太昊、炎帝、黄帝、少昊、颛顼或黄帝、颛顼、帝喾、尧、舜，这些上古帝王崇尚德治，推行王道，天下人无不归附，但是孔子认为他们的施政方式尚未达到至高境界，故而答道："五帝都是善于运用仁义道德来治理天下的人，至于他们是不是圣人，我就不知道了。"

宋太宰又继续问道："那么三皇是圣人吗？"

"三皇"是指古代传说中的遂人氏、伏羲氏、神农氏或伏羲氏、女娲、神农氏，他们都是氏族部落首领，对于人类文明做出了巨大贡献，但是孔子对他们的施政方式仍不太满意，故而答道："三皇都是善于顺应时势变化的人，至于他们是不是圣人，我就不知道了。"

---

① 著者按：关于宋太宰为人心胸狭隘的情况，《韩非子·说林下》中有相关记载："宋太宰贵而主断。季子（宋大夫）将见宋君，梁子（宋大夫）闻之曰：'语必可与太宰三坐乎，不然，将不免。'季子因说以贵主而轻国。"
② 《论语·子罕篇》："太宰问于子贡曰：'夫子圣者与？何其多能也？'子贡曰：'固天纵之将圣，又多能也。'"
③ 《孟子·公孙丑章句上》："昔者子贡问于孔子曰：'夫子圣矣夫？'孔子曰：'圣则吾不能，我学不厌而教不倦也。'"

宋太宰对孔子的回答感到震惊,从三皇五帝到三代先王,这些人都是人们顶礼膜拜的偶像,然而孔子却不太认可,他追问道:"那么谁是圣人呢?"

孔子神情严肃,沉思片刻后说道:"西方有一位圣人,他无须施政就能实现天下大治("不治而不乱"),无须说话就能让人信服("不言而自信"),无须教化就能让人自觉行道("不化而自行"),他心胸坦荡宽广,无私无欲,百姓都不知道如何称颂他。我觉得这个人应该是一位圣人,不过我也不能确定他到底是不是真正的圣人。"

孔子所说的西方有圣人,已经超出常人的认知范围,所以宋太宰心里嘀咕道:"孔老夫子在哄骗我吧?"

孔子所说的"西方"只是一个大体方位,缺乏相关信息,所以无法判定具体位置。过去有人曾推论"西方"是指印度、尼泊尔或耶路撒冷等地,而"圣人"则是指佛祖或耶稣,这显然是无稽之谈。从地理位置来看,鲁国位于中原的东部地区,东临大海,波涛汹涌,渺无人烟,所以人们只能把遐思和梦想转向西部神秘的纵深腹地。商朝末年孤竹国的伯夷、叔齐曾相语曰:"吾闻西方有人,似有道者,试往观焉。"①诗人屈原也说:"朝发轫于天津兮,夕余至乎西极。"②从治国策略来看,西方圣人所推行的是无为而治,与老子所倡导的无为思想颇为一致,所谓"不治而不乱,不言而自信,不化而自行"与《老子》书中的"不言之教,无为之益"也非常吻合。老子曾当过周朝王廷守藏室之史,后来他辞官西去,出函谷关去寻求大道,《庄子》中有"老聃西游于秦"的记载③,《史记》中也说老子西出函谷关而莫知所终④,民间则有老子化胡(西域诸国)的离奇传说。由此可见,孔子这里所说的"西方"也许是函谷关外的一个想象中的神秘国

---

① 《庄子·让王》。
② 《楚辞·离骚》。
③ 《庄子·寓言》。
④ 《史记·老子韩非列传》。

度，而"圣人"则是这个神秘国度里的一个神秘人物（老子思想的信奉者和践行者）。在这个西方国度里，"圣人"积极推行道家无为而治的思想，并且获得巨大成功。

宋太宰对孔子的这番言论很感兴趣，并打算立即把孔子举荐给宋景公。

孔子拜见宋太宰结束后，子围关切地向宋太宰了解会面情况，宋太宰说："今天我见了孔子，听了他的高谈阔论以后，就觉得你像跳蚤虱子一样微小了。我准备马上把他引荐给国君。"

子围此时心中暗暗盘算，如果宋太宰把孔子引荐给国君，孔子必将受到重用，而像自己这样的老臣很有可能被国君冷落，于是他对宋太宰说："您如果把孔子引荐给国君，从此以后，国君看您也就像跳蚤虱子一样微小了。"

人生在世，首先得为自己盘算，不能因为帮助别人而砸了自己的饭碗，所以宋太宰后来并没有向宋景公举荐孔子，孔子只好黯然地离开宋国，匆匆赶往下一个未知。

（《韩非子·说林上》《列子·仲尼篇》）

05　相失东门

孔子在行说诸侯期间经历了许多困厄与凶险，最尴尬的一次经历是在郑国都城（郑）的东郭门一带与弟子们走散失联。东郭门是东门外的一道郭门，进出都城都要经过此门。

事情的经过是这样的：孔子从卫国来到郑国，刚安顿下来就带着弟子们外出访友，谁知在东郭门一带与弟子走失了。孔子是一个大高个，他耸着肩，弓着腰，一个人孤零零地站在东郭门外，在人群中格外显眼。

孔门弟子发现老师走失了，急忙四处寻找，后来有一个路人对子贡说："我看见东郭门外站着一个人，身高约有九尺六寸，眼睛平正而细长，额头高突，头像尧，脖子像皋陶，肩膀像子产，不过自腰以下比禹短了三寸，看他那副狼狈不堪的样子，就像一条没有人收养的流浪狗。"那个路人形容孔子的原话是"累累若丧家之狗"，"累累"是疲乏、困顿的样子，引申为郁郁不得志；"丧家之狗"就是居无定所、四处流浪的野狗。

子贡等人得此讯息后，立即赶到东郭门，果然看见孔子一个人失魂落魄地站在那里。子贡后来把有人将他比喻为丧家之狗的话告诉了孔子，孔子不仅没有生气，反而高兴地说："我的形貌未必像路人描述的那样，但是说我像一条丧家狗，倒真是贴切啊！"

关于"累累若丧家之狗"，孔子曾做出具体描述："既敛而椁，布席而祭。顾望无人，意欲施之。"[1]意思就是，狗主人死后已经入殓下葬了，参加祭祀活动的人也已散去了，此时丧家之狗环顾四周，空无一人，心里空落落的，不知道要做什么。孔子当时的境遇就像丧家之狗一样，上不遇明君圣主，下不见贤士达人，自己整天四处奔波，却不知道自己究竟要干什么。

（《史记·孔子世家》《孔子家语·困誓》《论衡·骨相》《白虎通义·寿命》）

06　过蒲要盟

孔子周游列国期间，在陈国淹居三年有余，因为晋、楚两个大国争霸，陈国不断受到侵扰，生存环境极其恶劣，所以他不得不暂时离开陈国，返回卫国，途中经过蒲地。蒲是卫国的一个属邑（在今河南长垣市境

---

[1] 《韩诗外传·卷九》。

内），由公叔氏族人据有，其族人勇猛彪悍，很难对付。

公叔氏是卫国大夫，他长期盘踞蒲邑，形成地方割据势力，时间长了，难免萌生反叛之心，孔子等人路过蒲邑时，正好遇到公叔氏发动叛国动乱。公叔氏族人见孔子带领弟子们行色匆匆地赶往卫都，误以为他们是赶去帮助卫国公室的，于是就把他们包围起来，阻止他们继续前行。

孔子门下有一个叫公良孺的弟子，他是陈国公族子弟，家境优越，当年他投到孔子门下时居然带了五乘私车和若干随从。公良孺为人豪爽，孔武有力，值此危难之际，他毫不犹豫，挺身而出，豪迈地对孔子说："先前我跟随老师在匡邑受到当地人的拘禁，在宋国受到桓魋的威胁，现在在蒲邑又受到公叔氏族人的围攻，这些灾难都是命中注定的！既然命中注定，难逃此劫，我们与其束手待毙，不如拼死一搏！"说完他拔出佩剑，聚集众人，摆出一副决战的架势。

公叔氏族人虽然凶悍，但是遇到以死相拼的人也会惧怕三分，他们后来主动派人来与孔子协商道："如果你们不去卫都，我们就可以让你们安全离开。"孔子觉得当务之急是摆脱眼前的困境，尽快离开这个是非之地，于是就答应了他们的要求，并与他们订立了盟誓。公叔氏族人信守承诺，让孔子等人从东门离开（卫都相反方向）。

孔子等人从蒲邑东门出城后，立即掉头赶往卫都，子贡不解地问道："难道我们与蒲人订立的盟誓可以违背吗？"

孔子说："刚才我们是在蒲人的胁迫下订立盟誓的，这种盟誓鬼神是不听信的，所以无效，根本无须遵守。"

孔子等人到达卫都后，卫灵公亲自赶到城外来迎接，他向孔子征询道："蒲人发动叛乱，我是否要发兵讨伐蒲邑？"

孔子说："我认为您可以发兵讨伐蒲邑。"

卫灵公说："此前我曾向卫国众大夫征询意见，大多数人都认为蒲邑位于卫国西边，是抵御晋、楚两个大国入侵的重要据点，所以反对发兵讨伐蒲邑，应该保存公叔氏的势力来抵御外敌。"

孔子说:"其实在蒲邑发动叛乱的只有公叔氏的少数族人,大部分邑人是反对叛国的,他们不愿意为叛国而死战,所以您应该当机立断,立即发兵平息叛乱。"

卫灵公当时虽然口头应允发兵平息叛乱,但是他后来并未付诸行动,因为他此时年事已高,意志消沉,无心理政,对于蒲邑发生的叛国动乱,他也不想大动干戈,节外生枝,孔子对此颇为失望。

(《史记·孔子世家》《孔子家语·困誓》)

07 临河兴叹

孔子在卫国得不到重用,每天只能靠击磬、鼓琴、读书、习礼来打发时光。正当孔子百无聊赖之际,晋国政卿赵简子派特使前来延请他到晋国去辅政。赵简子当时在晋国位高权重,锐意进取,他积极推行内政改革,广揽天下英才,孔子对他颇为敬重,因此爽快地接受了他的聘请,不日就带领弟子们赶往晋国。

孔子一行人匆匆赶到黄河渡口①,正当他们准备登船之时,突然听到赵简子杀害晋国贤大夫窦鸣犊、舜华的消息②。孔子当时感到十分震惊,因为窦鸣犊、舜华是闻名天下的经世之才,孔子对他们仰慕已久,此番赴晋就是想和他们一起干一番惊天动地的大事业的,不料二人已惨遭杀害。这一突发情况不得不让孔子重新评估赴晋的潜在风险,经过慎重考虑,他最终决定取消赴晋行程,保命要紧!

---

① 著者按:《琴操》《水经注》等书中记为"狄水"。
② 著者按:关于两位晋国大夫的姓名,各类典籍中记载不一:《国语·晋语九》中记作窦犨,《说苑·权谋》中记作泽鸣、犨犨;《孔子家语·困誓》中记作窦犨鸣犊、舜华;《孔丛子·记问》中记作鸣犊、都犨。此从《史记·孔子世家》。

孔子取消赴晋的决定是非常明智的，因为赵简子为人凶狠狡诈，手段残忍，他曾经放言道："晋有泽鸣、窦犨，鲁有孔丘，吾杀此三人，则天下可图也。"①赵简子杀害窦鸣犊、舜华之后，便开始实施谋杀孔子的阴谋，他委派使者赶往卫国延请孔子入晋辅政，同时密令使者见机行事，在途中杀死孔子。使者赶到河边后对船夫说："一会儿等孔丘等人登船后，船行至河中流时就下手杀死他，然后把他的尸体抛入河中。"

孔子等人到达河边后，使者赶忙迎前问候，还特意献上了美味的牛肉。然而孔子并没有登船渡河，因为他已经识破了赵简子的暗杀阴谋。孔子站在岸边望着波涛汹涌的河水，不由感叹道："壮观啊！浩浩荡荡的河水！今日我孔丘在此不登船渡河（免遭杀身之祸），都是命运的安排啊！"

子贡等弟子见孔子驻足岸边②，临河兴叹，便不解地问道："请问您这话是什么意思？"

孔子说："窦鸣犊、舜华二人都是晋国有名的贤大夫，赵简子尚未得志的时候不得不依靠他们辅政，但是一旦他大权在握以后就无情地把他们杀害了。我听说，如果对牲畜实施残忍的剖腹取胎，那么麒麟就不会在这个国家的城郊出现；如果把鱼塘里的水全放干来捕捞鱼虾，那么蛟龙就不会在这个国家的水中兴风作雨；如果捣毁鸟巢打破鸟卵，那么凤凰就不会在这个国家的空中飞翔。这是为什么呢？因为同类物种是能够相互感应的，所以有教养的贤君子是忌讳伤害同类物种的。鸟兽对于伤害同类的不义行为都知道躲避，更不用说人了！"

孔子从黄河边返回卫国后，在陬（鄹）乡暂住了一段时间，他根据自己临河而返的亲身经历创制了一首琴曲，名为《陬操》，或曰《槃操》，这首曲词保存在《孔丛子·记问》中：

---

① 《说苑·权谋》。
② 著者按：《说苑·权谋》中记作子路。

> 周道衰微，礼乐凌迟。文、武既坠，吾将焉师？周游天下，靡邦可依。凤鸟不识，珍贵枭鸱。眷然顾之，惨焉心悲。巾车命驾，将适唐都。黄河洋洋，攸攸之鱼。临津不济，还辕息鄹。伤予道穷，哀彼无辜。翱翔于卫，复我旧庐。从吾所好，其乐只且。

整首琴曲弥漫着一种悲观失望的情绪，曲中既有对窦鸣犊、舜华不幸遇害的哀悼，也有对自己命运多舛的伤感，更有对世道衰微、小人当道的愤懑和无奈！

（《史记·孔子世家》《说苑·权谋》《孔子家语·困誓》《孔丛子·记问》）

08　厄于陈蔡

孔子周游列国期间，曾三度到陈国去进行游说，第一次是鲁定公十五年（公元前495年），第二次是鲁哀公三年（公元前492年），第三次是鲁哀公六年（公元前489年），他在陈国淹居的时间前后累计有六七年。

孔子第一次到陈国时住在司城贞子家里，司城贞子是陈国公族大夫，任司城（司空）之职，他在陈国口碑很好，人脉很广，与公室关系也很密切。经司城贞子举荐，孔子在陈国得以出仕为官，并受到陈惠（愍）公的礼遇，他时常出入宫廷，解答"肃慎氏之贡矢"之类的疑难问题。当然，孔子有时也会对陈国内政提出一些有益的建议，当政者也能虚心接受，并加以改进。总之，这段时间孔子与陈国君臣相处得比较融洽，心情也比较愉悦。孔子这次在陈国淹留约有三年，后来因晋楚争霸，陈国频繁受到侵扰，战乱不止，他只好带领弟子们离开陈国，回到卫国。

孔子回到卫国后不久，卫灵公就去世了，原太子蒯聩与卫出公争夺君位，卫国政坛一片混乱，孔子眼见求仕一时无望，于是再次跑到陈国。是年孔子已经六十岁了。

鲁哀公四年（公元前491年），孔子不知因何又离开陈国，去了蔡国①。当年蔡国发生内乱，蔡昭公被公孙翩射杀（误杀），孔子只好跑到叶邑短暂避祸，并受到叶公的礼遇。蔡国内乱平息后，孔子回到蔡国居住了三年左右，然后又回到陈国。

孔子第三次到陈国的处境就有点尴尬了。当时晋楚争霸，陈国夹在两个大国之间，成为争夺焦点，交替受到征伐。吴国崛起后，陈国又成为吴国争霸中原的跳板，频繁受到侵伐。连年战乱给陈国的社会和经济带来毁灭性的打击，同时也加剧统治集团内部的矛盾，孔子在这段时间里也受到陈国贵族的排挤和打压，甚至关系一度非常紧张②。

鲁哀公六年（公元前489年），吴国兴兵讨伐陈国，一路长驱直入，攻破都城，毁坏城墙。孔子为了逃避战乱，不得不带领弟子们仓促逃离都城，打算南下到楚国去寻求发展。陈、蔡两国大夫听说孔子要投奔楚国，便聚在一起密谋道："孔子是贤能之士，他在陈、蔡之间淹居三年有余，平时我们对他多有得罪，他对我们心怀怨恨。当今楚国是实力雄厚的大国，如果孔子在楚国能够得到重用，我们这些主事的大夫就有危险了！"于是他们决定派兵把孔门师徒围困在荒郊野外，阻止他们南下至楚。

孔子等人被围困在陈、蔡之间，南下的路被封锁了，北上的路也被阻断了，前不着村后不着店，只能在荒郊野外露宿，而且干粮很快就吃完了，众人每天只能靠野菜糊糊来充饥，能说会道的宰我已经被饿得晕晕乎乎了，一句话也说不出来。尽管眼前困难重重，孔子仍然很淡定，每日坚持诵《诗》、读《书》、习礼、弹琴……

受困时间长了，弟子们渐渐产生了恐慌情绪。子路是最先沉不住气的，他跑去质问孔子道："现在情况已经非常危急，老师每天却若无其事地

---

① 《史记·管蔡世家》："（蔡昭公）二十六年，孔子如蔡。楚昭王伐蔡，蔡恐，告急于吴。"
② 《孟子·尽心章句下》："君子厄于陈蔡之间，无上下之交也。"

弹琴唱歌,这样合乎时宜吗?"

孔子没有理睬子路,一曲终了之后,他平静地说道:"仲由,你听我说:历史上有许多霸王之主都是在困厄之中萌发雄心的,比如晋公子重耳的称霸之心萌发于流亡途中的曹国,越王勾践的称霸之心萌发于被围困的会稽山,齐桓公小白的称霸之心则萌发于逃亡寄身的莒国。因此没有经历过磨难的人思考问题就不会久远,没有经历过逃亡的人志向就不会远大。"

断粮一日,断粮两日,断粮三日……断粮七日之后,许多弟子都沉不住气了,恐慌和抱怨的情绪迅速蔓延开来,有人甚至对孔子主张复兴西周礼制的政治理想产生怀疑。率先发难的仍然是性情耿直的子路,他气势汹汹地跑去质问孔子道:"君子亦有穷乎?"孔子则没好气地答道:"君子固穷,小人穷斯滥矣!"① "穷"是指仕途受阻,子路认为,行善者天报之以福,行不善者天报之以祸,孔子多年坚持修身立德,求道行善,理应善有善报,仕途通达,不应穷困潦倒,四处碰壁。孔子则认为,君子修德,不求仕途显达,只求自我完善,只有品行低劣的小人才会患得患失,抱怨不已。"君子固穷"是春秋时代政治昏暗的真实反映,也是孔子一生仕途坎坷的真实写照。

孔子当时意识到,孔门正在经历一场深刻危机,如果不能及时化解矛盾,重振信心,后果将不堪设想,于是他分别把子路、子贡、颜渊等几位年资较深的弟子找来深入谈心,在思想上拨乱反正,从而坚定弟子们的理想信念。

次日,楚昭王派来接应孔子的军队及时赶到,孔子等人才得以摆脱困境,一路南下至楚。在途中,子贡拉着马辔对孔子说:"我们这次跟随老师遭受了前所未有的困厄与凶险,这样的经历让我们终生难忘!"

孔子说:"你说得没错!常言道:三折肱而成良医。人只有经历了挫

---

① 《论语·卫灵公篇》。

折,才会变得更加坚强。我们这次受困于陈、蔡之间,遭遇了各种凶险与困厄,人生中能有这样的经历,既是我的幸运,也是你们的幸运!人们常说,君王不遭受困厄就不能成就王业,仁人志士不经历磨难就不能彰显声名,所以我们这次所遭受的困厄也许正是激励我们奋发有为的开始!"

孔子受困于陈、蔡之事历来是一个热度很高的话题,各类记载大多用儒家正统观点进行解读:孔子用古代圣贤修身求道的献身精神和复兴周礼的崇高理想来激励弟子,最终成功化解了孔门危机。值得一提的是,道家学派对于此事也颇为关注,《庄子》书中至少有四处比较详细地记载了孔子受困于陈、蔡之间的经历(《山木》《让王》等篇),并且根据道家思想做出另类解说,比较具有代表性的是孔子歌猋氏之风。

"风"是流行于某地的音乐,如《诗经》中的郑风、卫风等。猋氏之风是炎帝时期流行的古乐,曲风淳朴,意境幽远。孔子等人在陈绝粮之时,孔子每天弦歌不辍,以此来激励弟子。有一天,孔子雅兴大发,随手操起两根枯树枝,一边敲打节奏,一边高声歌唱,他唱的就是猋氏之风。这种歌唱方式比较特别,听起来好像没有节奏,音调也不太准,但是敲击枯木的声音和孔子高亢的歌声交织在一起,能够产生一种令人震撼的奇特效果。颜渊在一旁听得非常投入,他全神贯注,几乎屏住了呼吸,孔子担心他受到自己情绪的影响,反而乱了心智,就提醒他道:"无受天损易,无受人益难。无始而非卒也,人与天一也。"①这几句话比较隐晦,颜渊一时没能理解,于是就逐字逐句地向孔子请教,孔子结合眼前所遭受的困厄,把这几句话详细地解释了一遍,大概意思是眼下我们所遭受的种种磨难都是由天命(自然法则)决定的,这就是"天损",只要我们能够顺应天命,耐心等待时机,就不会受到无谓的伤害,即所谓"易"。同样,为人臣者也应遵从君命,不要去强求那些不属于自己的东西。仕途通达,爵禄丰厚,这些都是人为努力的结果,这就是"人益",人们只有通过正常的途经来获

---

① 《庄子·山木》。

取这些利益，坚守道德操守和人格尊严是许多人做不到的，即所谓"难"。万物变化循环往复，无始无终，一切都是天道（自然规律）运作的结果，人是不可能干预天地自然发展变化的，只能融入自然，无所作为，虚心以待，随天地万物变化而变化，这才是得道圣人的境界。

上述言论完全是道家学派的口吻，但是用来形容孔子穷乎陈、蔡之时的失落心情还是比较贴切的。

(《庄子·山木》《庄子·让王》《荀子·宥坐》《吕氏春秋·孝行览·慎人》《史记·孔子世家》《韩诗外传·卷七》《说苑·杂言》《风俗通义·穷通》《孔子家语·在厄》《孔子家语·困誓》)

09　道穷于楚

孔子周游列国期间，在卫、郑、曹、宋、陈、蔡等国之间来来回回走了好多趟，大小诸侯邦主见了不少，可是一直没有遇到从政为官的机会，后来他心灰意冷地对弟子们说："归与！归与！吾党之小子狂简，斐然成章，不知所以裁之。"①这几句话有多种解读，不论怎么理解，孔子归鲁的意愿已经十分明确了。

正当孔子准备返回鲁国时，楚昭王突然派使者前来联络孔子，邀请他到楚国去辅政。楚昭王是春秋时期一代雄主，他在位期间频繁用兵北上，不断拓展疆域，与中原霸主晋国形成争霸之势。与此同时，他不惜重金，四处招揽人才，孔子自然成为他关注的重点。

孔子接到楚昭王的邀请后，心中又重新燃起行道于天下的热切希望，楚国毕竟地广人众，兵强马壮，国力强盛，楚昭王又是一位贤明之主，如

---

① 《论语·公冶长篇》。

果能奉行文武之道，必将横行天下。孔子让子贡先行赶往楚国去向楚昭王通报，自己则带领弟子们随后赶往，尽管他们在途中遇到陈、蔡两国军队的拦阻，一时陷于绝粮的困境，但是最终还是摆脱了阻挠，一行人匆匆南下，赶往楚国。

孔子到达楚国后，楚昭王打算封给他七百里书社地，"里"是古代居民编制单位，一里为二十五户人家①，七百里就是一万七千多户人家，近十万人口，这个数目确实有点儿夸张，估计楚昭王当时只是口头说说而已，未必当真。"书社地"是指以里为单位设立神社②，每家每户都必须在神社把人口登记入籍。由此可见，楚昭王封给孔子的不仅有土地，还有人口③。

楚国令尹子西听到这个消息后非常担忧，他问楚昭王道："您派往诸侯各国的使者有比子贡更出色的吗？"

楚昭王说："没有。"

子西又问道："您身边的辅政大臣有比颜渊更优秀的吗？"

楚昭王说："没有。"

子西继续问道："您手下的战将有比子路更勇猛的吗？"

楚昭王说："没有。"

子西最后问道："您朝中的官吏有比宰我更干练的吗？"

楚昭王说："没有。"

子西接着说道："楚国先祖受封于周王，当年受封的土地和人口不过五十里，位列五爵之末。现在孔丘遵从上古帝王的法度，继承周朝先王的事业，如果您再封给他大片土地和众多人口，一旦他不断扩张，形成气候，楚国还能世世代代保有方圆数千里的土地吗？想当年周文王在丰邑起家，

---

① 《周礼•地官•遂人》："五家为邻，五邻为里。"
② 《风俗通义•祀典》："社者，土地之主，土地广博，不可遍敬，故封土以为社而祀之，报功也。"
③ 著者按：没有土地和人口，就干不成大事，这种观点在战国时期普遍流行。《荀子•王霸》："仲尼无置锥之地，诚义乎志意，加义乎身行，箸之言语，济之日，不隐乎天下，名垂乎后世。"《法言•重黎》："或问：'仲尼大圣，则天曷不胙？'曰：'无土。'"

周武王在镐京发迹，他们所拥有的土地和人口不过区区百里，然而最终能坐拥天下，这样的事例难道不值得我们深思吗？孔丘门下有一大批才能出众的弟子，如果现在再让他拥有七百里的土地和人口，这对您来说，就是一个巨大的威胁，所以您一定要慎重对待此事！"

子西是辅佐楚国几代君王的老臣，他为人忠诚，德高望重，在楚国最艰难的时候他忠于社稷，挺身而出，力挽狂澜，功绩卓著。楚昭王对令尹子西非常敬重，对他的话向来是言听计从，所以他听从了子西的建议，把封孔子七百里书社地的事情暂时搁置下来了。

当年秋天，楚昭王突然病逝，孔子十分痛惜，因为这一变故意味着他借助楚国的雄厚势力来实现自己复兴西周礼制的政治理想再度破灭！后人对此评述道："是以贤圣罕合，谄谀常兴也。故有千岁之乱，而无百岁之治。孔子之见疑，岂不痛哉！"[1]这里的"贤"是指贤君楚昭王，而"圣"则是指圣人孔子，他们原本可以联手干一番大事业的，然而却因谄言生疑，孔子最终道穷于楚！

关于楚昭王礼聘孔子之事，《孔丛子·记问》中提供了另一个版本：楚昭王委派使者携重金礼聘孔子入楚辅政，弟子宰予、冉有得知这一消息后都兴奋不已，他们认为，如果把孔子的政治智慧与楚国的强大国力结合起来，就能实现行道于天下的宏伟理想了，于是他们跑去问孔子道："姜太公隐居修身多年，不改初衷，直到八十岁时遇见周文王，他才放弃隐居生活，出仕辅佐周文王成就王天下的伟业。许由是帝尧时期的避世高人，他标榜清高，崇尚自然，终生不愿为世事所累，帝尧想让天下于他，他却推辞不受。请问太公与许由二人谁更贤达呢？"

孔子是一个理想主义者，但是他主张积极入世，有所作为，所以他说："各人的人生理想不同，许由的人生信仰是独善其身，姜太公的人生信

---

[1] 《说苑·杂言》。

仰是兼利天下，他们分别实现了各自的人生理想，因此没有必要分出高下优劣。当然，从功利的角度来看，兼利天下的人生理想更具有积极意义，不过实现这种人生理想的关键不在于自己，而在于帝王是否圣明。当今之世，像周文王那样仁德贤明的帝王已经可遇不可求了，所以即使姜太公再世，又有谁能赏识和重用他呢？"

孔子把自己比作姜太公，他虽有经世之才和济世之愿，但是无人赏识和重用，最终只能空怀壮志，一事无成，他为了抒发自己怀才不遇的愤懑心情，特赋诗一首：

　　大道隐兮礼为基，
　　贤人窜兮将待时，
　　天下如一兮欲何之？

按照这种说法，孔子最终没有在楚国出仕为官，主要原因是他对各国诸侯已经彻底失望，不愿意与他们同流合污，自毁清誉，因此主动拒绝了楚昭王的邀请。显然，这种说法是由后儒编造的，其目的是为了维护孔子的圣人形象。

（《左传·哀公六年》《史记·孔子世家》《说苑·杂言》《孔丛子·记问》）

10　干君七十余

孔子在周游列国期间，游说大小诸侯（邦主）七十余君，即所谓"干君七十余"。"干"是干涉、干预、冒犯的意思。这种说法在两汉时期非常流行，《吕氏春秋》《淮南子》《史记》《说苑》《盐铁论》《论衡》等书中均有类似表述，也得到时人的普遍认可①。

孔子不辞劳苦，四处奔走，游说诸侯，目的是宣扬以礼治主义为核心的王道思想，恢复尊卑有序的礼制秩序，即所谓"论先王之道而明周、召之迹"②，"冀道之一行，而得施其德，使民生于全育，烝庶安土，万物熙熙，各乐其终"③，这显然是开历史的倒车，所以无人响应。各国诸侯对他或虚与委蛇，或冷眼相待，或武力恫吓……。孔子为此遭受了无数磨难，吃尽了万般苦头，他就像一条丧家之狗一样居无定所，不知所终。

关于孔子"干君七十余"的说法是大有问题的，东汉时期的王充就已提出质疑："书说：'孔子不能容于世，周流游说七十余国，未尝得安。'夫言周流不遇，可也；言干七十国，增之也。案《论语》之篇，诸子之书，孔子自卫反鲁，在陈绝粮，削迹于卫，忘味于齐，伐树于宋，并费与顿牟，至不能十国。传言七十国，非其实也。或时干十数国也，七十之说，文书传之，因言干七十国矣。"④王充认为"干七十国"实为"干十数国"之误，这种推论是有说服力的。

从孔子周游列国的活动范围来看，他主要在黄河中下游地区来回游走，即郑、卫、曹、陈、蔡等诸侯国，北上没有过黄河，西进没有入晋境，东至黄海之滨，南下最远到达楚郢，所以孔子行说诸侯七十余君的说法是不准确的。不过还有一种情况值得关注：对于"国"的概念不能狭隘地理解为周朝分封的诸侯国。在中国早期社会中，氏族组织是社会的基本构成，因此"国"与"家"（氏族）的概念并不太清晰，"家"对外可以为"国"，而"国"对内则可以为"家"，从这个意义上说，有多少"家"就有多少"国"。大禹初立夏朝，在涂山（今安徽蚌埠城郊）举行诸侯大会，

---

① 著者按：在两汉典籍中，大多都持孔子"行说七十诸侯"的说法，唯有《吕氏春秋》中记为"所见八十余君"。
② 《庄子·天运篇》。
③ 《说苑·贵德》。
④ 《论衡·儒增篇》。

"执玉帛者万国"①，这里的"万国"并不是现代意义的国家，而是氏族组织。周武王伐纣，举行誓师大会，"诸侯不期而会盟津者八百诸侯"②，这里的"八百诸侯"大多也是氏族部落联盟的首领，而非诸侯国君。周朝初年分封诸侯，"立七十一国，姬姓独居五十三人焉"③。到了春秋末年，诸侯大国兼并小国，这些诸侯国能够存活下来的已经寥寥无几。由此可见，孔子行说诸侯七十余君的说法是经不起推敲的。

如果把"国"的概念适当泛化，那么有一些在分封诸侯国域内的异姓方国、邦国也可以称为"国"，这些国家早在周朝分封之前就已经以氏族组织的形式独立存在了，比如鲁国域内的颛顼、郜、邾、郯等附庸国，它们在政治上与宗主国是一种附庸关系，每年需要向宗主国履行朝觐、贡赋等义务，但是在血缘上则与宗主国异姓异宗，保持相对的独立性。孔子说："邦有道，贫且贱焉，耻也；邦无道，富且贵焉，耻也。"④说明这些邦国也是孔子游说和求仕的目标。此外，还有一些以某个宗族或氏族为主体的城邑（采邑、城邦等），如卫国的蒲邑、郑国的匡邑、晋国的中牟邑、鲁国的费邑、楚国的叶邑等，这些城邑虽然领地不大，人口不多，名义上归由诸侯国管辖，对外也不享有自主权，但是氏族势力非常强大，邑宰也非常强势，他们筑高墙，开深沟，拥兵自重，独自为政，俨然成为与朝廷分庭抗礼的独立王国。综上所述，这些泛化国家概念的邦国、方国、附庸国或城邦、城邑等在当时普遍存在，在时人概念中，这些城邦或城邑就是国家，氏族宗主或邑宰就是君主，所以孔子"干君七十余"的说法在一定程度上又是成立的。

---

① 《左传·哀公七年》。
② 《史记·周本纪》。
③ 《荀子·效儒》。
④ 《论语·泰伯篇》。

六、归鲁 二十四则

【概说】

鲁哀公十一年（公元前484年），孔子终于结束了长达十四年的周游生活，应召返回鲁国。鲁哀公、季康子等人对他礼遇有加，奉为"国老"，遇有重要政务都会派人来向他征询意见。鲁国当时正值用人之际，孔门弟子大多年富力强，才能出众，于是也纷纷应聘出仕，孔门的政治影响力达到鼎盛，孔子似乎又找到当年夹谷之会折冲樽俎、堕三都大义凛然的感觉。

回到母国之后，孔子确实想尽其所能，报效祖国，他时常到公室去应询问题，建言献策。孔子此时已经年届七十了，人生修养也已达到"从心所欲，不逾矩"的境界（《论语·为政篇》），所以他在应询各类问题时很少就事论事，具体分析，而是从历史发展的深度和普世价值的高度来进行理性概括，深入阐述。

这一时期，鲁国君弱臣强的局面仍然没有改观，政卿季康子擅权专政，为所欲为，鲁哀公则大权旁落，无所作为，所以孔子说："禄之去公室五世矣，政逮于大夫四世矣。"（《论语·季氏篇》）孔子站在维护礼制秩序的立场上，对于"三桓"贵族种种违礼行为进行了严厉抨击，他与季康子之间的矛盾也日益加深，尤其是在"用田赋""伐颛臾""旅于泰山"等问题上，尽管他表示反对，但是季康子却虚与委蛇，置若罔闻。此后孔子便渐渐淡出政坛，杜门不出，潜心整理和研究古代典籍了。

01　自卫返鲁

　　鲁哀公在位时期，齐、鲁两国交恶，相互攻伐，战事连连。鲁哀公十一年（公元前484年），齐国发兵攻伐鲁国，两国精锐之师在曲阜城郊展开一场激战，史称郊之战。在这场战役中，孔门弟子冉有担任左师（由季氏族人组成）将领，他率领武城三百徒卒率先杀入敌阵，英勇作战，大败齐师，为鲁国取得胜利发挥了关键作用，他也因此得到鲁国政卿季康子的嘉奖。孔子听说此事后称赞道："鲁国抵御齐国入侵的战役是合乎道义的。"

　　郊之战结束后，季康子问冉有道："你在军事方面的才能，是后天学习的呢？还是先天而具的呢？"

　　冉有回答道："我是向我的老师孔子学习的。"

　　季康子好奇地问道："孔子是一个什么样的人呀？"

　　冉有说："孔子是一位经世之才，如果有人重用他，他一定能大有作为，名扬天下。孔子的学说思想不仅适用于普通百姓，也无愧于天地鬼神。不过我向孔子学习用兵之道，提高军事素质，即使在实战中取胜，获得千社的赏赐，孔子也认为这是不值得称道的，因为战争对于人类而言终究是有害无益的。鲁国当前内外交困，危机重重，值此用人之际，如果当政者弃孔子而不用，这就像人往后退而求向前行一样，只会离目标越来越远。孔子现在人在卫国，听说卫国国君将要委以重任，如果孔子在卫国得到重用，这就等于用本国的经世之才来壮大邻国，削弱自己，这样做算得上明智吗？所以我建议您立即委派使者携重金到卫国去延请孔子回国辅政。"

　　季康子在继任政卿之前，其父季桓子曾经向他提起孔子，建议他主政以后一定要召孔子回国，委以重任。季康子此前与孔子并没有直接交往（季康子出任政卿时，孔子已经离开鲁国），所以他对孔子不太了解。听了冉有的介绍后,他对孔子有了一个大致判断,他觉得征召孔子回国效力是一个明智之举。当然,季康子打算征召孔子回国主要是从军事方面考虑的,因为鲁国虽然在郊之战中取得胜利,但是齐国随时会对鲁国实施报复,战争的阴云仍然笼罩在人们的头上,季康子一方面积极组织力量修筑防御工事,另一方面又告诫国人道:"小胜大,祸也,齐至无日矣。"[1]当此危难之际,鲁国迫切需要能够担当大任的人才,这是促成孔子归鲁的主要原因。

季康子决定征召孔子回国辅政,他向冉有征询道:"我想征召孔子回国效力,你觉得可行吗?"

冉有答道:"孔子现在声名显赫,影响很大,各国诸侯无不把他奉为座上宾,所以您请他回国辅政,不能安排普通的低级职务,应该委以重任,提供优厚待遇,这样他才能发挥重要作用。"

季康子采纳了冉有的建议,决定以鲁哀公的名义持重币征召孔子回国。孔子此时人在卫国,他终日闲居,郁郁不得志,归意已久,他多次对弟子唠叨道:"归与!归与!吾党之小子狂简,斐然成章,不知所以裁之。"[2]"狂简"是志向远大;"裁"是裁剪,这里引申为指导、教导。意思就是,不少孔门弟子在鲁国已经混得风生水起,出人头地,我也应该回去教导他们了。恰好此时鲁国使者奉命征召孔子回国,孔子没有理由不奉召履行尽忠报国的义务,于是他立即让弟子打点行装,匆匆离开卫国,返回鲁国。

(《左传·哀公十一年》《史记·孔子世家》《孔子家语·正论解》)

---

[1] 《左传·哀公十一年》。
[2] 《论语·公冶长篇》。

02　与鲁哀公论大礼

孔子归鲁后被奉为"国老",这是一个咨政虚职,无须直接参与政务,只需经常向鲁哀公提供咨政意见。根据典籍记载,孔子与鲁哀公之间共有三次比较重要的会面,即所谓"三朝",两人对话内容非常广泛,大到治国理政,小到穿衣戴帽,相关内容被收录在《孔子三朝记》中(此书隋唐以后亡佚),《礼记》《大戴礼记》中亦有比较完整的记载。此外,在清人马骕编撰的《绎史·孔子类记》中也专门设有"哀公问"部分,收录了孔子与鲁哀公之间的许多对话。

孔子第一次觐见鲁哀公,鲁哀公问他道:"您能给我解释一下'大礼'吗?为什么那些有身份的大人谈起礼来就格外恭敬、慎重?"周朝礼制内容非常庞杂,包罗万象,大到国家政治制度,小到百姓日常生活,但是礼制的精神则是一以贯之的。鲁哀公所问的"大礼"就是礼制的精神实质,即所谓"礼之本"[①]。

孔子答道:"我只是一个身份普通的小人物,没有资格谈论'大礼'。"春秋时期,礼制是为了规范贵族言行而设置的,所以礼是贵族阶层的专属话题,身份普通的庶人是没有资格谈论的,《礼记·曲礼上》:"礼不下庶人,刑不上大夫。"

鲁哀公说:"不不不,您还是给我解释一下吧。"

孔子端正坐姿,严肃答道:"我听说,礼在民众生活中是最重要的法度或规矩,人人都必须严格遵从。礼的作用是无处不在的,没有礼,人们就不能有节制地侍奉天地神灵;没有礼,人们就不能辨明君臣、尊卑、长幼身份和地位的限制;没有礼,人们就不能区别男女、父子、兄弟、婚姻等

[①] 《论语·八佾篇》:"林放问礼之本。"

人际交往中的亲疏关系①。这就是有身份的大人谈起礼来就格外恭敬、慎重的原因。古时候有身份的大人自觉遵从礼制规范,并以此来教导民众恪守规矩,敬奉在上位的大人,这样社会就能井然有序,国家治理也就易如反掌了。礼制秩序建立以后,在上位的大人还可以通过置办雕镂的礼器、彩色的礼服等方式来进一步推行礼教。民众接受礼教以后,在上位的大人还可以通过规定居丧的期限、鼎俎等祭器的规制、活畜和干肉等祭品的置办、修建氏族宗庙等具体事项来按季度或月份祭祀祖先,通过祭祖来明确和强化宗族中辈分、长幼、亲疏等排序关系。宗族中的各种关系排序确定以后,在上位的大人还要教导族众安居乐业,衣着朴素,饮食简单,居所不求宽大,车乘不求奢华,生活器具不求精美,自己有好东西要学会与人分享。过去在上位的大人就是这样来行礼的。"

鲁哀公继续问道:"那么如今在上位的大人们为什么没有像古人那样来推行礼教呢?"

孔子答道:"如今在上位的大人们贪得无厌,道德败坏,他们为了满足一己私利,不仅侵害国家利益,还对民众索取无度。这些人自己都不能遵从礼制,怎么可能对民众实施礼教呢!"

孔子每当谈起礼来就义愤填膺,痛心疾首,因为他所生活的时代礼制已经彻底败坏。

(《礼记·哀公问》《大戴礼记·哀公问于孔子》《孔子家语·问礼》)

03 与鲁哀公论儒行

孔子是儒者出身,由于职业,他对于周朝礼制的崩坏情况感触特别

---

① 《礼记·曲礼上》:"夫礼者,所以定亲疏,决嫌疑,别同异,明是非也。"

深,维护礼制秩序的政治诉求和愿望也特别强,并由此走上了从政道路。

鲁哀公继位之时,孔子已经离开鲁国,周游列国去了,所以他对孔子的印象仍然停留在幼年时代,那时孔子只是一个帮人办理丧事的儒者。孔子应召归鲁后,鲁哀公临时安排他住在接待外国使者的馆舍里。两人会面的时候,鲁哀公从大堂东阶(主位)而升,上前迎接孔子,孔子则从大堂西阶(宾位)而上,觐见君主。

两人在大堂坐定之后,鲁哀公对孔子的儒者印象似乎没有改变,所以他漫不经心地问道:"先生穿的是儒服吧?"

所谓"儒服",就是一种相对传统保守的服装,亦可称为"古之服"。孔子认为,能够恪守古代礼俗的人,通常是不会违反礼制、为非作歹的。当然,仅仅从穿衣戴帽等方面来判断一个人的品行是肤浅的,关键是要考察他内在的道德修养和外在的言谈举止,所以孔子回答道:"我小时候居住在鲁国,穿的是衣袖宽大的衣服;我是殿人之后,先祖随殿王室迁居于宋,所以我成人之后戴的是殿商时期流行的一种称作章甫的缁布礼帽①。我只听说君子要学识广博,穿衣要入乡随俗,并没有听说什么儒服。"

鲁哀公又随口说道:"那么您就给我讲一讲儒者的品行吧。"

孔子觉得鲁哀公态度不诚恳,提问很随意,完全是为问而问,所以他推辞道:"仓促之间,无法细说。如果讲清楚这个问题需要很长时间,恐怕您身边的侍从无法长时间侍奉,需要轮流换班,即使这样也未必能讲清楚。"

鲁哀公生活在内宫之中,从小娇生惯养,比较任性,他认为君有所问,臣就应有所答,不应该推三阻四,拒绝作答,况且简单的儒行问题能有多复杂呢?所以他想为难一下孔子,命人铺设好席座,摆放好果食,让孔子陪坐,半真半假地摆出一副洗耳恭听的架势。

---

① 著者按:原文为"长于宋,冠章甫之冠",目前各种史料中并没有孔子生长在宋国的记载,故改。

孔子见此情景，只好认真作答，他主要从儒者洁身自好、容貌端庄、志向远大、重信守义、注重修德、刚毅坚强、独立特行、自守清廉、宽容大度、荐贤举能、公正无私、与人为善以及他们在日常生活中能够恪守各种行为规范等方面对于儒行问题进行了全面阐述，内容非常丰富，耗时也比较长，陪侍的人听得昏昏欲睡。孔子最后总结道："儒者不会因为贫贱而窘迫失态，也不会因为富贵而骄纵失礼；他们不会因为君主的弃用、大夫的恐吓、官吏的刁难等而改变自己，这就叫作'儒'。现在人们对于'儒'的理解是虚妄不实的，所以经常用'儒'来相互辱骂。我希望今后人人都能尊重儒者，因为他们确实是社会的中坚力量！"

听了孔子对于儒行问题的全面阐述后，鲁哀公对于儒者有了一个全新的认识，对孔子也由衷敬佩。从此以后，他自觉加强道德修养，说话更严谨了，行为更规范了，他诚恳地对人说："此生我再也不敢对儒者不尊敬了。"

(《礼记·儒行》《孔子家语·儒行》)

04　答鲁哀公圣君之问

鲁哀公是一个弱主，但是却怀有成为一代圣君的愿望，他对孔子说："我出生在远离平民百姓生活的深宫之中，在宫中贵妇人的百般呵护下长大成人，所以我从来不知道什么是悲哀，什么是忧愁，什么是劳苦，什么是恐惧，什么是危险……您能给我讲一讲这方面的道理吗？"

孔子赶忙起身答道："哎呀，您提出的是圣君之问呀！我孔丘只是一个卑微之人，哪有资格与您谈论如此重大的问题。"所谓"圣君之问"，其实就是实现以德治国的途径与方法。

鲁哀公示意孔子入座，诚恳地说道："鲁国除您之外，不会有人和我谈论这些问题。"鲁哀公当时在鲁国的境遇确实如此,他名义上是一国之君,实际上是大权旁落,碌碌无为,公卿贵族根本不把他放在眼里,所以不会有人认真回答他的"圣君之问"。

　　孔子坐定以后,缓缓说道:"既然您对我如此信任,我就尽力回答您的问题吧:您进入宗庙大门后向右走,从东面台阶登上大堂,抬头可以看见屋椽和栋梁,低头可以看见案几上摆放的神主牌位和祭祀供品,这些器物都是按照原样保存的,但是那些祖先早已亡故,您由此而思念先祖,就能知道什么是悲哀了;您每天黎明时分就起来梳头戴冠,天刚放亮就上朝听政问事,如果有一件小事处置不当,就会引发全局混乱,您由此而想到自己肩负的重要责任,就能知道什么是忧愁了;您每天一早出门,白天在朝中处理各种政务,与大臣们商议各种政事,从早上一直忙到夜晚,累得筋疲力尽,然而还有许多达官贵人的子孙们在朝廷院门外面等候您的召见,所以您不得不打起精神来与他们行礼周旋,您由此而想到需要强打起精神头应付各种繁文缛节,就能知道什么是劳苦了;您走出曲阜都城的四方城门,信步到野外去走一走,看一看,在亡国的废墟上面还可以看见那些残垣断壁,您由此而想到亡国之恨,就能知道什么是恐惧了;我曾经听到这样一种说法:国君如同船,民众则如同水,水可以承载船,也可以翻覆船,您由此而想到民心向背与政治成败,就能知道什么是危险了。总之,国君手中握有重权,身居万民之上,治理国家不仅操劳辛苦,责任重大,而且还会遇到各种意想不到的困难与凶险,所以治理国家就要像用一根腐朽的绳索来驾驭一辆马骤狂奔的车乘一样小心谨慎。古代哲人对治国的艰难与凶险做出各种形象比喻,《周易》中比喻为'覆虎尾(踩到虎尾)',《诗经》中则比喻为'如履薄冰(在一层薄冰上行走)',其实这些比喻都是一个意思:'为君难,为臣不易。'①"

　　孔子平时说教喜欢讲大道理,而且惜言如金,这次他回答"圣君之

---

①　《论语·子路篇》。

问"则用了许多形象化的言语,把知哀、知忧、知劳、知惧、知危等问题解释得非常透彻、生动。鲁哀公听了孔子关于"圣君之问"的论述后深受教益,他一拜再拜道:"我虽然迟钝不敏,但是愿意努力遵从您的教导。"

(《荀子·哀公》《新序·杂事四》《孔子家语·五仪解》)

05　与鲁哀公论国家之存亡祸福

鲁哀公问孔子道:"国家的存亡祸福是由天命决定的呢,还是由人事决定的呢?"

孔子肯定地回答道:"国家的存亡祸福当然是由人事决定的,天灾地妖是不可能改变国家命运的。"

鲁哀公说:"既然如此,您能列举几个具体事例吗?"

孔子答道:"当然可以。商纣王时代①,在国都的城墙边上,有一只小雀生出一只大鸟来,占卜者说道:'以小生大预示着国家必定一统天下,王者必定声名大振。'商纣王听信了小雀生大鸟的吉兆,从此以后不认真治理国家,实行暴政,朝中大臣也无法挽救,后来外敌入侵,商朝因此而灭亡。这就是以自己的恣意妄为违背天命、导致吉兆转而变成灾祸的事例。与此相反,商王武丁在位时期②,社会道德沦丧,国家刑法废弛,以至于出现桑树、榖树生长在朝廷院中的不祥之兆,而且这些树木生长得很快,七天就能有两人合抱之粗。占卜者说道:'桑树和榖树原本都是生长在野外的树种,现在却生长在朝廷院中,这预示着国家将要灭亡。'武丁得知这个凶兆后非常惊恐,他努力修身立德,学习先王的治国方法,挽救行将灭亡的国家,复兴行将灭绝的氏族,招募流离失所的难民。三年之后,遥远的

---

① 著者按:《战国策·宋策》《新序·杂事第四》等书中记为宋康王。
② 著者按:《孔子家语·五仪》中记为商王太戊。

国度仰慕商朝的开明政治,许多国家都委派使者来商朝朝觐,各国使者通过多重翻译来向商王表达敬意。这就是以自己的修身立德改变天命、变凶兆为福事的事例。因此,天灾地妖都是上天用来警示天子诸侯的,而梦见怪异的事情也是上天用来警示朝臣的。历史上许多事例证明,灾祸敌不过良好的政治,梦兆也胜不了善良的行为。如果当政者能够明白这个道理,治国就能达到最高境界,自古以来,只有贤明的君主才能做到,所以商王太甲说:'天作孽,犹可违;自作孽,不可逭。'①"

鲁哀公听了孔子的话后感慨道:"我实在是太孤陋寡闻了!今天有幸聆听您的教诲,将受益终身。"

(《说苑·敬慎》《孔子家语·五仪解》)

06　与鲁哀公论身不下堂而国治

虞舜是儒家最推崇的古代帝王,他为政最大的特点是善于任用贤臣和实行无为而治,孔子多次称颂道:"舜有臣五人而天下治。"②"无为而治者其舜也与?夫何为哉?恭己正南面而已矣。"③"昔者帝舜左禹而右皋陶,不下席而天下治。"④鲁哀公对虞舜十分崇拜,对于实行无为而治也很有兴趣,他问孔子道:"有人曾对我说:'诸侯国君治理国家身不必下堂,事不必躬亲,每天只需端坐在大堂之上就可以实现国治民安了。'您觉得这话有道理吗?"⑤

鲁哀公的问题实在不着调,国君身不下堂只是形式,治理国家是否用

---

① 《尚书·太甲》。
② 《论语·泰伯篇》。
③ 《论语·卫灵公篇》。
④ 《说苑·君道》,并见《孔子家语·王言》等。
⑤ 著者按:《说苑·政理》中记作"卫灵公谓孔子曰"。

心才是问题的实质，于是孔子决定利用这个机会来对鲁哀公进行说教，他回答道："这话固然有一定道理。常言道：爱别人的人就能得到别人的爱，恨别人的人也会遭受别人的恨；知道自己好恶的人就能知道别人的好恶，知道自己得失的人也能知道别人的得失。概括地说，无论爱与恨或得与失，都是由自己传递出去的，所以善于治理国家的国君遇到问题时首先需要认真审视和反省自己，如果他们能够修身立德，恩泽天下，那么完全可以足不出户而知晓天下之事，身不下堂而实现天下大治。"

治国先治人，治人先治己，治己先治身，治身先治本，"君子务本，本立而道生"①，这是儒家进行道德说教的一贯思路。

（《吕氏春秋·季春纪·先己》《尸子·处道》《说苑·政理》《孔子家语·贤君》）

07　与鲁哀公论舜冠

冠是礼帽（官帽），必须戴得端正，即所谓冠冕堂皇，否则将有失官威和尊严。古人认为，正冠是君子南面而治的开始，《荀子·大略》："天子诸侯子十九而冠，冠而听治，其教至也。"《礼记·冠义》："故冠而后服备，服备而后容体正，颜色齐，辞令顺，故曰：'冠者，礼之始也。'是故古者圣王重冠。"春秋时期，普通士人也很重视冠服仪容，"君子成人必冠带以行事，弃幼少嬉戏堕慢之心，而孜孜于进德修业之志"②。子路在卫国孔悝之乱中与石乞等乱党分子激斗，冠缨被斩断，官帽掉落在地，他俯身去捡，大声喝道："君子死，冠不免。"结果结缨而死③。

---

① 《论语·学而篇》。
② 《说苑·修文》。
③ 《左传·哀公十五年》。

鲁哀公身为一国之君，每天坐朝听政，所以他对头上戴的冠冕非常重视，重视程度甚至超过国家政务。有一天，他突然问孔子道："古代帝王虞舜戴的是什么帽子？"孔子没有回答，他又追问了三遍，孔子依然没有回答。

鲁哀公平时向孔子请教问题，孔子都是有问必答，这次孔子却一反常态，既不说是，也不说否，所以鲁哀公生气地责怪道："我向您请教问题，您却不回答，这是为什么？"

孔子说："因为您提出的问题太琐碎具体，一点儿不重要，所以我正在考虑如何回答。"

鲁哀公听了这话更生气了，他没好气地说："您说我提出的问题不重要，那么什么问题才重要呢？"

孔子不急不忙地答道："虞舜在位期间有时穿方领官服，戴黑色礼帽，有时穿圆领简服，戴浅色便帽，其实穿戴什么衣帽并不重要，重要的是虞舜能够推行关爱生命、杜绝杀戮的德政，在他宽厚仁慈的品德感召下，凤凰成行地在树上栖息，麒麟结队地在郊外奔跑，鸦鹊把窝搭在低矮的树枝上，人们不用抬头就可以看见窝里的雏鸟，但是不会伤害它们。虞舜对于凤麟鸟兽都能细心呵护，对于子民就更加宽厚仁慈了。您问我有关虞舜的事情，不问他宽和仁慈的品德，却问他戴什么帽子，我一时没有反应过来，所以迟迟没有回答。"

还有一次，鲁哀公又向孔子提出类似问题："绅、委、章甫有益于仁乎？""绅"是古代士大夫束在腰间的宽大布带，"委"是周代流行的礼帽，"章甫"则是商代流行的礼帽，鲁哀公以为穿戴古人衮冕就可以提高道德修养了，然而孔子却做出否定答复，他认为穿衣戴帽并不能替代道德约束。

孔子进行说教，善于从身边的小事切入，然后慢慢导入正题，这是一种语言技巧。但是他年老以后说话就比较直接了，因为他没有太多的时间和精力绕圈子了。

（《荀子·哀公》《孔子家语·好生》）

08　有邦之道与相邦之道

鲁哀公是有邦（国）者，即《礼记·大学》中所说的"有国者不可以不慎"，然而他召见孔子咨政时不问"有邦之道"，却问"相邦之道"，即为臣之道。"有"与"相"一字之差，却使得君与臣的身份和地位发生了根本改变。

孔子虽然觉得鲁哀公的问题比较荒唐，但是他也只能按照要求来回答，他说："相邦之道首先要满足民众的欲望，让他们有充足的生活物资储备，同时还要体察他们的忧虑。推行政令时要静待时机，如果时机成熟了，就要坚决贯彻执行，这大概就是相邦之道。"

鲁哀公又继续问道："请问管理民众应该采取什么方法呢？"

孔子答道："让农夫做好农事，按期贡献税赋，充实官仓；让工匠做好工事，按期缴纳税赋，充实府库；让士人演练御、射等军事技能，强身健体，随时准备应征出战。"

孔子回到家中后对子贡说："今天我应召觐见国君，然而他不问有邦之道，却问相邦之道，这不是荒唐吗！"

子贡问道："那么您是怎么回答的呢？"

孔子说："我只能暗自发笑了。"

鲁哀公身为一国之君，他的职责应该是通过推行礼乐教化和颁布行政命令来管理国家，实施统治，然而他不向孔子请教有邦之道，却向孔子询问相邦之道和治民之法，说明他这个国君当得稀里糊涂，连自己的身份和职责都没有搞清楚。

（《上海博物馆藏战国楚竹书（四）·相邦之道》）

09　与鲁哀公论无攻无守之道

小国弱,只能持守势;大国强,必然取攻势。对于鲁国这种不小不大的国家来说,如何在守势与攻势之间维持一种平衡关系?这是当政者最关心的事情,因此鲁哀公问孔子道:"我想把鲁国治理成这样的国家:国力弱小时国人共同保卫国家安全,免遭敌国入侵;国力强大时不主动发起战争,侵犯别国。请问我应该怎么做?"

孔子回答说:"实现您的想法并不难,只需做到'无守无攻'。具体地说,如果您在自己的国家推行礼制,君臣上下和睦相敬,父子兄弟孝悌相亲,那么全天下的老百姓都有可能成为您的子民,天下没有敌人,您去攻伐谁呢?这就是'无攻'。如果您不能以礼治国,为了满足个人私欲而损害百姓公共利益,弄得举国上下怨声载道,众叛亲离,那么全天下的老百姓都有可能成为您的敌人,您又能与谁一起保家卫国呢?这就是'无守'。因此,遵从礼制、关爱民生就是您所期待的无攻无守之道。"

鲁哀公听后连声称善,立即废止严禁国民上山狩猎和下水捕鱼的法令,降低货物通关和市场交易的税赋,让老百姓真正得到实实在在的利益。

关爱民生是儒家思想中的一个重要内容,孔子曾多次强调:"使民以时。"①"因民之所利而利之。"②鲁哀公向孔门弟子有若征询"年饥,用不足"的应对之策时,有若也说:"百姓足,君孰与不足?百姓不足,君孰与足?"③孔子所说的无守无攻之道,正是这些论述的拓展与延伸。

(《说苑·指武》《孔子家语·五仪解》)

---

① 《论语·学而篇》。
② 《论语·尧曰篇》。
③ 《论语·颜渊篇》。

10 与鲁哀公论用兵

"兵"的本义是兵器、武器,后指手执兵戈的士兵,进而引申为军事行动或征伐战争,即所谓"甲兵之事"或"军旅之事"。

春秋时期,诸侯争霸,弱肉强食,所以各国诸侯无不把"甲兵之事"视为国之要务。有一次,鲁哀公向孔子请教"用兵"问题,他问道:"我听人说,发动武力战争是不祥的。"

孔子说:"怎么能说不祥呢?上古圣王发动武力战争是为了推翻残暴统治,解救天下黎民,这能说是不祥的吗?不过后世有些帝王为了攫取土地和人口资源而贸然发动武力战争,残害百姓,危害国家,这类用兵是不祥的。"

鲁哀公又问道:"用兵打仗,这种相互伤害的事情最早是什么时候开始的?"

孔子答道:"这种事情古来有之,与民俱生。"

鲁哀公继续问道:"我还听人说,剑铠矛戟之类的兵器是由黄帝时期的部落联盟首领蚩尤发明制作的,这种说法确切吗?"

孔子说:"不对。蚩尤根本不是部落联盟首领,他只是一个贪婪成性的庶人,他为了获取私利,背信弃义,枉顾亲情,最终落得身败名裂的下场!像蚩尤这种贪得无厌的小人怎么会有发明制作兵器的才智呢?他就是一个害人害己的败类!古人发明制作兵器与人的本性有关:人生来就有喜怒哀乐之情,当愤怒的情绪发展到难以抑制的程度时就会诉诸武力,于是就会发生兵争武斗,相互伤害,进而演变成战争,所以用兵之事历史悠久,与民俱生。在历史上,尧、舜、禹、商汤、周文王、周武王等古代圣王推行德政,关爱百姓,恩泽天下,虽然他们有时也会动用武力来征服对方,但是他们用兵的目的是运用武力来禁暴止乱,维持天下太平,所以人们至今仍然在歌颂他们的盛德武功;而夏桀、商纣等暴君实施残暴统治,他们不敬天地鬼神,倒行逆施,破坏法度,滥杀无辜,残害百姓,怠慢诸侯,欺压异族,蛮夷之族不断发兵侵扰中原,弄得天怒人怨,灾祸连年,所以他们后来都失去了天下。历史证明,用兵谋私的人是不会有好下场的。"

听了孔子这番言论,鲁哀公吓得脸色都变了,他说:"一国之君对用兵之事怎么能不有所敬畏呢!"

(《大戴礼记·用兵》)

11 与鲁哀公论"莫众而迷"

春秋末年,鲁国君臣失序的情况越来越严重,政卿季康子为人强势,擅权专政,为所欲为,鲁哀公则生性懦弱,优柔寡断,不知如何应对如此复杂的局面,因此只能频繁地向孔子请教各种为政问题。有一天,鲁哀公问孔子道:"古人有言曰:'莫众而迷。'我觉得这话很有道理,所以现在我每推行一项新政都要与群臣商量,认真听取他们的意见。然而事与愿违,虽然我认真听取和采纳了群臣的意见,可是国家治理得却越来越乱,请问这是什么缘故?"

鲁哀公遇事与群臣商量,确实做到了谋事于"众",但是鲁哀公所说的"众"已经不是真正意义的众了,因为当时政卿季康子权倾朝野,一手遮天,朝中群臣无不趋炎附势,唯唯诺诺,季康子言是,无人敢言否,季康子言否,无人敢言是,所以鲁国之"众"已经成为季康子一人之"众"。

孔子对于季康子的一人之"众"是有切身体会的,由于他在"用田赋""伐颛臾""旅泰山"等问题上与季康子意见不合,于是就逐渐被边缘化了。孔子深知大臣擅权的危害性,他觉得自己有义务让鲁哀公知道鲁国越治越乱的真正原因，于是说道："君主遇事向群臣征询意见，群臣意见不统一，有人这样说，有人那样说，这种情况是很正常的。当国家需要做出重大决策时，群臣应该真实地表达自己的想法和意见，君主也应该根据群臣的意见和建议来做出综合判断，这样才能使决策达到最优化。然而鲁国目前的情况却不是这样，群臣根本没有自己的主张和意见，所有人说话都努力与季孙氏保持一致，做到同声同气，同腔同调，所以举国上下只有一个声音，一种意见。在这种众口一言的反常情况下，不要说'莫众而迷'了，哪怕君主问遍鲁国所有人，也难免于乱！"值得注意的是，在孔子的言论中，不仅指出了中国古代政治制度的缺陷，也触及了现代民主体制的弊端。换言之，众口可以铄金，但是众口未必真实。

任何国度，任何时代，民主都是建立在民智基础之上的，民众只有不受任何势力的胁迫，坚持独立思考和理性分析，客观真实地表达自己的思想观点，民主才真正具有价值！这些道理在今人看来也许很简单，但是孔子在两千多年前就已经领悟到其中的思想精髓，这确实是难能可贵的！

（《韩非子·内储说上七术》）

12　与鲁哀公论五仪

"五仪"就是人的五个等次或五种类型，这是当政者选拔任用士人的重要标准和依据。

鲁哀公在位时期大权旁落，身边也没有什么可用之人，所以他想在鲁国年轻士人中培植一批值得信赖的亲信，他为此专门向孔子打听道："弟子孰为好学？"孔子最赏识的弟子是颜渊，不过颜渊此时已经夭亡，其他弟子则难当大任①。

此后不久，鲁哀公又对孔子说："我想全面考察鲁国士人，从中选拔出一些青年才俊，委以重任，和他们共同治理国家，请问如何考察选拔人才？"

孔子说："人有五仪（五个等次）：庸人、士人、君子、贤人、圣人。如果能分辨清楚五仪，就能选拔出优秀人才了。"

鲁哀公问道："请问什么样的人称作庸人？"

孔子答道："庸人做事心里没谱，说话不讲道理，他们不把贤人和善士作为学习的榜样和处世的依靠；他们采取行动时不知道自己要做什么，停止行动时又不知道把自己的脚放在哪里；他们往往小事清楚，大事糊涂，人生没有目标，做事没有主见，凡事随大流，这样的人就是庸人。"

鲁哀公又问道："请问什么样的人称作士人？"

孔子答道："士人心里有必须遵循的原则和比较明确的计划，他们做事目标明确，条理清楚，即使不能做到尽善尽美，但也不会半途而废；他们学习勤奋刻苦，知识不求渊博，但是必须验证正确；他们说话不多，但是力求言而有信；他们做事不多，但是力求每件事情都要有充足的理由；他们对待正确的事物就像对待生命和肌肤一样不可改变，必须坚持到底，富贵不能让他们有所增益，贫困也不能让他们有所减损。这样的人就是士人。"

鲁哀公继续问道："请问什么样的人称作君子？"

孔子答道："君子说话忠诚守信而心中无怨，德行高尚而态度谦逊，思维通达而言辞委婉；他们坚守行道于天下的理想信念，并为之而努力奋斗，自强不息；他们从容不迫的样子看似很容易超越，但是普通人却很难达到他们的修养境界。这样的人就是君子。"

鲁哀公接着问道："请问什么样的人称作贤人？"

---

① 《论语·雍也篇》。

孔子答道:"贤人品德高尚,行为规范,遵从礼制;他们的言论足以让天下人效法而不会招致灾祸;他们的德行足以感化百姓而不会给自己带来伤害;他们在精神上是富有的,富有程度就像拥有天下而没有私藏财富,把财富施舍给全天下的人也不用担心自己受穷。这样的人就是贤人。"

鲁哀公最后问道:"请问什么样的人称作圣人?"

孔子答道:"圣人的品德合乎大道,变通自如;他们能够探究万事万物的发展规律,使万事万物遵循自然规律而有所成就;他们所做的事情像天地一样广大普遍,像日月一样光耀人间,像风雨一样滋润万物;他们所做的事情是无法复制的,因为一切就像天造地设一般;他们所做的事情也是无法认知的,因为百姓的浅薄根本达不到他们的高度。这样的人就是圣人。"

鲁哀公感慨道:"您说得太好了!我出生在深宫之中,成长于妇人之手,以前很少与外人接触,也没有什么社会经验,所以我担心不能很好地实行有关五仪的教诲。"

孔子说:"您能这样说,说明您已经明白这些道理了,以后您可以在为政实践中慢慢体会。除此之外,我已经没有什么可说的了。"

(《荀子·哀公》《大戴礼记·哀公问五义》《孔子家语·五仪解》)

13 与鲁哀公论取人

周朝立国以来,在政治上实行的是宗法制度,选人用人的主要标准是氏族血缘关系的亲疏远近,因此"取人"不成问题。到了春秋末年,氏族组织逐渐瓦解,世袭贵族日趋没落,加上公室与卿家之间矛盾冲突加剧,礼制秩序崩坏,统治者常常陷于无人可用的窘境,因此他们不得不打破氏族传统的限制,把选人用人的目光投向迅速崛起的新兴势力,于是如何"取人"就成为各国统治者重点关注和亟待解决的问题,鲁哀公、季康子等当政者都曾多次与孔子谈论取人问题。值得注意的是，这里的"人"并不是传统意义的身份和地位的标识，而是德行和才能的标识。

有一次，鲁哀公问孔子道："吾欲论吾国之士与之治国，敢问如何取之邪？"①"论吾国之士"是以"治国"为标准而非以血缘为标准来评判鲁国士人，"取"则是选拔任用士人。

因为这个话题比较敏感，所以孔子没有直接回答，而是先列举了上古帝王的取人方法，他说："从前唐尧主要依据容貌来取人，虞舜主要依据神色来取人，夏禹主要依据言论来取人，商汤主要依据声气来取人，周文王主要依据气度来取人。这是四代五王的取人之道，由于他们不拘一格，各取所需，所以才能实现天下大治。"

鲁哀公说："哎呀，您说得太好了！看来四代五王在取人方面是各有不同的。"

孔子说："您怎么能说他们各有不同呢？"

鲁哀公反问道："他们相同吗？"

孔子肯定地说："相同。"

鲁哀公又问道："我们可以通过容貌神情、言谈举止等外在因素来了解一个人吗？"

孔子说："不可以。"

鲁哀公说："四代五王取人各有所依，他们都是通过不同的外在因素来了解一个人的呀，您怎么对此不认可呢？"

孔子答道："您对这个问题的理解太死板了。四代五王其实是通过比较的方式来甄别每一个人的，而且他们还善于以己之心来度人之心，这样才更有说服力。"

鲁哀公突然好奇地问道："您在知人取人方面能像四代五王一样吗？"

孔子说："不能。我只听说四代五王取人之事，并且把这些事情讲给您

---

① 《荀子·哀公》等。

听。至于我本人,既不能知人,也不能取人。"

鲁哀公说:"听了您介绍四代五王取人之道后,我似乎对取人问题有了一些粗浅的认识,您能不能再给我具体讲一讲?"

孔子觉得讲"取人",应该先讲"无取":"无取健,无取詌,无取口啍。"① "健"是指比较强势的人,这种人往往见利忘义,贪得无厌,故而不可取用;"詌"是指控制欲比较强的人,这种人一旦手握重权,就容易犯上作乱,恣意妄为,故而不可取用;"口啍"是指能说会道的人,这种人往往口是心非,缺乏诚信,故而不可取用。

在排除上述三种"不取"之人后,孔子重点阐述了"取人"的几个原则与方法:一是"观器取才",即通过容貌仪表等外在因素来识人取人;二是"信悫而后求知(智)能","信悫"是诚实守信,"知能"是聪明能干,人才必须具备诚实守信的优秀品质,然后才能求其发挥聪明才智;三是"置不肖之人于位,是为虎傅翼也",在选人用人问题上要注意防范那些品行低劣的小人;四是"取人之术也,观其言而察其行",一个人如果能践行自己的言论,信守自己的承诺,那么他就是一个值得信赖的人,也是可以委以重任的人。

在今天看来,孔子有关"取人"和"无取"的论述并没有什么特别之处,无非是选贤任能、德才兼备而已,但是在以氏族制为主体的社会背景下却具有非凡意义。这种观点不仅突破了传统的氏族组织限制,有利于那些处于社会底层的青年才俊脱颖而出,而且在选人用人的原则、标准和方法等方面也提出了一些新理念,具有创新意义,因此鲁哀公听后连声称善。

(《荀子·哀公》《韩诗外传·卷四》《说苑·尊贤》《大戴礼记·四代》《大戴礼纪·少闲》《孔子家语·五仪解》)

---

① 著者按:《韩诗外传·卷四》和《说苑·尊贤》中的文字与此稍有不同,此依《荀子·哀公》。

14　与鲁哀公论小辨

小辨与大学相对：大学旨在教人明德向善的大道理，"大学之道在明明德，在亲民，在止于至善"①；而小辨则旨在教人巧言狡辩的小技巧，即"御人以口给"②，故而老子有言曰："夫说者流于听，言者乱于辞。知此二者，则道不可委矣。"③又说："善者不辩，辩者不善。"④孔子也说："小辩破言，小利破义。"⑤

鲁哀公在位期间，鲁国不仅君与臣的关系紧张，君与民的矛盾也不断加剧，"民不服""民偷""民散（逃亡）"的情况日益严重。为了缓解国君与国民之间的矛盾，鲁哀公曾向孔子请教道："何为则民服？"孔子说："举直错诸枉，则民服；举枉错诸直，则民不服。"⑥意思就是，打破氏族传统的限制，选拔任用正直无私的人。然而鲁哀公并没有听从孔子的意见，他不知受到什么人的蛊惑，以为用小辨之术就能说服民众，于是他问孔子道："我想学习巧言狡辩的技巧，并将其运用于施政之中，您觉得可行吗？"

孔子明确地回答道："这是不行的！因为一国之君治理国家责任重大，每天都有许多重要政务需要处理，所以不要在那些没有意义的奇技淫巧方面浪费时间和精力。古代先王是非常珍惜时间的，他们把有限的时间都用在修身求道方面，努力教化民众，施行德政。天子施政主要是通过学习音乐来考察民风，通过制定礼制来推行政令；诸侯施政是通过学习礼乐制度

---

① 《礼记·大学》。
② 《论语·公冶长篇》。
③ 《说苑·反质》。
④ 《老子》第八十一章。
⑤ 《淮南子·泰族训》。
⑥ 《论语·为政篇》。

来督导官吏，推行政事，完成天子交办的事项；大夫从政是通过学习修身明德的道理来明辨是非对错，恭敬严谨地侍奉国君；士人从政是遵从上司的旨意办事；庶人则是服从官府的命令；农人无须学习，只要出力种田就行了。所有人都有明确的职责和义务，每个人只需忠于职守，所以国君没有必要用巧言狡辩的技巧来蛊惑他们，否则将会扰乱人们的思想。"

鲁哀公对孔子的答复似乎不太满意，他又问道："说话不讲究技巧怎么能施政呢？"

孔子说："口才便捷会损害义理，巧言狡辩会损害大道。《关雎》一诗以鸟起兴，表达的则是雎鸠雌雄有别之义，故而得到有德君子的称赞；《鹿鸣》一诗以野兽起兴，表达的是麋鹿觅得食物而相互呼应之义，故而得到有德君子的称赞。由此可见，这些以鸟兽为题材的诗篇如果没有深远的寓意，就不会成为传世佳作。小辨技巧会使语言支离破碎，语言支离破碎会使旨意模糊不清，旨意模糊不清会使大道无法推行。大道应该是简单明了的，而不应该是支离破碎的。"

鲁哀公听后有所领悟，他对孔子说："要不是听了您的话，我真有可能沉湎于小辨之乐而忘却大道之义。"

孔子继续说道："小辨之乐远不及施政之乐，因为小辨之乐仅限于身边几个人，施政之乐则可以普及四海。国君如果施行善政，民众就会心悦诚服，天下人也会归之如流水，亲之如父母，各国诸侯也无不景仰尊重，小辨之乐怎么能与此相比！"

(《大戴礼记·小辨》《淮南子·泰族训》《孔子家语·好生》)

15　与鲁哀公论西益不祥

古人多忌讳，遇有重要事情都要卜凶吉，问灾祥。鲁哀公打算"西益宅",即向西扩建宫室①,史官认为此举不祥②,极力劝阻,但是他仍不甘心,又向孔子请教道:"我想向西扩建宫室房屋,史官却认为此举不祥,您觉得这事应该如何处理?"③

孔子答道:"不祥之事有五种,向西扩建房屋不在其中。"

鲁哀公听孔子这么说,心中大喜,他又继续问道:"您能具体解说一下五种不祥之事吗?"

孔子说:"损人利己,这是自身不祥;抛弃年迈的原配夫人,另娶年轻的小妾,这是家庭不祥;贤良忠臣弃之不用,反而重用那些奸佞小人,这是国家不祥;年长者不教育后代恪守礼仪,年轻人不努力学习,不求上进,这是风俗不祥;贤明君子隐居山林,愚妄小人有权得势,这是天下不祥。上述五种不祥之事中并没有向西扩建房屋一项。《诗经》中说:'各敬尔仪,天命不又。'意思就是,每个人都要慎重对待自己的威仪,因为天命不会给你更多机会。我只听说'各敬尔仪'与天命有关,没有听说'西益宅'与天命有关。"

听了孔子关于五种不祥之事的解说之后,鲁哀公默默地沉思了很久,后来突然有所醒悟,决定不向西扩建宫室了。

说服一个人放弃错误的想法或做法是需要智慧的,孔子在向鲁哀公进谏时就要比那位史官高明,史官只知道通过强谏来阻止鲁哀公犯错,却不知道通过不争辩来达到目的。孔子则比较讲究策略与方法,他并不是直接反对"西益宅",而是谈论更深层次的五种不祥之事,引导鲁哀公去思考"西益宅"与"不祥有五"之间的关系,只有自己想明白了,才会主动纠正错误。《淮南子》中把孔子的这种进谏方法概括为"或争利而反强之,或听从而反止之"。

(《淮南子·人间训》《新序·杂事第五》《论衡·四讳》《孔子家语·正论》)

---

① 著者按:《新序》和《孔子家语》中均作"东益",而《淮南子》和《论衡》中则作"西益"。古人以西南隅为尊位(奥神),西益有扰动尊神之虞,故西益不祥,此从。
② 著者按:《淮南子》中记为"宰折睢",《论衡》中记为"宰质睢"。
③ 《论衡·四讳》:"俗有大讳四:一曰讳西益宅。西益宅谓之不祥,不祥必有死亡。"

16　与鲁哀公论非命之死

鲁哀公问孔子道:"您曾经说过:'知者乐,仁者寿。'①既然仁者能长寿,那么智者是否也能长寿呢?"

孔子答道:"是的。虽然人生死有命,但是有三种死亡却不是由天命决定的,而是咎由自取:一是生活没有规律,饮食没有节制,过度劳累或过度纵欲,这样会引发各种疾病,最终死于病榻之上;二是居于下位而冒犯国君,贪欲无厌,索求无度,这样会触犯刑律,最终死于刑戮;三是以寡敌众,以弱犯强,好勇斗狠,不自量力,这样容易与人发生冲突,最终死于刀剑之下。智者和仁者都不会犯这种低级错误,他们立身行事有准则,动静适宜,喜怒适时,从不违背自己的本性去做事,因此他们能够颐养天年,寿终正寝,这难道不是合乎情理的吗?"

在孔子的天命观念中,天命是不可违逆的,修德君子必须"知天命""畏天命",遵天道而行,循命理而动,这样才能全身长寿。

(《韩诗外传·卷一》《说苑·杂言》《文子·符言》《孔子家语·五仪解》)

17　与鲁哀公论君子不博

"博"是古代流行的一种赌博(分输赢)游戏,即博弈,又称博戏或局戏,玩法与今日之象棋相类似,二人相对而坐,棋盘模拟了各种地形地貌,四周是山川,中间是河流,山水之间有十二条行道,棋子有黑白之分(二乘),共计十二枚,博弈双方各执六枚(六箸),博弈者为了争夺行

---

① 《论语·雍也篇》。

道，就必须使出各种损人利己的手段和招数，从而消灭对方，最终赢得胜利①。

有一次，鲁哀公问孔子道："我听说有修养的正人君子平时不玩博弈游戏，有这回事吗？"

孔子答道："确有其事。"

鲁哀公继续问道："这是为什么呢？"

孔子说："因为博弈有黑白对立。"

鲁哀公又问道："为什么有黑白对立君子就不玩博弈呢？"

孔子说："因为博弈的规则是先杀死对方最重要的棋子（枭）为胜者，黑白双方为了争胜，就必须使出各种欺诈手段和搏杀招数来杀'枭'，这种玩法是有违道义的，也有碍于道德修养。"

鲁哀公听到孔子这么解释，心里产生一丝恐惧，过了一会儿，他又问道："如果是这样的话，正人君子一定会非常厌恶杀枭争胜之类的博弈游戏吧？"

孔子答道："您说的没错，人们在进行道德修养的过程中，必须辨明是非善恶，有所好恶，如果对那些有碍于提高道德修养的错误行为（恶道）不能厌恶至极，那么对那些有助于提高道德修养的高尚行为（善道）就不能喜好至极。对于一国之君来说，如果不能做到好善恶恶，爱憎分明，那么老百姓就不会亲附顺从。"

鲁哀公说："您说得太好了！我听说君子能助人成事，而不会毁人坏事②。幸亏我遇到您这样的有德君子，才能听到这些让我深受教益的话！"

"君子不博"主要体现了儒家的礼让精神和优雅风度，所以子贡认为孔子正是凭着"温、良、恭、俭、让"的风度而赢得各国诸侯的尊重③，孔子

---

① 《颜氏家训·杂艺》："古为大博则六箸，小博则二茕，今无晓者。"
② 《论语·颜渊篇》："子曰：'君子成人之美，不成人之恶。小人反是。'"
③ 《论语·学而篇》。

也说:"君子无所争。"① 孔子认为,遇事能够保持谦让不争的姿态,就能不断提高个人道德修养,然而博弈游戏则过分强调胜负输赢,与礼让精神相悖,所以孔子反对。

(《说苑·君道》《孔子家语·五仪解》)

18 鲁邦大旱

孔子归鲁后期,鲁国连续几年大旱,随之而来的是虫灾,对农业生产造成严重影响,以至于发生饥荒②,公室财用也严重不足③。鲁哀公对此忧心忡忡,一筹莫展,他焦虑地对孔子说:"您老人家能不能帮我出出主意?"

孔子答道:"鲁国连续几年发生旱灾和虫灾,恐怕与当政者不修仁德、滥用刑杀有关。"

听了孔子的回答,鲁哀公虽然心里不高兴,但也无法反驳,毕竟眼下最紧要的是解决灾荒问题,于是他耐住性子又问道:"现在有什么办法救灾吗?"

孔子答道:"鲁国民众以为天不降雨是山川鬼神的原因,于是他们把家中的珍宝玉器都拿出来祭祀山川鬼神了。其实天久旱不雨的真正原因是当政者失德慢政,所以民众应该请求当政者修德省刑,以此来取悦于山川鬼神,消除灾害。"

孔子以一个长者和老臣的身份说了这番话,言辞颇为尖锐,语气颇为严厉,鲁哀公听后沉默不语,无以言对。

孔子离开公室后,在路上遇到子贡,他把与鲁哀公谈话的内容告诉了

---

① 《论语·八佾篇》。
② 《春秋经·哀公十二年》:"冬十有二月,螽。"《春秋经·哀公十三年》:"十有二月,螽。"《春秋经·哀公十四年》:"饥。"
③ 《论语·颜渊篇》:"哀公问于有若曰:'年饥,用不足,如之何?'"

子贡,然后问他道:"你平时在街头巷尾接触人多,你觉得鲁国民众的真实想法是什么?我对君主提出的意见和建议没有问题吧?"

子贡答道:"当然没有问题啦,您的意见完全是正确的。鲁国民众知道您肩负着重要使命,所以他们都会支持您的!您希望当政者能修德省刑,以此来取悦山川鬼神,祈天降雨,消除灾害,这比民众用珍宝玉器来祭祀山川鬼神更加有效。这个道理其实很简单:大山把岩石当作皮肤,把树木当作子民,如果上天久不降雨,那么岩石就会焦灼,树木就会枯死,所以大山比我们更渴望天降大雨;大川把水当作皮肤,把鱼当作子民,如果上天久不降雨,那么水就会干涸,鱼也会渴死,所以大川比我们更渴望天降大雨。由此可见,与其向山川鬼神祈求降雨,消除灾害,不如向当政者提出修德勤政、省刑慎罚的建议。"

孔子对子贡的分析很有同感,他说:"你分析得很透彻啊!既然当政者比我们更加迫切地希望天降大雨,解除大旱,那么他们就应该在自己身上找原因,而不应该让我们想办法。"

春秋时期,涌现出一批思想开明的政治家,如鲁国的臧文仲、郑国的子产、齐国的晏婴等,他们在施政过程中开明务实,敢于打破传统的天命观念,把天灾人祸与统治者的个人修德联系起来,要求当政者加强道德修养,完善施政措施,这是具有进步意义的。孔子则是这些思想开明者的代表人物。

(《上海博物馆藏战国楚竹书(五)·鲁邦大旱》)

19 季康子问于孔子

季康子是鲁国季氏宗主,世袭政卿,他为人强势,刚愎自用,施政过度依赖刑杀手段。孔子与他的执政理念完全不同,因此两人注定走不到一起。

孔子刚回到鲁国的时候,季康子对孔子礼遇有加,把他奉为"国老",经常向他咨询各种为政问题,《论语》中载有不少季康子问政于孔子的言论,不过两人的对话内容比较简单。《上海博物馆藏战国楚竹书》中有《季康子问于孔子》一篇,虽然篇幅较长,但是错漏简较多,许多地方无法读通,不过思想内容与《论语》基本一致。

有一次,季康子问孔子道:"我担任政卿已有多年,但是一直没有摸清管理民众的门道,我也不怕您笑话,您能给我讲一讲管理民众的方法吗?"

孔子答道:"用君子之德来感化民众①,这是在位大人管理民众的重要方法。"

季康子又问道:"请问什么是君子之德?如何用君子之德来感化民众呢?"

孔子答道:"君子之德就是在位大人善待民众的仁慈之心。在位大人是高高在上的统治者,对民众负有教育和督导的责任,如果民众不服从管理,对上不敬,那就是在位大人的耻辱。因此,在位大人要修德行善,谨言慎行,在民众面前展现出高尚的道德品质和优雅的君子风度,让民众望而生畏,心悦诚服,这就是用君子之德来感化民众的方法。"

季康子说:"您的话很有道理,希望能改变我。"

孔子觉得季康子能够听得进自己的话,于是继续说道:"晋国大夫孟子余(赵衰)曾经说过:书是用来记载在位大人德行的,诗是用来表达在位大人志向的,义则是用来规范在位大人言行的。在位大人的一言一行都是民众效法的榜样,在位大人勤修其德,民众就必然会加强自我约束。"

季康子说:"以前我比较糊涂,做了不少错事,希望您能多开导开导我。"

孔子说:"您言重了,不过我愿意与您分享一些我个人的感受与经验。

---

① 《论语·颜渊篇》:"季康子问政于孔子……孔子对曰:'君欲善而民善矣。君子之德风,小人之德草。草上之风,必偃。'"

我曾听有德君子说过：在位大人无须事事都由自己拿主意，只需按照先人的做法行事就可以了。先人遵行的，您也遵行；先人改变的，您也改变；先人厌恶的，您也厌恶；先人废弃的，您也废弃。总之，您要把先人制定的礼乐制度作为治理国家的根本遵循，一切都必须依礼而行。此外，您要大胆选拔和任用贤人，把他们作为民众学习的榜样，这样就可以带动所有人积极向善了。"

季康子对孔子所鼓吹的礼治主张不太认同，因为在大国争霸的严峻形势下，礼治主义不能有效地解决眼前的危机，刑杀等强制手段才能取得实实在在的施政效果，所以他说："礼乐制度固然重要，但是历代先圣也非常重视刑罚的强制作用。古人有言曰：在位大人的施政手段不能不强硬，不强硬就不能成事；在位大人的言行仪容不能不威严，不威严就无法推行政令。所以当政者在实施刑罚问题上绝对不能手软，重罪必须诛杀，大罪必须刑处，轻罪必须处罚，只有这样才能让民众服从政令。"

孔子说："您说的没错，古人这些话确实很有道理。不过你我的关注点不太一样。鲁国先贤臧文仲曾说：'在位大人过于强势，民众就会逃逸；在位大人过于威猛，民众就不服从训导；在位大人滥用刑罚，民众就会发生暴乱。所以滥用刑罚者不祥，嗜杀有罪者容易引起叛乱。'我认为任用贤人来治理国家是在位大人的首要任务，贤人理政夙兴夜寐，奉公勤政，谨言慎行，民众把他们当作学习的楷模。贤人治国坚持正面引导、德教为先的方针，即使需要实施刑罚，一般都在夜间进行，重罪刑罚得当，轻罪尽量赦免，这样就可以把不良影响降到最低。"

孔子这番言论是有针对性的，因为季康子执政期间过多地依赖杀戮等强制手段，已经引起民众的强烈不满，这种状况如果不能及时改变，就会引发重大暴乱，所以他专门向孔子请教道："如杀无道，以就有道，何如？"孔子当即回答道："子为政，焉用杀？"①

（《上海博物馆藏战国楚竹书（五）·季康子问于孔子》）

---

① 《论语·颜渊篇》。

20　反对用田赋

鲁国政卿季康子当政时期，频繁对外用兵，军费开支巨大，加之连年遭遇旱灾，国家财用严重不足，因此他打算通过赋税制度改革来解决国家财政困难，具体方案是"用田赋"①，即提高田赋的征收比例，改什一而税（彻）为什二而税（二）②。

鲁国在历史上曾经多次进行税制改革，国民的税赋负担已经很重了，如果再提高征税比例，就有可能激起民众反抗，引发内乱，所以季康子不得不慎重行事，他专门委派孔门弟子冉有去拜访孔子，名义上是征求孔子对此事的意见，实际上是希望能得到孔子的支持，因为孔子此时虽然无职无权，但是在国民中还是很有影响力的。

冉有向孔子报告了季康子"用田赋"的税制改革方案后，孔子不愿意明确表态，他说："我不懂什么'用田赋'。"

冉有连续问了三遍，孔子始终沉默不语，冉有最后故意用言语来刺激孔子："您身为鲁国'国老'，当政者尊重您，希望您能帮着出主意，可是您却一言不发，不置可否，这不是让弟子为难吗？"

毋庸置疑，孔子是反对季康子"用田赋"的，但是他不便公开发表反对意见，因为"用田赋"违反了先王礼制，所以他只能通过私下交流（非正式）的方式来表达反对意见。

孔子私下里对冉有说："冉求，你靠近过来听我说：先王制定土地制度，主要是根据土地的肥瘠来确定等级，根据劳力的多少来确定耕田数量

---

① 《左传·哀公十二年》。
② 《论语·颜渊篇》："哀公问于有若曰：'年饥，用不足，如之何？'有若对曰：'盍彻乎？'曰：'二，吾犹不足，如之何其彻也？'"

和赋税等级,根据距离远近来平衡税赋征收比例;征收赋税要根据居民的财产收入,分派劳役也要按照劳力的承受能力;对于鳏寡孤独者,国家有战事时可以适当征收赋税,无战事时则应该免除赋税;在需要额外加征赋税时,一井之田出六百四十斛小米、一百六十斗饲料和十六斗大米,这是上限,征收赋税不能超过这个限度。当政者施政一定要严格遵从先王礼制,认真贯彻执行'施与从厚、处事从中、敛赋从薄'的原则。如果季康子想循礼而行,先圣周公制定的典章制度中已有明确规定,无须问我;如果季康子想违背法度,额外加征赋税,那么我就不便发表意见了!"

冉有把孔子的反对意见转告给季康子,季康子很不满意,因为这不是他想要的意见和建议。鲁哀公十二年(公元前483年),季康子不顾孔子等人的强烈反对,一意孤行,正式在全国推行"用田赋"的税制改革。孔子听到这个消息后大为恼怒,他对冉有非常失望,认为他没有尽到应尽的责任,因此公开对弟子们说:"非吾徒也。小子鸣鼓而攻之,可也。"①

孔子反对季康子"用田赋"的主要理由是违反先王礼制,在他看来,周公之典在任何时候都不能做出任何改变,这种思想观点显然脱离历史实际,也不符合现实发展需要。春秋末年,各国农业已有长足发展,劳动生产力大幅提高,当政者根据本国国情适当提高赋税征收比例是必要的,也是可行的。况且当时鲁国面对齐、吴等大国的频繁侵扰,为了避免被大国兼并,鲁国就必须增强国力和军力。由于孔子在现实政治中只是一个议政者,他只热衷于空洞的道德说教,对于许多现实问题却无法理解,甚至盲目反对,这也是他落伍的原因。

(《左传·哀公十一年》《国语·鲁语下》《孔子家语·正论解》)

---

① 《论语·先进篇》。

21 季氏旅于泰山

　　季氏是指鲁国政卿季康子;"旅"是祭祀山川的专属祭名;泰山是鲁国域内的名山。《礼记·王制》:"天子祭天地,诸侯祭社稷,大夫祭五祀。天子祭天下名山大川,五岳视三公,四渎视诸侯。诸侯祭名山大川在其地者。"根据周朝礼制规定,祭祀(旅)天下名山大川是周天子的专属特权,如果名山大川在诸侯国域内,分封诸侯可以代祭,但是必须得到周天子的明确授权。季康子是鲁国卿大夫,他跑去祭祀泰山,显然有违周朝礼制,所以汉儒批评道:"鲁舞八佾,北祭泰山,郊天祀地,如天子之为。"[①]孔子此时归鲁不久,对于这种僭越礼制的行为,他觉得自己有责任加以劝阻。

　　当时孔门弟子冉有在季氏府中当总管(宰),孔子想让他出面劝阻季康子祭祀泰山的违礼行为,于是就把他找来问道:"你能阻止季氏旅于泰山的违礼行为吗?"

　　冉有在孔门弟子中名列"政事"优等,他在季康子手下当差已有多年,颇受器重,然而他是一个有主见的人,对于孔子的许多想法并不认同,所以婉拒道:"不能。"

　　孔子后来生气地说道:"呜呼!曾谓泰山不如林放乎?"这里的泰山是指泰山之神,林放是鲁国一个习礼者,他曾向孔子请教"礼之本"问题,因此有人推测他是孔门弟子,不过在孔子"受业身通者七十有七人"的名单中未见其人。《汉书·古今人表》中有林放,他被列在"中中"等次,可见他在品行和学识等方面均不如人意,堪堪入流。孔子虽然对于"季氏旅于泰山"大为不满,但是碍于贵族大夫的身份,他不便公开发表反对意见,于是就把林放拿出来说事,说泰山之神不至于像林放那样不懂得礼仪

[①]《春秋繁露·王道》。

规制而接受季氏祭祀吧?孔子这句话有两层意思:一是林放在当时是习礼不精的反面典型,但凡发生违礼之事,他都被当作参照人物;二是林放是一个只注重礼仪外在形式而不注重礼制精神实质的奢侈之人,所以孔子回答他提出的"礼之本"问题时有针对性地说:"礼,与其奢也,宁俭。"[①]这里暗指季康子与其大张旗鼓地搞祭祀泰山之类的礼仪形式,不如全面理解礼制精髓,严格遵从礼制规范。

22 祸起萧墙之忧

孔子归鲁后期,他与季康子的政见分歧逐渐凸显,与几个出仕弟子的隔阂与误会也不断加深。在此过程中,"季氏将伐颛臾"是导致孔子与季康子、冉有等人矛盾加剧的一个重要事件,"将"是即将发生的时态,"伐"是大动干戈,兴兵讨伐。《论语》中对此事有较为详细的记载。

颛臾是鲁国域内的一个异姓附庸国(古代氏族部落),风姓,所以孔子称其国为"邦域之中",称其君为"社稷之臣"。根据有关史料记载,颛臾国历史悠久,最早可以追溯到上古时期的宓牺氏[②],具体位置在今山东青州东蒙山下,与季氏采邑费邑比邻。鲁公伯禽代周公受封于鲁后,鲁国历代国君对颛臾国都非常尊重,并委托他们负责主持东蒙山神的祭祀活动。从历史渊源和政治地位来说,颛臾国主与鲁国国君应该是平等的,只是因为政治、经济、文化等,颛臾国才沦为鲁国的附庸国。

颛臾既然是鲁国"邦域之中"的附庸国,国主又是鲁国的"社稷之臣",那么季康子为什么要兴兵讨伐呢?这就是孔子与季康子等人产生矛盾分歧的核心问题。从现有史料来看,几乎所有人都把批判矛头指向季康

---

① 《论语·八佾篇》。
② 著者按:《论语义疏》(皇侃撰)引孔安国语曰:"颛臾,宓牺之后,风姓之国。"

子，认为"季孙贪颛臾之地，而变起萧墙之内"①，"季氏贪其土地，欲灭而有之"②，"独附庸之国尚为公臣，季氏又欲取以自益"③。如果孤立地评判此事，季氏几代人野心勃勃、利欲熏心，不断地侵蚀公室利益，此前已有"四分公室，季氏择其二"的不光彩历史④，因此人们有足够的理由怀疑"季氏将伐颛臾"的动机是贪图土地，攫取利益。但是如果结合当时的历史背景进行分析，也许就会得出不一样的结论。鲁哀公在位时期，鲁国一直在齐、吴两个大国争霸的夹缝中艰难生存，鲁国频繁受到近邻齐国的侵扰，两国土地纷争不断，连续爆发几场规模较大的战役，如鲁哀公十年（公元前485年）的鄎之战、鲁哀公十一年（公元前484年）的郊之战和艾陵之战等。吴国此时也趁火打劫，屡次侵犯鲁国，蛮横地向鲁国提出征百牢的无理要求⑤。连年战争，耗费巨大，季康子身为执政国卿，他不得不调动一切手段来解决军费开支问题，所以他不顾孔子等人的反对，在国内强力推行"用田赋"⑥，改丘赋为田赋，提高赋税征收比例，缓解国家财政支出的压力。与此同时，他又强行提高"邦域之中"附庸国的贡赋额度，最大限度地集聚域内的全部财力，以此来应对贪婪残暴的吴国和虎视眈眈的齐国。季康子此举不仅加重了鲁国民众的税赋负担，加剧了统治者与被统治者之间的矛盾，同时也引发了宗主国（鲁国）与附庸国（颛臾）之间的矛盾，因此必然招致众多附庸国的抵制和反抗。在众多反抗者之中，也许颛臾国主的态度最为强硬、恶劣，他敢于向宗主国公开叫板，因此季康子决定发兵讨伐，逼其就范，以儆效尤，这是"季氏将伐颛臾"的背景情况。

---

① 《新语·术事》。
② ［梁］皇侃撰：《论语义疏》引孔安国语。
③ ［宋］朱熹撰：《四书章句集注》。
④ 《左传·昭公五年》。
⑤ 《左传·哀公七年》。
⑥ 《左传·哀公十二年》。

当然，域内用兵，兴兵讨伐颛臾，即使理由再充分，也是有风险的，所以季康子先派冉有、子路来试探孔子口风，希望能得到他老人家的理解和支持。"季氏将伐颛臾"的消息此时已在曲阜城中传得沸沸扬扬，孔子早有耳闻，所以冉有、子路见到他时，他老人家一脸阴沉，吓得冉有只是含混地说了一句"季氏将有事于颛臾"，至于具体时间、军事部署等重要信息一概省略不提。

孔子似乎也不想在这些细枝末节上纠缠，他直接指名道姓地批评道："求！无乃尔是过与？"这是一个倒装句，强调的是"尔"，即冉有（求）。自从冉有当上季氏宰后，孔子对他越看越不顺眼，动不动就冲他发脾气，个中原因其实很简单，就是冉有替季氏受过。接下来孔子摆出"国老"的派头，开始教训冉有和子路，说来说去，无非是"邦域之中""社稷之臣"之类的陈词滥调。

面对孔子的诘难，一边是主家，一边是老师，冉有和子路二人左右为难，无以应对，所以他们干脆一推了之，推说此事是由季康子决定的，他们只是奉命行事而已。但是孔子仍然不依不饶，他引用了周朝良史周任的两句名言："陈力就列，不能者止。"意思就是，有能力就出仕辅政，没有能力就干脆辞职回家。孔子认为，为人臣者应该在关键的时候挺身而出，勇于担当，贡献出自己的智慧和力量，然而冉有、子路现在这副畏首畏尾、无所作为的样子，就像盲人在路上遇到危险时不愿提供帮助或路人即将跌倒时不愿出手搀扶，这样的人实在是太不称职了！接着，孔子又用"虎兕出于柙，龟玉毁于椟"来做比喻，"虎兕"和"龟玉"都是国之重器，现在都破柙、椟而出，难道这不是典守者的责任吗？可以想见，孔子当时情绪非常激动，因为季康子不遵从礼制也就罢了，自己的弟子怎么也不明事理呢！

在孔子的威逼下，冉有最终辩解了几句，他说："颛臾毕竟不是姬姓附庸国，而且离季氏费邑的距离很近，如果现在不搞定，以后必将成为姬姓子孙后代的心腹之患。"冉有的脑子确实够笨的，至少他在政治上不够老练成熟,如果他想为"季氏将伐颛臾"寻找借口,完全可以从鲁国生死存亡的政治高度来进行表述,而不应该把季康子心里隐藏的小九九说出来。果然,孔子根本不相信他的骗人鬼话,说他是"舍曰欲之而必为之辞",这是典型的小人行径。

孔子再次被激怒了,他接下来对季康子的执政理念和为政措施进行了全面批判,核心内容是告诫当政者不要一味地依赖武力,巧取豪夺,应该多多关注民生,实实在在地解决国民的温饱和安居问题,通过"修文德"来赢得民众的归附与支持。他最后严正警告道:"吾恐季孙之忧,不在颛臾,而在萧墙之内也。""萧墙"的本意是诸侯国君在宫门处设置的一道屏风,用于警醒臣属行至此处时要整肃仪容,保持恭敬;这里的"萧墙之内"代指鲁哀公。当时鲁国君臣争权,明争暗斗,危机四伏,然而季氏此时却无视身边的隐患,即所谓"祸起萧墙",贸然在鲁国域内挑起战事,用兵讨伐颛臾国,这实在是太不明智了!

孔子之所以强烈反对"季氏将伐颛臾",是因为他担心域内用兵会破坏宗主国与附庸国之间的和谐关系,可见他主要是从维护国内政治秩序的角度来考虑问题的,因此难免片面与狭隘。季康子则是从诸侯争霸的历史大背景下来谋划此事的,如果鲁国的生存受到威胁,必然殃及池鱼,附庸国颛臾也在劫难逃。由于孔子与季康子在统治集团内部所处的地位不同,导致他们在为政理念和重大事件上产生严重分歧,这种情况是可以理解的。

"季氏将伐颛臾"的计划最终是否付诸实施?《论语》中没有明确交代,其他史书中也没有相关记载。这一事件的最终结果是因为孔子等人强烈反对而不了了之?还是因为季康子在"邦域之中"用兵而刻意隐讳?这些现在已经无从得知。

(《论语·季氏篇》)

23 鲁人烧积泽

鲁国国都曲阜城北有一大片沼泽地,"积泽"是日久形成的沼泽。到了冬天,沼泽地里茂密的芦苇荡中藏匿了许多飞禽走兽,有人想把鸟兽驱赶出来,就放火焚烧芦苇,不料那天北风强劲,火势迅速向南蔓延,很快就烧到曲阜城下,危及城中的宗庙和殿宇。

鲁哀公见火势越烧越猛,无法控制,就亲自率领众官员赶往火场督促救火,然而火场内外空无一人,国人都忙着去追逐鸟兽了。鲁哀公无计可施,立即派人去请孔子。孔子到达火场后先了解情况,然后对鲁哀公说:"现在的问题是追逐鸟兽的人获取不当利益而不会受到处罚,拼命救火的人牺牲个人利益而得不到奖赏。有功不赏,有罪不罚,这样自然就没有人愿意救火了。"

鲁哀公说:"您分析得很在理,那么现在应该如何处置呢?"

孔子说:"为政有一个原则:事缓则赏,事急则罚。现在情况紧急,来不及考虑行赏方案了,而且动员全体国民来救火,国家也拿不出这么多钱来一一行赏,所以我们现在应该先实施处罚措施。"

鲁哀公说:"好吧,就按照您的意见处置吧。"

孔子立即让人发布两条政令:"不参与救火的人,比照在战争中投降或逃跑之罪实行处罚;追逐鸟兽的人,比照擅自闯入宫苑禁地之罪实行处罚。"

这两条政令一经发布,还没有传达到所有人,大火就被扑灭了。

赏与罚,是当政者实行统治的两种重要手段,先秦法家学派代表人物韩非子曾明确提出:"明主之所导制其臣者,二柄而已矣。二柄者,刑德也。何谓刑德?曰:杀戮之谓刑,庆赏之谓德。"①赏罚必须分明,有功者必有赏,有罪者必有罚,这样才能做到公平公正。除此之外,赏罚还必须得当,孔子在处理"鲁人烧积泽"事件中提出的事缓则赏、事急则罚的赏罚原则,就是他在为政实践中总结出来的成功经验。

(《韩非子·内储说上七术》)

24 《丘陵之歌》

孔子归鲁后期,鲁哀公昏庸无能,季康子擅权专政,鲁国政坛礼制败坏,混乱不堪,孔子对从政失去信心,于是便逐渐淡出政坛,转而把精力投入到整理典籍和教授弟子方面了。《新语·辨惑》:"孔子遭君暗臣乱,众邪在位,政道隔于三家,仁义闭于公门,故作《公陵之歌》,伤无权力于世,大化绝而不通,道德施而不用,故曰:无如之何者,吾末如之何也已矣。"②意思就是,鲁国"三桓"贵族已经腐朽没落了,他们抛弃周朝王道正统,一心只想着本氏族的利益,所以孔子提出的政治主张无人响应,最终落得不知所为的境地。

《公陵之歌》又作《丘陵之歌》,《孔丛子·记问》中完整收录,其歌词曰:

> 登彼丘陵,峛崺其阪。仁道在迩,求之若远。遂迷不复,自婴《屯蹇》。喟然回虑,题彼泰山。郁确其高,梁甫回连。枳棘充路,陟之无缘。将伐无柯,患兹蔓延。惟以永叹,涕霣潺湲。

---

① 《韩非子·二柄》。
② 《新语·辨惑》。

所谓"丘陵",取其道路崎岖不平、布满荆棘之义,与《诗经·小雅·大东》中的"周道如砥,其直如矢"形成鲜明对比。孔子感叹王道(仁道)坦坦荡荡,无人追求;高耸危险的山路(丘陵),人们却趋之若鹜。孔子以此来讥讽当政者的昏庸无能,同时也表达了他失意于鲁的愤懑心情,为自己所经历的人生曲折和所遭受的不公待遇感到悲哀与沮丧。后人对此评述道:"鲁未能好问仲尼故也。如好问仲尼,则鲁作东周矣。"[1]这种说法只是自作多情罢了。

(《新语·辨惑》《孔丛子·记问》)

---

[1] 《法言·修身》。

七、求道

十四则

【概说】

  道的本义是行由之路，后引申为做事的方法、道理、法则，如为学之道、为人之道、为政之道等。道有天道和人道之分，天道是关于天地自然运行的客观规律，人道是关于人类社会发展的最高法则。在孔子的学说思想中，道主要是指统治天下或治理国家的方法、理念、法则。孔子认为，"先王之道"或"文武之道"是至善至美、无与伦比的，后世帝王可以率由此道来实现"天下有道"，所以他很早就明确了"志于道"（《论语·述而篇》）的人生目标，他终生学道、求道、悟道、修道、行道、弘道，乃至于殉道，这种"朝闻道，夕死可矣"（《论语·里仁篇》）的精神是他最终能够成为伟人的原始动力和重要因素。

  孔子在求道、悟道的过程中，或临水自悟，或登高沉思，他在天地自然之间领悟到许多看似简单、实则深奥的道理，从而加深了他对于道的理解，丰富了有关道的思想内涵，也坚定了他行道于天下的政治信念。此外，孔子在与老聃、老莱子、大公任、叔山无趾、市南宜僚等道家人物的对话中，由于彼此学说观点不同，因此在关于道的思想内涵、本质特征、表现形式以及社会功效等方面形成对立。随着辩论的深入和思想的碰撞，孔子对于道的认识不断升华，理论体系逐渐完善，思辨层次也大幅提升。

01　观于东流之水

孔子喜欢观水，因为在观水过程中他能够得到各种启示。比如他在大川之畔感叹道："逝者如斯夫！不舍昼夜。"①望着奔腾不息的河水，孔子联想到时光流逝不回，因而有所感悟。再比如他站在黄河边望洋兴叹道："美哉水，洋洋乎！丘之不济此，命也夫！"②人为的努力在大自然面前是微不足道的，波涛汹涌的河水可以轻而易举地改变人生命运。

有一次，弟子子贡问孔子道："修德君子看见浩瀚的大水必定要驻足观赏，请问这是为什么？"

孔子答道："因为浩瀚的大水与修德君子有许多相似之处：大水奔流不息，看似无所作为，却滋润天下万物，这种造福天下的特性有似于君子之德；大水顺着蜿蜒的地势曲折迂回，但是始终朝着低洼处流淌，这种循理遵道的特性有似于君子之义；大水浩浩荡荡，源源不断，永无穷尽，这种源远流长的特性有似于君子之道；大水流向百丈深渊，依然奔腾向前，这种无所畏惧的特性有似于君子之勇；用水来测量平面是最精准的，这种公平正直的特性有似于君子之法；用水注满量器，水面就像镜子一样平整光滑，无须用刮板来刮平，这种公正无私的特性有似于君子之正；水是天下至柔之物，可以流入任何一个细微之处，这种无微不至的特性有似于君子之察；任何东西经水洗涤后就会变得清洁干净，焕然一新，这种净化一切的特性有似于君子之教；水虽然经历千回万转，但是始终向东流去，这种坚持初心的特性有似于君子之志……因为大水的许多特性与君子美德非常相似，所以修德君子乐于观水，并从中受到启发。"

见水必观，这是君子修身明德的重要方法，也是智者为人处世的重要

---

① 《论语·子罕篇》。
② 《史记·孔子世家》。

特征，所以孔子说："知者乐水。"①

受到孔子影响，孟子也乐于观水，而且也有自己的心得，他的门人徐辟曾向他请教道："仲尼亟称于水，曰'水哉，水哉！'何取于水也？"意思就是，孔子经常赞美水，他从观水中获得了什么启示？孟子答道："源泉混混，不舍昼夜，盈科而后进，放乎四海。有本者如是，是之取尔。苟为无本，七八月之间雨集，沟浍皆盈；其涸也，可立而待也。故声闻过情，君子耻之。"②孟子通过观察有源之水与无源之水的不同形态和发展走势，从而得到"声闻过情，君子耻之"的启示，这种体会是比较深刻的。

此外，孟子还对观水之道与君子求道之间的关系做出总结："观水有术，必观其澜。日月有明，容光必照焉。流水之为物也，不盈科不行；君子之至于道也，不成章不达。"③修学求道如同流水，必须日积月累，循序渐进，才能成功。

（《荀子·宥坐》《说苑·杂言》《大戴礼记·劝学》《孔子家语·三恕》）

02 吕梁观水

吕梁，亦称河梁，是泗水流经巨大山石而形成的一道瀑布，落差有三十余仞，溅起的水沫有四十多里，鱼鳖不能通过，鼋鼍也不敢停留。《水经注》中有"悬涛湍濟，实为泗险"的记载，说明北魏时期此处仍是观景胜地，不过现在已经不复存在了。

孔子从卫国返回鲁国时途经此处，停车观赏瀑布胜景，恰好看见一个男子正要从激流处泅水过河，孔子以为这个男子遇到什么要命的事情，要

---

① 《论语·雍也篇》。
② 《孟子·离娄章句下》。
③ 《孟子·尽心章句上》。

投河寻死，于是就让弟子赶紧到河边去劝阻。泗水男子没有理会他们，一个猛子扎进水里，一口气游出百步开外，然后披着散发唱着歌，非常轻松地游到对岸。

孔子虽然见多识广，但是从未见过如此玩命的人，于是他上前半开玩笑地对泗水男子说："开始我以为你是鬼，现在确认你是人了。请问你在激流中轻松出没，悠然自得，有什么技巧？有什么道术？"

泗水男子说："我没有什么技巧，也没有什么道术。如果一定要说技巧或道术，可能是因为我从小生长在这个环境，对这里的水情非常熟悉，所以我每次入水时都能顺着向下旋转的漩涡下潜，而每次出水时也能顺着向上旋转的漩涡浮出，我在水里是顺着水势而动，而不是跟着自己的意念而游，这样就可以在水中轻松地潜入浮出。这大概就是'始乎故，长乎性，成乎命'的道理吧。"

孔子又好奇地问道："你能不能再具体介绍一下'始乎故，长乎性，成乎命'的道理呢？"

泗水男子说："我从小生活在水边，熟悉这里的生活环境，形成了与水共生的生活习性，这就是'始于故'；我长期在水中出没，熟悉水，喜欢水，水性也很好，这就是'长于性'；我现在已经和水完全融合了，在水中不需要做任何事情，一切都是自然而然的，如同命运安排一样，这就是'成乎命'。"

吕梁观水之后，孔子借题发挥，把泗水与修德联系起来，他要求弟子们学习和借鉴泗水男子善于排除私心杂念、主动顺应自然规律的方法，把仁义忠信等道德规范当作水，长期浸润，顺势而为，这样就可以有效地提高道德修养。

（《庄子·达生》《说苑·杂言》《列子·黄帝篇》《列子·说符篇》《孔子家语·致思》）

03　济乎觞深之渊

觞深之渊是一个水深流激的渡口，具体位置不详。颜渊有一次从这里坐船过渊，见船夫在激流中神情自若，操舟若神，不一会儿就把船顺利地划到对岸，于是他好奇地问船夫道："我能学会你的操舟技巧吗？"

船夫答道："当然可以，不过每个人情况不一样。会游泳的人需要多花一点时间才能学会，游泳技术好的人很快就能学会，而那些熟悉水性的人不用学就会。"

颜渊觉得船夫故意绕弯子说话，只说能学会，不说怎么学，于是就去向孔子请教。

孔子说："唉——！长期以来，许多人都习惯于从字面上来理解别人说话的意思，却不懂得言语背后的真实含义。船夫对你说，会游泳的人需要多花一点时间才能学会操舟，真实意思是说这种人对水没有恐惧心理；游泳技术好的人很快就能学会操舟，真实意思是说这种人喜欢水；而熟悉水性的人根本不用学就能操舟，真实意思是说这种人已经把深渊视作丘陵，把操舟视作驾车，把翻船视作驾车退坡，所以即使他们从来没有见过舟船，也能够操控自如，遇到危险也不会惊慌失措，手忙脚乱。你用心想一想，船夫其实已经把操舟的诀窍说得很明白了：学习操舟的关键不是具体的动作要领，而是要克服畏惧水的心理障碍，如果你畏惧水的心理负担越重，就越不容易学会操舟；如果你能做到眼中无水，心中忘水，那么不用学也能轻松自如地操舟前行。这就是'凡外重者内拙'的道理，如果过分看重外在的东西（外重），内心反而会患得患失，陷入混乱（内拙）。"

为了加深颜渊对"外重者内拙"的理解，孔子又给他举了一个更简明的例子：赌博下注，如果你投下的是瓦片之类不值钱的东西，输了无所谓，心情自然很轻松；如果你投下的是银锞，输了会有一定损失，心情自然会紧张；如果你投下的是重金，输了损失巨大，心里就会恐慌、焦虑。无论赌什么，赌博的技巧都是一样的，但是由于投下的赌注不同（或轻或重），赌徒的心情就会发生巨大变化（或轻松或焦虑）。因此做任何事情，首先要学会控制好自己的内心。

（《庄子·达生》《列子·黄帝篇》）

04　南至沛见老聃问道

老聃即老子，他的官方身份是周朝守藏室之史，负责管理古代典籍和历史档案，他博古通今，见多识广，对于古代典章制度很有研究，所以孔子曾专门到周廷去向他学习古代礼制；他的民间（学界）身份是先秦道家学派的创始人，他创建了以"道"为最高哲学范畴的理论体系，所以孔子专门南下至沛向他请教有关"道"的问题。

关于孔子见老聃的具体时间，目前学界尚无定论。《庄子·天运篇》中载："孔子行年五十有一而不闻道，乃南之沛见老聃。"这种说法虽然无法考证，但是内容比较具体：一是时间明确，即孔子行年五十一岁之时，当时他已受到鲁定公重用，出任鲁国中都宰，仕途正处于上升期，因此他急需高人指点；二是地点明确，即曲阜南面的沛县（今江苏徐州沛县），老聃是楚国苦县（今河南鹿邑县）人，此时他已免官归居，苦县与沛县相近，因此他经常到沛县一带活动，孔子前往见之；三是目的明确，孔子除了向老聃求教"道"的知识外，还想请他帮忙"西藏书于周室"。

孔子自从设帐授徒以来，就开始整理《诗》《书》《礼》《乐》等古代典籍，经过二十多年的积累，简册已成规模，颇具价值，于是他想把自己编撰、整理的典籍送到周朝守藏室收藏，以供后世君王治国理政参考之用。子路当时出了一个主意，他对孔子说："我听说周室守藏官老聃已经辞官回家闲居,现在就住在离曲阜不远的沛县,老师如果想藏书于周室,不妨先去找他通融一下。"孔子觉得这是一个好主意,于是就启程去拜见老聃。

孔子在沛县见到老聃,向他说明来意,然而老聃对这些简册不太认可,于是孔子拿起简册来一一介绍,老聃却打断他道:"头绪太多了,请你介绍一下内容重点吧。"

孔子说:"内容重点是仁义。"

老聃问道:"请问仁义是人的本性吗?"

孔子答道:"仁义当然是人的本性,君子无仁则不能成事,无义则不能生存。所以仁义是人的真性,舍此将无以为人。"

老聃又问道:"请问何谓仁义?"

孔子说:"中心物恺,兼爱无私。"这两句话的意思是端正自己的心态,与外物和谐一致,进而达到博爱天下的境界。

老聃听后摇了摇头,不禁叹道:"唉——!你所说的仁义不仅对人无益,反而会戕害人的本性!所谓'兼爱',实为迂腐;所谓'无私',实为利己。您想让天下太平有序吗?那么就不要人为地干预万物发展变化的规律。世界万物原本是自有规律的,日月自然会发出光芒,星辰自然会排列有序,禽兽自然会按类分群,树木自然会择地生长……人类(包括您)也只需效法天德而生,遵循天道而行,这样就可以自然而然地达到人生的最高境界!我就想不明白,您何必整天辛苦劳累,为了宣扬仁义道德而四处奔波?您现在这样大张旗鼓地宣扬仁义道德,就如同敲着鼓招呼众人帮您去寻找失踪的儿子,太着急了呀!唉——!您如此这般最终会扰乱人的本性!"

在另外一次对话中,孔子又向老聃谈起了仁义道德的话题,老聃不客气地把仁义比作"播糠眯目"和"蚊虻噆肤",意思就是,仁义就像播糠米时糠灰撒进了眼睛里一样,让人不辨方向,又像蚊虻叮在皮肤上吸血一样,让人整夜难眠,后来他干脆明确地说:"夫仁义憯然,乃愤吾心,乱莫大焉。"①他把孔子津津乐道的仁义道德当作造成社会动乱的根源!老聃最

---

① 《庄子·天运》。

后告诫孔子道："吾子使天下无失其朴，吾子亦放风而动，总德而立矣！"①意思就是，如果你能让全天下的人都保持淳朴自然的本性，你自己也能做到顺应自然，清静无为，那么你就可以秉承天德而自立于世了。

在老聃看来，最高明的统治策略是顺应人性，无为而治，而孔子所鼓吹的仁义道德不仅毫无价值，而且会人为地扰乱人的本性，所以他不能接受。

当然，孔子的政治理想是非常坚定的，尽管他在现实政治中屡屡碰壁，无所作为，但是他仍然坚守信仰，不改初衷。若干年后，孔子就古代典籍和治国之道等问题又与老聃进行了一次对话。孔子当时情绪低落地向老聃抱怨道："我努力学习和研究《诗》《书》《礼》《乐》《易》《春秋》等古代典籍，坚持数年，烂熟于心。然而我周游列国期间，游说了七十二位诸侯国君，向他们宣扬先王治国之道和古代圣贤事迹，可是却无人响应。这种情况实在太令人失望了！我至今仍然没有想明白，这究竟是因为'人'难以说服，还是因为'道'难以阐明？"

老聃居高临下地对孔子说："你在列国游说期间，幸好没有遇到贤君圣主，否则你会被他们耻笑的！你所推崇的'六经'，记载的都是一些陈腐过时的内容，你游说时所说的话也都是陈词滥调，所以没有人感兴趣。给你打个比方吧，地上的足迹都是鞋子踩出来的，但是足迹不等于鞋子。同样的道理，'六经'记载的都是先王事迹，但是'六经'不等于先王。"老聃接着又以自然界的飞鸟和昆虫为例，进一步向孔子说明"性不可易，命不可变，时不可止，道不可壅"②的道理，最终结论是人为努力必须顺应天道，否则就难有作为。

也许是因为老聃在谈话中传递出来的信息量太大了，孔子一时难以理解，他回去足足思考了三个月，然后再去见老聃，他说："现在我终于明白

---

① 《庄子·天运》。
② 《庄子·天运》。

您说的道理了,以前我只是坚守自己的理念,不能随万物变化而变化,这样就无法得到别人的理解。如果我不能因时因事改变自己,那么就无法说服别人,改变别人。"

老聃见孔子有所领悟,欣慰地说道:"孔丘思有所得,这是值得赞许的。"

孔子南至沛见老聃期间,两人进行了多次对话,对话内容大多是当时社会比较流行的话题,对话形式也比较轻松随意,比如有一次老聃刚洗完头,披头散发地坐在那儿,他见孔子来了,便开始高谈阔论起来,两人对话内容主要有以下几个方面:一是哲学本源问题。在老聃的哲学思想中,"至道"是世界万物的本源,即所谓"万物皆往资焉而不匮"①。"至道"是无形的,来无影去无踪,但是其功效却是无穷无尽的。二是游心至乐问题。一个人如果想达到"至道"境界,就必须返璞归真,回到原始状态,即所谓"游心于物之初",人只有在这种忘我的状态下,才能做到"行小变而不失其大常也,喜怒哀乐不入于胸次",进而达到"得至美而游乎至乐"的最高境界②。三是修身求道问题。老聃认为,修身求道的正确方法应该是忘记天地万物,忘记自我。只有忘己之人,才能真正得道。四是治国之道问题。老聃认为,当时各个学术派别所提出的政治主张都是荒诞不经的,在现实政治中根本行不通,仁义道德更是上古圣人假借的虚名而已。道有"大道"与"小道"之分,天地万物和人类社会发展变化的规律与法则是大道,而所有人为的政治手段和施政策略则是小道,小道必须顺应大道,大道虚静无为,小道也应该虚静无为。

孔子见老聃之后,回到家中三天没有说话,弟子关切地问道:"老师您这次去见老聃,不知他老人家有何教诲?"

孔子说:"我这次见到真龙了。龙静卧蜷伏时通体完整,隐约可见,但

---

① 《庄子·知北游》。
② 《庄子·田子方》。

是它腾飞舞动时则麟甲闪烁，宛如彩章。龙腾云驾雾，遨游天际，吸取天地阴阳之气来滋养自己。老聃就像龙一样，我见到他时紧张得合不拢嘴，说不出话，哪里有心思聆听他的教诲呢？"

孔子与老聃之间的对话，其实反映的是战国时期儒家学派与道家学派在学说思想上的尖锐对立和激烈碰撞。由于庄子是先秦道家的代表人物，《庄子》则是道家学派的代表著作，因此在"庄子"们的笔下，老聃被刻意塑造成一个学识渊博、思想深邃的智者形象，而孔子则被贬为一个低三下四、唯唯诺诺的学生模样。

（《庄子·引帝王》《庄子·天地》《庄子·天道》《庄子·天运》《庄子·田方子》《庄子·知北游》）

05　见老莱子求学进业之道

老莱子是春秋末年楚国人，以孝闻名，曾耕于（隐居）蒙山，楚王请他出仕为官，被他断然拒绝，理由是家中有二老要奉养。老莱子在七十岁时，父母亲仍然健在，他在堂上尽心侍奉，无微不至。有一次，他为父母取水饮用，不小心跌倒在堂上，为了不让父母担心，他就假装小孩子躺在地上啼哭。孔子后来对此评述道："父母老，常言不称老，为其伤老也。若老莱子，可谓不失孺子之心矣。"①

老莱子是道家学派创始人之一，他德行高深，性情孤傲，淡泊名利，安贫乐道，孔子曾评价他道："德恭而行信，终日言，不在尤之内，在尤之外，贫而乐也，盖老莱子之行也。"②意思就是，他为人严谨恭敬，从来不会因言而失信。老莱子晚年潜心修学，著书立说，传播道家思想，《史记·

---

① 《孔子集语·孝本》（上）引《御览四百十三》。
② 《大戴礼记·卫将军文子》。

老子韩非列传》中载其"著书十五篇,言道家之用"。《汉书·艺文志》中亦载"《老莱子》十六篇",列在"道家者流",并注明"与孔子同时"。

老莱子年纪稍长于孔子,他与孔子大概是亦师亦友的关系,孔子对他非常敬重①。有一次,老莱子的弟子外出砍柴时遇到孔子,他见孔子体貌奇特,回来后便对老莱子说:"弟子刚才在外面遇见一个体貌奇特的人,他上身长,下身短,佝偻着背,头向前伸,满脸意气风发的样子,不知道这个人是谁?"

老莱子说:"哦,你说的这个人是孔丘,你去把他请来,我有话对他说。"

不一会儿,孔子来了,老莱子上下打量了他一番,然后说道:"孔丘呀,如果你平时不摆出习礼者的架子,也不装作有智慧的样子,也许能成为真正的君子。"

孔子不敢申辩,他弓着身子慢慢向后退,神情局促地问道:"您所说的是进业之道吗?"所谓"进业之道",就是提高个人道德修养的正确方法。

老莱子缓缓说道:"你想通过复兴周朝礼制来拯救乱世,这种做法虽然可以收取一时功效,但是却会贻害万代子孙!因为人为努力越大,偏离大道就越远,难道你不明白这个道理吗?那么如何才能实现万世之治呢?正确的方法应该是摈弃传统的价值观念和评判标准,与其赞誉圣君唐尧而非议暴君夏桀,不如把是与非、对与错、誉与毁全部忘记,只有遵从天道,从容随物,才能实现无为而治。你之所以在求学和修德等方面难以取得进步,就是因为你总以为自己贤能而迷失大道!"

道家崇尚天地,效法自然,对于人事范围内的事情一概采取排斥态度,所以孔子越努力进取,道家学派对他的批判就越猛烈。

(《庄子·外物》)

---

① 著者按:《高士传》中载"仲尼尝闻其论,而蹙然改容焉"。《战国策·楚四》中亦载有"老莱子之教孔子事君"之事。

06　亢仓子视听不用耳目

陈国有一个大夫，他在出访鲁国期间私下去拜会了"三桓"贵族叔孙氏，叔孙氏对他说："我们鲁国有一位圣人。"

陈国大夫问道："您所说的圣人是孔丘吧？"

叔孙氏说："是的。"

陈国大夫又问道："请问孔子有什么天赋异禀？"

叔孙氏说："我听孔门弟子颜渊说，孔子虽然身在尘世，却能无所用心，故而心境恬静，德行高深。"

孔子周游列国期间，曾在陈国淹留数年，但是陈国君臣对他并不友善，甚至还发生在陈绝粮的事情。叔孙氏当着陈国大夫的面把孔子誉为圣人，显然带有让对方难堪的意思。

陈国大夫也不甘示弱，他说："我们陈国也有一位圣人，您没有听说过吧？"

叔孙氏好奇地问道："请问您所说的这位圣人是谁？他有什么天赋异禀？"

陈国大夫说："我所说的这位圣人是老聃的得意门生亢仓子，他得到了老聃的真传绝学，能够用耳朵'看'，用眼睛'听'。"

亢仓子是春秋时期的一位得道高人，姓庚桑，名楚，陈国人，他曾师从老聃学道，《庄子》中有相关记载："老聃之役有庚桑楚者，偏得老聃之道，以北居畏垒之山。"① "偏得"是一个明褒暗贬的词，意思就是，亢仓子学道不精，热衷于一技之巧，因此难成大器。

叔孙氏后来把陈国大夫的话告诉了鲁侯，鲁侯听了十分惊奇，立即派

---

① 《庄子·庚桑楚》。

人以上卿礼遇延请亢仓子到鲁国来辅政。

亢仓子接受了鲁侯的聘请来到鲁国，鲁侯亲自接待他，并谦卑地向他请教"耳视而目听"的问题。亢仓子回答道："那些都是坊间以讹传讹的不实之言。我能做到不用耳听或不用目视，但是不能做到用耳'视'或用目'听'。"

鲁侯好奇地说："这样也很神奇了！您是怎么做到的？能否说给我听听？"

亢仓子答道："我们知道，人们通常都是先通过耳目等器官来感知事物，然后再通过内心来认知事物，而我能做到身体感知和内心认知合二为一，即所谓'视听不用耳目'。那么如何才能做到'视听不用耳目'呢？修炼的第一步是做到'体'与'心'相合；第二步是做到'心'与'气'相合；第三步是做到'气'与'神'相合；第四部是做到'神'与'无'相合。一旦人的修养达到'无'的境界，就可以不用耳目等身体器官来感知世界了，即使远在八荒之外，只要用心感知，就如同近在眉睫之间。达到这个境界以后，如果有人想来干扰我，不论距离远近，我立刻能知道，我也不知道这是我身体的四肢七窍感知的，还是心肌脏腑察觉的，我只知道'我知道'而已。"

"体""气""神""无"等都是道家修身的特有概念，总体要求是排除杂念，放空内心，让精神处于一种虚无状态，这样就可以与天地自然合为一体，进而达到不听而听、不视而视、不思而思、不为而为的理想境界。

亢仓子这番言论高深莫测，玄妙无穷，似有还无，鲁侯对他佩服得五体投地。后来有人向孔子求证"耳视而目听"的奥妙，孔子却笑而不答，其中有许多值得玩味的内容。从师承关系来说，孔子与亢仓子都曾师从老聃学道，然而两人从老聃学说思想中各取所需，背道而驰。孔子"适周问礼"而成为儒家学派的创始人，亢仓子"偏得老聃之道"而成为道家学派的创始人之一，因此他们二人无论如何是走不到一起的。

（《列子·仲尼》）

07　卫有恶人曰哀骀它

《庄子》中有许多关于孔子的故事，比如《人间世》中的颜渊向孔子请教心斋、叶公子高向孔子请教为人臣者以及《大宗师》中的颜渊言坐忘等。这些内容其实与孔子并没有什么关系，相关人物也大多是虚构的，《庄子》的作者们只是借孔子之口来为自己说话而已。也就是说，《庄子》中的孔子并不是历史上的孔子，而是道家学派虚构出来的"孔子"。

哀骀它也是道家虚构出来的一个人物，为了证明这个虚构人物的真实存在，道家又虚构了鲁哀公与孔子两个历史真实人物之间关于哀骀它的对话。

鲁哀公问孔子道："卫国有一个名叫哀骀它的人，虽然他相貌丑陋，但是男人都愿意与他相处，不忍离去；女子见了他，都像着魔一样跑回家反复对父母说：'我与其嫁为人妻，不如做他小妾。'虽然哀骀它没有诸侯国君那样的权势，却能救人于死生之间；虽然他没有丰厚的俸禄，却能让人吃饱肚子；虽然他相貌丑陋，见识一般，在许多场合只是附和别人，自己提不出什么新思想、新观点，却具有超凡的感染力和影响力，举国男女都追随他，崇拜他，为他疯狂，可见他确实有异于常人的特殊才能。我听说此人后，专门召见了他，单从相貌来看，他确实丑陋无比，难以想象，但是我与他相处不到一个月，对他就产生好感，相处一年以后，我对他就绝对信任了。当时鲁国政卿都心怀不轨，治国不力，于是我想让他来主持国政，这可是有权有势的高位啊！可是哀骀它对此无动于衷，好像这事与他没有关系。当时我觉得挺尴尬的，但是最终还是决定授之以国政。然而没过多久，哀骀它竟然辞官而去，弄得我现在心里空落落的，觉得没有人愿意与我共同承担治国重任，也没有人愿意与我共享执政快乐。请问先生，哀骀它到底是一个什么样的人呀？"

孔子答道:"我出使楚国时曾经看见一件有意思的事情:一群小猪围在一头母猪身边吃奶,其实这头母猪已经死了,小猪开始没有察觉到,后来发现母猪死了,它们都惊慌失措地离开了。那么小猪是怎么发现母猪死了呢?因为母猪眼里已经没有往日那种眼神,所以小猪知道母猪和自己已经不是同类了(生与死不同类)。由此可见,小猪对于母猪的认知,并不是形体或奶水,而是精神层面的东西,因为精神是形体的本质,离开精神,形体就不复存在了。我们知道,牺牲在战场上的战士如果没有棺木入殓,那些彰显威武的棺木饰品就用不着了;受过刖刑的人,如果送鞋子给他,完全是多余的爱;天子身边的侍奉臣妾,女的不能剪指甲、穿耳洞,男的不能结婚成家,养育后代,因为他们要保持'形全',即形体完美无缺。还有一种人,他们在形体上未必完美,但是在精神上却完美无缺,这种人与'形全之人'形成鲜明对比,因此可以称作为'全德之人'。哀骀它就是这样的人,他不用说话就能获得信任,无须建功就能赢得尊重,诸侯国君都想授之以国政,而且唯恐他推辞不受。这样的人有两个非常重要的特征:一是'才全',即才性完美;二是'德不形',即内在的道德修养不体现在外在的形体容貌上。"

鲁哀公又问道:"那么应该如何理解'才全'呢?"

孔子答道:"人生中的生与死、存与亡、穷与达、贫与富、贤与不肖、毁与誉以及饥渴寒暑等人事变化都是命运安排的。白天与黑夜每天都在我们的眼前轮回交替,可是有谁能知道这种交替是从什么时候开始的呢?估计没有人能回答这个问题。人与事的发展变化是不可认知的,所以我们没有必要为此焦虑,扰乱心性。对于人生中的种种变化,最好的应对办法是保持我们内心的安宁与和顺,不要被外界的诱惑所干扰,我们无须用耳目来认知日夜轮回和季节变化,只需用内心来感悟一切,然后随物而化,顺时而动,这就是'才全'。"

鲁哀公继续问道:"那么如何理解'德不形'呢?"

孔子说:"装在容器里面的水,如果没有内部的搅动和外部的激荡,水面就可以保持完全静止的状态,这时水平面可以用作测量物体平衡的法度。同样,一个人的道德修养来自内在的和谐与稳定,而不是来自外在的赞扬和激励,如果内在的道德修养表露于外,那么就会打破原有的平衡,失去应有的水准,这就是'德不形'。"

孔子的高谈阔论漫无边际,玄而又玄,不知道鲁哀公能否理解,但至少给他留下了深刻的印象。若干天后,鲁哀公又主动与孔门弟子闵子骞谈及此事,他说:"以前我自以为是一个忧国忧民的国君,能够整肃纲纪,勤勉执政,谨修道德,关爱民生,所以觉得自己已经做得很好了。可是前些天听了孔子关于哀骀它的一席话,才发现自己所有的努力都是微不足道的,与'才全而德不形'相差太远,真是误国误民啊!从今往后,我再也不想与孔子维持君臣关系了,而想与他成为共同修身立德的朋友关系。"

非常可笑的是,在这个故事中,孔子居然为道家代言,难怪孟子说:"尽信书,则不如无书。"[①]不过,客观真实是不可能被主观虚构取代的。虚者不实,以实证虚伪为虚。

(《庄子·德充符》)

08　鲁有兀者王骀

鲁国有一个叫王骀的人,他因为违反法令而被处以刖刑,就是被斩断了一只脚,这种人在当时被称作"兀者",即单脚兀立之义,他们在社会上是受歧视的。

王骀虽然是一个刑余之人,但是追随他的门徒却与孔门弟子数量相当,时人都感到奇怪,议论纷纷。孔门弟子常季问孔子道:"王骀只是一个

[①]《孟子·尽心章句下》。

受刑断足的兀者，可是鲁国投到他门下的人居然与您不分伯仲，而且他的声望越来越高，大有超越之势，这确实是令人费解！我听说王骀教授弟子有一个特别之处：他从来不开班授课，也不指导弟子学业，可是他的弟子们每次都是脑子空空而来，收获满满而归，难道真有不言而教、无心而成的教育方法吗？这个王骀到底是一个什么样的人呢？"

孔子答道："王骀这个人啊，是一个圣人！我与他相比，差距太大，根本追不上他！我都想拜他为师，何况那些不如我的人呢？如果有可能，我愿意带领鲁国所有人、甚至天下所有人拜他为师！"

孔子是天下公认的圣人，弟子崇拜的偶像，他居然对兀者王骀如此推崇，确实令人匪夷所思。常季又继续问道："弟子觉得，兀者王骀连普通人都比不上，他哪有资格当您的老师？难道他的学说思想有什么独到之处吗？"

孔子并没有直接回答常季的问题，而是故弄玄虚地说了一通不着边际的话："生死固然是人生大变故，但是人却不能参与其中；天塌地陷更是关乎人类生存的大变故，但是人类也不能做出任何改变。在天地自然面前，人类的能力是有限的，认知也是有限的，因此人类应该做的事情是知天安命，人们既不要为了满足物欲而失去本性，也不要为了追求知识而陷入迷惘。"

常季完全听不懂孔子所说的话，只好继续向孔子请教道："请问您这番话是什么意思？能否再详细解说一下？"

孔子说："你先思考一个问题——世间万物相同吗？"他见常季一脸困惑的样子，就继续说道："如果用事物相异的观点来看，肝和胆就像楚国和越国一样相距甚远；如果用事物相同的观点来看，世间万物同为一物，并无差别。不同的观点带来不同的认知，同时也体现不同的思想境界。兀者王骀学说思想的高明之处就在于忘记了人的个体存在，他把自己视同万物。既然世间万物同为一物，那么人的耳目就不用去分辨声色了。如果人与万物融为一体，那么仁义道德就失去原本意义。由此可见，当下人们首先应该思考的不是自身的道德修养问题，而是如何处理人与万物的关系问题。按照兀者王骀'万物皆一'的观点来思考，世间根本没有什么得此失彼或此消彼长，因为万物皆同，无所谓得失消长。就拿兀者王骀被断足之事来说吧，别人以为他断的是一足，他却觉得是脚下的一块泥土，因为一足与泥土没有区别。"

常季越听越糊涂，越糊涂越要问："兀者王骀因为受刑断足而努力修为，思想境界难以超越。不得不承认，他现在不仅自己活得很明白，而且把自己与天地万物的关系也想得很明白，不过他参悟的道理太高深了，普通人根本无法理解，而且也没有什么实用价值，为什么会有那么多人追随他呢？"

孔子说："人们无法在湍急的流水中照见自己的容貌，只有在静止的水面上才能看清自己的影像，这就是唯有止水才能留住众人的道理。兀者王骀就像一汪止水，他已经修炼得物我合一，心若止水，所以追随者趋之若鹜。我再给你讲一个道理：无论人或物，都必须遵循天地自然的法则，树木遵循自然的法则生长，松柏才能四季常青；尧舜顺应天地的法则行事，他们才能一统天下。如果一个人能够保持纯正的心性，他就能使众人心性纯正……"

孔子接着又拉拉杂杂地说了许多大道理，无非就是一个意思：兀者王骀是一个不同寻常的圣人，他的思想境界已经超凡脱俗，难以企及，所以人们争相追随。

显然，这里的"兀者王骀"是一个在形体和心性方面存在巨大反差的虚拟人物，而这里的"孔子"也不是真实的孔子，而是道家人物用来攻击儒家思想的一个工具。

（《庄子·德充符》）

09　鲁有兀者叔山无趾

兀者叔山无趾和兀者王骀一样[1]，也是道家学派虚构出来的一个另类人物，叔山是他的本姓，无趾则不是他的本名，而是根据他的身体特征（没有脚趾）而另取的一个别名。这类人物的出现，往往都会对儒家思想带来冲击，也会对孔子的声誉造成损害。

叔山无趾因为违反法令，被割掉了脚趾，所以他平时只能用脚后跟走路"踵行"。受刑之后，他非常吃力地"踵见"孔子。叔山无趾为什么要见孔子？可能他受刑与孔子有关，因为孔子曾经当过鲁国司寇，主掌刑狱，当然这只是孔子单方面认为的。孔子见他行动不便，便主动迎前去说道："由于你为人处事不谨慎，因而受到刑罚。事已至此，你现在来找我申诉，我也无法挽回了。"

叔山无趾则大度地说："您说的没错，此前确实是因为我处事不慎而受到刑罚，蒙受羞辱。尽管我现在肢体残缺，行动不便，但是我并没有因此而丧失理智，颓废堕落，因为我在精神层面还有许多值得追求的东西，这才是最重要的！反倒是您现在仍然纠结于此事，以为我会心怀芥蒂，怨天尤人，恕我直言，您多虑了。一直以来，我以为您是一个胸怀宽广、道德高尚的正人君子，甚至有时我还会用天无不覆、地无不载来形容您。现在看来，您的精神境界不过如此——只关注肉体而忽略精神。"

叔山无趾的这番话让孔子无地自容，他低声说道："我确实是孤陋寡闻，见识短浅，不知您是否愿意进屋来多多开导我？"叔山无趾却转身离去，他对徒有虚名的孔子颇为失望。

望着叔山无趾慢慢远去的背影，孔子对弟子们说："以后你们一定要更

---

[1] 著者按：兀者王骀见于《庄子·德充符》。

加勤勉啊！叔山无趾虽然是一个刑余之人，但是他能通过修身求道来弥补自己过去的错误，而我们这些没有人生污点的人有什么理由不做得更好呢！"

道家学派对于叔山无趾和孔子采取一褒一贬的手法来表明批判态度，他们似乎意犹未尽，于是又虚构了一个叔山无趾与道家代表人物老聃对话的情节。叔山无趾与孔子见面后，私下里对老聃说："以前我以为孔丘是一个道德完美的'至人'①，但是现在我发现他远未达到'至人'的境界，因为他还放不下世俗的理想，所以就无法做到无为。我听说他常来向您请教有关道德问题，现在看来，他来向您请教的真正目的是求得荒诞的虚名，岂不知这些虚名正是被'至人'视作束缚天性发展的桎梏！"

老聃说："我们可以让他慢慢明白生与死、可与不可之间是连贯相通的道理，这样或许可以帮他解除思想桎梏。"

叔山无趾说："罢了！天刑之，安可解！"意思就是，孔子违背天道之理，深陷世俗之争，已经无可救药了。

在肉体上，孔子悲悯叔山无趾遭受不幸；在精神上，叔山无趾则可怜孔子遭受不幸。

（《庄子·德充符》）

10　孟子反、子琴张临尸而歌

春秋末年，礼崩乐坏，王室衰微；诸侯争霸，天下失序；贵族阶层日趋没落，新兴阶层迅速崛起，阶级矛盾加剧，社会动荡不安。与此同时，意识形态领域也发生了许多新变化，新思潮、新观念层出不穷，对传统观

---

① 著者按：《庄子·田子方》："得至美而游乎至乐，谓之至人。"由此可见，"至人"是人生修养达到尽善尽美境界的精神导师。

念形成巨大冲击。当时社会上有许多年轻士人热衷于各种奇谈怪论、异端邪说，他们追求时尚，思想激进，标新立异，敢于反传统，反礼俗，反对一切阻碍天性发展的东西。

鲁国当时就有不少这样的年轻人，子桑户、孟子反[①]、子琴张[②]就是其中的代表人物，他们三人的思想观念和情趣爱好相同，于是不约而同地说道："有谁能像我们这样相交于无形之交往，相助于无形之帮助？又有谁能登天遨游于云际之间而忘记时间和生死？看来只有我们才能达到如此境界。"说完三人相视而笑，心领神会，从此结为志同道合的好友。

过了没多久，子桑户突然去世了，尚未下葬。孔子得知这个消息后，立即安排子贡到他家去帮助料理丧事。子贡到子桑户家里一看，孟子反和子琴张都在，他们一个忙着编曲，一个忙着弹琴，两人一唱一和道："子桑户呀子桑户！你已经返璞归真，到极乐世界去了，我们还淹留在人世间呀！"

子贡见状急忙上前问道："我冒昧地请教，你们面对死者高声歌唱，这样合乎礼仪吗？"

孟子反和子琴张相视而笑，鄙夷地说道："孔子门下怎么有人能懂得礼仪的真实含义呢！"

子贡虽然口齿伶俐，能言善辩，但是遇到这种与自己思想观念完全不同的人，一时也无言以对，他回去后对孔子说："这些人真是无法形容！他们摈弃传统，藐视道德，玩世不恭，放浪形骸，自己的朋友去世了，他们不仅毫无悲伤之情，反而面对死者放声歌唱。这些人真是无法形容！"

孔子对此则比较淡定，因为他与此类人物有过交流，对他们的思想观念也比较了解。他用"游方之内者"与"游方之外者"来区分彼此在世界

[①] 著者按：或曰此人为鲁国孟孙氏族人。《论语·雍也篇》："子曰：'孟之反不伐，奔而殿，将入门，策其马，曰："非敢后也，马不进也。"'"

[②] 著者按：或曰此人为孔门弟子琴张。《论语·子罕篇》："牢曰：'子云："吾不试，故艺。"'"杜预《左传集解》："琴张，孔子弟子，字子开，名牢。"

观、人生观等方面的差异。所谓"方",是"六方"或"六合"①,具体是指上下东南西北六个方位,代指现实世界。"游方之内者"是指生活在现实世界里的人,而"游方之外者"则是指超脱现实世界的人,他们生活在一个主观臆想的世界里,思想和行为完全不受现实世界的约束与限制。

孔子对子贡说:"你遇到的那几个年轻人与我们不同,他们生活在六方之外,而我们生活在六方之内。六方之外和六方之内是两个完全不同的世界,不可相提并论。刚才我让你去帮助他们料理丧事,这是因为我孤陋寡闻,不了解这些方外之人。方外之人与'道'(造物者)共生并存,他们信奉的是天之道,所以他们把活在人世间当作一种负担,就像身上多余的赘肉、毒瘤一样,把死亡当作一种解脱,就像除去身上的脓疮一样。假如世人都抱有与他们相同的想法,那么生与死或先与后还有什么意义呢?如果从个体的角度来看待世界万事万物,那么物与物或人与人之间有千差万别;但是如果从'道'(造物者)的角度来看待世界万事万物,那么物与物或人与人之间则是同一属性,肝与胆没有差别,耳与目也无须分辨。世界万事万物循环变化,周而复始,谁能分得清生与死、辨得明真与伪呢?所以那些生活在六方之外的人整日无拘无束,逍遥自在,他们对于六方之内的事情麻木不仁,漠不关心,怎么可能受世俗礼仪的束缚而装模作样地取悦于世人呢?"

子贡的悟性很高,他知道孔子不可能成为"游方之外者",但是他想进一步了解"游方之外"的具体方法,于是故意试探性地问道:"那么您愿意选择生活在六方之内,还是六方之外呢?"

孔子说:"我已经没有机会生活在六方之外了,因为上天不顾怜我,不让我享受六方之外无拘无束的生活。上天也许要考验我,让我终日在六方之内奔波劳累!不过如果以后有机会,我愿意和你一起游于六方之外。"

子贡问道:"请问生活在六方之外有什么需要注意的吗?"

---

① 《庄子·齐物论》:"六合之外,圣人存而不论;六合之内,圣人论而不议。"

孔子说:"鱼靠水存活,所以只要挖渠供水,鱼就可以优哉游哉地活着;人靠'道'生存,清静无为是'道'的根本属性,所以我们只要保持心性恬淡,无所作为,人就可以自由自在地生活。在六方之外生活需要注意的是,要像鱼忘记赖以生存的江湖一样,把那些世俗社会的谋生道术(手段)全部忘掉。"

子贡说:"您能否再用一两句话来描述一下'游方之外者'的特点吗?"

孔子想了想,然后慢慢说道:"这些人啊,他们觉得自己是异于人而同于天的另类,所以在他们眼里,生活在六方之外的小人('天之小人'),就是六方之内的君子('人之君子'),而生活在六方之内的君子,就是六方之外的小人。"世界颠倒了,所有评判标准和价值取向也全颠倒了!

因为子桑户等人对于礼制崩坏、纷争不已的现实世界已经彻底失望,所以他们努力追求一种超越现实的精神世界,这样他们就可以摆脱世俗观念的束缚和礼制规范的制约,随心所欲,率性而为。孔子也有精神追求,不过他的精神追求是现实世界中的理想社会,即西周盛世的礼制秩序,所以他是不可能向往六方之外的超现实生活的。

(《庄子·大宗师》)

11 不道之道和不言之言

"不道之道"是指大道无为,即"道常无为而无不为"[①];"不言之言"是指无言而辩,即"大音希声"[②]。《淮南子·本经训》:"不言之言,不道之道,若或通焉,谓之天府。"由此可见,"不言之言"和"不道之

---

① 《老子》三十七章。
② 《老子》四十一章。

道"都是道家学派所推崇的人生智慧和悟道境界，在礼崩乐坏的春秋乱世，信奉者大有人在，楚国令尹孙叔敖和勇士市南宜僚就是其中二位。

孙叔敖是楚庄王时期人，他曾三次出任楚国令尹，脸上却不露喜色，又三次被罢免，脸上也没有忧色，他对任何事情都淡然处之，认为"其来（出任令尹）不可却也，其去（罢免令尹）不可止也①"，所以孔子对他评价很高。孙叔敖为政的主要特点是顺其自然，清静无为，他任令尹期间整日摇着羽扇无所事事，逍遥自在，楚国也不需要出兵东征西讨，劳民伤财。市南宜僚是楚国有名的勇士，据说他非常神勇，一人能抵敌五百②，不过他也崇尚道家清静无为思想，不愿意出仕为官，避免卷入纷争，他曾建议鲁侯"刳形去皮，洒心去欲，而游于无人之野"③。楚国贵族白公胜发动叛乱之时，曾经想拉拢他加入，让他去刺杀楚国令尹子西和司马子期，可是他对白公胜派来的使者不理不睬，手中不停地玩弄两个小球，后来使者把剑架在他的脖子上威逼，他仍然玩弄着手中的小球，就像没事儿一样。孙叔敖和市南宜僚在楚国都是有影响的人物，他们在为政实践中共同奉行"不道之道"，故而能够获得"无为而无不为"的奇特效果。

其实，孙叔敖和市南宜僚与孔子都不是同时期人，孙叔敖早于孔子近百年，市南宜僚则稍晚于孔子。为了追求故事效果，有人硬把他们凑到了一起。

孔子来到楚国，楚王设宴款待，孙叔敖和市南宜僚有幸在一旁作陪。孔子此时已经声名显赫，各国诸侯公卿无不把他奉为座上宾，虚心向他请教为政问题。楚国君臣也想听听孔子的治国高论，于是市南宜僚举起酒杯向孔子行礼致敬，然后说道："古人宴飨宾客，在筵席上都要请宾客发表高论，不知您是否能不吝赐教。"

孔子知道孙叔敖和市南宜僚都崇尚道家无为思想，所以现在对他们说

---

① 《庄子·田子方》。
② 《左传·哀公十六年》。
③ 《庄子·山木》。

什么都是没有意义的，于是他缓缓说道："我听说有一种表述叫作'不言之言'，以前我没有尝试过，今天想尝试一下。孙叔敖和市南宜僚二位都是'不道之道'的奉行者，其施政效果有目共睹，自不待言。今天承蒙各位抬爱，让我在这个重要场合发表言论，可惜我没有鸟的三尺之喙，所以只能用'不言之言'来应付了。"所谓"不言之言"，就是用无言的方式来回应对方，看似无理，也缺乏诚意，但是对付道家人物的"不道之道"，这也许是最简单有效的方法。

记叙者后来评述道："彼之谓不道之道，此之谓不言之辩。故德总乎道之所一，而言休乎知之所不知，至矣。道之所一者，德不能同也。知之所不能知者，辩不能举也。"这段话的意思是，孙叔敖和市南宜僚奉行的逍遥无为体现了道的无为精神，孔子的无言以辩也体现了道的无为精神，在无为而无不为这一点上，"不道"和"不言"是一致的，即所谓"道之所一者"。

（《庄子·徐无鬼》）

12 未有天地而可知

冉有在孔门十哲中名列"政事"优等，他是一个实干派，热衷于从政，对孔子倡导的仁义道德则不太感兴趣。然而在道家著作中，他则被改造成一个勤学善思的弟子，他向孔子请教道："未有天地可知邪？"意思就是，天地生成之前的事情是非可以知晓。

冉有是鲁国政坛的新锐代表，孔子不太好糊弄他，于是就含混地答道："可知，因为古与今是一个相互依存的统一体。"

冉有当时听得似懂非懂的，也就没有继续追问下去。回到家后，他又认真思考了一番，觉得还是不太明白，于是第二天又去向孔子请教道："昨天我向您请教'未有天地可知邪?'的问题,您回答说'可知,因为古与今是一个相互依存的统一体'。昨天我似乎明白了,可是今天却又犯糊涂了,您能再给我详细讲解一下吗?"

孔子只好耐心地讲解道:"昨天你的似懂非懂其实是一种感性认知,这种认知来自人的天性,因此最接近天道真理;你今天又犯糊涂了,是因为后天的理智抑制了先天的本性。我为什么说天地生成之前的事情是可以知晓的呢?因为历史发展是前后关联、相互统一的,没有古代就没有当今,没有开始就没有终结。人类繁衍也是如此,如果古人没有子孙后代,今天就不会有我们;如果我们没有子孙后代,历史将无法延续,所以我说古与今是统一的。"

孔子见冉有默不作声,估计他仍不太明白,于是又继续说道:"算了吧,你不用回答了,我再拿生与死的关系来解说吧:古与今就如同生与死,没有生就没有死,没有死就没有生,生不会因为死而死,死也不会因为生而生,两者的关系是一个相互依存的统一体。既然生与死(古与今)是一个相互依存的统一体,那么过去发生的事情,现在当然可以知晓。还有一个问题也必须给你讲解清楚:未有天地之前是否有'物体'存在?如果没有,那么天地万物从何而来?如果有,那么这个生成天地万物的'物体'又是什么?人们都知道物生于物的道理,所以在天地万物生成之前必然有一个'物体'存在,并由此而生成万事万物,准确地说,这个'物体'就是'道'。'道'是世界的本源,'道'可以化育万物,变化无穷,圣人悟道求道,从中汲取无穷无尽的智慧和力量。因此我说未有天地而可知。"

孔子这番言论玄而又玄,完全不是儒家口吻,估计冉有完全被弄糊涂了,不过这并不影响他在政事方面发挥才干,取得成绩。

(《庄子·知北游》)

13　颜渊为学日益

颜渊是孔子门下最优秀的学生，他甘守清贫，勤学苦修，儒学知识和道德修养每天都有进步，所以孔子称赞他道："惜乎！吾见其进也，未见其止也。"①孔子表扬颜渊学习每天都有所进步，但是却没有说明进步的具体内容，于是道家学派就钻了这个空子，按照道家的思想观点和价值取向编造了一个荒唐的故事。

有一天，颜渊对孔子说："回益（进步）矣。""益"是在原有基础上有所增加，意味着进步。

孔子问道："你在哪些方面取得进步了？"

颜渊说："回忘仁义矣。""忘"是忘却、忘记，也就是在原有基础上有所减少，即所谓"损"，意味着退步。但是道家学派认为，忘记那些与人类社会相关的东西（损）就是进步（益）。

孔子说："不错！但是还要继续努力。"

过了一段时间，颜渊又对孔子说："回益矣。"

孔子问道："你在哪些方面又取得进步了？"

颜渊说："回忘礼乐矣。"

孔子称赞道："不错！但是还要继续努力。"

又过了一段时间，颜渊喜滋滋地对孔子说："回益矣。"

孔子问道："你又有哪些进步？"

颜渊答道："我已经达到坐忘的境界。""坐忘"是凭几而坐，形如槁木，心如死灰，人完全处于空虚状态，没有思想，没有意识，没有情感，没有欲望，这是道家修身求道的至高境界，楚国南郭子綦就是这种达到坐

---

① 《论语·子罕篇》。

忘境界的得道高人①。

孔子对颜渊取得的进步感到吃惊,他问道:"什么是坐忘?"

颜渊答道:"坐忘就是忘记形体,抛弃智慧,同于大道(天地万物的运行法则)。"

孔子感叹道:"同于大道则无好恶,化于万物则无差别。你修身求道已经取得巨大进步,可以称得上贤人了,我也得加倍努力,否则就赶不上你了!"

对于进步(益),儒家和道家的理解完全不同:儒家认为,进步意味着礼乐知识日积月累,道德修养不断提高,即"为学日益";道家则认为,进步意味着慢慢地忘记以前学习的各种知识和技能,不断清空自己,最终回到自然无为的初始状态,即"为道日损,损之又损之,以至于无为"②。从这个意义来说,颜渊所说的"益",其实就是道家所说的"损",他们在逻辑上玩了一个偷换概念的把戏。

(《庄子·大宗师》《淮南子·道应训》)

14 哀莫大于心死

颜渊在修身悟道方面一直把孔子作为自己学习的楷模,但是无论自己怎么努力都无法取得突破,进而达到孔子的修养境界,于是他颇有感慨地对孔子说:"我师从老师修身求道就如同跟随您前行,您慢步走,我也慢步走,您快步走,我也快步走,您向前奔跑,我也向前奔跑,但是当您飞奔

---

① 《庄子·齐物论》:"南郭子綦隐机而坐,仰天而嘘,荅焉似丧其耦。"
② 《老子》第四十八章。

绝尘的时候，我只能在后面瞪大眼睛望着您的背影了。"①

孔子笑着问道："你这话是什么意思？"

颜渊说："我师从老师修学求道，亦步亦趋，道德修养的境界看似只有一步之遥，实则相差十万八千里。您能做到不用说话就能取信于人，不用交结朋友就能与人相亲，没有权位却能让人甘心效力，这种修为和能力是我望尘莫及的！"

对于颜渊的困惑，孔子觉得应该从顺应天道自然的高度来启发他进行思考，于是说道："夫哀莫大于心死，而人死亦次之。"人生有精神和肉体两种存在方式，人死也有心死和身死两种消亡方式。在孔子看来，身死只意味着物质的消亡，这是合乎天道自然变化的，因此并不可怕；心死则意味着精神的毁灭，这是违背天道自然变化的，因此天下没有比肉体尚存而精神已毁更可悲的事情了！孔子继续解释道："太阳从东边升起，从西边落下，每天周而复始，循环往复，这是天体运行的规律与法则（天道）。世间万事万物只有循天道而动，才能得以延续，获得成功，比如有血有肉的动物，它们随日出而动，随日落而息，这就是所谓'有待'（有待于日出日落）。人类的生存与死亡也是有待于天道的，我们从出生第一天开始就在等待死亡了，至于死亡的日期只能听从天命的安排。人类是渺小的、无知的，根本无力抗拒天命，只能遵循天道，服从命运。如果我们想提高人生修养的境界，就必须最大限度地保持天性（心），随天道自然变化而变化，切莫让那些人为的东西（道德与智慧）戕害本性（心死）。"

孔子此番言论已经超出儒家道德学说的范畴，他让颜渊摈弃儒家的道德观念和学说思想，改而信奉道家的天道自然，这显然道家学派编造出来的故事，姑妄听之罢了。

（《庄子·田子方》）

---

① 著者按：颜渊对孔子的崇敬是由衷的，他常常做出此类感叹。《论语·子罕篇》："颜渊喟然叹曰：'仰之弥高，钻之弥坚。瞻之在前，忽焉在后。夫子循循然善诱人，博我以文，约我以礼，欲罢不能。'"

八、崇礼 二十四则

[概说]

周朝礼乐制度是相当完备的,号称"经礼三百,曲礼三千"(《礼记·礼器》),其主要内容涉及国家的政治体制、机构和职官设置、军事制度、祭祀制度、礼仪制度、税赋制度、道德规范、文化典章以及日常起居等各个方面。周朝礼制在维护社会秩序(等级制度)、调节人际关系、规范言行举止等方面均起到极其重要的作用,因此"克己复礼"是非常重要的。

孔子是周朝礼制的忠实奉行者和坚定捍卫者,他把复兴西周盛世的礼制秩序作为毕生追求的政治目标。在政治实践方面,他坚定地维护周朝礼制,与各种违礼行为进行坚决斗争,不惜碰得头破血流;在理论研究方面,他把周朝礼乐制度和礼乐文化作为构建儒学体系的一个重要内容,纳"仁"入"礼",以"仁"释"礼",把伦理思想与政治思想结合起来,形成了独特的礼学思想;在日常生活方面,他严格遵从礼制规范,视听言动,循规蹈矩,在世人面前展现出彬彬有礼的君子风范。

在周朝礼制中,丧葬之礼是一个非常重要的组成部分。由于历史传承久、适用范围广、地域差异大等原因,丧葬之礼十分复杂,相关内容将在《儒业》部分另行介绍。

01 卫文公入朝于周

卫文公是春秋时期卫国诸侯，姬姓，卫氏，初名为辟疆，后改名为燬。在卫国历史上，卫文公是一位有作为、敢担当的国君，他继位以后，接受前朝灭国的惨痛教训，励精图治，勤俭治国，大力推行发展农业、通商惠工、敬教劝学、选贤任能、节俭财用等施政措施，卫国经济逐步恢复，国力也日益增强。

卫文公待国内形势稍趋稳定后，便到周朝王廷去拜见周王，负责礼宾的官员让他通报名字，他说："在下是卫国诸侯辟疆。"

"辟疆"二字含有开疆辟土的意思，这是周天子的专属权力，分封诸侯是不可以僭用的，所以礼宾官员对他说："诸侯不得与天子共享名号。"

卫文公立即将自己的名字更改为"燬"，这样才得以拜见周王。

孔子后来在评述此事时说："维护周王的专属名义和政治特权是一件意义非常深远的大事！天子的名号是不可以与人共享的，特权就更不能让人僭用！"

名分是身份和地位的象征，维持周朝礼乐制度必须从"正名"开始，所以孔子说："必也正名乎！"①

（《韩非子·外储说右下》《新书·审微》）

02 不如多与之邑

春秋时期，礼崩乐坏，天下大乱，然而当时仍然有许多人不愿意放弃

---

① 《论语·子路篇》。

保守落后的政治立场，他们顽固地坚守周朝礼制，不愿意跟随时代发展变化而做出改变，孔子就是此类人物的代表，而"不如多与之邑"则是他守旧立场的真实写照。

"不如多与之邑"是孔子批评卫穆公对有功人员赏赐不当时说的话，不过孔子说话时间与事件发生时间相距数十年，算是追叙。公元前589年夏四月，齐、卫两国在新筑（卫邑）一带发生遭遇战，卫军战败，国卿孙良夫身陷重围，且战且退，新筑大夫仲叔于奚率领众人前来救援①，大败齐军，孙良夫才得以脱险。为了表彰仲叔于奚作战英勇，击退齐师，卫穆公打算把温邑（今河南省温县）赏赐给他，但是仲叔于奚没有接受赐邑，而是向卫穆公提出了享受"曲县"和"繁缨以朝"的礼遇请求。"曲县"亦称"轩悬"，指钟、磬等乐器悬挂于架上。周朝礼制规定：天子可以享受四面悬挂乐器的礼遇，就像宫室四面有墙，故称"宫悬"；诸侯可以享受三面（东西北三个方位）悬挂乐器的礼遇，就像轩室三面有墙，故称"曲县"或"轩悬"；大夫可以享受东西两侧悬挂乐器的礼遇，故称"直悬"或"叛悬"；士人平时只能享受琴瑟之乐，只有在特殊情况下才可以在东面或阶间悬挂乐器，故称"特悬"②。"繁缨"是束在御马肚子上的配饰物品，"繁缨以朝"就是上朝时乘坐有繁缨配饰的马车，这是诸侯以上的大人物才有资格享受的特殊礼遇，级别不够的人是不能享用的。显然，仲叔于奚提出"轩悬"和"繁缨以朝"的礼遇请求是僭越礼制的，贵族大夫要求享用诸侯之礼，不是无知，就是狂妄，然而卫穆公当时居然稀里糊涂地答应了仲叔于奚的请求！卫国的司徒、司马、司空都认为卫穆公赏赐不当，严重违反礼制，于是就原原本本地把这件事情记录了下来。后来子路在卫国当官时无意中发现了这份记录，于是就去向孔子请教。

---

① 著者按：《新书·审微》中记作"叔孙于奚"。
② 《周礼·春官·小胥》："正乐县（悬）之位，王宫县，诸侯轩县，卿大夫叛县，士特县。"

孔子听了子路的叙述后，连连摇头，毫不隐讳地批评道："可惜了呀！卫穆公与其答应仲叔于奚的非礼要求，还不如多赏赐给他几座城邑！对于一国之君来说，什么东西都可以赏赐给人，唯有礼器和名分不能随便赏赐给人，必须由国君亲自掌管，因为名分是国君威信的象征，威信可以守护礼器，礼器可以体现礼制，礼制可以维护道义，道义可以产生利益，而利益则可以治理民众。礼器和名分是国君治国之本，如果把礼器和名分都赏赐给别人，就等于把国家政权拱手交给别人。政权丢失了，国家就不存在了；国家不存在了，国君也就无以为君了。所以卫穆公当初与其答应仲叔于奚享受'曲县'和'繁缨以朝'的礼遇请求，还不如多赏赐给他几座城邑！"

孔子的担心不无道理，礼器和名分是国家权威的象征，也是维护礼制秩序和国君权威的根本保证。春秋时期，许多诸侯邦国走上灭国之路，都是从失去礼器和名分开始的。

（《左传·成公二年》《新书·审微》《孔子家语·正论解》）

03　卫公使其大夫求婚于季氏

鲁、卫同为姬姓诸侯国，卫国开国国君是周文王之子康叔封，鲁国开国国君则是周文王之子周公旦，所以孔子说："鲁卫之政，兄弟也。"[①]周朝礼制规定，同姓之间是不能通婚的，"取妻不取同姓，以厚别也"[②]，"男女辨姓，礼之大司也"[③]，故而鲁昭公娶吴国公室之女，被国人视为

---

① 《论语·子路篇》。
② 《礼记·坊记》。
③ 《左传·昭公元年》。

违礼①。

卫灵公在位时期，委派大夫到鲁国向公族贵族季氏求婚，这种亲上加亲的政治联姻对于鲁、卫两国共同抵御异族入侵是有利的，所以季氏宗主季桓子态度积极，打算促成此事，但是他知道这样做不符合礼制，于是就向孔子请教相关礼制规定。

孔子觉得自己有义务把问题解释清楚，于是答道："同姓人同属一宗，是血脉相连的宗亲。在同一个姓氏之下，宗亲之间是没有亲疏之别的，自古以来每一个宗族都会通过宗庙会餐的习俗来维系同姓人之间的血脉联系。宗族血缘关系决定了同姓人之间是不能通婚的，即使百世之后也不能改变，这是周朝礼制的重要原则。"

季桓子又试探性地问道："鲁国和卫国的先君虽然在血缘上是兄弟关系，但是经历了数代传承，现在血缘关系已经疏远了②，这种情况难道还不可以通婚吗？"

孔子非常肯定地说："时间虽然久远，血缘关系疏远了，但是同姓诸侯之间仍不能通婚，否则违反礼制。先王制定礼乐制度，主要对几个方面做出规范：首先确定了先祖先宗的名分地位，这是尊崇正统至尊；其次明确了后代子孙的继承关系，这是亲爱血脉亲情；再次理顺了兄弟的亲疏关系，这是教导同宗同族兄弟要和睦相处。这些制度是维持宗族秩序、规范人际关系的重要保障，不可做出任何改变。"

孔子是周朝礼制的忠实奉行者和坚定维护者，对于周礼中的那些不合时宜的内容，他也不愿意做出改变，这就是他在政治上偏于保守的原因。

（《礼记·大传》《孔子家语·曲礼子贡问》）

---

① 《论语·述而篇》。
② 《礼记·大传》："四世而缌，服之穷也。五世袒免，杀同姓也。六世，亲属竭矣。"

04　卫将军文子将立先君之庙

卫将军文子是春秋时期卫国公室贵族，卫灵公之孙，公孙氏，名弥牟，字子之，谥为文子，将军为其别氏，而非其官职①。文子与孔门弟子关系密切，他曾与子贡纵论孔门诸贤，相关言论收录在《大戴礼记·卫将军文子》《孔子家语·弟子行》中，这段文字是研究孔门诸贤的重要资料。

卫灵公去世后，卫出公与原太子蒯聩争夺君位，君臣父子名分不清，行为失当。卫国政坛长期陷于混乱局面，宗庙祭祀先祖仪式也因无人主持而时断时续，因此文子想在自己家里设立先君之庙，定期举行祭祀先祖活动，但是他不了解相关礼仪规制，于是就请孔门弟子子羔去向孔子请教。

先君之庙是祭祀历代诸侯国君的公庙，卿大夫之家是不可以私自设立的，否则有违礼制，所以孔子答道："古代礼制中没有关于在私家设立公庙的规定，所以我无从作答。"

子羔又问道："请问古代建立宗庙有哪些体现尊卑贵贱秩序的礼制规定？您能给我讲一讲吗？"

孔子说："周王朝一统天下以后，分封诸侯，划土分界，设立祖庙，建立国家，并制定了一系列体现尊卑、贵贱、亲疏、多少的等级制度。比如在设立祖庙的规制方面，天子建七庙，左边三座昭庙，右边三座穆庙，连同太祖庙共七座。太祖庙是祭祀开国始祖的场所，每月都要举行一次祭祀仪式。远祖的庙叫'祧'，通常设有二祧，每季都要举行一次祭祀仪式。分封诸侯建五庙，左边两座昭庙，右边两座穆庙，连同太祖庙共五座。远祖的庙统称为'祖考庙'，每季都要举行一次祭祖仪式。大夫建三庙，右边一座昭庙，右边一座穆庙，连同太祖庙共三座。远祖的庙统称为'皇考庙'，

---

① 《世本(孙冯翼集本)》："将军氏,卫灵公子昭生子郢,生文子才芳,为将军氏。"

每季都要举行一次祭祀仪式。士人建一庙,叫作考庙,没有祖庙,父祖合祭,每季都要举行一次祭祀仪式。平民百姓家里一般不建庙,他们一年四季在家中寝室祭祀祖先。这种设立宗庙的等级制度从上古时期的有虞氏一直延续到周朝都没有改变。四代帝王举行郊祭时,祭祖和祭天仪式通常是同时进行的;每五年举行一次盛大的禘祭仪式,祭祖与祭天仪式也是同时进行的。在诸多宗庙中,但凡先祖地位是太祖的,太祖庙(牌位)就应长期保留,不可以拆毁;而辈分不是太祖的,即使受到禘、郊等祭祀,他们的庙(牌位)也可以拆毁。古代把祖有功而宗有德的先祖叫作祖宗,他们的庙都不可以拆毁。"

孔子把古代建立宗庙的礼制规范和等级制度介绍得非常清楚,至于卫将军文子后来是否在自己家里私立先君之庙就不得而知了,因为古代礼制在当时已经没有多少约束力了,所以孔子的话恐怕也没有什么影响力。

(《孔子家语·庙制》《礼记·祭法》《礼记·王制》)

05 八佾舞于庭

"八佾舞于庭"是指鲁国政卿季平子在举行家祭时组织了八八六十四位舞者在庭院中奏乐舞蹈,这是一起严重的僭越礼制事件,在当时影响极为恶劣,所以孔子非常愤慨,言辞激烈地批评道:"是可忍也,孰不可忍也?"[1]

"佾",从人从八,义为八人组成的舞列。周朝礼制规定,在祭祀或庆典仪式上舞《万》,周天子可以享用八佾之礼,即舞者六十四人;分封诸侯可以享用六佾之礼,即舞者四十八人;公族大夫可以享用四佾之礼,即舞

---

[1] 《论语·八佾篇》。

者三十二人；普通士人只能享用二佾之礼，即舞者一十六人。然而鲁昭公在位时期，政卿季平子在举行家祭时竟然"八佾舞于庭"。《左传·昭公二十五年》："将禘于襄公，万者二人，其众万于季氏。""禘"是国家公祭大典，"二人"应为"二八"（二佾）之误。是年鲁国举行秋祭大典，鲁昭公在襄公之庙隆重举行祭祀仪式，可是舞《万》者只能勉强凑齐二佾一十六人，其他舞者（"众"）都跑到季孙氏家庙去了。季平子的身份是鲁国卿大夫，家祭只能享用四佾之礼，但是他为人向来傲慢无礼，强悍霸道，居然僭用周天子之礼——"八佾舞于庭"！

"八佾舞于庭"，看起来只是舞《万》的礼仪规制问题，实质上反映的则是鲁国公室与"三桓"卿家之间尖锐深刻的矛盾冲突。当时鲁国"政在季氏三世矣，鲁君丧政四公矣"①，鲁君大权旁落，无以"镇抚其民"，季氏则独揽朝政，肆意妄为，任意僭越礼制。面对如此混乱复杂的政治局面，孔子深感忧虑，当时他三十五岁，虽然尚未出仕，但是遵从先王之道、复兴周朝礼制的政治志向已经确立，因此他对于季氏"八佾舞于庭"的僭礼行为提出严厉批评，所谓"是可忍也，孰不可忍也"，意思就是，季氏连"八佾舞于庭"这种严重违礼的事情都忍心做得出来，以后他还有什么事情不忍心做呢！孔子的预判不久就应验了，当年鲁国发生"斗鸡之变"②，"三桓"联手发动政变，鲁昭公被迫流亡齐国。

06　吊昭公夫人吴孟子

孟子是鲁昭公夫人，吴国公室之女，故又称吴孟子。吴国与鲁国同为

---

① 《左传·昭公二十五年》。
② 《左传·昭公二十五年》。

姬姓，同宗共祖，按照礼制规定，同姓是不能成婚的①，因此鲁昭公娶吴孟子之事在当时备受诟病，史官也没有如实记载②。

孔子是周朝礼制的坚定维护者，然而他对此事却态度暧昧，有意为君讳言，因为臣属必须自觉维护国君的体面和威严，不能公开批评国君违礼。当时有一个叫陈司败的人就此事故意刁难孔子，他问孔子道："鲁昭公知礼乎？"孔子说："知礼。"事后陈司败不怀好意地对孔门弟子巫马期说："吾闻君子不党，君子亦党乎？君取于吴，为同姓，谓之吴孟子。君而知礼，孰不知礼？"③

鲁哀公十二年（公元前483年），吴孟子去世，《春秋经》中只记载了三个字："孟子卒。"《春秋》三传分别对此做出解说，口径基本一致，都认为《春秋经》不书姓、不称夫人、不言葬我小君、不赴告诸侯等，都是"讳取（娶）同姓"之故。

由于鲁昭公此前违反了"取妻不同姓"的礼俗，因此鲁国在为吴孟子办理丧事时就不得不刻意保持低调，降低礼遇，减少可有可无的礼仪程式，甚至在一些细节上明显违反礼制规范。

其实，"讳取同姓"并不是鲁国当政者低调处理吴孟子丧事的真正原因，真正原因是鲁国公室与政卿季孙氏之间长期交恶，双方互不相让，争斗不休。鲁昭公在位时期与季孙氏宗主季平子结怨很深，后来"三桓"贵族联手发动政变，迫使鲁昭公出逃齐国，最终客死晋邑乾侯。这一事件对孔子触动很大，他深切体会到维护周朝礼制秩序的重要性和紧迫性，并在思想上完成了"四十而不惑"的提升④。从鲁昭公客死乾侯到吴孟子去世，时间已经过去十二年了，其间经历了两代君臣（鲁定公与季桓子、鲁哀公

---

① 《礼记·坊记》："子云：取妻不同姓，以厚别也，故买妾不知其姓，则卜之。"
② 著者按：春秋时期，诸侯迎娶别国夫人，《春秋经》通常会记载"逆女于某国"，然而鲁昭公娶吴孟子则不见记载。
③ 《论语·述而篇》。
④ 《论语·为政篇》。

与季康子），然而鲁国君弱臣强的局面不仅没有改观，反而更加严重，所以孔子感慨道："禄之去公室五世矣，政逮于大夫四世矣。"①当时鲁国在位国君是鲁哀公，他自幼生性懦弱，处事优柔寡断，遇到办理吴孟子丧事这样复杂而又敏感的事情，他完全没有自己的主张，只能委托政卿季康子出面料理。季康子是季平子之孙，他为人强悍霸道，擅权专政，平时根本不把公室放在眼里，对于吴孟子更是心怀芥蒂，旧怨难消，所以他在办理丧事时处处刻意贬低吴孟子君夫人的身份和地位，不按照诸侯夫人去世的礼遇派使者到诸侯各国去发布讣告，灵柩下葬后也不举行反哭之礼（丧主奉神主归而哭）。

孔子此时已经结束列国周游，返回鲁国，虽然鲁哀公等人尊奉他为"国老"，但是因为他与季康子政见不合，所以平时闭门不出，潜心修学，基本不问政事。吴孟子去世以后，孔子觉得自己与鲁昭公毕竟有君臣之义，况且吴孟子又是在位国君鲁哀公的叔伯庶母，所以理应尽君臣之礼，于是他穿上吊丧的服装，腰间系上一根麻带（腰绖之礼），亲自到季孙氏府中吊唁。腰绖是一种比较隆重的礼仪，主要是表达对死者的哀悼之情，《礼记·檀弓上》："绖也者，实也。"腰绖者必须情感真实，发自内心。

吴孟子的丧事是由季康子主持操办的，他以丧主的身份前来迎接孔子，但是他却没有腰绖（腰间没有系丧带），也就是说，吊丧人的礼仪规制超过了丧主，也就意味着外姓吊丧人与死者的亲密程度超过了姬姓族人，这样显然不太合适，也不符合礼仪，所以孔子迅速解下腰间的丧带，然后再与季康子行互拜之礼。这种情况在过去恐怕从来没有出现过，所以在一旁相礼的子游疑惑地问孔子道："这样做符合礼仪吗？"②

孔子回答道："丧主如果不腰绖，吊唁的人也可以不腰绖，这是符合礼仪的。"这种解释完全是临时编的，但也说明孔子善于从礼仪细节中捕捉

---

① 《论语·季氏篇》。
② 著者按：按照丧礼规定，吊丧者应该在完成祭奠仪式走出丧家大门后才能解除要绖。《礼记·杂记下》："既祭，释服，出公门外，哭而归，其他如奔丧之礼。"

信息，并做出合理权变。

从孔子吊吴孟子之事可以看出，孔子对于鲁国公室的感情要远远超过姬姓族人，但是情感表达必须适度，要符合礼制规范，既不能过头，也不能不及，最理想的状态是适中、和谐。

（《左传·哀公十二年》《孔子家语·曲礼子贡问》）

07　正假马之名

春秋末年，礼制崩坏，名分错乱，以至于"君不君，臣不臣，父不父，子不子"①。鲁国君臣失序的情况也非常严重，鲁君虽然是分封诸侯，一国之主，但是却大权旁落，尸位素餐；而以季孙氏为代表的"三桓"贵族则擅权专政，僭越礼制，为所欲为。面对鲁国政坛的种种乱象，孔子深感忧虑，为了维持礼制秩序，他提出通过正名定分来规范君臣言行的政治主张，因为"名不正，则言不顺；言不顺，则事不成"②。孔子不仅在理论上系统阐述了"正名"的重要意义，在生活中也处处维护君臣名分，其严苛程度几近病态，因此就有了"孔子正假马之名，而君臣之义定"的故事。这里的"假"通借，"假马之名"就是对借马这件事情做出规范表述。

有一天，孔子在季孙氏府中侍坐。所谓"侍坐"，就是地位较低者陪坐在地位较高者身边，有事议事，无事闲聊，形式相对宽松、自由，这在当时应该是一种礼遇。此时季孙氏手下有一个叫通的家臣进来通报道："君使人假马，其与之乎？"③"君"是指鲁国国君，国君派人到卿大夫家里来索取东西，这是天经地义的事情，不需要任何理由，也不需要征得同意，如

---

① 《论语·颜渊篇》。
② 《论语·子路篇》。
③ 著者按：《孔子家语·正论》作"君使求假于田"。

果有就直接拿走。但是家臣通在通报时却犯了一个低级错误：把"取"说成了"假（借）"。季孙氏大概也意识到家臣通表述有错，所以当时没有表态。

孔子认为此事关系到君臣名分问题，不能就这样不清不楚地蒙混过去，必须说道说道，一来是教训家臣通，二来是警醒季孙氏，于是他严肃地说："我听说，周礼对于君臣之间的索取和给予是有规范表述（名义）的：国君向大臣索取东西应表述为'取'，给予大臣东西则应表述为'赐'。大臣向国君索取东西应表述为'假'，给予国君东西则应表述为'献'。各种表述（名称）不能混淆，否则就有违礼之嫌。"

被孔子数落之后，季孙氏虽然心中不悦，但是又不便公开反驳，因为他与鲁君之间的君臣名分以及臣属关系是非常明确的，于是就假意训斥家臣通道："从今往后，国君如有索取，一律言'取'，不得言'假'！"

从理论上说，周朝实行的氏族宗法制，周天子既是天下共主，也是氏族大宗，"溥天之下，莫非王土，率土之滨，莫非王臣"[1]。鲁国国君是周朝的分封诸侯，代周天子行使权力，因此鲁国所有土地和子民都通通归公室所有。但是春秋时期，鲁国经过"三分公室""四分公室"之后，公室的许多财产和土地已经私有化了，贵族大夫不仅在经济上完全独立，在政治上也占据优势，国君向大臣有所索取已经是名副其实的"假"了，可是孔子却仍然顽固地坚持周朝礼制，用没有意义的"名"来"正"发展变化的"实"，这显然是倒行逆施，在现实政治中是根本行不通的！

（《韩诗外传·卷五》《新序·杂事第五》《孔子家语·正论》）

---

[1] 《诗经·小雅·北山》。

08　康子昼居内寝

有一次，孔子到季氏府中去拜见鲁国政卿季康子，季康子大白天却在内室里睡觉，孔子不便打扰，只好在外室探问病情，季康子此时不得不从内室中走出来与孔子见面。两人说完话之后，孔子便告退出来了。

从季氏府中出来后，子贡问孔子道："季康子并没有生病，他只是在内室里休息，您却探问他的病情，打扰他休息，这样做是不是失礼了？"

孔子答道："礼制规定，有身份的大人物如果不是因为生病，白天是不可以在内室里睡觉的；如果不是因为祭祀之前斋戒，晚上是不可以在外室过夜的。因此，遇到主人白天在内室睡觉的情况，说明主人生病了，来访者就应该探问病情；遇到主人晚上在外室过夜，说明主人将要祭祀先人，来访者就应该吊问。"

按照情理来说，季康子白天在内室中休息，孔子本不应打扰。但是按照礼制规定，孔子又必须主动探问他的病情。这事也不知道是礼制出了问题，还是孔子出了问题。

（《礼记·檀弓上》《孔子家语·曲礼子贡问》）

09　丧欲速贫

南宫敬叔是鲁国孟孙氏世袭贵族，从现有资料来看，他是一个贪财求富的人，由于不能克制贪欲而做出违反礼制的事情，得罪了鲁定公，不得不逃到卫国去避难，世袭贵族大夫的身份也被褫夺了。后来他请卫国国君出面说情，请求鲁定公准许他返回鲁国，恢复贵族大夫的身份。鲁定公顾念血脉亲情，终于答应了他的请求。

南宫敬叔返回鲁国之前专门采办了许多珍稀宝物，准备贿赂鲁定公，求得宽恕。孔子得知此事后恨恨地骂道："若是其货也，丧不若速贫之愈。""货"是指以财货贿赂，"丧"是指丧失世袭官位和贵族身份。这两句话的意思是，南宫敬叔虽然很富有，但是他没有把钱财用在正道上，而是用来贿赂鲁定公，他这样做的目的是想恢复自己失去的世袭官位和贵族身份，他最终也达到目的了。如此看来，与其让南宫敬叔靠贿赂这种不正当的手段来恢复显贵，还不如让他丧失贵族身份，迅速陷入贫穷境地，因为贫穷就无法行贿了，即所谓"丧欲速贫"。当然，孔子这话只是针对南宫敬叔其人和行贿其事的，并不代表孔子对于财富问题的真实想法。

　　孔子说这话时，弟子子游在一旁侍奉，他低声问道："您能不能具体解释一下这句话的意思？"

　　孔子解释道："一个人虽然很富有，但却不能遵从礼制，贪婪成性，敛财无度，这样迟早会招致灾祸！南宫敬叔因为敛财而违反礼制，结果丧失贵族大夫的身份和地位。现在他不仅不思悔改，反而又采取不正当的违礼手段来谋求恢复贵族大夫的身份和地位，我担心他一错再错，后患无穷啊！"

　　后来有人把孔子的话转告给南宫敬叔，他羞愧不已，立即跑去向孔子认错，并且把自己的财产施舍给穷苦百姓。从此以后，他跟随孔子潜心研修儒学，事事遵从礼制。

（《礼记·檀弓上》《孔子家语·曲礼子贡问》）

10　孟氏之臣叛

　　孟氏是指鲁国"三桓"孟孙氏，公族大夫，世袭司空之职。孟氏一族与孔子关系密切，其八世宗主孟僖子临终前曾嘱咐两个儿子师从孔子学礼,九世宗主孟懿子和十世宗主孟武伯也都曾向孔子请教有关孝的问题①。

"孟氏之臣叛"发生在鲁哀公十五年(公元前480年),《左传》中有详细记载。叛乱起因是孟孙氏世子孟孺子(孟武伯)要在郕邑养马,结果遭到邑宰公孙宿等人的强烈反对,因为郕邑是孟孙氏世袭采邑,九世宗主孟懿子曾明令禁止所有人在邑中圈马。然而孟孺子公开违反禁令,让人在邑中圈马,因而激起邑众抗争。孟孺子为人刁蛮强悍,遭到邑众抗争后,他恼羞成怒,当众鞭挞前来请愿的郕邑官吏。当年秋八月,孟孙氏宗主孟懿子去世,郕邑民众自发赶到宗庙吊唁,然而孟孺子却不让他们进入宗庙。公孙宿等人担心服丧期满后会遭到孟孺子报复,于是第二年年初便举邑反叛归齐。

孟孺子是孟孙氏世子,孟懿子去世后,他顺理成章地成为孟孙氏十世宗主,是为孟武伯。孟武伯继位后,立即发兵攻打郕邑,然而郕邑城高墙固,久攻不下,他只好暂时驻扎在附近的输邑,双方形成对峙之势。孟武伯一时无计可施,只好去向孔子请教。

孔子对于眼前局势似乎早有预料,他不急不忙地说道:"公孙宿等人身为孟孙氏之臣,理应尽忠效力,现在却举邑叛齐,这是天下难容的罪过!不过您也不必过分担心,我相信他们过不了多久就会回归孟孙氏,请您耐心等待吧。"随后,孔子委派弟子子贡陪同孟孙氏大夫子服景伯一同前往郕邑去做公孙宿工作,他们分析利弊,晓明大义,子贡说:"人皆臣人,而有背人之心,况齐人虽为子役,其有不贰乎?子,周公之孙也,多飨大利,犹思不义。利不可得,而丧宗国,将焉用之?"②说来说去,不外乎"血缘"二字,公孙宿与孟孙氏都是周公的子孙,姬姓的后代,彼此间无论有多大仇恨,说到底都是一脉相承的血亲关系,而齐国人与鲁国人毕竟

---

① 《论语·为政篇》。
② 《左传·哀公十五年》。

不是同宗同族，今天你可以背叛我，明天他们也可以背叛你。

一个月后，公孙宿等人终于幡然悔悟，回归孟孙氏，孟武伯打算把他们拘押起来，他又去向孔子请教，孔子则劝导道："拘押公孙宿等人是不符合道义的。常言道：只有上对下以礼相待，下对上才会效忠尽力。当初由于您对公孙宿等人不能以礼相待，才导致他们发动叛乱。现在他们已经认识到自己的错误，并愿意改正错误，重新回归孟孙氏，您应该宽宏大量，给他们一个悔过自新的机会，这样才是最正确的选择。今后只要您修德尊礼，以礼待人，孟孙氏之臣就不可能再发生反叛之事。"

孟武伯后来听从了孔子的建议，一场危机在礼制精神的感召下顺利地化解了。

（《左传·哀公十四年》《左传·哀公十五年》《孔丛子·刑论》

11　杀人亦有礼

公元前516年，楚平王卒，楚昭王立，楚国政局动荡不安。次年春天，吴王僚趁机发兵攻打楚国，吴公子掩余和公子烛庸率军包围了楚地潜邑（今安徽霍州东北），楚国也兵发两路驰援潜邑，两军在穷邑一带（今安徽霍州西南）展开激战。

在吴、楚两军交战中，吴国军队节节败退，楚国工尹商阳（寿）指挥战车追赶败军，为他担任御者（车右）的是陈弃疾。商阳的战车很快就追上了吴国败兵，然而商阳却迟迟不愿引弓射箭，陈弃疾对他说："追杀吴军是楚王命令，不能怠慢，您可以引弓射箭了！"

在陈弃疾一再催促之下，商阳慢慢从弓囊中取出弓，然而却引而不发。

陈弃疾又催促道："大人，您可以放箭了！"

商阳终于放箭射杀一个吴兵,随即就把弓收回弓囊。

陈弃疾驾驭战车继续追赶,不久又追上几个吴国败兵,他催促商阳赶紧放箭,商阳再次引弓射箭,又射杀两个吴兵。

商阳每射杀一个吴兵,都要下车亲自去把死者的眼睛合上。

商阳连续射杀三个吴兵后,就命令陈弃疾停止追赶,他说:"我们这些人身份低微,上朝表功时没有位置坐,庆功宴会也没有资格参加,射杀三个吴兵就可以交差了,没有必要穷追猛打,再射杀更多吴兵了。"

孔子听说此事后评论道:"礼的作用是无处不在的,即使在战场上杀人也要心怀怜悯,讲求礼仪,不能赶尽杀绝,滥杀无度,因为杀人也要受到礼制节制。"

子路完全不能接受孔子所谓"杀人之中,又有礼焉"的说辞,他气呼呼地质问孔子道:"为人臣者首先应该恪守君臣之礼,无条件地服从国君命令,在战场上理应奋勇杀敌,死而后已。您怎么能称赞违抗国君命令、对敌人手下留情的工尹商阳呢?"

孔子说:"对,你说得很对。不过,我只是赞赏工尹商阳有不忍屠杀的仁慈之心而已。"

杀人亦有礼,听起来有点荒唐,但是孔子确实是这样认为的。

(《左传·昭公二十七年》《礼记·檀弓下》《孔子家语·曲礼子贡问》)

12 赵襄子善赏

公元前455年,晋国政卿智伯联合韩氏、魏氏发兵攻打赵氏,将赵氏宗主赵襄子围困在晋阳邑(今山西太原西南营西古城)长达两年之久,史称这一历史事件为"晋阳之围"。

智伯为了攻破晋阳邑,竟然引汾河水灌城,城邑危在旦夕。后来赵襄子密谴家臣张孟谈冒险出城说服韩氏、魏氏与赵氏联手①，共同起兵发起反击，打败智氏，晋阳之围才得以解除。

晋阳之围解除后，赵襄子奖赏了五个有功劳的人，家臣高赫居然高居受赏者之首。张孟谈对于这样的结果很不服气，于是就去找赵襄子理论道："晋阳被围困之时，高赫并没有什么功劳，行赏时他却高居首位，这是为什么？"

赵简子说："晋阳之围，国家社稷遭遇危难，我也身处绝境，许多人在混乱之中已经顾不上基本礼节了，只有高赫与我交往时仍然保持君臣之礼，单凭这一点，我就应该把他列在受赏者之首。"

晋阳被围期间，张孟谈临危受命，冒险出城说服韩氏、魏氏与赵氏联手击败智氏，确可谓居功至伟，理应位居首赏；而高赫在此期间并没有什么突出功绩，他只是与赵襄子在日常交往中严格遵从礼制规范，恪守君臣之礼，然而论功行赏时却居受赏者之首，因为赵襄子把遵从礼制作为行赏的最高标准。

孔子卒于公元前479年，而晋阳之围则发生在孔子去世后二十多年（公元前455年—前453年），按理说此事与孔子毫无关系，但是由于赵襄子依礼行赏的行为符合孔子的崇礼精神，因此后人让他"复活"了一回，而且还发表了赞赏言论："善赏哉！襄子赏一人而天下为人臣者莫敢失礼矣。"②在孔子看来，任何功绩都没有遵从礼制规范重要，所以高赫理应获得最高奖赏。汉代刘安也评述道："赏一人而天下为忠之臣者，莫不终忠于其君。此赏少而劝善者众也。"③行赏的目的在于劝众，赏一人而劝众勉，确可谓善赏。

（《韩非子·难一》《吕氏春秋·义赏》《说苑·复恩》《孔丛子·答问》）

---

① 著者按：《国语·晋语九》中记为"张谈"。
② 《韩非子·难一》。
③ 《淮南子·氾论训》。

13　邾隐公既即位将冠

邾隐公是春秋时期邾国国君，子爵诸侯，他尚未成年之时就已即位为国君了，即所谓"既即位"，等到年满二十时，他不知道应该以世子（太子）的身份还是国君的身份来举行冠礼（"冠"），于是就请鲁国孟孙氏贵族孟懿子去向孔子请教①。

冠礼是古代男子成人礼，非常重要，礼仪程式也非常复杂，当时没有多少人能说得清楚，只有像孔子这样专业执礼的人才能知晓。孔子对孟懿子说："邾隐公应该以世子身份举行冠礼。具体礼仪程式是世子加冠时要代表已经去世的父亲（先君）站在大堂前东面的台阶上迎接宾客，然后再站在客位以国君的身份向位卑者敬酒。加冠分缁布冠、皮弁冠、爵弁冠三种，三次加冠都要敬酒，感谢自己的身份得到有成就的人士一而再，再而三的确认，由此而越来越尊贵，同时也表示自己立志成人，已经能够承担一个成年男人的责任。加冠以后，人们就用字来称呼他了，这是因为尊重他的名。天下男子的冠礼是统一的，天子长子（世子）与普通士人子弟的冠礼仪式也是相同的。天下男子在成年之前并没有尊贵卑贱之分，只有在加冠以后才能确认正式身份，所以冠礼一定要在祖庙里举行。在冠礼进行中，要用郁金香和黍混合酿造的美酒来敬献鬼神，并且用钟磬之乐来调节执礼动作的节奏和幅度，这样就可以让加冠者深切感受到自己的卑微和先祖的尊贵，以此来表示自己不敢僭越先祖礼制。"

听了孔子关于冠礼知识的介绍，孟懿子觉得收获很大，于是他又继续问道："如果天子在成年之前就已继承王位了，成年时他还要举行冠礼吗？"

---

① 著者按：《左传·定公十五年》中载有"邾隐公来朝"，由于他在行朝聘之礼时"执玉高，其容仰"，举止不合法度，故而子贡做出"骄近乱"的预言。

孔子说:"古代君王世子虽未成年,但是一旦即位,就被尊为人君。人君坐朝理政,这些都是成年人所做的事情,说明他已成年,所以就没有必要再举行冠礼了。"

孟懿子又问道:"那么诸侯与天子的冠礼有什么不同吗?"

孔子说:"天子去世,世子为天子主持丧事,这说明他已经开始承担成年人的责任了。诸侯是一国之君,即使尚未成年,他也应该和天子一样承担国家责任。"

孟懿子说:"如此说来,邾隐公继位为国君以后再举行冠礼,这不符合古代礼制吧?"

孔子并没有直接回答孟懿子的问题,因为春秋时期贵族之间是不可以公开批评对方违礼的,所以他把话题转到冠礼的历史渊源上,他说:"诸侯举行冠礼大约是从夏朝末年开始的,一直延续至今,因此我们没有必要质疑其存在的合理性。天子举行冠礼始于周成王,周武王驾崩之后,周成王十三岁便继承王位,由周公担任冢宰,辅佐成王治理天下。到了第二年夏六月,安葬周武王之后,周公为周成王举行了隆重的冠礼,在祖庙中朝拜先祖,会见诸侯,从而正式确定了周成王贵为天子的天下至尊身份。由此可见,周天子冠礼的相关礼仪与规制是由周公创制的,并一直延续至今。"

孟懿子接着又向孔子请教了冠礼的一些礼仪细节,孔子都耐心地做出解答,相关内容保存在《礼记·郊特牲》《大戴礼记·公符》《仪礼·士冠礼》等古代典籍中。

随着时代的变迁和礼制的崩坏,冠礼在现实生活中已经失去存在的意义,因此逐渐废弛。不过从做人的角度来说,男人在成长经历中是需要举行必要的纪念仪式的,因为仪式能让人明白做人的道理和应该承担的责任。

(《礼记·冠义》《孔子家语·冠颂》)

14 凶事不豫

"言语"是孔门四科之一,这一科目的基本要求是出言谨慎,言而有信,因为言多必失,行之不逮。子贡虽然名列"言语"优等,但是有时他会因多言而失礼,也会给别人带来不好的心理暗示。

鲁定公十五年(公元前495年),邾国国君邾子益到鲁国来觐见鲁定公。邾国是春秋时期的一个小方国,位于齐、鲁、宋、楚几个大国之间,面积不大,人口不多,故又称小邾国。

小邾国原本是鲁国域内的一个附庸国,所以国君每年都要到鲁国来朝觐供俸。往年邾子觐见鲁公时都是由孔子在一旁相礼的,然而这年因孔子被鲁国弃用,已经离开鲁国周游去了,所以就由孔门弟子子贡在一旁相礼。

在朝觐的过程中,邾子是曹姓子爵,地位低下,理应谦卑,然而他执玉璧的手臂却不由自主地向上高举,脸也向上高仰,这是一种高傲的姿态;而鲁定公是姬姓公侯,地位尊贵,理应庄重,然而他执玉璧的手臂却软弱无力地向下低垂,脸也向下低俯,这是一种谦卑的姿态。子贡见此情形,觉得他们这种觐见方式不符合礼制规范,显露出不吉之兆。

朝觐结束后,子贡自作聪明地对人说:"从觐见的过程来看,两位国君都有遭遇凶事的迹象:邾子执玉高举,脸向上仰,态度傲慢而失礼,显露出骄奢之气,骄奢必将引发战乱;鲁公则执玉低垂,脸向下俯,态度谦卑而违礼,显露出颓败之气,颓败必将导致疾病。通常在朝觐、祭祀、丧葬、征伐等重大仪式上可以从执礼者的每一个细微动作中(如左右、周旋、进退、仰俯等)捕捉到一些生死存亡的隐秘信息,这就是礼仪的奥妙之处。今年正月初春,邾子按照惯例来觐见鲁公,但是宾主双方举止反常,执礼都不符合礼制规范,说明他们精神恍惚,心智迷乱,凶事已经离他们不远了。因为鲁公是主，邾子是宾，所以鲁公先遇难，邾子将紧随其后。"

当年夏五月，鲁定公病薨。孔子得知这一消息后，批评子贡道："赐（子贡）不幸言而中，是使赐多言者也。"意思就是，子贡当时即使察觉出两位君主有不吉之兆，也不应多言说破，因为这是违反礼制的，古礼有曰："凶事不豫。"①"豫凶事，非礼也。"②"豫"是预先做出推断的意思。当事人预知凶事，应该保持沉默，说破了对人对己都不利。七年之后，邾子也没有躲过子贡多言的厄运，季康子发兵讨伐邾国，鲁军破城而入，将宫室洗劫一空，邾子被虏，押回鲁国后囚禁在负瑕，小邾国遂灭。

（《左传·定公十五年》《孔子家语·辨物》）

15　让登之礼

礼制的精神实质是体现人与人之间的各种差等关系，所以《礼记·曲礼上》中说："夫礼者，所以定亲疏，决嫌疑，别同异，明是非也。"孔子是周朝礼制的坚定捍卫者，也是忠实奉行者，他在日常生活中严格遵从各种礼制规范，努力提高道德修养，真正做到了"非礼勿视，非礼勿听，非礼勿言，非礼勿动"③。

在各种人际关系中，君臣关系是最重要的，因此相关礼制规范非常严格，也极为烦琐复杂，进退趋避都很有讲究，贵族子弟从小就要在太学中去学习各种礼仪规范，"不知礼，无以立也"④。

孔子对于君臣之礼很有研究，他在成名之前曾经专门向老聃、郯子、

---

① 《孔子家语·曲礼子贡问》。
② 《左传·隐公元年》。
③ 《论语·颜渊篇》。
④ 《论语·尧曰篇》。

季札等礼学大家学礼，积累了丰富的礼学知识，精通各种礼仪规范，所以在许多重要场合他都能做到言谈举止中规中矩，彬彬有礼。他在齐国求仕期间，有一次应召拜见齐景公，齐景公亲自到宫门外相迎，两人走到殿前的台阶时，齐景公礼节性地请孔子先登台阶，孔子则礼让齐景公先登，这就是让登之礼。《礼记·曲礼上》："主人与客让登，主人先登，客从之，拾级聚足，连步以上。"齐景公依照礼仪让登再三，然后拾级而上，孔子紧随其后，一步一并，缓缓而上，与齐景公始终保持一级台阶的距离，以表示君臣（主客）有别。

齐景公是齐国国君，孔子是鲁国下大夫，按身份而论，两人应行君臣之礼，但是按国别而论，两人又可行宾主之礼。齐景公对孔子比较敬重，所以他按宾主之礼来接待孔子。两人落座以后，齐景公先客套一番，他说："先生您高人大德，能够亲临面见，这是我这个寡德之人莫大的荣幸！刚才您登阶礼让，步步降等，让我心中不安，但愿我没有冒犯您吧？"

孔子赶紧接过话来，愈加谦卑地说："君主能够召见我这个别国微臣，这对我来说是最大的恩赐。若论身份，您是一国之君，而我则是一介之士，所以只能行君臣之礼，不敢行宾主之礼。虽然您有意抬举我，但是我也不能不顾义理，造次失礼。"

（《史记·孔子世家》《孔丛子·记义》）

16 不法之礼

齐相晏婴出使鲁国，孔子特意安排子贡前往观摩晏婴拜见鲁君的礼仪程式，因为晏婴在当时以知礼而闻名，机会难得。拜见活动结束后，子贡回来向孔子报告说："谁说晏子熟悉礼仪？礼制规定：上台阶时不能越级而登；在厅堂上不能小步快走；国君授玉时不能跪着接受。晏子今天全部违反了这些礼制规范。谁说晏子熟悉礼仪!"

晏婴虽然身短五尺,相貌平平,但是他口齿伶俐,智慧过人,所以孔子提醒子贡道:"你先别急于下结论,晏子这么做肯定是有原因的,稍后我来亲自向他请教。"

过了一会儿,晏婴前来拜访孔子,孔子问道:"您今天没有严格遵守'登阶不历,堂上不趋,授玉不跪'的礼制规范,这有什么原因吗?请您不吝赐教。"

晏婴淡淡一笑,从容答道:"我听说在两楹之间的厅堂上,国君和大臣各有固定位置,就位时间也应该一致。根据相关礼制规定,登堂之时,国君大步迈一步,大臣应小步跟两步。不过今天的情况有点特殊,鲁君身高腿长,登堂的时候走得又比较快,而我身材矮小,步幅距离短,因此一时没能跟上,上台阶时不得不多越一级,在厅堂上也不得不小步快走,这样才能按时赶到固定的位置。鲁君在授玉时可能考虑到我个子比较矮的缘故,手放得比较低,所以我只能半跪着身子来接受,这样才能显得恭敬有礼。今天我的行为举止看起来有失礼仪,其实这是无礼中有礼,也可以说是'不法之礼'。我听说过两句话:'大者不逾闲,小者出入可也。'[①]据此理解,遵从礼制应该根据实际情况来做出判断,在大的方面不能逾越法度界限,在小的方面则可以做出灵活变通。"

晏婴的解释合情合理,滴水不漏,孔子等人反倒是没事找事,显得特别无知。

晏婴离开后,孔子对子贡等弟子说:"你们以后要深刻领会礼制的精神实质,不要拘泥于具体的礼仪程式。当下真正能做到这一点的只有晏子一人了。"

礼制不是一成不变的,必须根据时与事的变化做出适当调整,否则就

---

① 著者按:《论语·子张篇》:"子夏曰:'大德不逾闲,小德出入可也。'"这两句话在先秦典籍中经常出现,可能是当时流行语。

会成为阻碍社会发展的消极力量。与晏婴相比，孔子在政治上相对保守，他刻板地遵从周朝礼制，不懂得灵活运用"不法之礼"来贯彻礼制精神，所以晏婴批评他道："孔某盛容修饰以蛊世，弦歌鼓舞以聚徒，繁登降之礼以示仪，务趋翔之节以观众。"①意思就是，孔子只知道用僵死的礼制教条来哗众取宠，沽名钓誉。这样的批评是相当尖锐的！

(《韩诗外传·卷四》《晏子春秋·内篇杂上》《论衡·知实篇》)

17 扶轼之礼

春秋末年，晋楚争霸，战争频仍，陈国夹在两个大国之间，交替受到征伐，屡受重创。在楚伐陈的一次战役中②，陈国都城的西门被大火焚毁，当政者立即组织国人进行抢修，孔子的驾乘此时正好路过西门，但是他端坐在车上，不式（轼）而过。

式，通轼，用作名词时是指古代车厢前面用来扶手的横木，用作动词时是指乘车人手扶车轼低首向路人表示敬意，即行扶轼之礼，这是上古时期流传下来的一种礼仪："禹见耕者耦，立而式；过十室之邑，必下。"③意思就是，大禹乘车遇见两个人并肩耕作，就要从车厢里站起来，手扶轼木表示敬意；乘车经过十户以上的村庄，就要下车行礼致敬。

孔子是一个习礼之人，平时对礼仪也非常讲究，但是他路过陈国都城西门时却没有向抢修城门的人们行扶轼之礼。为孔子执辔驾车的子贡觉得

---

① 《墨子·非儒下》。
② 著者按：《韩诗外传》《说苑》中均作"楚（荆）伐陈"，但是根据《左传》记载，鲁哀公元年至六年（孔子在陈期间），只有吴国两次发兵征伐陈国，分别是哀公元年的"吴侵陈，修旧怨也"和哀公六年的"吴伐陈，复修旧怨也"，因此这里的"楚（荆）"应为"吴"之误。
③ 《荀子·大略》。

奇怪①，于是问道："礼制规定，驾乘者如果在路上遇到三个以上的人，乘车人就应该下车致问候礼，如果遇到两个人就应该在车上行扶轼之礼。今天我们驾车路过都城西门，有许多人在那里抢修城门，老师您却没有向他们行扶轼之礼，请问这是为什么？"

孔子说："我听说，国家将亡而不知忧患的人是不明智的，知道亡国忧患而不能奋起抗争的人是不忠诚的，能够奋起抗争而不能以死相拼的人是不英勇的。你看看，在那里抢修城门的人虽然很多，但是他们却做不到明智、忠诚、英勇，这种人不值得尊敬，所以我没有向他们行扶轼之礼。"

孔子周游列国期间，曾两度适陈，前后待了有六七年，但是陈国大夫对他多有猜忌，防范甚严，导致他与陈国君臣的关系越来越紧张。因为孔子在陈国不受待见，所以他对陈国人也怀有偏见，甚至有怨恨情绪，"过而不式"就是这种怨恨情绪的具体表现。

后儒在记载此事时引用了《诗经》中的诗句来加以评述："忧心悄悄，愠于群小。"②意思就是，陈国卑鄙小人成群，他们恶意攻击孔子，孔子当然不会待之以礼。

（《史记·孔子世家》《韩诗外传·卷一》《说苑·立节》）

18 食祭之礼

《礼记·礼运》："夫礼之初，始诸饮食。"古人认为，礼仪起源于饮食，人们在饮食过程中，依次安排座位、进食先后顺序、主客之间应答、餐具摆放位置、吃食或多或少等问题都需要相关礼仪来加以规范，所以古代与饮食相关的礼仪是非常烦琐复杂的，即便是有身份的贵族也未必能弄

---

① 著者按：《说苑·立节》中记为子路。
② 《诗经·邶风·柏舟》。

清楚。

有一次,孔子在季孙氏府中吃饭,按照礼仪规定,客人在进食之前应该先行食祭之礼,主人则应该向客人致辞表达谢意,然而孔子在行食祭之礼后,季孙氏并没有致谢,于是孔子只吃饭,不吃肉,也不饮酒,他希望通过这样的方式来提示季孙氏失礼。弟子子夏不明白其中原因,就悄声问道:"这样做是依礼而行吗?"

孔子答道:"这不是依礼而行,而是客随主便罢了。以前我在鲁大夫少施氏家吃饭①,那顿饭吃得很饱,因为他以礼待客,当我进食前行食祭之礼时,少施氏会站起身来致谢道:'粗茶淡饭,不值得行祭呀。'当我开始进食时,他又站起身来致谢道:'粗茶淡饭,就怕不合您的胃口呀。'饮食虽然吃的是饭食,讲究的却是礼仪。主人不以礼相待,客人也不敢尽礼,所以就吃不饱;主人以礼相待,客人当然还之以礼,所以不仅吃得饱,而且吃得好。"

古代饮食礼仪是中国饮食文化的一个重要内容,这些礼仪虽然比较繁复,但是作用不可低估,大致归纳,至少有以下几个方面:一是祭神感恩;二是尊老显贵;三是保证食物分配相对平均合理;四是规范行为,因为在物资匮乏的年代,人们面对美食诱惑有时难免会举止失当。不过现代人在饮食礼仪方面已经不太讲究了,仅有的礼仪也变了味儿,因为现代饭局的性质已经发生变化。

(《礼记·玉藻》《礼记·杂记下》《孔子家语·曲礼子夏问》)

19 乡射之礼

射事是古代男子必须掌握的一项基本技能。春秋战国时期,中原地区

---

① 《世本·氏姓篇(王谟辑本)》:"少施氏,鲁惠公子施父之后。"

有一个习俗：家中有男婴出生，就会在门左首悬挂一张木弓，以此庆贺家中添丁，即所谓"悬弓之义"，家人还会用桑木做成的弓和蓬草做成的箭向天地四方各射出一支"箭"（共六支），寓意好男儿志在四方。男孩长大以后，必须接受包括射事在内的六艺教育①，射事教育不仅有射技方面的，也有心理方面的，这些方面是需要通过提高思想境界和完善道德修养来完成的。王公贵族子弟通常在太学接受教育，而普通士人子弟则在乡或州的地方学校（庠序）接受教育。为了提高射手训练的积极性，每年春秋两季，乡里都要举行射技比赛，比赛规模很大，参与人数很多，其间还要演习饮酒之礼、揖让之礼等社交礼仪。当政者可以通过比赛来选拔优秀人才，"古者天子以射选诸侯、卿、大夫、士"②。

射事既是一项重要技能，也是一种社交礼仪。在正式比试时，射手通常两两一组，此谓"耦"，周朝礼制规定，天子用六耦（六组射手），诸侯用四耦（四组射手），大夫和士人用三耦（三组射手），每人每次四发。在比射过程中，有等候、取弓、升阶、揖进、告宾、请射、纳射器、命射、比射、降阶、饮酒等诸多礼仪程式，一招一式都必须符合射礼规范，总体要求是通过竞争来体现礼让精神，进而达到施教于民、敦化成俗的目的，所以孔子说："君子无所争。必也射乎！揖让而升，下而饮。其争也君子。"③意思就是，射手不仅要比射箭技艺，更要比君子风度。

孔子对于射礼很有研究，也非常重视，他不仅本人善射，还经常带领弟子们去参加乡射比赛，并从中领悟到许多道理。孔子认为，一箭中鹄的关键既不是射技，也不是力量，而是内在的道德修养和心理素质。

射礼是孔门弟子的必修课目，孔门弟子中不乏射箭高手，如果能与他们一较高下当然是机会难得。有一次孔子带领弟子们在瞿相（曲阜城内）

---

① 《周礼·保氏》："养国子以道：乃教之六艺，一曰五礼，二曰六乐，三曰五射，四曰五御，五曰六书，六曰九数。"
② 《礼记·射义》。
③ 《论语·八佾篇》。

的园圃中练习射箭,演习射礼,围观者很多,人们密密匝匝地围拢在四周,就像一堵密不透风的墙。那天由子路担任司马①,即主持射事的司仪(类似于今日体育比赛中的裁判),孔子让子路手执弓箭出来邀请围观者上场来比试,子路高声喊道:"败军之将、丧失国土的大夫以及甘愿为人后嗣的人一律不得上场,其他人欢迎上场来比试。"子路的话音刚落,围观者就走了一半。孔子又让弟子公罔之裘、序点举着酒杯邀请围观者进场比试,公罔之裘高声喊道:"幼年和壮年时能够孝敬父母,友爱兄弟,老年时还能够遵从礼制,不随流俗,修身以待终年,如果现场有这样的人,请上场来比试。"他的话音刚落,围观者又离去一半。序点又接着高声喊道:"平时能好学不倦,好礼不变,到老还能够循道而行,行为不乱,如果现场有这样的人,请上场来比试。"结果围观者剩不了几个人了。

射箭训练结束后,子路上前问孔子道:"我和序点等人担任射事司马还称职吧?"孔子说:"你们执礼规范,完全能够胜任。"

不得不说,不是孔子把参与射事比试的门槛设置得太高,而是当时礼崩乐坏,世风日下,人们无不追名逐利,道德沦丧,以至于没有人能有资格上场比试。不过,这也正是孔子的良苦用心,他希望通过这种方式来教化乡民,让他们平时注意加强道德修养,做人先要心正身正,射箭才能箭箭中鹄。

(《仪礼·乡射礼》《礼记·郊特牲》《礼记·射义》《孔子家语·观乡射》《风俗通义·过誉》)

20 待客之礼

待客之礼是社交礼仪中的一个重要内容,相关礼仪规范非常烦琐复

---

① 《仪礼·乡射礼》:"司正为司马,司马命张侯(箭靶),弟子说(脱)束,遂系左下纲。"

杂,但是基本精神就是一个"诚"字。

孔子待人以诚,如果有客人来访没有住处,他就会说:"到我家住吧。"如果客人死了无处停殡,他就会说:"在我家停殡吧。"

弟子子夏对孔子的待客行为不太理解,于是问道:"您这样做是遵从礼制规定,还是出于仁爱之心?"

孔子答道:"我曾听老聃说过:'接待客人要诚心,尽量安排客人到你家住下。如果客人在你家不幸去世了,哪有不安排停殡场所的道理呢?'至于你提出的礼与仁的问题,其实两者是统一的,礼制是由仁者制定的,人只有'克己复礼'才能成为仁者,'克己'是仁者修身的基本方法,'复礼'则是仁者追求的终极目标。所以礼制不能不认真省察,谨慎执行。在执礼过程中,要区分各种不同情况,既不能擅自增繁,也不能随意简化,一切都要以符合礼制精神为宜。比如管仲当齐相的时候,用雕镂花纹的器皿用餐,用色彩鲜艳的组带系冠,他的宫室僭用了天子的装饰,这就是执礼过于繁滥;而晏婴任齐相的时候,祭祀祖先只用了一只小猪肘,小得连礼器都摆不满,上朝拜见国君,身穿浆洗过多次的破旧衣冠,这就是执礼过于俭隘。在位大人物一定要把握好执礼的尺度,因为礼制是民众的纲纪,纲纪一乱,民众的行为必然错乱。总而言之,执礼必须符合规范,繁简适度,这样才能做到老话所说的'我作战就能取得胜利,我祭祀就能得到福报'。"

孔子虽然没有直接回答子夏提出的礼与仁问题,但是他重点阐述了执礼必须遵循繁简适宜的原则,不能过滥或过隘,这实际上已经间接回答了子夏的问题。

(《礼记·礼器》《孔子家语·曲礼子夏问》)

21 执杖之礼

"杖"是手杖,老者借此助力步行,有时也可以通过执杖动来表达不同含义,进而体现礼制精神。

有一次,弟子子贡省亲归来,到孔子住所请安,孔子举起手杖,把腰弯得像石磬一样,一脸肃敬地问道:"你的祖父母一切安好,没灾没病吧?"子贡回答说一切安好。

接着,孔子放下手杖,双手作揖行礼,继续问道:"你的父母一切安好,没灾没病吧?"子贡回答说一切安好。

然后,孔子又挂杖而立,继续问道:"你的兄弟一切安好,没灾没病吧?"子贡回答说一切安好。

最后,孔子背过身去,倒拖着手杖问道:"你的妻儿一切安好,没灾没病吧?"子贡回答说一切安好。

"举""搏""置""曳",四个执杖动作的含义是不相同的:"举"表示格外敬重,因为子贡的祖父母也是孔子的长辈;"搏"表示尊敬,因为子贡的父母与孔子是平辈;"置"是不拘礼俗,比较随便,因为子贡与孔子是师生关系;而"曳"则是背过身去的意思,这是长辈问候晚辈的礼俗。孔子想用一根六尺长手杖的动作差别来教导人们知晓尊卑等级,明辨亲疏关系,然而如此烦琐复杂的礼仪,有谁会不厌其烦地学习呢!

(《新书·容经》《吕氏春秋·孟冬季·异用》)

22 观蜡有感

"蜡"(臘)是祭名,蜡祭是一种非常古老的祭祀礼仪,据传在远古伊耆氏（神农氏）时代就已很流行，主祭的是与农业生产有关的诸神，如先啬、司啬、水庸以及猫、虎、昆虫等①。春秋时期，蜡祭是国家大祭，每年腊月（周历十二月），农事已毕，收藏已成，为了庆祝丰收，祈祷来年风调雨顺，各国都要举行蜡祭，天子和诸侯都要亲自参加，全民狂欢，非常热闹，相关礼仪在《礼记·郊特牲》中有详细记载。

孔子曾以贵宾身份参加过鲁国的年终蜡祭②，他从百姓庆祝丰收的狂欢活动中深切体会到复兴西周礼制的重要性和紧迫性，并发表了有关大同与小康的重要言论。子贡也参加了鲁国蜡祭的狂欢活动，孔子问他是否被百姓的欢乐情绪所感染，他说："参加蜡祭的民众都像发疯一样地狂欢，但是我并没有从中体会到什么快乐！"

孔子对子贡的回答很不满意，因为有志于从政者应该从百姓的欢乐之中得到启示，如果不能与民同乐，甚至麻木不仁，那只能说明他不是一个合格的从政者，因此孔子决定好好教导他一下，他说："百姓辛苦劳作了一整年，只有这一天才是他们最开心欢乐的日子，其中有许多道理你是无法理解的！比如统治者应该如何施政治民？如果只让百姓终年辛苦劳作而不让他们享受轻松快乐，那么像文王、武王那样的圣王也是无法做到的；如果只让百姓天天享受轻松快乐而不让他们辛苦劳作，那么像文王、武王那样的圣王也不会这么做的。只有让百姓既有辛苦劳作，又能偶尔享受轻松快乐，这才是文王、武王高明的治民之道，即所谓'一张一弛，文武之道'。"

文武之道是周文王、周武王、周公等先圣推行的礼治统治，也是孔子孜孜以求的终极政治。

（《礼记·礼运》《礼记·郊特牲》《礼记·杂记下》《孔子家语·礼运》《孔子家语·观乡射》）

---

① 《风俗通义·祀典》："《礼传》：'夏曰嘉平，殷曰清祀，周曰大蜡，汉改为蜡。'蜡者，猎也，言田猎取禽兽，以祭祀其先祖也。或曰：腊者，接也，新故交接，故大祭以报功也。"
② 《孔子家语·礼运》："孔子为大司寇，与于蜡。"

23　君子为礼

颜渊（回）是孔子最赏识的弟子之一，他勤学苦修，乐以忘忧，在道德修养方面已经接近完美，所以孔子称赞他道："颜氏之子，其殆庶几乎。"①"庶几"是无限接近的意思。又说："回也，其心三月不违仁，其余则日月至焉而已矣。"②

有一天，颜渊陪孔子闲坐。孔子对颜渊说："回，君子为礼，以依于仁。"意思就是，为礼离不开修仁。《论语·颜渊篇》中也有类似表述："克己复礼为仁。一日克己复礼，天下归仁焉。""为礼"与"复礼"义同，即遵从和奉行礼制规范。孔子在这里着重阐述了"礼"与"仁"之间相辅相成的关系："礼"是外在的制度约束，"仁"则内在的道德约束；为礼的主要方法是"依于仁"，而修仁的主要方法则是"克己复礼"。一个人既要自觉遵从礼制规范，又要努力提高道德修养，这样才能成为有德君子。

孔子平时很少与弟子谈论"仁"的问题，即所谓"子罕言利与命与仁"③，这次突然主动与颜渊谈论起这个话题，颜渊立即恭恭敬敬地站立起来答道："我天资愚笨，思维迟钝，恐怕很难达到修仁为礼的要求。"

孔子说："你不用紧张，坐下来听我仔细解说，其实君子为礼的方法很简单，你只要在言、视、听、动四个方面严格约束自己：不符合礼制规范的言论一概不说（言）；别人做出不符合礼制规范的事情一概不看（视），别人发表不符合礼制规范的言论一概不听（听），不符合礼制规范的事情一概不做（动）。"④

---

① 《周易·系辞下》。
② 《论语·雍也篇》。
③ 《论语·子罕篇》。
④ 著者按：《论语·颜渊篇》中的表述与此略有不同："非礼勿视，非礼勿听，非礼勿言，非礼勿动。"

聆听了孔子的教诲后，颜渊躬身退后出去，回到家中，他紧闭家门，连续好多天都不敢出，因为当时人们违反礼制规范的言论和行为比比皆是，无处不在，如果颜渊按照孔子在言、视、听、动四个方面所提出的要求来做，不仅自己不敢说话，也不敢听别人说话，不仅自己不敢做事，也不敢看别人做事，这根本是做不到的，所以他只能待在家里不出门了。

若干天后，有人来看望颜渊，见他消瘦了许多，就关切地问道："你最近遇到什么烦心事啦？为什么这么消瘦啊？"

颜渊答道："是呀，前些天我去见孔子，他向我讲授了君子修仁为礼的基本方法，当时我觉得这些方法做起来并不难，可是回到家后仔细思考，发现完全不像我想象得那么简单，如果我按照孔子所讲授的方法去做，根本就无法达到要求，如果我不按照他所讲授的方法去做，自己心里又过意不去。我为此而寝食不安，焦虑万分，所以人就清瘦了许多。"

君子为礼，听起来很简单，无非是日常生活中言、视、听、动等方面的具体细节，但是真正执行起来却很难，因为相关要求实在太烦琐、具体了，很难面面俱到，没有疏漏。

（《上海博物馆藏战国楚竹书（五）·君子为礼》）

24　居父母之仇如之何

孔子给人们留下的印象多半是彬彬有礼的文弱书生，其实他也是一个有血性的人，如果对方触及底线，他也会勃然而起，以死相拼，比如弟子子夏问他道："居父母之仇如之何？"意思就是，应该如何对待杀害自己父母的仇人。

孔子语气坚定地说："睡在草垫上，枕着剑盾，时刻提醒自己要为父母报仇。放弃做官，全心准备，坚决与仇人不共戴天！每天出门都要随身携带武器，随时准备与仇人决斗。无论在集市上，还是在官府中，只要遇见仇人，就毫不犹豫地拔出刀剑冲上前去，与他进行殊死搏斗！"孔子对于杀父母之仇的态度是非常明确的：有仇必报，绝不延误！

子夏又问道："请问居昆弟之仇如之何？"昆弟是亲兄弟。

孔子说："不和仇人同在一个国家为官。自己奉国君之命出使国外，如果在国外遇见仇人，一定要克制自己，不要与他决斗，不能因为报私仇而耽误公事。"从伦理关系来说，兄弟之亲不及父母之爱，也不及忠君之事，所以必须有所克制。

子夏继续问道："请问居从父昆弟之仇如之何？"从父昆弟是叔伯兄弟。

孔子答道："这种情况先要分清主次关系，叔伯兄弟是仇杀事件的仇主，而自己只是亲属，所以遇见杀死叔伯兄弟的仇人，自己不要带头动手。如果叔伯兄弟与仇人进行决斗，自己应该手执兵器站在叔伯兄弟身后提供帮助。"叔伯兄弟的友情不及亲兄弟的血亲，人伦关系又疏远了一层，所以报仇过程中首先应该遵从礼制规范，不能越俎代庖，坏了规矩。

在氏族制社会中，血缘关系不仅决定了人们的相亲程度，也决定了人们的相仇程度，所以复仇时首先要有所克制，保持理智，把血缘关系的亲疏远近考虑清楚，然后再根据礼制确定的人伦关系采取相应行动。总之，所有行动都必须符合礼制规范。

（《礼记·檀弓上》）

九、儒业

十八则

概说

丧葬之礼和祭祀之礼是周朝礼制的一个重要组成部分，其主要起源于对祖先和神灵的崇拜，由于相关礼仪过于烦琐复杂，普通人家无法操持，于是就催生了一个专门帮人办理丧葬事务的职业——儒业。《说文解字》："儒，柔也，术士之称。"儒者就是以知识（礼学）和技能（执礼）为业的术士，虽然他们社会地位不高，但是普遍受人尊敬。

孔子是儒者出身，他自幼就对各种礼仪程式很有兴趣，之后他又到太庙中助祭，有机会深入研究古代典章制度，系统学习各种礼仪知识。孔子从事儒业的时间长了，积累了许多礼学知识和执礼经验，然而他觉得自己仍需提高，于是又专门去向老聃、季札等著名习礼者请教礼学问题，现场观摩执礼，最终成为受人尊敬的儒学大家。孔子对于礼制精神的理解是非常透彻的，对于相关问题所做出的解说也是令人信服的。

孔子对于丧葬和祭祀活动中的各种礼制规范非常熟悉，他常常能根据礼制精神对具体礼仪程式做出合理的变通安排，因此丧家对他很满意；时人如果遇到疑难问题也会去向他请教，因此他在当时是很出名的。久而久之，上门来向他学礼的人越来越多，孔门影响力也越来越大，最终发展成为一个以儒学为主、以执礼为业的学术流派——儒家。由此可见，儒学是由儒业发展而来的。

01　从老聃助葬

孔子在访周期间，除了向老聃学习古代礼乐知识外，还有幸随同老聃一起到巷党（地名）去帮助当地人主持葬礼，通过现场观摩，孔子又学到许多礼书中没有明确记载的丧葬礼仪。

根据孔子后来追叙，下葬当天，送葬的队伍日出后出发，走到半道上突然发生日食，天一下子暗了下来，老聃立即招呼孔子道："孔丘！你赶快让人们停下来，把灵车停靠在道路右侧，所有人都停止哭号，静待变化。"日食结束后，天空重新恢复光明，老聃才让灵车继续向墓地行进，他见孔子满脸困惑，就主动解释道："送葬时如果遇到日食等奇异天象，灵车必须停下来静待变化，这才符合丧葬之礼。"

死者下葬后，在返回途中，孔子又向老聃请教道："送葬的灵车已经出发，就不可能再往回拉了。走到半道上遇到日食，谁也不知道日食持续时间有多长，既然如此，与其让灵车停下等待，还不如继续前行赶路呢。"

老聃说："诸侯朝见天子，路途遥远，需要行走数日，因此太阳刚出来，他们就出发赶路了，太阳落山之前，他们便停歇下来祭祀随行的诸神牌位。大夫出使别国也是日出而行，日落而息。送葬的灵车也应该这样，必须等到太阳出来以后才能上路，而在太阳落下之前必须返回家中。在正常情况下，人们是不在夜间赶路的，在星空下赶路的人，要么是鸡鸣狗盗之徒，要么是回家奔丧的孝子。发生日食，一时间天昏地暗，昼夜不分，谁能知道天上会不会出现星辰呢？再者说，我们帮丧家主持葬礼，就不能让丧家遭遇不测凶险，更不能让他们做出违反礼仪的事情。"

孔子有了从老聃助祭的经历，他对于礼制规范有了更加直观的理解，弥补了过往实际经验不足的缺陷。学礼重在一个"习"字，即每一个执礼动作都要反复演习,力求合乎规范,所以孔子说:"学而时习之,不亦说乎?"①在此后的施教过程中,孔子经常引用老聃传授的礼学知识来回答弟子问题,比如曾子请教"下觞葬于园"问题、子夏请教"金革之事无辟"问题等,他都答以"吾闻诸老聃曰",本文有关他从老聃助祭的经历,也是他回答曾子请教"日有食则变"问题时的追叙。有老聃做背书,正确性和权威性就毋庸置疑了。

(《礼记·曾子问》)

02 观延陵季子葬子

延陵季子是吴王梦寿的四公子(季子),名札,因受封于延陵(今江苏省常州市武进区焦溪古镇),故称延陵季子或公子札。季子自幼习礼,博学多识,谨身修德,品德高尚,时人对他非常敬重。公元前544年,季子代表吴国出访中原地区,与各国贤达名流会面,他与众人纵论时政形势,分析利弊得失,提出中肯建议,令人印象深刻,尤其是他在鲁国观于周乐,见解独到,语出惊人,风度优雅,在当时被传为美谈②。孔子当时尚未成年,但是季子的博学与睿智一直令他神往,并希望能有机会向他求教。

此后数年间,季子经常往来于东吴与中原诸国之间。有一次他出访齐国,在返回途中,他的长子意外死亡,他只好将其埋葬在齐国的嬴邑和博邑之间,并就地举行葬礼,孔子得知这一消息后说:"延陵季子是吴国精通礼仪的人,向他学习机会难得!"于是他立即赶往墓地观摩季子主持葬礼③。

---

① 《论语·学而篇》。
② 《左传·襄公二十九年》。
③ 著者按:《说苑·修文》中记为"使子贡往而观之"。

在葬礼上，孔子看到墓穴没有挖到见水的深度，入殓时给死者穿的是日常衣服，死者入葬后就简单地堆了一个坟头，坟头的长度和宽度正好可以掩盖住坑口，高度也正好可以用手扶着。坟头做好后，季子袒露左臂，围着新坟从右向左（逆时针）走了三圈，每走一圈都要高声呼喊道："儿啊！你的骨肉又回归土中了，这就是命啊！而你的灵魂却无所不往，无所不往啊！"喊完他就离开了。

通过观礼，孔子对丧葬之礼的精神实质又有了更深刻的理解，礼仪程式不在于繁与简，而在于能够真实表达情感，他说："延陵季子在特殊情况下为儿子举行丧葬之礼，尽管礼仪程式简单，墓穴也比较简陋，但是完全合乎礼制精神，值得认真学习。"

（《礼记·檀弓下》《说苑·修文》《孔子家语·曲礼子贡问》）

03 其曰明器，神明之也

明器（冥器）是古人安葬死者的随葬器物，因此制作明器是丧葬之礼的一个重要内容。早期丧家都用草扎的人物、家畜或陶制的日用器物来做明器，这些明器并不具有实用功能，所以孔子说："为明器者知丧道矣，备物而不可用也。"①意思就是，这些制作明器的人懂得丧葬的道理，随葬器物只有象征意义，而没有实用价值。后来周朝礼制败坏，奢靡之风渐盛，丧家为了彰显死者生前的显贵与荣耀，改用木制的人偶、家畜、禽兽或陶制的车船、工具、兵器以及建筑物等来做明器，这些明器制作精良，奢侈浪费，孔子对此批评道："太可悲了！埋葬死者，却用活人使用的器物随葬，这种做法类似用活人来殉葬！随葬器物之所以叫明器，是因为生者把

---

① 《礼记·檀弓下》。

死者当作神明侍奉,活在世上的人和入土安葬的神明是不同的。古时候人们用泥做的车、草扎的人随葬,以此来表达人对鬼神的敬意,这是制作明器的初衷。即所谓'其曰明器,神明之也'。"

孔子认为,用草扎的人形和泥做的车模随葬是人心善良,而用雕刻得惟妙惟肖的木制人偶随葬则是违反人道的,所以他口气严厉地说道:"始作俑者,其无后乎!"①意思就是,开始用木偶来殉葬的人大概会断子绝孙吧,因为这些木制人偶与人形太像了!

儒者以帮人操办丧事为业,因此必须在死者与生者之间维持一个比较适当的度,既不能过于奢华,以死害生,又不能过于简朴,丧不致哀。所以孔子对于制作明器提出了明确要求:"送葬死者而确认死者毫无知觉,这是不仁慈的,且不应该;送葬死者而确认死者还有知觉,这也是不明智的,且不应该。随葬器物不应该具有实用功能,竹器不编边缘,瓦器不加光泽,木器不修雕饰,琴瑟张弦而不能弹,竽笙有形而不能吹,钟磬具备而不设挂架。这些有形而无用的器物就叫作明器。明器的意义是把死者当作神明来侍奉,所以就必须与活人使用的器物有所区别。"

(《礼记·檀弓上》《礼记·檀弓下》)

04　子游问丧具

人死之后,家人要为死者置办丧具,即棺椁、敛服、衾被以及随葬物品等。因为死者的身份和地位不同,各家的经济状况也不同,所以丧礼对于丧具并没有统一规定,各家可以根据具体情况办理。

弟子子游在学习丧礼时对丧具问题产生疑问,因为从操作层面来说,

---

① 《孟子·梁惠王章句上》。

无论贫富贵贱，都应该有一个基本原则和标准，厚葬有厚葬的理由，薄葬有薄葬的道理，否则许多孝子不知如何办理，甚至会引起争议①，所以他就此向孔子请教。

孔子觉得这个问题过于具体，不好回答，于是就含混地答道："丧具应该根据各个家庭的贫富状况办理。"

子游又继续问道："那么富裕或贫穷是否有一定的标准呢？"

很多事情，往往越具体越不好解释，因为单个事例并不具有普遍意义，很容易被推翻，所以孔子仍然采取避实就虚的方法，他说："置办丧具没有具体标准，但是有基本原则：富裕家庭置办丧具的原则是尽力而行，丧具尽量齐全，丧礼尽量隆重，但是不能僭越礼制；贫穷家庭置办丧具的原则是称财而行，有棺无椁也可以②，但至少要做到敛服和衾被等能遮住头和四肢，入殓后就下葬，安葬时可以用绳索悬吊棺木缓缓下葬。如果人们都能遵循这样的原则，就不会发生违反丧葬之礼的情况了。在治丧过程中，丧葬礼仪并不是最重要的，比丧葬礼仪更重要的是哀悼之情必须真实，一定要发自内心。所以在举行丧礼时，与其悲哀不足而礼仪周全（丧具多余），不如礼仪不周（丧具不足）而悲哀有余。在举行祭礼时，与其恭敬不足而礼仪周全（祭品多余），不如礼仪不周（祭品不足）而恭敬有余。"

子路的父母去世时，他为自己无力置办像样的丧具而哀叹，孔子则宽慰他道："敛手足形，还葬而无椁，称其财，斯之谓礼。"③意思就是，办理丧事的花费应该与自己的财力相称，这样就称得上符合礼仪。此外，孔子还要求置办丧具时尽量不要当着将死之人的面，因为这样太残忍了，如果

---

① 《礼记·檀弓上》："子柳之母死，子硕请具。子柳曰：'何以哉？'子硕曰：'请粥（鬻）庶弟之母。'子柳曰：'如之何其粥人之母以葬其母也？不可。'"

② 《论语·先进篇》："颜渊死，颜路请子之车以为之椁。子曰：'才不才，亦各言其子也。鲤也死，有棺而无椁。吾不徒行以为之椁。以吾从大夫之后，不可徒行也。'"

③ 《礼记·檀弓下》。

时间允许，提前一两天置办就行了①。

丧葬之礼的精髓在于激发人们对逝者的哀思，感情必须真实而有所节制。《礼记·檀弓下》："丧礼，哀戚之至也。节哀，顺变也，君子念始之者也。"如果致哀者心中缺乏诚意，临丧不哀，即使礼数再周全，礼仪再规范，也只是没有意义的花架子而已，这样不仅亲人不会感动，鬼神也不会显灵。

（《礼记·檀弓上》《礼记·檀弓下》《孔子家语·曲礼子贡问》）

05　在卫相礼

卫国大夫司徒敬子去世了，孔子当时人在卫国，他去吊丧，看见丧礼执行得很不规范，他的家人哭得也不悲伤，于是没有等他们哭完就提前离开了。

卫大夫蘧伯玉知道孔子精通丧葬礼仪，既然孔子已经来到丧家现场，不如就便请他来主持司徒敬子的丧礼，也好让卫国人好好观摩一下，于是他对孔子说："卫国风俗鄙陋，不懂丧礼规制，不知能否劳烦您来主持司徒敬子的丧礼？"

蘧伯玉是卫国贤君子，与孔子关系密切，所以孔子爽快地答应了他的请求。孔子先让人在室中挖了一个坑，把床架在坑上面，然后为死者净身，净身的水正好流入坑中，接着他又让人把炉灶拆了，用灶砖把死者的双脚垫起来，这样便于在床上为死者穿衣穿鞋。出葬的时候，孔子让人把宗庙的西墙拆开一个豁口，这样就可以绕过庙门西面的行神之位，直接把灵车拉出大门。送葬的人到达墓地后，孔子要求所有的男人面向西站立，

---

① 《礼记·檀弓上》："丧具，君子耻具。一日二日而可以为也，君子弗为也。"

所有的女人面向东站立,尸体下葬之后,堆好坟堆就可以返回了。这些丧葬礼仪都是殷商时期的规制,孔子完全是按照这种规制来主持司徒敬子丧葬之礼的。

子游事后问孔子道:"懂得礼仪规制的人是不会轻易改变原有的丧葬习俗的,卫人是周人之后,卫康叔的后裔,然而您却改变了周人的丧葬习俗,用殷人的丧葬习俗来主持司徒敬子的丧葬礼仪,这是为什么呢?"

孔子答道:"我做的不像你说的那样,我主持丧葬礼仪只遵从礼仪简朴的原则。"

不同历史时期,丧葬礼仪习俗亦有所不同,好在孔子并不是胶柱鼓瑟之人,他在执礼过程中并没有拘泥于哪朝哪代,而是坚持简朴原则,这种开明务实的做法是值得肯定的。

(《礼记·檀弓上》《礼记·檀弓下》《孔子家语·曲礼子贡问》)

06 往如慕而返如疑

孔子固然重视丧葬之礼,但是他并不拘泥于礼仪程式,而是更关注内在情感的真实流露,因为孝心是礼仪存在的真正意义。

孔子在卫国期间,遇到有人送葬,他便在一旁仔细观察。等送葬队伍从墓地返回后,他对弟子们说:"好啊!这个送葬的孝子可以当作效法的榜样,你们都要好好记住。"

子贡问道:"老师您对他为何如此称赞呢?"

孔子说:"其往也如慕,其反(返)也如疑。"这里的"慕"是依恋的意思,而"疑"则是迟疑的意思。这两句话的意思是,这个孝子往墓地送葬时表现得像小孩子对父母依恋不舍的样子,而从墓地返回时表现得又像留恋父母而迟疑不决的样子。

子贡似乎更加注重礼仪程式，他说："我觉得他此刻不宜迟疑停留，而应该赶紧回家去举行安魂祭（虞祭）。"

孔子觉得有必要再强调一下丧葬之礼的本质意义，于是加重语气说道："往如慕而返如疑，这是那个孝子内在情感的真实流露，你们认真记住他吧，我可能都不如他呢！"

（《礼记·檀弓上》《孔子家语·曲礼子贡问》）

07 勿殇䲨僮汪踦

古时候称未成年人夭亡为殇。殇有长殇、中殇和下殇之分，年龄在十九至十六岁之间去世的称作长殇，年龄在十五至十二岁之间去世的称作中殇，年龄在十一至八岁之间去世的则称作下殇[1]。《礼记·丧服小记》："丈夫冠而不为殇，妇人笄而不为殇。"这就是说，男子没有举行过冠礼，女子没有举行过笄礼，他们死后就不能按成年人的丧葬之礼来办理丧事，而应该按照未成年人的殇礼来办理丧事。殇礼相对简单，没有那么多繁文缛节，不需要服丧服，腰绖也不需要缠结后下垂，即所谓"丧未成人者，其文不缛"[2]。

鲁哀公十一年（公元前484年），齐国大举进犯鲁国，齐军兵分两路，长驱直入，直抵鲁都曲阜城下。为了抵御入侵之敌，鲁国在全国范围内进行战争动员，号召国人上阵御敌，保家卫国。两国军队在曲阜城郊展开激战，战事异常惨烈，史称郊之战。

两军激战之时，鲁国公室贵族公叔务人在城中遇见一个从战场上跑回

---

[1] 《仪礼·丧服》。
[2] 《仪礼·丧服》。

城堡歇息的人①，只见那人背负着一根木杖，疲惫不堪地倒地而坐。公叔务人感慨道："国家的徭役虽然很多，赋税虽然很重，但是这些普通国民在国家危难之时仍然义无反顾地走上战场，抵御入侵之敌。然而我们的贵族大夫却不能为国家出谋划策，士人也不能为国家尽忠效死，这样怎么能保全国家和社稷呢？既然我已经放出誓死御敌的豪言，那么我就应该履行誓言，战死沙场！"

公叔务人回到家后，带领身边一个叫汪踦的未成年侍童共同驾乘一辆战车冲向郊外，后来两人都英勇地战死在沙场。

公叔务人和汪踦为国战死的事迹感动了鲁国人，国人在为他们办理丧事时打破了礼制规定，没有用未成年人的殇礼来安葬汪踦，而是用成年勇士的丧礼来隆重安葬他。

孔子此时还在列国周游，事后有人就此事请他发表意见，孔子非常明确地说："汪踦虽然尚未成年，但是他能像一个真正的成年勇士一样手执干戈上阵杀敌，为了保卫国家不惜战死，所以国人破格用成人的丧礼来安葬他，这没有什么不妥的。"

孔子不是一个拘泥于礼仪烦琐细节的人，为了国家安危和社稷大义，礼制也可以做出必要的权变。

（《左传·哀公十一年》《礼记·檀弓下》）

08　孟孙才居丧不哀

孟孙才是鲁国公室贵族孟孙氏的族人，他以善于执守居丧之礼而闻名于鲁国，然而他母亲去世时，他却居丧不哀，心中不悲，哭而无泪，因此

---

① 著者按：公叔务人为鲁昭公之子，此时已年近古稀。《礼记·檀弓下》中记为公叔禺人。

颜渊对他很有意见,认为他是一个沽名钓誉的伪君子。

孔子对丧葬之礼有许多独到见解,他认为居丧守孝的关键在于情感真实,表达恰当,礼仪的作用则在于调节人们的悲伤情绪,既不要无动于衷,又不要悲伤过度,因此判断一个人是否善于居丧守孝,不能只看他的面容是否哀戚、哭泣是否有泪或行为是否合乎礼仪等外在表现,而应该深入了解他内心的真实想法和真实情感。

孔子根据自己对丧葬之礼的理解,对孟孙才居丧期间的表现给予了充分肯定,他说:"我认为孟孙才在执行居丧之礼方面已经做得很好了,因为他比其他人更了解相关礼仪的作用和意义,知道许多礼仪程式是没有意义的,甚至会对日常生活会造成消极的影响,所以他想有所改变,尽量简化,而且他在居丧期间已经有所改变,不料却招致非议。许多人(包括颜渊)之所以不理解孟孙才的行为,是因为不了解他的思想。孟孙才在生死问题上有许多异于常人的思考,他认为生未必是生命的开始,死也未必是生命的终结,因此生与死没有先与后之分,也许先生而后死,也许先死而后生。再深入思考,人死之后究竟是一种什么样的状态?也许化为一物,那么人生只是一个等待化物的过程,而且也不知道人生是即将进行化物的状态,还是已经完成化物的状态①。对于这些高深玄妙的道理,我们就像在睡梦中一样浑然不知,而孟孙才则是一个清醒者,他在居丧期间,虽然和常人一样悲伤哭泣,但是独处时又能保持内心平静和独立思考。他不像有些人整天说'我呀我'的,自我感觉很好,梦见自己化为鸟就能在天上飞,梦见自己化为鱼就能在水中游,其实这些人根本不知道自己是什么。也许大多数人听不懂我今天说的话,我也不知道他们是睡梦者,还是清醒者。试想一下,如果人们连这个最基本的问题都没有搞清楚,那么怎么能理解生死问题呢?人的行为是听从内心的,只有内心喜悦才会露出笑容,内心悲伤才会痛哭流泪;而内心又是听从天道的,天道是天地万物发展变

---

① 《庄子·天地》:"天地虽大,其化均也;万物虽多,其治一也。"

化必须遵循的法则，所以一切都归于天道。"

孟孙才对于天地自然以及人生变化等问题有着独特的思考和认知，并形成了自己的世界观和人生观，因此他能从更高的哲学范畴来思考和审视居丧守礼问题，行为异于常人就不足为奇了。孔子平时对于生死问题也有所思考，不过他思考的重点是人生在世时的各种行为准则和道德规范，所以子路向他提出"敢问死"的问题时，他明确回答道："未知生，焉知死？"①显然，他不愿意像孟孙才那样把精力放在研究生与死的关系问题上，因为这样很有可能坠入神秘主义的泥淖。

（《庄子·大宗师》）

09　鲁大夫练而床

"练"是古人制作丧服的白色熟绢，如练衣、练冠等，这里是指练祭。古人在亲丧周年（期）时要举行祭祀，即小祥之礼②，丧主在周年祭时要身穿练衣，头戴练冠③，故而称为练祭。

丧礼规定，练祭期间丧主只能住在涂刷了白土灰的简陋房屋（垩室）之中，睡觉也只能睡铺在地下的席子上，不能睡在床上。然而鲁国有一个贵族大夫在练祭期间上床睡觉，即所谓"练而床"，这显然是违反丧葬之礼的，因此子路问孔子道："鲁国有一个贵族大夫在练祭期间上床睡觉，这样是否符合礼制？"

孔子看了一眼子路，然后说道："我不知道。"

---

① 《论语·先进篇》。
② 《礼记·杂记下》："期之丧，十一月而练，十三月而祥，十五月而禫。"
③ 《礼记·檀弓上》："练，练衣黄里、縓缘，葛要绖，绳屦无绚，角瑱，鹿裘衡、长、袪。袪，裼之可也。"

子路从孔子那里出来后碰见子贡，于是就对他说："我以为老师没有不知道的事情，谁知他真有不知道的事情。"

子贡觉得奇怪，就问道："你向老师问了什么问题？"

子路把刚才与孔子的问答重复了一遍，子贡已经大致明白了，他对子路说："我再去问一遍。"

子贡跑到孔子那里把子路的问题又问了一遍："有一个人在练祭期间上床睡觉，这样是否符合礼制？"值得注意的是，子贡在提问中省略了"鲁大夫"的具体信息。

孔子立即回答道："这是违反礼制的。"

子贡出来后对子路说道："你自作聪明地以为老师有不知道的事情，其实老师什么事情都知道。那么老师刚才为什么没有明确回答你的问题呢？那是因为你提出的问题不对，老师当然无法回答。礼制规定，居住在这个城邑里的人是不能非议同一城邑的贵族大夫的，你问'鲁大夫练而床'，老师只能说'吾不知也'，而我问'练而床'，老师就明确回答说'非礼也'。"

还有一次，鲁国叔孙氏贵族叔孙武叔在为其母办理丧事时没有严格遵守丧葬之礼，子路又对此表示不满，孔子则直接批评道："汝问非也。君子不举人以质事。"意思就是，有修养的君子在质疑某一件事情时是不会指名道姓的。

春秋时期，社交方面的礼仪规范有很多，比如与人交谈时，如果话题涉及另外一位有身份的人，就应尽量避免做出负面评价或者避免把人和事联系起来，即使对方提出问题，也要巧妙回避，技巧之一就是推说"不知"。孔子在这方面是应付裕如的，《论语》中就有许多关于他推说"不知"的记录，可惜子路是一个性情耿直的人，他未必能明白孔子的言传身教。

（《荀子·子道》《礼记·檀弓上》《孔子家语·曲礼子夏问》）

10　死欲速朽

　　孔子教授弟子习礼，往往是从升降揖让、进退趋避等具体的执礼动作开始的，至于为什么这么做，其中有什么讲究，就不是三言两语能说得清楚的了，只能靠弟子自己慢慢去领悟，因此有时难免会产生歧义。好在孔门弟子之间经常进行交流，各人提出自己的看法，大家相互印证、启发，这样就可以把一些问题梳理清楚。

　　有一次，有若问曾参道："你向老师请教过丧事问题吗？"

　　曾参说："我曾听老师说过'死欲速朽'这句话。"所谓"死欲速朽"，就是尸体下葬后最好赶快腐朽。

　　有若对此提出质疑，他说："这句话肯定不是老师的本意，因为老师在任中都宰期间曾对棺椁的厚度做出明确规定：内棺四寸，外椁五寸。老师对棺椁的厚度都做出明确规定，说明他不希望尸体下葬后快速腐朽。"

　　有若的推论是成立的，因为孔子对于丧葬之事历来重视，如果丧家经济条件允许的话，能厚葬则厚葬，因为死者为大。

　　曾参则肯定地说："我确实听见老师说过这句话，而且子游当时也在场。"

　　有若说："如果这句话确实是老师说的，那么肯定是特指某一件事或某一个人。"

　　后来经子游证实，所谓"死欲速朽"，确实是孔子针对宋司马桓魋"自为石椁"这件事情说的。

　　孔子周游列国期间，曾在宋国短暂停留，当时他与弟子们在大树下习礼，受到桓魋等人的侵扰，闹得很不愉快①，所以他对桓魋极其憎恶，曾愤

---

①　《史记·宋世家》："(宋)景公二十五年，孔子过宋，宋司马桓魋恶之，欲杀孔子，孔子微服去。"

愤不平地说:"天生德于予,桓魋其如予何?"①

桓魋是宋国司马,他为人蛮横霸道,奢靡无度,在世时就为自己制作石椁,即所谓"自为石椁",孔子对此进行了严厉批判。

孔子首先对"石椁"问题进行了批判。相比较而言,石椁的耐腐性肯定比木椁强,尸体保存的时间也更长,但是石材开采和运输的难度都很大,制作成本也很高,如果在石材上再雕刻一些精美的花纹图案就更费工费时了,所以当时人们制作棺椁主要用木材,很少有用石材的。就身份而论,桓魋不过是宋国的一个世袭大夫,既非王公,又非圣贤,可是他却为了能让自己死后尸体长久保存,不惜耗费巨大的人力物力来制作石椁,耗时三年仍未完成,工匠们都抱怨不已,因此孔子带有诅咒意味地说:"像桓魋这样奢靡浪费,作践民众,还不如让他死后尸体快点腐朽了!"由此可见,孔子所说的"死欲速朽"并不代表其丧葬观念,而是针对桓魋个人的特殊情况而言的。

孔子接着又对"自为"问题进行了批判。所谓"自为",就是活人为自己料理后事,这是有违礼制的。冉有见桓魋居然自制石椁,就向孔子请教道:"礼制规定:当事人不可预知凶事(死亡),也不可提前准备。这句话怎么理解?"

孔子结合桓魋自为石椁之事借题发挥道:"人只有死后才能议定谥号,谥号议定后才能确定下葬的时间和地点,所有丧事完毕后才能着手准备建立祭庙、安排牌位等事宜,不过这些事情都应由在世的臣属来办理,不应由死者生前预先安排,而制作棺椁之类的事情就更不应该由死者生前操办了!"

其实,孔子对于厚葬或薄葬问题并没有一个固定标准,他的总体要求是称家之财,量力而行,致哀而已,只要不超越身份限制和礼制规范就可以了。

(《礼记·檀弓上》《孔子家语·曲礼子贡问》)

---

① 《论语·述而篇》。

11 鲁公索氏将祭而亡其牲

公索氏是鲁国的一个非姬姓氏族。周初分封之时，鲁公伯禽代周公受封于鲁，周公分给鲁国各种珍贵宝器，还有"殷民六族"，公索氏（索氏）就是其中之一①。有人推断公索氏世代为绳索之工，可见这个氏族地位不高，所以《世本》中没有收录。

公索氏有一个族人将要举行祭祖仪式，可是他却把祭祀用的牲畜弄丢了，孔子听说这件事情后预言道："不出三年②，公索氏必将家破人亡！"

仅仅过了一年，这个公索氏果真死了，家也破败了。孔门弟子都觉得孔子预言太神奇了，于是问道："一年之前，公索氏把祭祀用的牲畜弄丢了，先生预言他即将家破人亡，不知当时您是依据什么做出判断的？"

孔子说道："祭祀祖先是活着的孝子向逝去的亲人表达缅怀之情的一种仪式。对于一个氏族来说，祭祀是一件非常重要的事情，然而公索氏在祭祀之前居然把祭祀用的牲畜弄丢了，可见他做事根本不用心！公索氏在祭祀先祖这种重大事情上都能犯错，其他事情就可想而知了！像他这种大事小事都犯错的人，意外死亡是迟早的事情！"

在氏族社会中，先祖是氏族的庇护神，也是氏族的精神寄托，所以祭祀祖先活动是每一个氏族最重要的事情，必须尽心尽力，慎之又慎。孔子认为，祭祀祖先，仪式未必重要，祭品也未必重要，最重要的是心意要真诚，感情要真实，礼仪要周全，做到"祭如在，祭神如神在"③，如果在这些方面都做不好，其他方面也就难免出错了。

（《说苑·权谋》《孔子家语·好生》）

---

① 《左传·定公四年》。
② 著者按：《孔子家语·好生》中记为二年。
③ 《论语·八佾篇》。

12　助丧原壤

原壤是孔子的老友①，他为人懒散，行事乖张，不拘礼俗，孔子对他颇为反感。有一次，孔子去看他，他又开双腿坐在地上，一副泼皮无赖的样子，孔子生气地用手杖敲打着他的胫骨骂道："幼而不孙弟，长而无述焉，老而不死，是为贼。"②意思就是，你从小到大就没做过什么正经事儿，白活了一辈子！

原壤的母亲去世了，孔子念故旧之情，前往吊唁，并帮助他筹备丧葬棺木，此为助丧。助丧是古制，助丧财物有轻有重，视关系亲疏而定，通常有赗、赙、襚等，"货财曰赙，御马曰赗，衣服曰襚，玩好曰赠，玉贝曰唅"③。

子路听说孔子要为原壤助丧，明确表示反对，他对孔子说："我曾听您说过：'无友不如己者，过则勿惮改。'④现在您准备为原壤助丧，既违反'无友不如己者'的交友原则，又违反'过则勿惮改'的自律要求，所以请您三思，姑且将此事暂时放一放再说吧。"

孔子说："自古以来，相亲邻里家中如有丧事，大家都会尽力帮助，何况原壤是我的老友呢？即使他不是我的朋友，我也会主动帮忙他的。"

在众人的帮助下，原壤母亲的棺木料理好了。按理说，他应该向众人行礼致谢，可是他却突发奇想，对众人说道："我已经很久没有用歌声来表达感情了。"说罢，他便自顾自地歌唱了起来："狸首之斑然，执女手之卷然。"这两句歌词不知出自何处，前一句是赞美棺木的木纹像花狸头上的

---

① ［梁］皇侃撰：《论语义疏》："原壤者，方外之圣人也，不拘礼教，与孔子为朋友。"
② 《论语·宪问篇》。
③ 《荀子·大略》。
④ 《论语·学而篇》："无友不如己者，过，则勿惮改。"

花纹一样色彩斑斓,后一句则是赞美对方的手非常柔软,也不知道他想赞美谁,弄得大家莫名其妙!

孔子当时很尴尬,他只好假装什么都没看见,快速地从原壤的身边走过去了。

从原壤家出来后,子路不满地对孔子说:"您为了这样一位行事荒唐、不拘礼俗的朋友把自己的身份降低到如此地步,我觉得您可以和他断绝往来了!"

孔子却说:"我听说,亲人就不能失去亲人的亲情,友人就不能失去友人的友情。"

在交友问题上,孔子有时会感情用事,难免做出一些傻事。

(《礼记·檀弓下》《孔子家语·屈节》)

13 除丧弹琴

除丧是指服丧结束后,丧主脱去丧服,换上日常服装,生活可以恢复正常,也可以参与各种社会活动了。如果过了除丧日,丧主不脱去丧服,悲伤之情仍然没有恢复,那么就违反先王礼制了。比如子路的姐姐去世了,到了除丧之日,他仍然沉浸在悲痛之中,不愿意脱去丧服,孔子责问他道:"你为什么还不除服?"子路说:"我的同胞手足少,所以至今仍思念亡故之人,到期也不忍心除服。"孔子厉声训斥道:"除丧之日必须除服,这是先王礼制的规定。要说不忍心,路上的行人有谁忍心?如果人人都不忍心,先王礼制怎么推行?"子路受到孔子的训斥后,赶紧脱去丧服[1]。

按照丧礼规定,除丧之日应该弹奏素琴,以此来节制哀痛之情,比如

---

[1] 《礼记·檀弓上》。

孔子为母亲服丧二十五个月期满了，举行大祥祭礼后的第五天，他就开始弹琴了，不过此时琴声还不成曲调，第十天开始吹笙，这个时候他已能吹奏一首完整的歌曲了①。再比如颜渊夭亡后，他的家人为他服丧三年结束后，他们给孔子送来除丧祭的祭肉，孔子跑到门外来接受，回到屋里先弹琴，然后再食用②。

子夏居家服丧三年，除服之后来见孔子，心情有点激动，因为他已经有很长时间没见到老师了。孔子为了了解子夏除丧后情绪控制情况，就拿来一把琴让他试试手。子夏操琴弹了起来，琴声中隐约透露出一种有所克制的喜悦情绪。弹奏完毕后，子夏起身说道："古代先王制定的礼乐制度，我不敢不遵从。"

孔子笑道："你弹琴时表现出了君子风范。"

同样，闵子骞也居家服丧三年，除丧之后来见孔子，他似乎还没有完全从失去亲人的悲痛中摆脱出来，所以孔子让他弹琴时，虽然曲调和节奏把握得都很到位，但是琴声中透露出一种难以抑制的悲哀情绪。弹奏完毕后，闵子骞起身说道："古代先王制定的礼乐制度，我不敢违背。"

孔子笑道："你弹琴时表现出了君子风范。"

子贡在一旁不解地问孔子道："闵子骞仍然沉浸在亲丧悲伤之中，情绪还没有完全恢复，所以琴声悲切，您说他有君子风范；子夏已经摆脱了亲丧悲哀，情绪完全恢复正常，所以琴声和乐，您也说他有君子风范。我现在有点糊涂了，您能给我讲一讲究竟什么才是真正的君子风范？"

孔子说："闵子骞虽然仍沉浸在亲丧之中，但是他在弹琴时能够通过外在的礼制规范来克制自己内心的悲伤情绪；子夏虽然已经从亲丧悲痛之中走出来了，但是他同样能够通过外在的礼制规范来克制自己内心的和乐情

---

① 《礼记·檀弓上》。
② 《礼记·檀弓上》。

绪。无论悲伤或和乐，只要能遵从礼制规范，就是真正的君子风范。"①

礼乐制度是西周初年由周公等政治家创建的，对于中国古代政治制度产生了极为深远的影响。《礼记·乐记》中说："乐也者，动于内者也。礼也者，动于外者也。乐极和，礼极顺，内和而外顺，则民瞻其颜色而弗与争也，望其容貌而民不生易慢焉。"《汉书·艺文志》中引用孔子之言曰："安上治民，莫善于礼；移风易俗，莫善于乐。"这两段话基本概括了礼与乐的关系及其社会功效，乐是由心而发的，抒发的是内在情感，即所谓"乐动于内"。与此同时，音乐的旋律、节奏、音色等一经传播，必然会引起他人的情感共鸣，因此必须用礼制来加以节制，即所谓"礼动于外"。礼乐制度所追求的是"内和而外顺"的和谐效果，最终达到安上治民、移风易俗的政治目的。上述道理，孔子在教学过程中肯定经常向弟子们传授，不过空讲道理是不够的，还需要在实践中加以检验，子夏与闵子骞除丧弹琴就是孔子对他们遵从礼乐制度的实践检验。

（《礼记·檀弓上》《说苑·修文》《孔子家语·六本》）

14　拱而尚右

"拱"是拱手礼拜，古人行拱手之礼时通常是用左手掩着右拳（左外右内），即拱而尚左。《礼记·内则》："凡男拜，尚左手。"不过如果有人为亲人服丧，就应该用右手掩着左拳（右外左内），即拱而尚右，这是服丧之礼。

有一次，孔子与几个弟子站在一起，他对人行拱手之礼时用右手掩着

---

① 著者按：《礼记·檀弓上》中所记人物以及人物状态有所不同，此从《说苑·修文》《孔子家语·六本》。

左拳（尚右），几个弟子不明就里，也学着用右手掩着左拳。孔子笑着对弟子说："你们几个太好学了，见我拱而尚右，也学着拱而尚右，也不问问我为什么拱而尚右。我拱而尚右是在为我的姐姐服丧呢。"几个弟子这才明白，于是就改用左手掩着右拳了。

孔子有九个姐姐，她们都是叔梁纥与原配夫人施氏所生的。孔子虽然与姐姐们年龄相差很大，但是感情深厚，所以姐姐去世后，他都要为她们持服丧之礼。

（《礼记·檀弓上》）

15 朋友有服

"有服"是指穿着丧服去吊丧，丧服的轻与重主要依据吊丧人与死者血缘关系的亲疏远近，血缘关系越亲近丧服就越重，血缘关系越疏远丧服就越轻，五服（上下五代）以外，血缘已尽，就不用穿丧服了[①]，相关礼制规定在《礼记》《仪礼》等儒家经典中均有详细记载。

血缘关系之外，人与人之间还有各种社会关系，如朋友关系、师生关系、同僚关系等。周朝礼制规定：吊丧人与死者是朋友关系，吊丧时可以穿最轻一等的丧服，腰间也可以系绖带[②]，而同朝为官的同僚关系则可以不穿丧服。

鲁大夫秦庄子死了，孟孙氏宗主孟武伯与他同朝为官，两人关系密切，情同手足，因此孟武伯想穿丧服去吊丧，但是他不知道这样做是否符合礼制，就去向孔子请教，他问道："古时候有人为同僚穿丧服吊丧的吗？"

---

① 《礼记·丧服小记》："亲亲以三为五，以五为九，上杀、下杀、旁杀而亲毕矣。"
② 《礼记·丧服小记》郑玄注："朋友虽无亲，有同道之恩，相为服缌之绖带。"

孔子答道:"有的,同僚虽然贵贱有等,亲疏有别,但是彼此之间有朋友之义,这种关系有时比亲兄弟的情谊还深,所以吊丧时可以服朋友之服。我曾听精通周礼的老聃说过:周朝立国之初,虢叔、闳夭、太颠、散宜生、南宫括五人同朝为官,朝夕相处,共同辅佐周文王、周武王完成翦商建周的伟大事业。他们志同道合,精诚团结,情谊深厚,不是兄弟胜似兄弟。后来虢叔去世了,其他四人都为他服朋友之服,因为朋友关系是相对平等的,而同僚关系则有贵贱之分。从此以后,如有同朝为官者去世,同僚可以为他服朋友之服,古代懂得丧礼的人都遵从这样的礼仪。"

(《孔丛子·记义》)

16 吊哭的讲究

有人死了,亲朋好友前往丧家吊唁,吊丧的人感念死者生前种种好处,情不自禁,难免会哭,但是吊哭是很有讲究的,不论真哭假哭大哭小哭明哭暗哭,都要分清时间、场所、方式以及人物关系等,不能乱哭。

孔子是儒者出身,他对于丧礼中的"哭"是非常讲究的。比如伯鱼母亲(孔子妻子)去世已有一年,可是伯鱼仍然哭哭啼啼的,这是哭的时间不对,因为丧礼规定,母死父在,服丧时间只需一年,一年以后就应该恢复正常生活了,否则违礼,所以孔子厉声叱道:"其甚也!"[①]而鲁国公族大夫公父文伯的母亲思念死去的亲人时讲究上下有等,她早上哭丈夫,傍晚哭儿子,到了夜里就不再哭了,因为礼制规定,寡妇哭丈夫和哭儿子的时间必须区分开来(朝夫暮子),而且寡妇是不可以在夜间啼哭的。孔子听说此事后说:"季氏之妇可谓知礼矣。爱而无私,上下有章。"[②]再比如

[①] 《礼记·檀弓上》。
[②] 《国语·鲁语下》。

弁邑有个人死了母亲，他就像小孩子一样当众号啕大哭，这就是哭的方式不对，孔子批评他道："此人悲哀之情是真实的，也很感人，但是他哭的方法不对，别人很难像他那样动情地哭。礼制规范有一个重要原则：但凡礼制所规定的内容必须人人都能遵循，世代都能传承，所以丧礼中的哭号和跳脚都应有所节制。"①当然，人的情绪是很难控制的，再理智的人也会有情绪失控的时候，比如孔子听说子路在卫国内乱中死于乱剑之下，居然在中庭当众痛哭，这就是哭的场所不对。

对于不同关系的人，应该选择不同的吊哭场所，孔子在这方面也很有讲究。孔子在卫国有一个叫伯高的朋友，此人是经子贡介绍认识的，孔子与他关系不亲不疏，不远不近。伯高在卫国去世了，家人远道赶到鲁国来向孔子报丧。孔子接到伯高丧报后，左思右想，实在为难，他说："我应该在哪里吊哭伯高呢？如果是本家兄弟死了，我可以在宗庙里吊哭；如果是父亲的朋友死了，我可以到他家宗庙门外吊哭；如果是我的老师死了，我可以躲在自己寝室里吊哭；如果是我的朋友死了，我可以在自己寝室门外吊哭；如果只是见面认识的普通人死了，我可以到野外去吊哭。而我与伯高的关系很难界定，到野外吊哭显得过于生疏，在寝室里吊哭又显得过于亲近。伯高是经子贡介绍来见我的，我就把他当作子贡的朋友吧，这样我就应该到子贡家里去吊哭了。"于是孔子让人把子贡找来，让他当伯高的主家（吊唁场所），负责接待前来吊唁的人。孔子又特意关照子贡道："与你有关的人前来吊唁，你应拜谢；而与伯高有关的人前来吊唁，你不用拜谢。"

孔子在鲁国确定了吊唁伯高的临时场所，完成了吊唁仪式，但是礼数尚未周全，他还要派人到卫国去丧家吊唁，并送上助丧礼品。由于路途遥远，代表孔子吊唁的使者迟迟不到，当时孔子的弟子冉有在卫国做官，他就自作主张，准备了一捆绢帛和四匹马，代表孔子到伯高家中吊唁，孔子

---

① 《礼记·檀弓下》。

后来得知此事后说道："这事办得有点怪呀！这样做让我吊唁伯高显得不够真诚啊！"

哭（哭丧、吊哭等）是丧葬之礼中的一个很重要的内容，吊哭的讲究关键在于符合礼制规范，不仅要哭出真情实感，感动他人，还要有所节制，符合礼仪，情绪悲伤过度或情绪不到位都是不可取的，所以孔门弟子子游说："丧致乎哀而止。"①孔氏后人子思也说："先王之制礼也，过之者俯而就之，不至焉者跂而及之。"②"俯"是适当调低姿态，有所收敛；"跂"是适当激发情绪，精神亢奋。由此可见，礼的作用主要在于调节悲伤情绪，避免出现极端情况。

（《礼记·檀弓上》《孔子家语·曲礼子贡问》）

17　哭子路于中庭

子路死于非命，孔子早有预料，他曾明确警示子路道："暴虎冯河，死而无憾者，吾不与也。必也临事而惧，好谋而成者也。"③意思就是，有勇无谋是不可取的。

子路惨死主要是其性格使然，当时他在卫国担任政卿孔文子的邑宰，孔氏与太子蒯聩争权，发生内乱，人们都纷纷出逃避乱，孔门弟子子羔此时也在卫国谋事，他劝子路赶紧离开这个凶险之地，可是子路说："食焉，不避其难。"意思就是，既然食人俸禄，就必须忠人之事，理应有所担当，不避其难。随后他孤身一人杀入重围，与蒯聩乱党展开激战，乱战之中，他头上的冠缨被斩落在地，他俯身去捡，口中还大声呼道："君子死，冠不

---

① 《论语·子张篇》。
② 《礼记·檀弓上》。
③ 《论语·述而篇》。

免。"结果结缨而死。孔子听说卫国发生内乱后,当即料定子路难免一死,他说:"柴(子羔)也其来,由(子路)也死矣。"①因为孔子对子路的为人和性格太了解了:子路是一个为了个人名誉而不惜生命的人。

没过多久,子路的死讯传到了鲁国,孔子悲恸万分,在中庭失声痛哭。有人前来吊唁,孔子以主人身份一一拜谢。值得注意的是,在各种记载中都刻意强调"孔子哭子路于中庭"的细节,因为中庭是迎宾行礼的开放区域,人来人往,周旋揖让,孔子在此失声痛哭显然不合礼仪。

孔子大概也意识到自己失礼,便回到内室休息,待心情稍微平复之后,他让人把使者请来询问子路遇难的详细情况,当听说子路最后被暴徒乱刀剁成肉酱时,他赶紧让人把厨房里的肉酱倒掉,他说:"我怎么忍心再吃这种东西!"

在孔门弟子中,子路的性格特征非常鲜明,他为人重信守诺,果敢仗义,尽管学业滞后,有时也会公开顶撞孔子,但是孔子对他格外器重。子路遇难后,孔子痛心地说:"自吾得由(子路),恶言不闻于耳。"②意思就是,自从子路投到孔子门下,就没有人再敢侮慢孔子了!因为子路当年是在天打雷时出生的,所以孔子以后听见天打雷就会想起子路,哀伤不已。

(《左传·哀公十五年》《礼记·檀弓上》《孔子家语·曲礼子夏问》《论衡·佚文》)

18 哭掉一匹马

孔子失意于鲁后,开始周游列国,一路靠各国诸侯周济,生活基本能维持温饱,出行也有驾乘,勉强保住了没落贵族的体面。

---

① 《左传·哀公十五年》。
② 《史记·仲尼弟子列传》。

有一次，孔子来到卫国，他原本想到以前经常去的那家馆舍住宿，不料馆舍主人刚刚去世，家中正在办理丧事。遇到这种事情，孔子当然要进去礼节性地吊唁一下，这是人之常情。其实，孔子与馆舍主人关系泛泛，彼此并没有多深交情，可是那天不知道有什么事情触动了孔子，他哭得很伤心。吊唁结束后，孔子让子贡解下驾乘的一匹骖马送给丧家助丧，骖是车乘两侧的马。

子贡不解地问道："您的门徒死了，您都不愿意捐赠一匹马给丧家助丧，一个关系普通的馆舍主人死了，您却如此慷慨大方，竟然要解下一匹骖马相赠，这样的助丧礼是不是太重了？"子贡的话说得没错，孔子的得意门生颜渊死时，其父颜路曾求助于孔子，希望能用他出行的车乘来给颜渊改做外椁，却被孔子一口回绝了①。

面对子贡的质疑，孔子解释道："我刚才进去吊哭，情绪突然失控了，哭得很伤心。既然我在吊唁现场泪流涕下，几近失礼，说明我与死者的关系密切。既然关系密切，就应该有所表示，否则别人会说我虚情假意，所以你就按我说的去做吧。"

孔子做事一向理性克制，但是难免也会有情绪失控的时候。孔子吊唁已故的馆舍主人，由于一时没有控制好情绪，哭得很伤心，让人觉得他与死者情谊深厚。哭已哭了，只能假戏真做，所以他让子贡解下一匹骖马送给丧家，免得以后有人说他虚情假意。东汉王充在评论此事时说："孔子脱骖以赗旧馆者，恶情不副礼也。副情而行礼，情起而恩动。礼情相应，君子行之。""赗"是以财货助丧，"副"同符。说到底，孔子脱骖助丧，只不过是维护崇礼君子的形象而已。

孔子这么一哭，哭掉一匹马，他维持崇礼君子形象的代价确实太大了！

（《礼记·檀弓上》《论衡·问孔》《孔子家语·曲礼子夏问》）

---

① 《论语·先进篇》。

十、敬慎

十则

概说

在危机四伏的春秋乱世,想要远离灾祸,保全性命,就必须时刻保持敬慎。敬慎不仅是一种富有智慧的处世态度,也是一个人道德修养和思想境界的具体体现。

在儒家的道德体系中,"敬"与"忠"是密切相关的,"忠"是内在体验,"敬"则是外在表现。《说文解字》:"忠,敬也。"《尔雅·释训》:"穆穆,肃肃,敬也。"由此可见,没有内在的"忠",就不可能有外在的"敬";没有外在的"敬",也就不可能做到谨言慎行。

孔子在生活中对人对事都非常敬慎,要求自己做到谨言慎行,甚至危言危行,因为人们所遇到的许多灾祸大多是因为出言不慎,恣意妄为,历史上有无数正反两方面的事例,古代圣贤也有许多箴言遗训。孔子把敬慎当作人生修养的一门必修课,不仅时刻警醒自己,还经常教导弟子努力提高修养,保持敬慎。

01　金人铭

所谓"金人",其实就是一尊用青铜浇铸而成的塑像,不知道有多高,也不知道有多重,"铭"是刻写在金人背后的文字或短文。《法言·修身》:"铭哉,铭哉!有意于慎也。"可见铭文的意义在于时刻警示自己保持谨慎。

这尊铜像安放在周太祖后稷的神庙中,孔子访周问礼期间曾经到神庙中去祭拜周先祖,在庙堂右边的台阶前见到这尊铜像,铜像的嘴部被布条封了三层,即所谓"三缄其口",背后镌刻着几个大字:"古之慎言人也。"这是铜像的身份。几个大字下面还刻有一篇铭文,篇幅很长,文字古朴,应该是上古圣贤的遗训。铭文在文前文后都重复了"戒之哉!戒之哉!"两句,这种表述是为了突出主题。简单归纳一下,这篇铭文大体有几层意思:一是灾祸和凶险无处不在,随时都有可能发生,所以任何人在任何时候都不能心存侥幸,尤其是身处安乐之时,就更应该时刻警醒自己谨言慎行,事事戒备;二是灾祸是一点一滴累积起来的,如果人们不能谨小慎微,防微杜渐,最终必将酿成大祸,追悔莫及;三是为人处世要善于保持谦卑的姿态,选择卑下的位置,采取柔弱的手段,这样就不容易受到攻击,遭遇凶险。

总体而言,铭文的主题思想是"敬慎"二字,所以刘向在编撰《说苑》时将其归为《敬慎》一类。所谓"敬慎",就是要求人们努力做到敬而有慎,慎而有敬,两者是统一的。

孔子读完铭文后,回过头来对弟子说:"你们要认真记住啊!这篇铭文写得实在而中肯,情真而可信。《诗经》中说:'战战兢兢,如临深渊,如履薄冰。'①这就是要求我们时时处处都要小心翼翼,谨言慎行,如果我们立身行事能够遵从铭文的训诫,那么怎么会犯祸从口出的错误呢?"

(《说苑・敬慎》《孔子家语・观周》、定州八角廊竹简《儒家者言(八)》)

02 齿坚于舌而先之敝

"齿坚于舌而先之敝"一语出自《淮南子・道应训》,这是西汉时期流行很广的一句箴言,告诫人们要学会以柔克刚的做人道理和为官诀窍:牙齿虽然坚硬,但是经不住长年累月的磨损,不到六十岁就全部脱落了;舌头虽然柔顺,却能避免磨损,终生不敝。

诸子书多以言系人或以事系人,于是"齿坚于舌而先之敝"就演义出老莱子教孔子事君、常枞教老子知天下之事和老莱子教子思事君等多种版本,其中老莱子是关键人物。

有一次,孔子去拜访老莱子,老莱子伸出舌头来让他看,然后问道:"我的舌头还在吗?"

孔子说:"在。"

老莱子又张开嘴巴让孔子看牙齿,然后又问道:"我的牙齿还在吗?"

孔子说:"不在了。"

老莱子笑道:"我的舌头至今完好无损,这是因为其柔顺,而我的牙齿已经全部脱落了,这是因为其坚硬。侍奉国君何尝不是同样道理?直言强谏容易招致杀身之祸,曲意顺从才能保全性命。"

孔子听后连连点头,从中深受教益。

若干年后,孔子之孙子思又遇见老莱子,当时鲁穆公正要聘他为鲁

---

① 《诗经・小雅・小旻》。

相，老莱子问他将如何施政，子思说："我打算坚持原则，仗义执言，以先王之道辅佐国君，如果国君能够听从我的意见，我就尽忠尽责，如果国君不接受我的意见，我就辞官归去。"于是老莱子又把齿坚舌柔的道理说给他听，子思听后说："我不能做舌头，所以我干脆不当鲁相了。"

道家学说思想与儒家学说思想最主要的区别在于人生信仰和处世态度不同，道家主张消极避世，儒家则主张积极入世，所以老莱子虽然对孔子影响很大，但是这种影响仅限于人生智慧方面，孔子并没有因此而改变自己的政治立场。

(《战国策·楚四》《说苑·敬慎》《孔丛子·抗志》)

03　罗网之患

这里的"罗"是动词，网罗之义。孔子看见有人张网捕雀，捕到的都是黄嘴小雀，于是便上前问道："为什么网罗到的都是小雀，大雀却一只没有？"

罗雀者答道："大雀比较警觉，所以不容易捕获；小雀则嘴馋贪食，所以比较容易网罗。如果小雀都像大雀一样警觉，那么我就一无所获了；如果大雀都像小雀一样贪食，那么我就可以把大雀小雀一网打尽了。"

孔子觉得罗雀者的话虽然质朴，但是蕴含了深刻的道理，值得仔细玩味，于是他借题发挥，回过头来对众弟子说："时刻保持警觉就可以远离灾祸，贪图眼前小利就可能遭遇危险，人生中的祸福凶吉都是由自己内心决定的。当然，人不可能事事明智，因此遇事应该听从智者意见，跟随长者行动。长者（大雀）见多识广，思虑周全，跟随他们就可以保全自己；年轻人（小雀）则比较率性、冲动，思考问题也不够缜密，因此难免有'罗网之患'。"

哪怕再小的事情，孔子也要借题发挥，絮絮叨叨，倚老卖老，教训弟子，以此来树立自己的权威，难怪子路、宰我等弟子都表现出厌学情绪。

（《说苑·敬慎》《孔子家语·六本》）

04　知命者不立乎岩墙之下

在生活中，孔子是一个谨小慎微的人，鲁国曲阜城有一个城门由于年久失修，破损严重，将要坍塌，他每次路过时都格外小心，总是小步快走地通过。身边人对他说："这个城门已经破损多年了，一时半会儿不会发生坍塌意外。"孔子则说："正因为这个城门破损已有多年，所以每次路过时都应该格外小心。"

孔子认为，人生有幸与不幸，这些都是由天命决定的，人们只能顺从，无法改变，因此人应该知天安命，他甚至把"知天命"作为人生修养的一个重要标准："不知命，无以为君子也。"①不过有些事情仅仅听从天命安排是不够的，还要发挥个人主观能动性，主动顺应和把握命运，比如遇到危险时就应该主动避让，积极应对，避免发生意外事故。如果明知曲阜城的城门已经严重毁坏，随时有坍塌危险，通过城门时仍不注意防范，保持警惕，规避风险，一旦发生意外就是命中之不幸了。所以孔子说："存亡祸福皆在己而已，天灾地妖，亦不能杀也。"②又说："君子处易以俟命，小人行险以侥幸。"③这两句话的意思是，人一定要敬畏天命，切莫天堂有路你不走，地狱无门自来投！后来孟子在此基础上又提出了"正命"和"非命"的观点："莫非命也，顺受其正；是故知命者不立乎岩墙之下。尽

---

① 《论语·尧曰篇》。
② 《说苑·敬慎》。
③ 《礼记·中庸》。

其道而死者，正命也；桎梏死者，非正命也。"①

（《论衡·幸偶篇》）

05　微言之祸与白公之乱

白公是楚平王之孙，太子建之子，芈姓，熊氏，名胜。太子建因遭费无极等人谗害，举家出逃郑国，后被郑人所杀。太子建死后，白公胜又逃往吴国，后奉楚国令尹子西之召返回楚国，封于白邑，故号白公。

白公胜在楚国历史上是一个颇有争议的人物，他虽然是楚国公族出身，但是为人心胸狭隘，尚勇好斗，身边聚集了许多亡命之徒。楚大夫叶公子高曾评价他道："其为人也，展而不信，爱而不仁，诈而不智，毅而不勇，直而不衷，周而不淑。"②又说："吾闻胜（白公）也诈而乱，无乃害乎？"③可见，白公胜身上的恶劣品行要远远大于优良品质。公元前479年，他为报父仇，经过密谋，发动叛乱，杀死楚国令尹子西和司马子期，囚禁楚惠王，自立为楚王。后来叶公子高发兵平乱，将其擒获，他在狱中自缢而死，史称这一历史事件为"白公之乱"。

但凡当时有影响的重大历史事件，好事者都会牵扯上孔子，白公之乱也不例外。那么孔子在白公之乱中扮演了什么角色？儒、墨两家曾为此发生激烈论辩。墨家学派借齐国贤相晏婴之口批评道："孔某之荆，知白公之谋，而奉之以石乞，君身几灭，而白公僇。"④意思就是，孔子明明知道白公胜的叛乱阴谋，却把死士石乞引荐给他，最终酿成弑君诛臣的惨痛悲

---

① 《孟子·尽心章句上》。
② 《国语·楚语下》。
③ 《左传·昭公十六年》。
④ 《墨子·非儒下》。

剧。儒学后人则从时间推断上来驳斥墨家诽谤孔子的荒谬：白公之乱发生在鲁哀公十六年秋季，孔子在五年前就已返回鲁国，从此以后他再也没有离开鲁国，而白公之乱发生之时他已经去世十个多月了，因此所谓"孔某深虑同谋以奉贼"之说纯属无稽之谈！他们反驳道："墨子虽欲谤毁圣人，虚造妄言，奈此年世不相值何？"①从时间上来推断，孔子确实没有直接参与白公之乱的可能，但是这并不能说明他此前与白公胜之间没有互动，因为《论语》《国语》等书中均有孔子与子西、叶公等人交往的记载，因此他也可能在叛乱之前曾与白公胜秘密会面，这种推断在理论上是成立的，而且也有相关文字记载辅证。

白公胜在与孔子秘密会面时问道："人可与微言乎？"所谓"微言"，就是隐晦或私密的话。白公胜这句话的意思是，我能和您说几句私密话吗？显然，白公胜想对孔子说的私密话肯定与他密谋发动叛乱有关。孔子的政治嗅觉是非常敏锐的，他已经察觉到楚国政坛正在酝酿一场严重的政治危机，而且他对白公胜的为人和图谋也是心知肚明。他不愿意卷入这场楚国内部的矛盾冲突之中，自己最好什么都不知道，于是就保持沉默，不作回答。

白公胜见孔子有所顾虑，沉默不语，知道他担心自己以后会受到牵连，于是就旁敲侧击地说："如果把石头投进水里会怎么样呢？"白公胜用石头投入水中来比喻"微言"，意思就是，我对您讲的私密话就如同沉入水底的石头一样，不会有人知道的。

孔子说："石头虽然沉到水底，但是吴、越一带善于在水中潜行的人仍能从水中取出。"

白公胜又说："如果把水倒进水里，又会是什么情况呢？"

孔子说："齐国菑、渑二河并流，河水都混在一起，然而善于调味的烹饪大师易牙只要尝一尝便能分辨出来。"

---

① 《孔丛子•诘墨》。

白公胜说:"照您这么说,人与人之间不可以说私密话?"

孔子答道:"胡为不可?唯知言之谓者为可耳。"所谓"知言之谓者",就是那些能真正了解自己的人,这种人无须多言就能知道你的心思。孔子的意思是"微言"不是不能说,但要看对谁说,私密话只能对那些能够明白真实含意的人说,否则就容易引起误会,甚至招致杀身之祸。

孔子接着说道:"人如果有心思是藏不住的,所以说与不说并不重要,想与不想或想得对与不对才重要。比如在河边争鱼的人必然会沾湿衣服,在林中追逐野兽的人也必然要拼命奔跑,其实他们并非乐意如此,而是不得已而为之。同样,心中藏有重大秘密的人不用说什么或怎么说,微言也好,明言也罢,别人都能从他的言行举止或容貌神态中察觉到隐藏的秘密。所以若要求得平安,最好的办法就是打消危险念头。最高境界的言语是无言,最高境界的行为是无为,只有那些见识浅薄的人才会为了说什么、和谁说、怎么说之类的细枝末节问题而纠结。"

孔子的这番话可谓推心置腹,他明白无误地告诫白公胜要顾全大局,不能靠耍阴谋诡计来达到个人目的。然而白公胜却不能领悟其中的道理,依然我行我素,出言不慎,其谋反之心已是人人皆知,当时就有人评说他道:"狼子野心,怨贼之人也。"[①]由此可见,微言之祸直接导致白公之乱,白公胜最终举事兵败,自缢而死。

(《列子·说符篇》《墨子·非儒下》《吕氏春秋·审应览·精谕》《淮南子·道应训》《史记·楚世家》《新序·义勇》《孔丛子·诘墨》)

06 赵氏其昌乎!

赵氏是指晋国主政国卿赵襄子(无恤),他是春秋末年的一位重要政治

[①] 《国语·楚语下》。

人物，也是三家分晋的主导者之一。在历史上，赵襄子与其父赵简子并称为"简襄之烈"。

春秋末年，在讨伐戎狄的战争中，赵襄子派晋大夫新稚穆子率领晋军攻打翟国①，晋军一路摧城拔寨，势如破竹，连续攻下左人、中人两座城邑②。新稚穆子派使者回来向赵襄子报告战绩。当时赵襄子正在吃刚抟好的饭团，他听到前线的战报后不喜反忧。身边的侍从问他道："晋军连续攻占两座城邑，这是令人高兴的喜讯，您反而忧心忡忡，这是何缘故？"

赵襄子说："江河涨水，水势再大，不出三天就会退落；暴风骤雨，雨势再猛，不出一日就会停歇。任何事情积累得越多，得到的回报就越多，延续时间也长久。如果德行不淳厚，福事接踵而至，这是侥幸。侥幸不是福报，如果把侥幸当作福报，必将遭受灾祸。现在我们赵氏德行积累并不深厚，但是却享受了一天连续攻占两座重要城邑的大福报，这是德不当福的侥幸。如果我们此时把侥幸当福报，不能保持清醒的头脑和恭敬的姿态，狂妄自大，高调行事，那么赵氏将会遇到难以预料的灾祸！"

赵襄子并没有被晋军连取两座城邑的胜利冲昏头脑，他时刻保持头脑清醒，及时反省自己，行事更加小心谨慎。孔子后来在评述此事时感慨道："赵氏将要兴旺昌盛！深谋远虑是事业昌盛的保证，好大喜功则是事业衰败的开始。在战争中取胜不是难事，难的是长期保持胜势。赵襄子用这种敬慎的态度来对待晋军取得的胜利，其功德必将惠及后人！"

春秋时期，人们已经意识到福与祸或幸与不幸都是有缘由的。当没有缘由的福或幸突然来临时，人们就应该警醒自己，小心谨慎，否则祸或不幸将会不期而至。

（《列子·说符篇》《国语·晋语九》《吕氏春秋·慎大览·慎大》《淮南子·道应训》）

---

① 著者按：《国语·晋语九》中记作"狄"。
② 著者按：《淮南子·道应训》中记作"尤人、终人"。

07　东闾子尝富贵而后乞

齐国有一个人住在国都临淄东闾门附近，故而人称东闾子。东闾子曾经做过官，发过财，是齐国有名的大富大贵之人，然而他后来却丢了官，破了财，沦落到街头行乞，有人问他道："大人如今为何沦落到如此境地？"

东闾子悔恨地答道："这一切都是我自己造成的呀！当初我出仕为官，官至齐相，位高权重，可是我任国相六、七年间没有举荐过一位贤人。后来我又经商做买卖，大发横财，家累千金，可是我没有帮助过一个朋友，让他和我一样富有。今天我沦落到这般境地，全是咎由自取啊！"

孔子听说此事后说："凭借自己富有而帮助别人富裕的人是不可能贫穷的，凭借自己显贵而帮助别人显贵的人是不可能卑贱的，凭借自己仕途发达而帮助别人仕途发达的人是不可能失去官位的。由此可见，如何合理运用权力、妥善处置财物是难办的事情。权力和财物有大小多少之分，人们都以为掌握的权力越大越好，拥有的财物越多越好。但是如果权力和财物只专利一人，不能普惠大众，那么就会激起众怨，最终必将失去一切，因为你得到的越多，就意味着别人得到的越少，这种不公平的情况是不会维持长久的，这就是大小多少数字变化的奥妙。换言之，东闾子当初所掌握的权力和所拥有的财富原本就不属于他，他从别人那里掠夺来了，却不懂得与人分享的道理，最终不得不又把一切又还给别人。所以做人一定要思前想后，慎之又慎。"①

对于贫富贵贱问题，孔子一贯持以相对开明的态度，他说："富与贵，是人之所欲也；不以其道得之，不处也。贫与贱，是人之所恶也；不以其

---

① 《韩诗外传·卷二》："孔子曰：'不慎其前，而悔其后。嗟乎！虽悔无及矣。'"

道得(去)之,不去也。"①所谓"道",就是符合礼制规范和道德标准的正确方法和价值取向。东闾子或"处"或"去",都不符合"道"的要求,所以先贵后贱、先富后贫就不足为奇了。

(《说苑·复恩》《说苑·杂言》)

08 齐高庭问事君子之道

齐国有一个叫高庭的人,他一心想到有权有势的大人物手下去当差谋事,但是他没有相关经历,不知道如何侍奉大人物。他听人说孔子在这方面很有经验,孔门弟子有许多都已出仕为官了,而且都干得有声有色,于是他穿着蓑衣,带上见面礼,翻山越岭,长途跋涉,步行多日找到孔子,他对孔子说:"我诚心诚意地来向您请教侍奉大人物的方法,请您不吝赐教。"

孔子见他态度诚恳,就对他说:"侍奉大人物并不难,你只需对他忠心耿耿,恭恭敬敬地辅佐他,坚持不懈地施行仁义。为大人物做事一定要排除心中的恶念,激发善良的本性,见到有德君子要鼎力举荐给他,见到无耻小人要坚决斥退。平时你要以大人物为榜样,效法他的行为举止,学习他的礼仪容貌,理解他的所作所为,这样即使你与他远隔千里,也能感受到兄弟般的情谊;如果你不效法他的行为举止,不学习他的礼仪容貌,不理解他的所作所为,这样即使你与他住在门对门,两人到老也不会有来往。在大人物身边说话办事要严谨认真,每天不停说话,却不会给自己带来烦恼,每天不停做事,却不会给自己带来麻烦,只有智者才能够做到这样,所以你要努力成为一个尽量不犯错或少犯错的智者。为大人物当差谋事最重要的是要加强道德修养,提高自律能力,只有心怀畏惧的人才能消

---

① 《论语·里仁篇》。

除祸患，只有恭敬谦逊的人才能远离危难。总之，在大人物手下当差谋事一定要小心谨慎，不能有丝毫松懈，更不能有半点马虎，因为往往一句不经意的话就会让你身败名裂，断送前程！所以你必须事事小心谨慎！"

（《说苑·杂言》《孔子家语·六本》）

09　见之以细而观远化

春秋末年，礼乐制度败坏，社会动荡加剧，许多平民在诸侯争霸战争中失去了土地和家产，他们不得不流落异乡，沦为奴隶。鲁国为了解救这些卖身为奴的鲁人，专门颁布了一项法令：但凡遇到流落到别国给人当奴仆的鲁人，如果有人愿意出钱赎买他们的人身自由，赎金可以从鲁国国库中如数支取。

有一次，子贡从别国赎回一个沦为奴隶的鲁人，他回到鲁国后，并没有依据法令从国库中支取这笔赎金，因为他经商做买卖已经很有钱，平时出手阔绰，一掷千金，根本不在乎这点儿钱。子贡的这种行为看起来很高尚，实际上并不妥，原因有二：一是此举违反了鲁国法令。法令体现了国家意志，救赎沦为奴隶的鲁人是国家行为，任何人都不得以任何理由（包括善行义举）不执行法令，更不能以标榜个人道德高尚的名义来破坏法令的公正性和严肃性；二是此举让其他有意救赎奴人的人陷于两难境地，进而导致救赎行动难以持续下去。鲁国并不是所有人都像子贡那样富有，其他人原本只需按照国家法令履行赎人的义务就可以了，现在却要背上沉重的道德包袱，救赎之前必须在道德标准和经济利益之间做出选择：赎人之后要不要依法到国库中去支取这笔赎金？如果不去支取，许多人是无力承担这笔赎金的；如果到国库去支取赎金，就会显得自己道德不够高尚（与子贡相比）。与其左右为难，不如放弃赎人，因而导致许多卖身为奴的鲁人得不到救赎，官府颁布的法令也成为一纸空文。孔子得知此事后严肃批评道："子贡的这种做法是错误的！如果大家都像他那样，从今往后鲁人就不会再在别国救赎奴人了！"

与子贡不同，子路有一次从水中救起一个溺水者，那人为了报答子路的救命之恩，就送给他一头牛。子路当时欣然受之，而且心安理得，他并没有觉得自己在道德方面有什么瑕疵。孔子事后说："鲁国人以后都会奋不顾身地救助溺水者了！"道理很简单，因为救人义举应该得到相应回报，回报不仅有精神方面的，也有物质方面的。

子贡赎鲁国人于别国他乡，子路救溺水者于生死关头，同样性质的善行义举，孔子却褒贬不一，这说明他谋事深远，思维缜密，思考问题注重事物之间的关联性和一致性，不会被眼前的利益得失所迷惑。后人对此称赞道："孔子可谓通于化矣，故老子曰：'见小曰明'。"①"孔子见之以细，观远化也。"②"孔子之明，以小知大，以近知远，通于论者也。"③意思就是，孔子判断是非不是孤立地就事论事，因为个体的善行义举只是私德，不具有公共价值或社会效应，只有通过"化"的方式来带动和感化所有人，使人人都向善，天下尽归仁，这样才是道德高尚的圣人之举。

（《吕氏春秋•先识览•察微》《淮南子•齐俗训》《淮南子•道应训》《说苑•政理》《孔子家语•致思》）

10　乐正子春下堂而伤其足

孔子去世后，儒家学派逐渐分化为八个分支（"儒分为八"），各个分

---

① 《说苑•政理》。
② 《吕氏春秋•先识览•察微》。
③ 《淮南子•齐俗训》。

支在传承孔子学说思想方法各有侧重,比如"乐正氏之儒"以传承儒家孝道为主,其代表人物是乐正子春。

乐正子春是战国初期鲁国人,以至孝闻名,他曾师从孔门弟子曾子学习孝道,并参与了《孝经》的编撰,因此他在学说思想上与孔子是一脉相承的。孔子曾经教导曾子说:"身体发肤,受之父母,不敢毁伤,孝之始也。"① 曾子也说:"身也者,父母之遗体也。行父母之遗体,敢不敬乎?居处不庄,非孝也。"② 所以曾子在临终之前对门人弟子说:"启予足!启予手!《诗》云:'战战兢兢,如临深渊,如履薄冰。'而今而后,吾知免夫!小子!"③ 意思就是,看看我的脚完好无损,再看看我的手也完好无损,身体肌肤都没有受到毁伤,因为我一生都小心谨慎,不敢忘记父母,所以能保全自己,成全孝道。当时乐正子春就守在曾子身边,他对曾子的临终遗言印象深刻,所以他在生活中也处处谨小慎微,唯恐自己身体受到意外伤害。

有一次,乐正子春下堂时不小心摔伤了脚,脚伤痊愈后,几个月都不敢出门,脸上总显露出忧郁之色。弟子们不解地问道:"先生脚伤痊愈已有数月了,然而您仍足不出户,面有忧色,请问这是什么缘故?"

乐正子春答道:"你们这个问题问得好啊!我曾听我的老师曾子说过这样的话,而曾子又是从他的老师孔子那里听来的:在天生地养的所有物种中,人是最高贵的。人类在繁衍后代的过程中,父母完好地把儿子生了下来,儿子就理应完好地把身体归还给父母,这样才能称得上'孝';人生在世,能够保全自己的身体发肤不受任何伤害或玷污,这样才称得上'全'。所以有德君子一举一动都非常谨慎、恭敬,不能让自己的身体受到毁伤,也不能让自己的人格受到侮辱,否则就是对父母不孝。前一段时间,我因不小心而摔伤了脚,说明我在孝敬父母做得还不够好,我为此而感到羞愧

---

① 《孝经·开宗明义章》。
② 《礼记·祭义》。
③ 《论语·泰伯篇》。

和担忧。真正的孝子应该每走一步都不敢忘记父母，每出一言也不敢忘记父母。因为孝子每走一步都不敢忘记父母，所以他平时走路只走平坦的大道，不会走不安全的小径，过河只坐船，不会去游水，他在任何时候保持警觉，不敢用父母赐予的身体去做危险的事情；孝子每出一言都不敢忘记父母，所以他不会用恶言恶语去惹怒别人，这样别人也就不会怨恨或伤害自己。孝子自身不会受到侮辱，父母也就不会蒙受羞辱，这样就称得上孝了。"

乐正子春因为下堂伤足而拒绝参加所有社会活动，理由竟然是为了孝敬父母，这样的孝道显然已经偏离了孔子所提倡的孝的观念，走向了极端。

(《礼记·祭义》《大戴礼记·曾子大孝》《吕氏春秋·孝行览·孝行》)

十一、善说 十三则

概说

善说是运用合乎规范的语言来正确表达思想感情，与他人形成良性互动，从而达到相互理解、增进友情的目的。善说不仅是人际交往中的一种必备能力，也是提高自身道德素养的一个重要途径，人们也把善说作为衡量一个人道德水准和智慧程度的标准，所以孔子说："有德者必有言。"（《论语·宪问篇》）

孔子善说，颜渊称赞他道："夫子循循然善诱人，博我以文，约我以礼，欲罢不能。"（《论语·子罕篇》）孔子之所以善说，首先是他博学多知，言之有物，说话具有很强的知识性和趣味性，让人能从中受益；其次是他思维敏捷，观察细致，善于从一些生活琐事中来阐发人生大道理；再次是他善于根据时间、场合、人物等具体情况来确定言谈的内容与形式，该严肃则严肃，可轻松则轻松，一切云淡风轻而又意味深远。此外，孔子与人说话语气平和，不疾不徐，注重语言技巧，他从来不把自己的观点强加于他人。

为了提高弟子的表达能力和语言技巧，孔子结合儒学"四教"科目（文、行、忠、信）对应设立了四个考核科目，"言语"则四科之一，所以孔门弟子大多能言善说，而宰我、子贡则是得到孔子认可的善说者。

01　大忘之忘

"大忘"就是忘性很大的人,他们经常转脸就忘事,让人哭笑不得,现代医学把这种忘性很大的人称作健忘症患者。鲁国就有这样一位大忘之人,他搬到新家之后,居然把自己的妻子忘记了。鲁哀公听说此事后很好奇,就向孔子询问大忘之人的事情,孔子却一脸严肃地答道:"忘记自己妻子只是小忘,而忘记自身处境才是大忘。"

鲁哀公一时没有明白,于是就对孔子说:"您能给我具体讲一讲有关大忘的事情吗?"

孔子说:"从前夏桀贵为天子①,富有天下,但是他却忘记了圣王大禹的治国之道,破坏了先祖设立的典章制度,废除了世代承继的祭祀仪式,终日沉溺于酒色之中,淫逸放纵。夏桀的左师是触龙,但是他不务正业,专事奉迎,任由夏桀纵乐狂欢,不加劝阻。后来商汤率领天下人共同讨伐暴君,诛杀夏桀和触龙,他们的尸体被肢解后分埋四处,夏朝由此灭亡,这就是忘记自身处境的大忘!"

鲁哀公听后吓得脸色大变,他知道孔子是借大忘的话题来向自己进行说教,于是低声嘟囔道:"您讲得太有道理了!"

此外,《鹖子·大道文王问》中亦载有周文王问"人有大忘"之事,鹖子解释道:"知其身之恶而不改也,以贼其身,乃丧其躯,其行如此,是谓之大忘。"后来有人从文意上来推断,"忘"与"忌"因字形相近而误读,"大忘"应释为违反禁忌的严重过失或错误。忘妻是祸不及身的小错误,而忘身则是杀身亡国的大错误("忌")。此说亦有可取之处。

(《说苑·敬慎》《尸子·卷下》《孔子家语·贤君》)

---

① 著者按:《尸子》中记为"商纣"。

02　陈惠公筑凌阳之台

春秋末年，在楚、吴两个大国的争霸战争中，陈国屡遭侵伐，都城数度被攻破，城中一片破败凋敝的景象，甚至灭国五年。楚平王当政时期，为了扩大楚国在诸侯各国中的影响力和号召力，立陈哀公之孙吴为陈侯，是为陈惠公[①]。

陈惠公即位不久，便开始大规模征用民力，在城中大兴土木，修建新城，并建筑了一个高台，名曰凌阳台。凌阳台尚未完工，因违反法令而被处死的民工就多达数十人，此外还有三名负责监工的官吏也因违法被收监入狱，即将被处以死刑。

孔子当时正好途经陈国，他听说此事后专门去拜见陈惠公，陈惠公邀请他一起登上凌阳台观望。孔子见高台巍峨，气势宏大，不禁赞叹道："凌阳台真壮美啊！自古以来，历代君王建筑高台，哪有不杀一人就能取得如此巨大功绩的呢？"其实孔子是正话反说，目的在于激发陈惠公的羞耻心。

陈惠公听了孔子的话后心生愧疚，默不作声地离开了，并立即下令把在押的几个监工官吏释放了，他之所以这么做，完全是想赢得一个"不杀一人"的好名声。

后来，陈惠公再次见到孔子时故意问道："当年周文王在建筑灵台时杀过人吗？"

孔子答道："周文王兴业之时，天下九州中有六州民众都归附于他，他们听说文王要建筑灵台，都自觉自愿地从四面八方赶来。为了赶工期，白天父亲干，晚上儿子干，父子轮替，日以继夜[②]。小小的灵台用不了多少天就建造起来了，所以文王根本无须杀戮一人。如今能够动用少量民力就取

[①] 《史记·陈杞世家》。
[②] 《诗经·大雅·灵台》，并见《新书·君道》。

得巨大功绩的人，非您陈侯莫属了！"

孔子采取正面激励的方式来劝谏陈惠公，希望他能像周文王一样明德慎罚，善待百姓，这一招收到意想不到的效果。

（《孔丛子·嘉言》）

03 以黍雪桃

孔子也有出丑的时候，不过他总能凭借能言善辩来挽回面子。

有一次，孔子陪坐在鲁哀公身边，鲁哀公面前的案几上摆有桃和黍，他请孔子一起分享。孔子也不客气，先吃了黍，又吃了桃，旁边的侍臣看见后都捂着嘴偷笑。

鲁哀公善意地提醒道："黍者，非饭之也，以雪桃也。"因为桃子表皮上有许多细毛，食用之前必须用黍子反复擦拭，以去其毛，即所谓"雪桃"。孔子不明白其中讲究，以为黍是食物，故而误食，在众人面前出了丑。

孔子并没有觉得尴尬，他一本正经地答道："我知道黍是用来擦拭桃毛（雪桃）的，不过我还知道，黍为五谷之长，在宗庙祭祀祖先时是上等供品，无可替代；而桃在六种果品中是最次一等的，不仅不能用来当祭祀供品，也不能摆进宗庙。我听说有德君子用低贱的物品来擦拭高贵的物品，却没听说用高贵的物品来擦拭低贱的物品。现在要用五谷之长的黍来擦拭六果之下的桃，这不是乱套了吗？我认为这样做既有害于道德教化，也有害于礼义规制，所以我不敢用黍子来擦拭桃毛。"

以黍雪桃，也许是当时贵族生活的一种讲究，不知为不知，孔子没有必要扯那么远，甚至上纲上线到"教"与"义"的高度。鲁哀公听了孔子的自圆之说后，不得不佩服他口才捷利，能言善辩，故而连连称善，尴尬的气氛也瞬间化解了。

（《韩非子•外储说左下》《孔子家语•子路初见》《论衡•自纪篇》）

04 楚弓楚得

楚弓楚得是一句成语，"楚弓"是指一张名为繁弱的良弓①，为春秋时期楚国君主楚共王所有。有一次，楚共王在云梦之囿狩猎，用繁弱之弓和忘归之箭射杀蛟兕猛兽，返回时却将繁弱之弓遗失在山林之中，身边的武士要回去寻找，楚共王说："止，楚人（王）遗弓，楚人得之，又何求焉！"意思就是，繁弱之弓遗失在楚国境内，日后必为楚人所得，肥水不流外人田，也就无所谓得与失了。楚共王是一国之君，他不受一己之私所囿，以国家论得失，这种格局和气度是令人敬佩的。

古人喜欢穿凿附会，借题发挥，后来好事者又把孔子、老子、庄子等人牵扯到这件事情中来：孔子听说此事后不以为然，他认为楚共王的格局还不够大，道德修养仍需提高，他说："楚共王为什么说'楚人遗弓，楚人得之'呢？为什么不说'人遗弓，人得之'呢？"孔子把楚共王所说的"楚"字去掉，因为"楚"只是一个国家的概念，楚共王反复强调"楚人"，说明他道德修养的境界还不够高，充其量只能恩泽一国。而"人"则是一个天下的概念，道德修养的最高境界应该是心怀天下，博施万民。

听到孔子的议论后，另一位大师级的人物老子也不以为然，他认为孔子的格局也不够大，思考问题仍然停留在人事范围，因此思维处处受到限制，他说："仲尼只去掉了一个'楚'字，我觉得还可以去掉一个'人'字，这样就彻底了！"老子把"人"字去掉，就把遗弓问题上升到了哲学层

---

① 著者按：《荀子•性恶》："繁弱、钜黍，古之良弓也。"又：《孔子家语•好生》中作"乌嗥之弓"。

面，弓失于天地之间，得于天地之间，如果以天地万物为主体，那么就不存在得与失的问题了，所以后来庄子说："若夫藏天下于天下而不得所遁（失），是恒物之大情也。"①意思就是，存天下于天下，何患得失？老子和庄子都是道家人物，他们重自然而轻人事，对于儒家学派重人事而知天命的思想倾向当然不屑！

战国时期名家学派的代表人物公孙龙提出了"白马非马"的著名命题，他在与儒学后人子高的论战中②，又把遗弓之事翻了出来，拿孔子说事："夫是仲尼之异楚人于所谓人，而非龙（公孙龙）之异白马于所谓马，悖也。"③此时遗弓之事又演变成逻辑问题。

同一件事情，各家各派，各说各话，孔子夹在中间几头受气，后人读书也只好一笑了之。

（《公孙龙子·迹府》《吕氏春秋·孟春季·贵公》《说苑·至公》《孔子家语·好生》《孔丛子·公孙龙》）

05　多所知与无所知

有一个叫道吾的人来拜访孔子，此人不知是何来历，从名字来推断，他应该是一个修道之人，可能是道家人物。道吾向孔子提出一个不是问题的问题："多所知与无所知，其身孰善者乎？""多所知"是知识丰富，"无所知"则是知识贫乏。意思就是，知识丰富和知识贫乏，哪种状态对人更有益？按照常人理解，当然是知识越多越好，然而道家学派的观点则与此

---

① 《庄子·大宗师》。
② 著者按：子高，名穿，孔箕之子，孔伋之玄孙。
③ 《孔丛子·公孙龙》。

相反，他们认为知识会妨碍悟道，所以主张"绝圣弃智"①，老子说："为学日益，为道日损，损之又损，以至于无为。"②

孔子沉吟片刻，然后缓缓答道："无知的人迟早会因为无知而丧命，即使他不死，也会拖累许多人；多知的人平时用心学习，积累了许多知识，如果把这些知识用于造福人类，那么多知当然比无知对人有益，如果把这些知识用于祸害人类，那么多知还不如无知。"

道吾对孔子的回答非常满意，他连声称赞道："善哉！"

孔子能够巧妙地应对道吾的问题，是因为他思考问题并没有停留在"多所知"和"无所知"的表面层次上，而是深入分析知识的实用功能。知识本身是不分是非善恶的，关键在于如何运用，如果用对了地方，知识越多对人就越有益，如果用错了地方，知识越多就对人越有害。

（《说苑·杂言》）

06　陈恒欲作乱于齐

陈恒是齐国陈氏第八代宗主，妫姓，陈氏（田氏），名恒，一作常，谥号为成，故称陈成子。陈氏始祖陈公子完在陈国争权失利，举族跑到齐国避难，当时曾请卜人占得一卦，辞曰："八世之后，莫之于京。"③"京"通训为大，这两句卦辞的意思是，陈氏延续到第八代在齐国就无人能敌了。陈恒在卦辞的蛊惑下，想在国内发动政变，弑杀齐简公，篡夺权位，但是

---

① 《老子》第十九章。
② 《老子》第四十八章。
③ 《左传·庄公二十二年》。

他又忌惮齐国高、国、鲍、晏等公室贵族出手干预①，破坏他的篡权计划，于是就想了一个转内乱为外患的计谋：先发兵攻打鲁国，趁高、国、鲍、晏等氏族陷于对鲁作战时，再在国内发动政变。

陈恒打算对鲁国用兵的消息传到鲁国，引起国内一片恐慌，鲁哀公忧心忡忡，寝食难安。孔子此时已经结束周游，回到鲁国，他觉得自己有责任和义务帮助鲁国渡过难关，于是就把弟子召集起来说道："诸侯国都受封于周王，相互攻伐是严重违反周朝礼制的，我对此坚决反对！鲁国是我们的父母之国，我们先人的坟墓都在鲁国，现在齐国要发兵攻打鲁国，你们有谁愿意代表我到齐国去劝阻陈恒？"

子路率先表态，表示自己愿意到齐国去游说陈恒，但是孔子没有同意，因为子路好勇，说话直率，遇事容易冲动，让他上战场杀敌比较合适，让他去游说陈恒则不太合适。

子张、子石也表示愿意前往齐国，但是孔子都没同意，因为他们太年轻了（子张比孔子小四十八岁，子石比孔子小五十三岁），缺乏历练，也没有什么名气，他们出使齐国也许连陈恒的面都见不到。

子路等人从孔子那里出来后遇到子贡，于是就对他说："老师想派人到齐国去游说陈恒，我们三人虽然主动提出请求，但是老师没有同意。此时正是你发挥能言善说的大好时机，你应该主动向老师提出到齐国去游说陈恒的请求。"

子贡后来果然去找孔子，请求出使齐国，游说陈恒。孔子觉得子贡才华出众，口才和风度俱佳，以前也经历过不少大场面，于是孔子委派他前往齐国游说陈恒。

子贡赶到齐国后，立即拜见陈恒，进行游说，他从齐国国内的政治形

---

① 著者按：高、国、鲍、晏是春秋时期齐国四大公室贵族，他们在齐国根深蒂固，势力强大。高氏是指齐惠公时期上卿高傒的后代高无丕等人；国氏是指齐桓公时期上卿国懿仲的后代国书等人；鲍氏是指鲍文子之子鲍牧；晏氏是指晏婴之子晏圉。

势出发,建议陈恒移兵攻打国力强盛的吴国,这样就可以有效地缓解国内矛盾,进而达到陈氏在齐国一枝独大的目的。子贡接着又跑到吴、越、晋等国进行游说,他抓住各国国君既想占别人便宜、又怕自己吃亏的心理,晓之以理,诱之以利,最终成功挑起齐、吴之间的艾陵之战。

公元前484年,吴国会同鲁国攻伐齐国,一路摧城拔寨,两军决战于艾陵(今山东莱芜东南),齐师大败,损失惨重,而鲁国则是这场战争的最大受益者。司马迁对于这场外交胜利给予高度评价:"子贡一出,存鲁,乱齐,破吴,强晋而霸越。子贡一使,使势相破,十年之中,五国各有变。"①

派子贡出使齐国游说陈恒,是孔门师徒归鲁之后联手发起的一项卫国计划,孔子是总策划师,子贡则是执行者。这项计划实施得非常成功,充分展现了孔门师徒的政治智慧和言语能力。孔子事后总结道:"我设定这项计划的最初目标是扰乱齐国,保护鲁国,但是没有想到事件后来竟然演变为让晋国强大而使吴国衰败,更没有想到最终的结果是使吴国灭亡而让越国称霸天下,这些都是子贡游说的功劳啊!美妙的言辞会伤害信义啊,所以以后说话一定要谨慎!"

(《史记·仲尼弟子列传》《越绝书·内传陈成恒第九》《吴越春秋·夫差内传》《孔子家语·屈节》)

07 马逸食农夫之稼

孔子外出周游,途中休息时有一匹马跑散了,吃了农夫的庄稼。农夫非常愤怒,把马拴了起来,一定要向马主讨要说法。孔子就让善于言辞的

---

① 《史记·仲尼弟子列传》。

子贡前去交涉，子贡找到农夫后晓之以理，动之以情，说的都是一些冠冕堂皇的大道理，且不论农夫能否听懂这些大道理，就是能听懂也未必愿意接受。子贡见农夫态度强硬，坚持不归还失马，他只好灰溜溜地回来向孔子报告。

孔子没有料到这件小事如此棘手，后来他仔细想了想，终于明白了问题的症结，他说："用对方听不进去的话去劝说对方，就像是置办隆重的三牲大礼供野兽享用，又像是演奏高雅的《九韶》乐曲让飞鸟欣赏。派子贡去与农夫交涉本身就是一个错误，不过这是我犯的错误，不怪子贡，也不怪农夫。"

接下来，孔子派了一个养马的圉人去与农夫交涉，这个圉人出生在荒野乡下，平时也没见过什么世面，说话不会绕弯子，他在大田里找到了农夫，大大咧咧地说："你老哥在东海边耕田，耕作的田地一直延伸到西海边，方圆数百上千里地，我们的马在这里跑散了，怎么能不吃你的禾苗呢？"圉人说话直来直去，他不仅不道歉，反而责怪农夫，意思就是，马吃禾苗，不怪马，也不怪圉人，要怪就怪农夫太能干了，耕作的土地太多了，所以马只能吃农夫的庄稼！这话听起来似乎是歪理邪说，胡搅蛮缠，其实是暗地里称赞农夫能干。

农夫听了圉人的话，心里美滋滋的，也就不计较损失了，他对圉人说："同样一件事情，你说的话让我很受用，我能接受，而刚才那位君子模样的人说话我就不爱听。"说完就爽快地把马交还给圉人。

东汉王充对此事评论道："孔子失马于野，野人闭不与；子贡妙称而怒，马圉谐说而懿（懿）。"①"马圉之说无方，而野人说（悦）之；子贡之说有义，野人不听。"②意思就是，子贡虽然为人机敏，口齿伶俐，能说会道，但是面对没有见过世面的农夫，他的那些花言巧语（"妙称"）就完全

---

① 《论衡·自纪篇》。
② 《论衡·逢遇篇》。

不管用了（"不听"），这就是"事有所至，巧不若拙"[①]；圄人虽然笨拙无知，说话简单粗鲁（"无方"），但是他却能反其道而行之，用最简单直接的方式（"谐说"）来对付农夫，却收到了意想不到的效果（"说之"），这就是"妄言而反当"。因此，在特定的场合或者面对特定的人物，就应该采取特定的沟通交流方式，否则就会遇到"巧不若拙"的尴尬。

(《吕氏春秋·孝行览·必己》《淮南子·人间训》)

08 阿谷停云

阿谷停云是有关孔子游历曹国仿山（今山东菏泽定陶区）的历史传说。曹国是周初分封的诸侯国，历代国君死后均葬于仿山，由于陵墓封土层层累积，逐渐形成东、西两座高阜，高阜之间有一条小溪缓缓流过，自然形成了一个峡谷，当地人称之为阿谷，阿谷停云的故事就发生在这里。

鲁定公十五年（公元前495年），孔子因在卫国得不到重用，于是愤然离去，南游适楚，途中经过曹国仿山的阿谷之隧，"隧"是山间的小路。孔子一行人一路奔波，口干舌燥，筋疲力尽，来到阿谷之中，只见绿树成荫，溪流淙淙，于是便在路旁稍作歇息。此时有一个年轻貌美、耳佩玉坠的少妇正在溪边漂纱，她动作协调而优美，看得众人心旌摇荡，跃跃欲试。爱美之心人皆有之，人困马乏之时，有美女在侧，多看两眼，议论几句，无可厚非。孔子此时也受到感染，来了兴致，他对弟子们说："你们可以与这个漂纱女子言谈几句，以此来了解曹国在民间实施礼乐教化的情况。"他拿出水杯递给子贡，对他说道："你去与那个漂纱女子言语几句，

[①] 《淮南子·人间训》。

看她做何反应。"

子贡拿起水杯走到漂纱女子身边，仿效《诗经》中《国风》的情调文绉绉地吟诵了几句：

> 吾北鄙之人也（我是来自偏远北方的路客），
> 将南之楚（将要去南方遥远的楚国）。
> 逢天之暑（一路风尘仆仆，酷暑难当），
> 思心潭潭（难免心情焦虑，口干舌燥），
> 愿乞一饮（想请你帮我舀一杯水喝），
> 以表我心（压压我心头的火，解解我口中的渴）。

漂纱女子见子贡的穿着打扮像是一个有身份的人，说起话来却酸溜溜的，也不知道他是哪路货色，便没好气地说："阿谷的溪流，蜿蜒曲折，缓缓向东，流入大海。阿谷的溪水，清澈的地方清澈，浑浊的地方浑浊，你要喝水便喝水，何必问我这个小女子？"说归说，漂纱女子还是用装纱的筐子接过水杯，先迎着溪流舀了满满一杯水，用水盥洗一下杯子，然后再顺着溪流舀了满满一杯水，舀满水后，她将水杯放置在岸边的沙堆上，彬彬有礼地对子贡说："古礼规定，男女之间递接物品不能手递手接，所以只能劳烦您自取了。"①

子贡拿着水杯返回孔子身边，把刚才与漂纱女子对话的情况一五一十地告诉了孔子，孔子心中默默赞许这个漂纱女子知礼，他想进一步了解她是否知乐，于是就从身后取出一把琴，抽去一只调音的琴轴，把琴交给子贡，对他说道："你再过去把这把琴交给那个漂纱女子，和她言语几句，看她做何反应。"

---

① 《礼记·内则》："男不言内，女不言外。非祭非丧，不相授器。其相授，则女受以篚。其无篚，则皆坐奠之而后取之。"

子贡又拿着琴走到漂纱女子身边，依然文绉绉地吟诵道：

> 向子之言（刚才你说的话），
> 穆如清风（就像和煦的清风），
> 不悖我语（不仅没有让我难堪），
> 和畅我心（还让我明白了许多道理）。
> 于此有琴而无轸（我这里有一把没有调音轴的琴），
> 愿借子以调其音（不知你是否能帮我调音）。

漂纱女子不想搭理他了，头也不抬地说道："我是一个没有见过世面的村姑，笨拙无能，不懂五音，更不会调琴！"

子贡回到孔子身边，把刚才对话的情况如实告诉了孔子。孔子觉得这个漂纱女子说话得体大方，待人彬彬有礼，于是就拿出五匹帛布来交给子贡，对他说道："你再过去把这五匹送给那个漂纱女子，好好和她说话，看她做何反应。"

子贡又拿着帛布走到漂纱女子身边，继续文绉绉地吟诵道：

> 吾北鄙之人也（我是来自偏远北方的路客），
> 将南之楚（将要去南方遥远的楚国）。
> 于此有缔绤五两（这里有一块帛布），
> 吾不敢以当子身（不知是否称你心意），
> 敢置之水浦（我就把帛布放在岸边——由你取舍）。

漂纱女子见子贡来来回回地纠缠不清，心中甚为不悦，于是就略带嗔意地说："你们这些赶远路的人不要在这里纠缠不休，以免耽误行程。你把帛布放在岸边，任由取舍，你的好意我领了，但我是不可能接受的，因为这不符合礼仪。我劝你还是赶紧赶路吧，别在这里纠缠不清了，否则会落下一个狂徒的名声!"

子贡在漂纱女子那儿碰了钉子,灰溜溜地回来向孔子报告,孔子感叹道:"漂纱女子通人情而知礼仪,值得敬重!"

根据当地民间传说,漂纱女子离开后,天上飘来朵朵白云,停留在阿谷上空,孔子触景生情,赞叹道:"阿谷停云也。"他用天上飘过的白云来比喻那个美丽的漂纱女子。

(《韩诗外传•卷一》《列女传•辩通传》《孔丛子•儒服》)

09 以莛撞钟

赵襄子是春秋末年晋国大夫,赵氏宗主,他在政坛活动的时间要比孔子迟五十多年,所以他与孔子是不可能有交结的,而子路先于孔子而亡,就更不可能与他对话了,所以这个故事是后人杜撰的,这种情况在古代典籍中非常普遍。

孔子周游列国,终无所试,不得不返回鲁国,赵襄子见到孔子后用刁难的口吻问道:"先生您带着见面礼四处游说各国君主,大小诸侯见了七十多位,可是最终没有人赏识你、重用你,这是因为世上没有贤明君主呢,还是因为您提出的政治主张行不通呢?"

这个问题带有一点挑衅的意味,所以孔子没有回答。

过了一段时间,赵襄子又遇见了子路,他又想刁难子路,于是说道:"前些天我遇见孔子,专门向他请教有关治国之道的问题,可是夫子不愿意回答我的问题。如果他已有明确的政治主张,却不愿意公开表达,此为'隐'①,这种行为是不道德的,这种人怎么能称作仁人呢?如果他没有明

---

① 著者按:"隐"或"无隐"是儒家政治伦理之一。《论语•季氏篇》:"孔子曰:'侍于君子有三愆:言未及之而言谓之躁,言及之而不言谓之隐,未见颜色而言谓之瞽。'"

确的政治主张,不能造福天下,这种人怎么能称作圣人呢?"

子路答道:"用一根纤细的草茎(莛)来撞击一口声震天下的洪钟,洪钟怎么能发出声音呢?如果您向孔子请教的问题既低级又无聊,就像以莛撞钟一样,当然得不到回答。"

在人们印象中,子路是一个做事莽撞、说话粗鲁的野鄙之人,但是当有人不怀好意地诋毁孔子的时候,他立即展现出少有的机智和捷敏,在与赵襄子的对话中,他能言善说,比喻贴切,语出惊人,弄得赵襄子无言以对。

(《说苑·善说》、定县八角廊竹简《儒家者言(十)》)

10 子贡誉仲尼

孔子去世以后,经常有人会在孔门弟子面前诋毁孔子,子贡遇到这种情况每次都会挺身而出,明辨是非,澄清事实,坚定地维护孔子的形象和声誉。《论语·子张篇》中有一组子贡与卫公孙朝、叔孙武叔、陈子禽等人的对话,子贡把孔子比作日月之明、天阶之高、宫院之深。此外,《说苑》《韩诗外传》中也有一组子贡与吴太宰嚭、赵简子、齐景公等人的对话,他又把孔子比作高天厚土、万仞大山、滔滔江海,其中他与齐景公的对话内容相对完整。

齐景公问子贡道:"请问先生的老师是谁呀?"

子贡答道:"鲁国仲尼。"

齐景公又问道:"仲尼是贤人吗?"

子贡说:"仲尼岂止是贤人,他简直可以称作圣人!"

其实,齐景公对孔子是比较了解的,也听说过不少有关孔子的议论,但是他第一次听到有人把孔子称作圣人,于是笑着问道:"既然仲尼是圣人,那么他有什么过人之处吗?"

子贡说:"我不知道。"

齐景公顿时脸色变了,他认为子贡信口开河,出尔反尔,所以厉声说道:"刚才你把仲尼称作圣人,现在却又推说自己不知道,这是为什么?"

子贡认真地答道:"我每天头顶苍天,却不知道天有多高;我终身脚踏大地,却不知道地有多厚。同样,我虽然师从仲尼学习各种礼乐知识和做人道理,但是我并不知道仲尼德行有多么高深,知识有多么渊博,就像我口渴的时候拿着水瓢在江海里舀水喝一样,每次水喝够了,我就离开了,却永远不知道江海之水有多深。"

子贡不愧是孔门中的"言语"优等生,他的这番说辞居然让齐景公信服了。不过在时人的观念中,只有像尧、舜、禹、成汤、文武那些为人类做出巨大贡献的帝王才可以称作圣人,普通人是没有资格称作圣人的,所以齐景公说:"仲尼确实是一位智慧过人的君子,你对他的赞誉也能让人接受,但是你这种说法是否有点过头了?"

子贡说:"我说话是有根有据的,没有过头,只有不够。我赞誉仲尼就像往泰山垒土一样,多两捧土不会使泰山增高,少两捧土也不会使泰山降低,所以世人对于仲尼的毁誉是不会影响他的伟大的!"

齐景公听后连声称赞道:"说得真好啊!难道不是这样吗?说得真好啊!难道不是这样吗?"

孔子实为一介布衣,最终能够成为"大成至圣文宣王",这主要得益于以子贡为首的孔门弟子发起的造圣运动。

(《韩诗外传·卷八》《说苑·善说》)

11 堂衣若扣孔子之门

堂衣若是孔子乡党的一个故旧,他就像那个叉开双腿坐在地上的原壤一样粗俗无礼①,他到孔子家时不仅用力拍门,还倚老卖老地大声呼喊道:"孔丘在家吗?孔丘在家吗?"

子贡听见门外有人呼喊,出门一看是堂衣若,就没好气地对他说道:"有教养的人都尊重贤者而宽容庸者,赞扬善者而同情弱者;亲爱自己的家人,并把这种亲爱之情延续到乡党邻里;自己不愿意做的事情,不会强加于人。对照上述描述,你就是一个没有教养的人,而且你很没有礼貌,对我的老师直呼其名!"古代男子举行成人加冠礼之后(年满二十),人们就用字来称呼他了,而不直呼其名,以此来表示尊重②,然而堂衣若对孔子直呼其名,显然是不礼貌的,所以子贡很不高兴!

堂衣若见子贡年纪轻轻,说话口气却不小,就用教训的口吻对他说:"你年纪不大,说话挺绞。""绞"通释为狡辩、绞刺,就是说话直接、下急,容易对人造成伤害,进而引申为刻薄、较真等义,所以孔子说:"直而无礼则绞。"③

子贡在言语方面是从来不输人的,他立即反驳道:"大车如果不较真就不能负重前行,琴瑟如果不较真就不能弹奏曲调。因为您老人家无礼狡辩在先,所以我才和您较真了两句。"

堂衣若见子贡能言善辩,只好甘拜下风,他说:"我刚才用了飞鸿之力与你辩论,不料到你这里只是轻薄之翼煽动而已。"

子贡也见好就收,客气地说道:"若不是有您的飞鸿之力,我的轻薄之翼也煽动不起来呀。"

若论辩才,很少有人能胜过子贡,但是胜负并不是辩论的唯一目的,在辩论过程中所表现出来修养、礼仪、气度以及对对方的尊重态度是更为重要的。

(《韩诗外传·卷九》)

---

① 《论语·宪问篇》。
② 《礼记·冠义》:"已冠而字之,成人之道也。"
③ 《论语·泰伯篇》。

12 浸水与膏雨

孔子去世后,除孔门弟子外,鲁国民众表现得并没有那么悲伤。鲁国政卿季康子不怀好意地问子游道:"仁者关爱人吗?"

子游答道:"是的。"

季康子又问道:"人也关爱仁者吗?"

子游答道:"是的。"

季康子说:"我听说郑相子产去世的时候,郑国人悲恸不已,男子解下了佩玦,女子卸下了簪珥,里巷哭声不绝,笙竽不作。然而孔子去世的时候,我却没有听说鲁国人如此悲伤,他们似乎并不爱戴你们所敬重的仁者(孔子),这是为什么呢?"

子游从容地应对道:"如果用子产的宽惠爱民与孔子的既仁且智来进行比较,就如同浸水比于膏雨。""浸水"是灌溉庄稼的流水,"膏雨"则是润物无声的霖雨。

子产的为政风格是"其养民也惠"①,就是善于施惠于民,然而他在礼乐教化方面却无所作为;孔子在政治上主张对民众实施礼乐教化,通过建立人与人之间相亲相爱的和谐关系来复兴西周盛世的礼制秩序。惠人与爱人相比,当然不可同日而语,所以子游继续解释道:"子产对民众施以小恩小惠,这些都是看得见摸得着的,就像浸水灌溉庄稼一样,水流到的地方庄稼就能生长,水流不到的地方庄稼就会枯萎;而孔子对民众施以礼乐教化,却是化人性于无形,就像膏雨从天而降一样,普天下的民众虽然不知天雨从何而降,但是他们都能感受到膏雨的恩泽。老子曾经说过:'上德不德,是以有德。'②意思就是,最大的恩德是普惠天下而无形('不德')的。"

---

① 《论语·公冶长篇》。
② 《老子》第三十八章。

季康子觉得子游说的很有道理，故而连声称善。

(《说苑·贵德》《孔丛子·杂训》)

13　颜渊借栉

孔子带领弟子们出游，在途中遇见一位老妇人，只见她头上戴了一个象牙栉，从穿着打扮来看，她似乎没有见过什么世面，也不知道是哪儿人。孔子开玩笑地对弟子们说："你们有谁能把老妇人头上戴的象牙栉借来一用？""栉"是梳子和篦子的总称，古代妇女常常戴在头上当作饰物。

以往这种事情都是由善于言辞的子贡去完成的，这次颜渊却自告奋勇，他说："我去试试。"

颜渊走到老妇人面前，恭恭敬敬地行了一个跪拜礼，然后说道："我有一座山，名曰'徘徊之山'，山上百草丛生，树木都是有枝无叶，山中聚集了许多野兽，这些野兽有喝的，却没有吃的，所以我想向您老人家借用一下网罗野兽的工具。"

老妇人听后什么话都没说，她从头上取下象牙栉递给颜渊，颜渊好奇地问道："您老人家也不问清缘由就把象牙栉借给我，这是为什么？"

老妇人笑着对颜渊说道："你们这些读书人总是自作聪明，故作玄虚，说话喜欢绕弯子，其实我一听就明白了：'徘徊之山'就是你的头；'山上百草丛生，树木都是有枝无叶'是指你的头发；而'山中聚集了许多野兽'是指藏在你头发里的虱子；'借用一下网罗野兽的工具'自然是指戴在我头上的象牙栉喽。所以我就把象牙栉借给你用了呀，这有什么奇怪的呢？"

颜渊就像犯错的小孩一样，默默地拿着象牙栉回到孔子身边，孔子听了老妇人的话后感慨道："普通乡村妇人的见识都如此广博，我们这些读书人怎么能不更加努力学习呢！"

(《琱玉集》卷十二)

十二、论政

二十则

概说

孔子热衷于政治，他一生积极游说，四处求仕，但是直接参政的机会并不多。在大多数情况下，孔子是以一个旁观者的身份间接参与各国政务的，他评论时事政治，分析政治得失，宣扬政治主张，表达人文关怀，在诸侯国间形成了很大的政治影响，许多公卿贵族都曾向他请教为政之道和施政之策，所以后人尊称他为布衣素王。此外，孔门弟子子路、子贡、冉有、宓子贱等人相继出仕，他们也时常就为政问题向孔子请教，孔子则分别予以指导，相关言论和事迹在古代典籍中多有记载。

孔子论政言论虽然内容比较庞杂，风格也不统一，但是综合分析就不难发现，这些言论统一构成了一个脉络清晰的理论体系，其核心观点是"道之以政"和"道之以德"（《论语·为政篇》）。"德"是道德教化，"政"是行政命令，虽然二者同等重要，不可或缺，但是孔子的基本倾向是重"德"而轻"政"，这也是儒家学派有别于其他学术派别的基本观点。

孔子政治思想主要继承和发扬了周朝初期统治者"明德慎罚"的传统观念，同时又具有鲜明的时代特征。因为孔子一生致力于拯救乱世，复兴周道，所以他提出的每一个政治观点或政治主张都是着眼于解决现实政治问题的，具有很强的指导性和功利性。

01 三公问政

"三公"是指齐景公、鲁哀公和叶公子高,他们分别向孔子咨询为政问题,孔子却做出不同回答,子贡不解地问道:"以前齐景公向您咨询为政问题时,您的答复是'节省财用';鲁哀公向您咨询为政问题时,您的答复是'选贤任能';叶公向您咨询为政问题时,您的答复是'悦近来远'。三公向您咨询同样的问题,您却做出不同的回答,这是为什么呢?"

孔子回答道:"当政者必须根据各自的国情来施政:齐景公生活奢靡,在国内建造了许多楼台水榭,修筑了大型园林宫殿,他整天沉湎于酒色之中,挥霍无度,一次就赏赐给人三百乘之家的贡赋①,所以我有针对性地提出'节省财用'的为政建议。鲁哀公有三个辅政大臣(三桓贵族),他们相互勾结,擅权专政,对外设置障碍,断绝消息,阻止各国贤士达人来到鲁国;对内培植亲信,排斥异己,蒙蔽国君,使鲁国陷于宗庙不扫、社稷不祭的危险境地,所以我有针对性地提出'选贤任能'的为政建议。叶公子高把大批蔡国流民安置在负函邑②,这些流民离开故土,迁居新地,民心思变,难以归附,所以我有针对性地提出'悦近来远'的为政建议③。由于各国国情不同,所以施政措施与策略也应有所不同。我对三公分别提出为政建议,遵循的就是这一原则。"

对于为政问题,孔子坚持从国情实际出发,对齐景公、鲁哀公和叶公分别提出了不同的咨政意见,充分展现了灵活应变的政治智慧和改善民生的务实精神。汉孝武皇帝在诏书中说:"盖孔子对叶公以来远、哀公以临

---

① 《管子·乘马》:"方六里,为一乘之地也。一乘者,四马也。一马,其甲七,其蔽五。四乘,其甲二十有八,其蔽二十,白徒三十人,奉车两,器制也。"
② 《左传·哀公四年》。
③ 《论语·子路篇》:"叶公问政。子曰:'近者说,远者来。'"

民、景公以节礼,非其不同,所急异务也。"①

(《韩非子·难三》《说苑·政理》《孔子家语·辩政》)

02　与鲁哀公论政

春秋末年,礼乐制度逐渐废弛,行政措施不断强化,无论当政者承认与否,"道之以政,齐之以刑"已成为实行统治的重要手段②,他们必须足够重视,所以鲁哀公多次向孔子咨询政治问题,即所谓"问政"。值得注意的是,"政"与"为政"是两个不同的概念:"为政"是实行统治的具体措施与方法,而"政"则是一个广义概念,不仅包括为政的具体措施与方法,还包括政治信仰、政治思想、政治伦理、政治制度以及为政理念与策略等诸多内容。

有一次,鲁哀公向孔子请教政治问题,即所谓"问政",孔子根据鲁国政治的现实情况,提出了"为政在人,取人在身"的重要观点和"五达道""三达德"等修身明德的具体要求,他说:"人类的生存和发展需要政治,这是关于人的道理(人道);树木的种植和生长需要养分,这是关于树的道理(地道)。政治如同蒲苇,蒲苇得到养分就能生长,政治得到贤人就能成功。对于一国之君来说,政治问题首先在于得到贤人,得到贤人就必须提高自身道德修养,提高自身道德修养就必须以仁义为本。所谓仁,就是爱人的意思,爱自己的亲人是最大的仁。所谓义,就是合宜的意思,尊重贤人是最大的义。爱自己的亲人必然有亲疏远近之别,尊重贤人必然有尊卑贵贱之别,而礼制就是规范这些等次差别的。所以一国之君治国理政就不能不修身明德,修身明德就不能不侍奉双亲,侍奉双亲就不能不懂得

---

① 《政论·阙题一》。
② 《论语·为政篇》。

人道，懂得人道就不能不知晓天理。天下共通的人道有五条（五达道）：君臣之道、父子之道、夫妇之道、兄弟之道、朋友之道；履行五条人道的品德有三种（三达德）：智、仁、勇，这三种品德在精神上是一致的。"

孔子接着又对处理好政治问题提出九个准则，即修身立德、尊重贤人、亲爱族人、敬重大夫、体恤群臣、善待平民、劝赏百工、招徕远方之人、安抚各路诸侯，并就贯彻落实这些准则的具体方法进行了深入阐述。

孔子在论述政治问题时，首先强调的是"人"的因素："其人存则其政举，其人亡则其政息。"由此可见，"人"是"政"的决定因素，"得人"则是"政举"的必要前提。这种观点对于突破以氏族血缘关系为选人用人标准的传统观念是具有积极意义的，这就是儒家积极倡导的贤人政治。此外，孔子还主张利用氏族组织的亲情观念来修复现实生活中遭到严重破坏的各种人际关系，以天下一家亲来维系天下大一统，这种政治主张显然是不合时宜的。

（《礼记·中庸》《孔子家语·哀公问政》）

03　与鲁哀公论为政

为政就是当政者运用政治、经济、军事、文化、宗教等手段对国家进行管理，进而实现有效统治。孔子具有丰富的从政经验，他对于为政问题也有比较全面深入的研究，发表了许多精辟论述，相关言论在儒家经典中多有记载，如"为政以德"[1]"为政在人"[2]"古之为政，爱人为大"[3]……这些言论是孔子政治思想中的重要内容，值得进行深入系统的研究。

---

[1] 《论语·为政篇》。
[2] 《礼记·中庸》。
[3] 《大戴礼记·哀公问于孔子》。

有一次，孔子在宫中陪侍，鲁哀公借机向他请教为政问题，孔子答道："政者正也。君为正，则百姓从政矣。"

关于为政问题，孔子首先强调的是国君正身的重要性，因为一国之君不仅是政治领袖，也是氏族宗主。国家实行政治统治，主要依靠发布行政命令，做到令行禁止；宗族则主要实行自治管理，需要言传身教，率先以正，宗主必须发挥表率作用。把政治制度和宗法制度有机地结合起来，利用宗法关系来解决政治问题，这是孔子论述为政问题的重要观点。

鲁哀公接着问道："那么为政有什么具体措施呢？"

孔子答道："为政如同治家，要善于把夫和妻顺、父慈子孝的氏族精神延伸到政治领域，这样就能做到君严臣恭、国治民安了。"

鲁哀公说："我在这些方面似乎做得不太好，您是否能再给我具体讲一讲？"

孔子说："古代帝王为政，以发扬氏族仁爱精神为要务；发扬氏族仁爱精神以遵从礼制为要务；遵从礼制以态度恭敬为要务；态度恭敬以大婚迎娶为要务；大婚迎娶则以盛装亲迎为要务，这样才能充分表达至爱至敬的亲情。因此，国君大婚之时必须盛装亲自迎娶，这是为政最重要的政务。"

国君为政不仅与盛装迎娶有关，而且还是为政之要，鲁哀公对此一时不能理解，于是又问道："您说的虽然有一定的道理，但是把盛装迎娶作为为政之要，是不是有点过分了？"

孔子神情严肃地说："婚姻大事是合二姓之好，继万世之嗣，这是事关天地和谐、社稷安危、宗庙存续的大事。天地不和，则万物不生；婚姻不合，则社稷不安；子嗣不继，则宗族不兴。这些难道不是为政的头等大事吗？"

鲁哀公听了孔子的解说后似乎略有领悟，他愧疚地说："我实在是见识短浅，要不然就没有机会听到您的教诲了。请您不要在意，请继续解说。"

孔子说道："国君为政，还应该大力推行礼治，对内要恪守宗庙礼制，这样就可以祭祀天地鬼神；对外要整饬言行规范，这样就可以维护尊卑秩序,所以周朝礼制是为政的根本遵循。"说到这里,孔子停顿了一下,然后接着说道:"夏、商、周三代帝王当朝为政都是从盛装迎娶、敬爱婚配开始的。婚配是家庭生活中最重要的人,必须格外敬爱,儿子是传继氏族后嗣的人,也必须格外敬爱。道德高尚的贤君子对任何人都很敬爱,但是他们特别敬爱自己的身体,因为自己的身体是对他人实施敬爱的主体,没有自身就没有敬爱,没有敬爱就没有亲情,没有亲情也就没有一切。敬爱自己的婚配、儿子和自身是每个人都能做到的,但是古代圣王为政,能把这种敬爱自己的婚配、儿子和自身的精神发扬光大,延伸到所有人的婚配、儿子和身体,这样就可以实现天下有道的太平盛世了。"

鲁哀公接着又向孔子请教了敬身、成亲、成身等具体问题,孔子都一一做出解答。

鲁哀公对孔子的为政解说非常满意,但又有所顾虑,他说:"您的话对我很有启发,但是我担心我今后难以做到。"

孔子有关为政问题的论述对鲁哀公能有多少影响?这确实无法评说,因为氏族宗法制已经逐渐解体,历史是不会回到过去的。不过孔子耐心解说,循循善诱,只是在履行臣属的义务而已,如果得到鲁哀公的认可,他就心满意足了,所以他宽慰道:"君主能说出这样的话,就是为臣的福事了。"

(《大戴礼记·哀公问于孔子》《孔子家语·大婚》)

04 与宋景公论长有国之道

宋景公是春秋末年宋国国君,他崇尚仁德,用心治国,在位期间虽然没有太大作为,但是基本保全了宋国领土完整,维护了百姓生活安宁,因此他在历史上有仁君之称,至今人们仍津津乐道有关"荧惑守心"的故事①。

从地理位置来看,宋国处于中原争霸的要冲地带,因为长年受到战争侵扰,国家安全形势严峻,所以当政者对"长有国(长国)"问题十分关切②。所谓"长有国",就是长久维持社稷安全和子嗣存续。

孔子去谒见宋景公③,宋景公迫不及待地问道:"我想长久维护社稷安全,让所有城邑都能得到有效治理,让所有国民都不会因为社会动乱而惶恐不安,让所有武士都能为维护国家安全而尽心竭力。我还希望日月能正常运转,不要因为出现'荧惑守心'的反常天象而影响我们的正常生活,希望天下的圣贤之人都能主动来到宋国,为我们提供智慧和力量,还希望官府能够得到有效治理……我怎样做才能实现这些想法和愿望呢?"

宋景公确实是一位用心治国的有为国君,他提出的每一个问题都是经过认真思考的,既有眼前的国安忧患,也有长远的发展利益,思维层次显然高于卫灵公、陈惠公、鲁哀公等人。

孔子经过认真思考后,慎重地答道:"有许多大国国君都曾向我提出相同的问题,但是没有人像您问得这么详细。我觉得您的这些想法和愿望是能够实现的,不过需要您做出努力。我常听人说:与邻国和睦相处,就能长久维护国土安全;国君施惠于民,臣属效忠于上,城邑就能够得到有效治理;不滥杀无辜,也不姑息罪犯,国人就不会产生困惑;增加士人的俸禄和财产,他们就会尽心竭力;敬畏天命,敬事鬼神,日月就会正常运行;顺应天道,尊崇仁德,贤达之人就会不请自来;任贤使能,罢黜奸佞,官府就能提高运作效率。"

---

① 《史记·宋微子世家》:"荧惑守心。心,宋之分野也。景公忧之。司星子韦曰:'可移于相。'景公曰:'相,吾之股肱。'曰:'可移于民。'景公曰:'君者待民。'曰:'可移于岁。'景公曰:'岁饥民困,吾谁为君!'子韦曰:'天高听卑。君有君人之言三,荧惑宜有动。'于是候之,果徙三度。"
② 著者按:《大戴礼记》中亦载有鲁哀公向孔子请教"长国治民"问题。
③ 著者按:《说苑·政理》中记为"仲尼见梁君",孔子之时并无梁君,此从《孔子家语》。

宋景公听后连声称赞道："您说得太好了！若想长久保有社稷国家就应该这样做！但是我担心自己能力有限，恐怕一时难以达到您提出的要求。"

孔子说："其实这些事情都不难，您只要坚持去做，就一定能够实现您的想法和愿望。"

孔子在周游列国期间，与许多诸侯国君就国家治理问题都曾进行过对话，即所谓"孔子明王道，干七十余君"①，但是大多数对话形式大于内容，属于"道不同，不相为谋"②，所以各类典籍中没有详细记载。在有限的对话记载中，孔子与宋景公关于"长有国"的对话内容比较全面，思想也比较深刻。

（《说苑·政理》《孔子家语·贤君》）

05　宋大水

春秋时期，水患仍然是人类生产生活的严重威胁。宋国位于黄淮流域冲积平原，因此水患连年，百姓深受其害。有一年，宋国遭遇重大水灾，鲁公委派使者前往吊问，使者当面向宋君慰问道："天降大雨，连绵不断，灾害严重，影响国政，我受君主委派前来致以慰问。"

宋君则自责道："由于我斋戒不修，施政不力，没能及时征调民力修筑沟渠，巩固城邑，致使大水泛滥成灾，所有罪过都应由我一人承担。宋国遭受水灾，惊扰到贵国国君，特派使者前来慰问，我实在羞于承受。"

孔子听说此事后对弟子说："宋国其庶几乎。""庶几乎"是古代汉语中的一个常用语，大约就是接近完美的意思。

弟子问道："您这话是什么意思？"

---

① 《史记·十二诸侯年表》。
② 《论语·卫灵公篇》。

孔子答道:"鲁庄公时期,宋国也曾发生严重水灾,鲁大夫臧文仲受国君委派前往吊问,他见宋公自责不已,于是说道:'宋其兴乎!禹、汤罪己,其兴也勃焉;桀、纣罪人,其亡也忽焉。'①意思就是,历史上的夏禹、商汤等贤明君王有错而知错,所以他们很快就勃兴了;而夏桀、商纣等昏庸君王有错而不知错,所以他们很快就灭亡了。人有错知错,并能及时改正错误,这就不是错。现在宋君知错能改,所以宋国必将勃兴。"

宋君听到孔子的赞扬后,在精神上备受鼓舞,他从此每天早出晚归,专心施政,访贫问苦,致力民生,不出三年,宋国政治清明,年产丰收,百姓安居乐业,生活富足。

宋国能够战胜水灾,实现国泰民安,年谷丰登,主要得益于孔子当年说过的几句肺腑之言。后来人们引用《诗经·周颂·敬之》中的诗句来称颂此事:"佛(弗)时仔肩,示我显德行。"意思就是,你只要教导我光明的德行,我就能承担所有的责任。

(《左传·庄公十一年》《韩诗外传·卷三》《说苑·君道》)

06 与卫出公论任臣

卫出公是卫灵公之孙,原太子蒯聩之子,卫国第二十九代国君。在卫国历史上,卫出公是一个充满争议的人物,他曾两度担任卫国国君,又两度被国人驱逐出境,故而谥号为"出"。

孔子周游列国期间,从楚国返回鲁国时,途经卫国,卫出公热情接待,再三挽留,并多次向他请教为政问题,任臣(用人)则是卫出公重点求教的问题之一。卫出公继位以后,一直面临原太子蒯聩争夺君位的危

---

① 《左传·庄公十一年》。

机,因此他急需大批忠诚干练的人才辅佐,于是就向孔子请教道:"我在选拔和任用臣属时,无论官职大小,都要亲自把关,和他们逐一面谈,仔细考察,但是有时仍会错失人才,真正有才干的人没有选拔出来,而那些平庸之辈却得到重用,这是什么原因呢?"

孔子答道:"因为您选拔任用臣属的方法不对,所以就会发生用人不当的错误。了解一个人是一件很复杂的事情,绝不是向他们问几个问题或当面考察他们的言谈举止就能解决的。作为一国之君,每天需要思考和解决的问题有很多,问题一多,精力就会分散,思维也难以周密。如果不能用百分之百的精力来了解和识别复杂多变的人才,那么就不可能得到满意的结果,发生错误就在所难免了。不知道您有没有听说过帝尧任用虞舜的故事:帝尧在担任部族联盟首领期间,委派虞舜全面主持政务,选拔和任用官吏等具体事务均委派虞舜全权做主,帝尧从不过问,但凡虞舜选拔和任用的人才,帝尧从不反对。帝尧身边的大臣不无担心地进谏道:'人君选拔和任用官吏应该用自己的耳朵来听,用自己的眼睛来看。如果什么都不闻不问,完全听信于他人,这样不太妥当吧?'帝尧回答道:'当初我任用虞舜时,已经把自己的耳朵和眼睛交给他了。现在虞舜通过考察举荐上来的人才,我再亲自考察一遍,这样岂不是让他人的耳目没有用而让自己的耳目不得闲吗?'因此人君任用臣属就应该把能放手的事务通通委派给值得信赖的人去做,自己既不听也不看,做到充分授权,充分信任,自己不用劳心烦神,这样就不会错失人才了。"

如何选拔和任用德才兼备的人才,是春秋时期各国诸侯普遍关注的热点问题,齐景公、鲁哀公、季康子等当政者都曾向孔子请教类似问题。孔子对于任臣问题的基本观点是打破氏族限制,创新选人方法,大胆起用贤人。

(《孔丛子·记义》)

07　反对铸刑鼎

　　春秋时期，各国法律由贵族集团垄断，由刑狱职官专守，刑书内容一律不向民众公开，这样就可以让统治者根据自己的需要，随意处置和压迫被统治者。春秋末年，社会变革加剧，有些开明的当政者开始在国内推行变法运动。公元前536年，郑国政卿子产率先把刑书内容铸在鼎上，公布于众，时人议论纷纷。晋国大夫叔向当时专门致信子产，对郑国铸刑书之事提出严厉批评，并做出"终子之世，郑其败乎"的断语①。

　　时隔二十三年，晋国在政卿赵简子（鞅）的主持下，在全国征收了480斤金属，也铸造了一只铁鼎，把范宣子制定的刑书铸在铁鼎之上，公布于众。晋国铸刑鼎的意义在于打破了贵族阶层对于国家法律的垄断，从此以后贵族与平民在法律上是地位平等的。毋庸置疑，这不仅是中国法制史上的一大进步，也是中国社会的一大进步。然而以孔子、蔡史墨等人为代表的保守势力对于变法运动表示强烈反对，他们认为，法律一旦公开，统治者就失去了威慑民众的威权与手段。

　　孔子对于晋国铸刑鼎之事的批判，就像当年叔向批评子产铸刑书一样，先做出"晋其亡乎"的断语，这种表述是相当严厉的，接着他具体阐述道："晋国应该遵守建国者唐叔时期流传下来的法度，并以此来治国御民。什么是法度呢？简单地说，所有人都必须严格按照自己的名分和地位来行事，尊卑贵贱各安其分，这就是法度。卿大夫要按照班爵秩序来守护这个法度，这样民众就能尊重贵族，贵族也就能维护尊贵。当年晋文公在被庐（晋东乌岭山西麓一带）进行军事训练时，根据唐叔所传法度，重新制定了《被庐之法》，设立了专司官职位次的职官，理顺了职官之间的等

---

①　《左传·昭公六年》。

级秩序，晋国才由此获得诸侯盟主的地位。现在晋国却背弃《被庐之法》，把范宣子制定的新法铸在刑鼎之上，国人可以从刑鼎上了解法律条文，从此以后民众就无须再尊重贵族了，他们只需按照铸在刑鼎上的法条行事就可以了，那么贵族以后靠什么来显示尊贵呢？靠什么来守护家业呢？尊卑贵贱失序，国家怎么能有效治理呢？而且范宣子所制定的刑书完全背离了唐叔时期流传下来的法度，是不折不扣的乱晋之法，怎么能把这样的刑书铸在刑鼎上向民众公开呢？这样发展下去，晋国必将灭亡！"

在新时代与旧制度之间，孔子做出了错误的选择，因为他所背负的历史包袱比别人要重得多。也正因为如此，每当历史上的新时代来临之际，孔子都会成为批判对象。

（《左传·昭公二十九年》《孔子家语·正论解》）

08 "齐之以礼"与"齐之以刑"

孔子对于为政问题曾经明确提出两套方案："道之以政，齐之以刑"和"道之以德，齐之以礼"，并对实施效果进行了比较，即"民免而无耻"和"有耻且格"[①]。这两套为政方案是孔子政治思想的核心，《礼记》《孔子家语》等儒家经典中均有相应诠释，《孔丛子·刑论》中也记载了孔子与卫将军文子关于这个问题的深入讨论[②]，尽管内容可信度不高，但是史料价值应该予以关注。

孔子在卫国期间，卫将军文子问孔子道："我听说鲁国公父氏不太称职，不能听狱，不知这个传言是否可信？"这里的"公父氏"是指鲁国季氏

---

① 《论语·为政篇》。
② 著者按：卫将军文子是一个值得研究的人物，他与孔门渊源颇深，与孔门弟子子贡、子游、曾子等人多有交流，本书《崇礼·卫将军文子将立先君之庙》中有具体介绍。

大夫公父穆伯，公父氏世袭鲁国典狱之官；"听狱"就是听讼断狱，施行刑罚。

孔子答道："我不知道公父氏是否称职，但是我听说公父氏听讼断狱能让有罪的人感到恐惧，让无罪的人感到羞耻。"

文子问道："让有罪的人感到恐惧，说明听狱者明察案情，刑罚得当；让无罪的人感到羞耻应该怎么理解呢？"

孔子答道："用礼乐教化来引导民众，民众就会产生羞耻感；用刑罚威严来惩处犯罪，民众就会产生恐惧心理。由此可见，当政者采取什么样的统治手段，就会得到什么样的统治效果。"

文子又问道："现在当政者用严刑酷法来惩处犯罪，但是仍然难以禁止犯罪，如果用礼乐教化来引导民众，能够有效防止犯罪而实现长治久安吗？"

孔子说："我给你打个比喻吧：治理一个国家，就像御者驾驭一辆马车，当政者用礼乐教化来引导民众，就如同御者用马辔来控制车乘；用刑罚威严来惩处犯罪，则如同用马鞭来控制车乘。高明的御者是不需要扬鞭策马的，他只需运用手中的马辔，马骖就可以自如地向前奔跑；而拙劣的御者只能靠挥动马鞭来驱赶马骖前行，如果马鞭停止挥动，马骖就会越跑越慢，甚至停止奔跑。"

文子说："我也可以用御者驾驭车乘来做比喻：如果御者左手拉着马辔，右手挥着马鞭，左右双手配合使用，那么车乘不是前行得更快更稳吗？如果只用马辔而不用马鞭，那么马骖就不会因为恐惧而老实听话了。"

孔子说："《诗经》中说：'执辔如组，两骖如舞。'①这两句诗是用来形容古代善御者手执马辔、驾驭自如的风采的，他们驾驭车乘技术高超，已经达到不用马鞭的境界。同样，古代帝王大力推行礼乐教化，弃刑罚而不用，民众就能自我约束，服从命令。然而当今执政者废弃礼制，滥用刑

---

① 《诗经·郑风·大叔于田》。

罚，所以民众就会以身试法，暴乱不止。"

文子说："我们知道，礼乐教化是中原地区的文化传统，因此推行起来比较容易，但是在蛮夷地区就未必奏效了，比如南方的吴国和越国，这些国家并没有礼乐教化的文化传统，也从来没有推行过礼乐教化，所以当政者不重视，老百姓也不接受，但是这些国家的国力依然非常强大，甚至超过中原诸国，这又该如何解释呢？"

孔子说："这个问题要从两地（中原地区与蛮夷地区）的民间传统习俗来进行分析：吴、越等国的民间习俗比较野蛮粗犷，男女不分性别，可以在同一条河流中洗浴，老百姓缺乏理智，容易冲动，遇到一点儿小纠纷就会以死相拼，当政者为了维持统治秩序，只能不断加大刑罚惩处力度，以暴制暴，以刑禁乱，即使这样，也难以禁止各种暴力犯罪，所以礼乐教化在这些地区是根本不适用的；中原诸国自古以来就有礼乐教化的优良传统，男女内外有别，长幼尊卑有序，各种人可以通过服饰或器物等来显示等级差别，老百姓普遍具有一定的道德自律观念和自我克制能力，他们能够自觉遵从礼制规范，避免违法犯罪，所以礼乐教化在这些地区是比较适用的。"

在孔子与文子的问答中，两人从古代与当代的发展变化、中国与蛮夷的民俗差别等方面对于礼与刑的关系以及两者施政功效与特点等问题进行了全面深入的讨论，这些内容对于当政者推行以礼乐教化为基础的德治是很有意义的。

(《尚书大传》《孔丛子·刑论》)

09 有礼刑省 无礼刑繁

礼教与刑教是统治者实施统治的两种重要手段，礼教是建立在内在道德约束基础上的，刑教则是建立在外在强制约束基础上的。孔子的政治倾向是重礼教而轻刑教，因为礼教的施政效果是使民"有耻且格"，而刑教的施政效果则是"民免而无耻"①，这是两者的本质区别。

弟子冉雍（仲弓）曾请孔子比较古代刑教与当代刑教之异同，孔子答道："古代用刑比较少（省），因为古人在施政过程中奉行礼教在前、刑教在后的原则，礼教可以提高民众遵从礼制规范的自觉性，有效地防止犯罪；当代用刑则比较多（繁），因为今人在施政过程中不太重视礼教的防范作用，为政者单纯地依靠刑罚等强制手段来解决问题，维持统治，结果犯罪行为越来越多，刑罚也越来越烦苛。《尚书·吕刑》中说：'伯夷降典，折民惟刑。'这两句话的意思是，当政者应该先对民众实施礼教，用礼制法度来规范他们的行为，然后再用刑罚来惩处少数违反礼制法度的犯罪分子。必须承担，大多数民众是可以通过礼教来实现道德自律的，不自觉遵守礼制的人毕竟是极少数，这些人大多是因为缺乏道德感和羞耻心，所以必须用刑罚等强制手段来加以惩处，这才是刑教的真正意义。"

（《孔丛子·刑论》）

10　御马有术

御，又称执御，就是驾御马车，这是中国古代男子必须掌握的一项基本技能，士人子弟年轻时都要学习御马之术，周朝国教也把"五御"作为六艺之一②。孔子开办私学，也把御术作为基础教学科目之一，所以孔门弟子（如樊迟、冉有、颜渊等）都善于御马驾车，他们经常担任孔子出行时

---

① 《论语·为政篇》。
② 《周礼·保氏》："养国子以道：乃教之六艺，一曰五礼，二曰六乐，三曰五射，四曰五御，五曰六书，六曰九数。"

的"专职司机"。

孔子本人不仅精通御术,对执御也很有兴趣,他曾对弟子说:"吾何执?执御乎?执射乎?吾执御矣。"①意思就是,比起射箭来,我更愿意御马驾车。

执御讲究的是人与马心意相通,车与马合为一体。孔子对此有独到的见解,他分别对颜氏三人的御马之术做出专业点评:排名第一的是颜无父,他的御术最高,孔子用"美哉"来称赞他。颜无父御马驾车时,马儿能知道身后有车,所以它跑起来又轻又稳,马儿还能知道御者喜欢自己,所以马儿也喜欢御者,乐意主动配合,快速奔跑,如果马儿能说人话,它一定会说:"马儿今天真快乐啊!因为遇到了如此优秀的御者!"排名第二的是颜沦,他的御术略逊于颜无父。颜沦御马驾车时,马儿也能知道身后有车,所以跑起来也是又轻又稳,但是马儿不知道御者是否喜欢自己,所以它只能被动地服从指挥,听由缰绳支配,如果马儿能说人话,它一定会说:"马儿快点跑吧,要不然御者的鞭子就会落到身上了!"排名第三的是颜夷,他的御术不及颜沦,更是远逊于颜无父。颜夷御马驾车时,马儿虽然也知道身后有车,但是跑起来又慢又重,因为它知道御者不喜欢自己,自己稍有失误就会受到虐待,如果马儿能说人话,它一定会说:"快跑吧!快跑吧!如果跑慢了,就会被御者杀掉!"

当然,孔子点评颜氏三人的御马之术,真正目的在于进行政治说教。御马和御民的道理是相通的:如果御马得法,人与马就能和谐一致,无往不利;如果御民有道,君与民就能互敬互爱,各安其分。所以孔子经常引用《诗经·郑风·大叔于田》中的两句诗来阐述御马和御民的道理:"执辔如组,两骖如舞。"御马者只有信马由缰,马儿才会欢快地向前飞奔。孔子认为,御民者如果能读懂这两句诗中所蕴含的道理,就可以治理天下了。

有一次,子贡对孔子御马如御民的观点提出疑问,他说:"御马者执

---

① 《论语·子罕篇》。

辔，双手就像织布时编织花纹一样上下左右来回翻动，一刻也不得停歇。如果用这种方法来治理天下，岂不是太烦琐、太急躁了吗？"

孔子答道："这两句诗并不是说御者执辔动作花哨、急躁，而是说御者通过双手控制缰绳就能轻松自如地驾驭马匹，他们所展现出来的是高超的御马之术。"

（《韩诗外传·卷二》《吕氏春秋·季春·先己》）

11　民之父母

有一天，孔子在家中闲坐，子夏在一旁侍奉。子夏虽然年轻，但是他对《诗》很有研究，并且得到孔子的认可："起予者商（子夏）也！始可与言《诗》已矣。"①

子夏在研读《诗》的过程中，对"凯弟君子，民之父母"两句诗不太理解，于是就借机向孔子请教道："请问怎样才能称得上'民之父母'呢？"这两句诗出自《诗经·大雅·泂酌》，诗中歌颂了在位大人对待子民像父母对待子女一样和善可亲，宽厚仁慈，因而赢得子民的信任和爱戴。

孔子答道："能称得上'民之父母'的在位大人，他必须通晓礼乐制度的原旨和精髓，能够做到'五至'，实行'三无'，并用这种境界来感召天下；他必须有先见之明，能够预知灾祸，并及时预防。这样的人就能称得上'民之父母'了。"

子夏说："现在我对'民之父母'已经有所了解，您能不能再给我具体讲一讲'五至'呢？"

孔子说："在位大人情意所至之处，讴歌也随之而至；讴歌所至之处，

---

①　《论语·八佾篇》。

礼也随之而至；礼所至之处，乐也随之而至；乐所至之处，喜怒哀乐之情也随之而至。在位大人与子民情义深厚，哀乐相从。这种情感虽然看不见，听不到，但是却是真实存在的，而且充满天地人间。这就叫作'五至'。"

子夏又说："现在我对'五至'已经有所了解，您能不能再给我具体讲一讲'三无'呢？"

孔子说："乐体现在声音上，礼体现在形体上，丧则体现在丧服上。在位大人不用有声之乐（即无声之乐）就能表达和悦，不用形体之礼（即无体之礼）就能表达忠诚，不用丧服之制（即无服之丧）就能表达哀伤[①]。这就叫作'三无'。"

子夏又把话题转到《诗》上，他说："现在我对'三无'已经有所了解，您能不能再介绍一下《诗》中有什么诗句与'三无'的意思比较相近？"

孔子稍作思考后回答道："《诗经·周颂·昊天有成》中的'夙夜其命宥密'，这句诗的意思接近无声之乐；《诗经·邶风·柏舟》中的'威仪逮逮，不可选也'，这两句诗的意思接近无体之礼；《诗经·邶风·谷风》中的'凡民有丧，匍匐救之'，这两句诗的意思接近无服之丧。"

子夏感慨道："夫子关于'五至''三无'的论述太完美、太精辟了！思想内容已经丰富到无以复加的程度！"

孔子笑道："那也不至于。在位大人实行'三无'还有五个层次呢。"

子夏问道："哪五个层次呀？"

孔子说："第一个层次是无声之乐能不违背志向与心意，无体之礼能保持威仪从容，无服之丧能表达内心哀痛；第二个层次是无声之乐能实现心志与愿望，无体之礼能保持威仪庄重，无服之丧能恩泽四方；第三个层次

[①] 《说苑·修文》："孔子曰：'无体之礼，敬也；无服之丧，忧也；无声之乐，欢也。'"并见《孔子家语·六本》。

是无声之乐能使民意顺从，无体之礼能使上下协同，无服之丧能安抚万邦；第四个层次是无声之乐能传播远方，无体之礼能日有所进，月有所成，无服之丧能功名彰显；第五个层次是无声之乐能激励民众奋发向上，无体之礼能规范所有人的行为，无服之丧能将仁爱之心延续到后代子孙。"

子夏接着又向孔子请教了"三王（夏禹、商汤、周文王）之德参于天地""何谓无私"等问题，孔子都逐一做出答复。子夏听后立即起身背墙而立，恭恭敬敬地说道："弟子怎敢不尊奉您的教诲呢！"不过这些问题都偏离了"民之父母"的主题，所以《上海博物馆藏战国楚竹书》中没有记载。

(《礼记·孔子闲居》《孔子家语·论礼》《上海博物馆藏战国楚竹书（二）·民之父母》)

12 子张问入官

子张（颛孙师）是孔门后起之秀，他天资聪颖，勤奋好学，学有所成。"入官"是出仕为官，获取功名利禄。《论语》中载有"子张学干禄"[①]、子张问孔子"何如斯可以从政"[②]，《礼记·仲尼燕居》中也载有"子张问政"，可见入官从政是子张的人生职业规划，孔子对此表示认可，所以对他提出的"入官"问题回答得比较认真，内容也比较全面。

子张向孔子请教道："出仕为官，怎样才能稳固官位而又赢得赞誉呢？"

孔子说："稳固官位而又赢得赞誉，要努力做好六个方面（六路）：一

---

① 《论语·为政篇》。
② 《论语·尧曰篇》。

是充分发挥自己的长处（善）；二是帮助别人要坚持不懈；三是以前犯过的错误不要再犯；四是不要为自己的错误进行辩解；五是没有意义的事情不要继续做下去；六是做事不要拖拉。在做好以上六个方面的同时，还要注意避免六种错误：一是避免民众积怨太重，积怨太重会引发刑罚烦苛；二是避免听不进谏言，听不进谏言会思想僵化；三是避免行为懒散，行为懒散会失去礼数；四是避免做事懈怠，做事懈怠会丧失时机；五是避免铺张浪费，铺张浪费会导致财用不足；六是避免专权独断，专权独断会一事无成。努力做好六个方面和注意避免六种错误是稳固官位而又赢得赞誉的基本要求。"

孔子接着从为政方法、以身作则、秉持公正、修德养志、选贤任能、重民爱民等方面对"入官"问题又进行了全面阐述。子张聆听了孔子的教诲，感觉收获很大，他回去以后立即把孔子的言论整理记录下来，用于指导以后的从政实践。

孔子有关"入官"问题的长篇论述，虽然内容很丰富，但是许多观点只是简单的排列和重复的堆砌，内容之间并没有渐次递进的逻辑联系，整体缺乏理论的系统性和完整性，所以用于指导为政实践是可行的，用于理论构建则没有太大意义。

（《大戴礼记·子张问入官》《孔子家语·入官》）

13　季桓子使仲弓为宰

季桓子是鲁国季氏宗主，执政国卿，他与孔子关系密切，孔子任大司寇期间，两人联手实施了"堕三都"计划，有效地维护了礼制秩序。在"堕三都"计划的实施过程中，季氏费邑宰公山弗扰率领邑众发动叛乱，把鲁定公、季桓子、孔子等人逼上武子之台，孔子指挥将士沉着应战，最终战胜叛乱分子①。叛乱平息后,季桓子打算聘用孔门弟子仲弓接任费邑宰②。费邑是季氏的一个重要据点,位于汶水之北,靠近齐境,是鲁国抵御齐国入侵的一道重要屏障,因此邑宰责任重大,必须能力出众,能以德服人。

仲弓虽然出身卑微③,但是他学习勤勉刻苦,做事踏实认真,孔子把他比作"犁牛之子"④,认为他能够担当大任。然而仲弓担心自己人微言轻,缺乏经验,恐怕难以胜任费邑宰之职,于是想请孔子帮自己婉拒季氏,他说:"季桓子打算聘我为费邑宰之职,我担心我愚笨无知,能力有限,如果做不好有辱师门,所以想请您帮我把费邑宰之职推辞掉。"

孔子说:"冉雍呀,你不应该这样不争气啊!历史上夏、商、周三代开国帝王都是圣明之主,他们拥有天下,所以许多贤人达士都投奔他们,愿意效犬马之劳。季氏只是鲁国贵族大夫,费邑只是汶河之北的一座城邑,你有什么可担心的呢?你就放心去赴任吧,如果遇到什么问题,可以来向我请教嘛。"

仲弓仍然觉得信心不足,他低声问道:"请问为政的首要任务是什么?"

孔子答道:"为政的首要任务是尊敬长者,关爱幼者。接下来要做的三个要点是:先有司,举贤才,宥过赦罪⑤,其中宥过赦罪必须优先安排,因为这是为政基础。"

仲弓说:"关于尊敬长者、关爱幼者方面的内容,我经常聆听您的教诲,已经基本掌握要义了。您能不能再给我讲一讲'先有司'的具体做法?""有司"是掌管具体事务的小官吏,从下文推断,这里应代指与民众

---

① 《左传·定公十二年》。
② 著者按:《孔子家语·执辔》中有"闵子骞为费宰,问政于孔子"的记载,不确。
③ 《史记·仲尼弟子列传》:"仲弓父,贱人。"
④ 《论语·雍也篇》。
⑤ 著者按:这几句话在《论语·子路篇》中亦有载,不过文字与秩序稍有不同:"仲弓为季氏宰,问政。子曰:'先有司,赦小过,举贤才。'"

生活密切相关的具体事务。

孔子说:"为政要先从有司掌管的具体事务入手,民众普遍有安土重迁的习俗,他们长期生活在自己的土地上,已经形成了难以改变的习俗,所以你做事要慢慢推进,不能急于求成,尤其不要轻易改变民众的生活习惯,这就是'先有司'的基本要求。"

仲弓又问道:"我这个人反应比较迟钝,而且不善言辞①,所以即使遇到贤才,也不知道如何举荐。您能不能再讲一讲'举贤才'的具体做法?"

孔子说:"只要是贤才,就不会被埋没。你只需选拔和任用你所了解的贤才,树立明确的用人导向,至于你不了解的贤才,自然有人会向你举荐。"

仲弓继续问道:"您能不能再给我讲一讲'宥过赦罪'的具体做法?赦免有罪过的人能对民众起到积极的教化作用吗?"

孔子说:"高山会崩塌,大川会枯竭,日月星辰运行有时也会发生误差,人怎么能不犯错呢?当政者对于那些罪大恶极的罪犯要动用刑杀手段来严加惩处,但是对于那些犯了小错小过的人则要用道德力量来感化他们,尽量宽大处理,免于刑戮,这样就可以对民众起到道德教化的作用。"

仲弓说:"刚才您重点给我讲了为政的三个要点,我听后很受启发,思路也清晰多了。您能不能再给我讲一讲教导民众提高道德修养的方法?"

孔子说:"提高道德修养重在用礼乐制度来规范人们日常生活中的言行举止,所以空讲大道理是没有效果的。你要为民众树立一个良好的学习榜样,让他们知道自己应该怎么做,不应该怎么做,时间长了,形成习惯了,道德修养就会自然而然地提高。"

仲弓又问道:"您能不能再给我讲一讲管理民众的具体方法?"

孔子说:"你的这个问题很好,也很重要!官员施政,管理民众,最重要的任务是对民众实施教化,具体要做到'三慎':一是谨慎地处理祭祀

---

① 《论语·公冶长篇》:"或曰:'雍也仁而不佞。'"

事务，因为祭祀的本质是致敬鬼神，这也是人生在世的立身之本，所以不能不慎重；二是谨慎地处理丧葬事务，因为丧葬的本质是哀悼死去的亲人，让死者得以安息，所以不能不慎重；三是谨慎地处理学习向善事务，一日从善就能学有所成，一日不从善就会前功尽弃，所以不能不慎重。"

孔子最后告诫仲弓道："季桓子聘你为费邑宰，你一定要坚守公正，因为为政之要在于'正'，所以你对上不能唯唯诺诺，该进谏就进谏，该匡正就匡正。"

孔子回答弟子请教为政问题的言论有很多，他大多三言两语，非常简单，唯有答仲弓问时反复叮嘱，谆谆教导，内容非常丰富，因为仲弓是他寄予厚望的弟子之一，而且费邑宰责任重大，不能发生任何过失。至于仲弓后来有没有应聘费邑宰之职以及他在任职期间政绩如何，史书中均不见记载，故而不得而知。

（《上海博物馆藏战国楚竹书（三）·仲弓》）

14 子路治蒲

孔子居卫期间，门下有几个年资较长的弟子受到礼聘，先后出仕为官了。子路因为以前在鲁国就有从政经历，在卫国又有比较深厚的人脉关系①，所以被卫君聘为卫国蒲邑宰②，即蒲邑地方长官。

蒲是卫国西边的一个城邑（今河北省长垣市境内），黄河穿境而过，容易发生水灾，所以防治水患是邑宰的首要任务。子路赴任蒲邑宰之前，专门去向孔子辞行，并向他请教为政之道。子路为人性情耿直，重信守诺，

---

① 《史记·孔子世家》："孔子遂适卫，主（住）于子路妻兄颜浊邹家。"
② 著者按：《韩非子·外储说右下》中记为"子路为郈令"，显然有误。郈邑是鲁国三桓叔孙氏的食邑，而非卫邑。

不善变通,孔子担心他为政刚猛急躁,于是郑重地叮嘱他道:"蒲多壮士,又难治。然吾语汝:恭以敬,可以执勇;宽以正,可以比众;恭正以静,可以报上。"①孔子根据蒲邑民风彪悍的特点,向子路提出了恭谨行事、宽厚待人、公正施政的要求。

子路谨记孔子教诲,到蒲邑就任以后,用心施政,不辞辛苦,按照时序组织民众进行农业生产,提高收成,改善民生,当地民情风俗大为好转,他也赢得了邑众的信任和支持。有一年春季,子路组织邑众修筑沟渠,防备夏季水患。挖沟修渠是一桩非常辛苦的体力活,而且当时正值春荒时节,许多邑民都饿着肚子干活,子路于心不忍,就把自己家里的粮食拿出来,在工地上支锅煮饭,分发给劳工们吃,尽管食物不算充足,但是至少能保证每人分得一箪饭,一瓢水。

子路是一个实干型的官员,对于政治问题向来不太敏感,他为了如期完成治水防患工程,造福民众,可以不计名利,以私助公。然而孔子听说此事后很不高兴,立即委派子贡赶到工地上把饭锅掀翻,把饭碗砸烂,并传话给子路说:"这些在工地上干活的民众都是诸侯国君的子民,为君主劳作是每一个子民应尽的义务,你只是一个领取俸禄的邑宰,有什么资格分发饭食给民众?"子路当时非常气愤,立即跑去找孔子理论,他说:"夏季暴雨将至,蒲邑水患严重,我身为蒲邑宰,有责任在水患来临之前组织邑众修筑沟渠,提前做好抵御洪水的准备。现在在工地上干活的邑众,有许多人因为缺粮而挨饿,我用自家的粮食来赈济他们,此举有何不妥?夫子您一贯教导我们要仁慈宽厚,善待民众,现在我用自家粮食与民众分食,难道这不是行仁由义吗?您派子贡来掀锅砸碗,难道您要阻止我行仁由义吗?"

在孔门弟子中,敢于公开顶撞孔子的只有子路一人,因为他为人正直坦荡,敢作敢为,所以孔子对他的过激反应并不感到奇怪,而是严厉地批

---

① 《史记·仲尼弟子列传》,并见《说苑·政理》。

评他道:"你真是一个头脑简单、性情暴躁的莽汉!我们做每一件事情,不仅要追求表面效果,还要思考深层次的道理。你把自家粮食拿出来与民分食,这当然是好事,说明你有仁爱之心,但是你这样做是违反礼制的。什么是礼?礼就是各安其分,各守其职,绝不僭越。比如'爱',天子爱天下,诸侯爱封国,大夫爱属官,士人爱家人……。爱是有身份限制的,如果超越身份限制的'爱'就不是真正的爱,而是'侵'。你现在把自己的俸禄拿出来与民众分享,彰显了你的道德高尚,但是却超越了'爱'的界限,这种行为就是僭越礼制的'侵',也是严重的政治错误!正确的做法应该是把民众挨饿情况及时向国君报告,请求国君从国家粮仓中调用粮食来赈济民众。"

孔子的话音未落,卫君的特使已经赶到,他向孔子传达了卫君的责难:"国家动员国民修筑沟渠,抵御洪水,先生却让您的弟子用自家粮食来为民众提供饭食,难道先生您要与国君争夺国民吗?"

好在孔子及时阻止了子路的违礼行为,卫君才没有追究下去。

子路在蒲邑任职三年,民风日渐淳厚,百姓安居乐业,社会安定和谐,周边城邑的人都羡慕不已,也不敢来寻衅滋事了,甚至当时还流传着"晋人欲伐卫,畏子路,不敢过蒲"的美谈①。

有关子路治蒲的赞誉之声传到孔子那里,于是他决定亲自到蒲邑去实地考察一番。刚刚进入蒲邑地界,孔子就觉得眼前一亮,他欣慰地说道:"子路治理蒲邑效果不错啊!他用恭敬的态度赢得了邑众的信任。"

进入蒲邑城中,孔子看到一片欣欣向荣的景象,于是又高兴地说道:"子路治理蒲邑成效显著啊!看来他已经做到了为人忠信,待人宽和。"

到达蒲邑官府,孔子见大小官吏忙而不乱,秩序井然,于是又称赞道:"子路治理蒲邑成绩突出啊!他能理清纷繁复杂的事务,并做出正确判断。"

---

① 《荀子·大略》。

跟随孔子一同考察的子贡见孔子对子路赞不绝口，便拉着马辔好奇地问道："您还没有看见子路处理政事，就连续三次称赞他治理蒲邑富有成效，您能说说称赞他的理由吗？"

孔子笑道："我虽然还没有见到子路本人，但是一路过来已经看到了他的施政效果：我刚进入蒲邑地界，看见土地已经深耕过了，田间的杂草也被铲除了，灌溉的沟渠挖得很深，说明子路用恭敬的态度赢得了邑众的信任，所以老百姓没有什么后顾之忧，都愿意花时间和精力来种好庄稼；我进入蒲邑城中后，看见房屋整齐坚固，树木生长茂盛，说明子路待人宽厚诚实，所以老百姓做事也很踏实认真，不会耍奸使坏，偷工减料；我到达蒲邑官府后，见到大小官吏们都能服从政令，各司其职，认真严谨，忙而不乱，说明子路善于管理，能够合理安排事务，做到人尽其才，才尽其用，所以各项政务井然有序。从以上三方面可以看出，子路是一个称职的官员，我连续称赞他三次并不为过。"

子路治蒲，政绩突出，这主要得益于孔子悉心指导，孔子把自己的为政经验毫无保留地传授给了子路。

（《韩非子·外储说右下》《史记·仲尼弟子列传》《韩诗外传·卷六》《说苑·臣术》《说苑·政理》《孔子家语·致思》《孔子家语·辩政》）

15　宓子贱治单父

宓子贱是孔子得意门生之一，虽然他未能列入孔门四科十哲的名单，但是孔子对他颇为赏识，曾称赞他道："君子哉若人！鲁无君子者，斯焉取斯？"①意思就是，宓子贱已经基本达到鲁国公认的君子标准了。孔子能够

---

①　《论语·公冶长篇》。

对宓子贱做出如此评价确实难得!

宓子贱曾在单父(今山东单县南)当过三年邑宰,这是他人生中最重要的经历。单父是鲁国南面的一个城邑,地理位置比较偏远,当地氏族宗法势力比较强大,因此治理难度非常大。宓子贱就任邑宰之前,专门去向孔子请教为政问题,孔子对他说道:"毋迎而距也,毋望而许也,许之则失守,距之则闭塞。譬如高山深渊,仰之不可极,度之不可测也。"①据说这几句话是当年姜太公对周文王说的,孔子根据单父邑的具体情况,特意用这几句来诫勉宓子贱,应该是很有针对性的。"距"是拒绝,"许"是接纳,这是两种不同的为人之道或为官之道,意思就是,当政者不要轻易拒绝那些愿意归附自己的人,否则就会眼不明,耳不聪,使自己陷于闭塞状态,要像高山不让一尘、深渊不辞一流那样善于接纳各种人,让他们为己所用,这样就可以不断地壮大己方守卫的势力,增强抵御敌方的能力。

孔子临别赠言,宓子贱深受教益,他恭敬地答道:"太好了!我一定遵从您的教导。"

宓子贱赴任之后,主动放低姿态,广泛结交朋友,团结一切可以团结的力量,很快就与当地氏族融为一体,因此赢得了邑众的信任与支持,取得了不俗的政绩,孔子听到这个好消息后问他道:"你治理单父邑时间虽然不长,但是邑众对你都很满意。你在邑宰任上采取了哪些施政措施?能说给我听听吗?"

宓子贱答道:"我治理单父邑并没有采取什么特别措施,只是把老人当作自己的父亲来侍奉,把小孩当作自己的儿子来照顾;主动关爱鳏寡孤独等弱势群体,积极救济那些失去生活来源的人;邑中如果有人去世,我就像对待亲丧一样料理好后事。"

孔子说:"你做得不错!不过这些都是小善,只能赢得下等人的归附,还应有更有效的为政举措。"

---

① 《说苑·政理》,并见《管子·九守》《鬼谷子·符言》等。

宓子贱又答道:"在单父邑当地氏族中,我身边有三位值得我像侍奉父亲一样的长者,有五位值得我像敬重兄长一样的族人,还有十一位关系亲密的朋友,他们平时对我施政给予了很大帮助。"

孔子点头肯定道:"你对待长者像侍奉父亲一样,就可以在氏族中发扬孝的观念;对待族人像敬重兄长一样,就可以在氏族中传播血脉亲情;对待友人像对待志同道合的同门一样,就可以在氏族中倡导友善精神。不过这些都是中善,只能赢得中等人的归附,还应有更有效的为政举措。"

宓子贱继续答道:"在单父邑中,有五位比我贤能的人,我对他们非常尊重,遇事就虚心向他们请教,他们也能及时给我提供很好的意见和建议。"

孔子感叹道:"治理单父邑的大道理就在这里啊!这才是赢得上等人归附的大善!尧舜治理天下时,一定要访求贤人来辅佐自己,因为贤人是所有幸福的来源,也是清明政治的主宰。可惜呀,让你治理单父这个小地方实在是屈才了,如果让你治理更大的地方,没准你也能像尧舜一样取得更大的成绩!"

儒家学派一贯倡导贤人政治,他们认为,贤人在政治中的重要作用要远甚于政治体制的构建和政治制度的完备。实行贤人政治的前提是打破传统的氏族制度限制,不拘一格选拔人才。宓子贱开始介绍的父子关系、兄弟关系等均属于氏族体制内的血缘关系,孔子对此评价不高,认为他仍有改进和提高的余地,后来宓子贱又介绍了邑中五位贤能之士,孔子立即大加赞赏,认为他已经找到了正确的施政方法。

(《史记·仲尼弟子列传》《说苑·政理》《韩诗外传·卷八》《孔子家语·辩政》)

16　颜渊欲东至齐求仕

颜渊想东去齐国求仕，孔子不喜反忧，子贡察觉到孔子的情绪变化，便起身从座位上站起来恭恭敬敬地问道："弟子冒昧地请教：颜渊要到齐国去求仕，老师为什么面有忧色呢？"

孔子说："这个问题问得好，我乐意做出解释。齐国贤相管仲曾经说过：'褚小者不可以怀大，绠短者不可以汲深。'意思就是，小布袋装不下大物件，短井绳无法从深井里汲水。我觉得这两句话很有道理。任何事物都有固有的属性与功能，很难做出改变。同样，每个人都有自己的才情与秉性，也很难做出改变。我担心颜渊不明白这个道理，见到齐君以后大谈特谈尧、舜、黄帝等上古帝王的治国之道，甚而至于引用遂人氏、神农氏的至理名言，这显然是对牛弹琴，因为这些治国方略和帝王言论已经超出齐君的认知能力，也不适合齐国的现实情况。如果齐君受到颜渊的鼓动，在齐国勉力推行上古帝王的治国之道，其结果必然是引发内乱。齐君由此而心生疑惑，疑惑不除，心中苦闷，最终有可能抑郁而死。由此可见，对人对事都要做出一个准确判断，并采取与之相适应的处置方法。我再给你举一个例子：早年鲁国曾经发生过一起'祭爰居'事件[①]，当时有一群叫'爰居'的海鸟突然从海中飞来，栖息在曲阜东门外的树枝上三日不去，国人认为这是不祥之兆，各种流言蜚语在城中迅速传播，闹得人心惶惶。当时鲁国政卿臧文仲为了安抚人心，便请鲁君在宗庙中亲自主持向爰居祈福禳灾的祭祀仪式，祭祀现场不仅准备了丰盛的祭祀供品，还请来了乐师演奏九韶古乐。然而树上的爰居都被如此盛大的场面吓傻了，它们不敢吃，不敢喝，不出三天全死了。这件事情说明，养鸟就应该用适合鸟的方

---

① 《国语·鲁语上》。

法，不能用适合人的方法。鸟喜欢浮游于江湖，以鳅鲦为食，那就让它们逍遥自在地在江湖上飞翔，食之以鳅鲦。同样，游说诸侯国君也应用他们能够接受的方法，不能海阔天空，不切实际，夸夸其谈，否则将会害人害己。"

孔子接着又滔滔不绝地说了一通大道理，从天上的飞鸟、林中的走兽、水中的游鱼说到愚昧无知的人，最后他总结道："名止于实，义设于适，是之谓条达而福持。"意思就是，做事要实事求是，方法得当，只有这样才能通达顺畅，事半功倍。

查阅相关资料，未见颜渊在齐国出仕的相关记载，也许正如孔子所担心的——颜渊的迂腐说辞未能打动齐君；也许"颜渊东之（至）齐"本身就是一个编造出来的故事①。

(《庄子·至乐》)

17　子羔为卫之士师

孔子在卫国担任国相期间②，弟子子羔（或作子皋、季羔）也随之出仕为士师一职，主管刑狱之事。卫国有一个人犯了罪，子羔依法对他处以刖刑，就是砍掉他一只脚。

当时卫国政局十分混乱，原太子蒯聩与卫出公为了争夺君位而大打出手，闹得举国上下人人自危，孔子也受到牵连，有人向卫出公进谗道："仲尼要作乱。"卫出公听信谗言，下令拘捕孔子，孔子只得连夜逃离，众弟子

---

① 著者按：《庄子·人间世》中有颜渊打算到卫国求仕的记载，孔子明确表示反对，认为颜渊此行"殆往而刑耳"。《说苑·敬慎》《孔子家语·贤君》中也有"颜渊将西游（于宋）"的记载。这些记载中均没有具体时间、地点和人物等信息，因此未必可信。

② 著者按：关于孔子相卫之事，史书中没有记载，因此不确。

也跟随孔子安全逃离。

子羔当时有公务在身,未能及时逃脱,等他想离开的时候,全城已经封闭了,甲士在他身后追杀。他慌慌张张地赶到郭门,郭门也已关闭,他在城门下正好遇见那个被他砍掉一只脚的受刑之人,那人现在只能用单腿跪地勉强行走,他吃力地把子羔领到城墙上的一个缺口处,让子羔逾墙逃走,子羔拒绝道:"我是一个有身份的人,不能干翻越城墙的事情。"那人又把子羔领到城墙下的一个涵洞口,让子羔钻洞逃走,子羔又拒绝道:"我是一个有身份的人,不能干钻洞的事情。"那人没有办法,只好先把子羔安排在一个斗室中藏身。甲士追到郭门后,四处寻找,未能发现子羔,于是就离开了。

半夜时分,子羔从斗室中走出来,逃离之前,他对那个受刑之人说:"以前由于我不能违反国君的法令而亲自对你施以刖刑,现在我身处危难,被甲士追杀,这正是你报仇雪恨的绝佳时机,你却三番五次地设法帮我逃命,请问这是为什么?"

受刑之人说:"过去我受到刖刑处罚,那是我罪有应得,没有什么可抱怨的。记得当时您给我定罪时反复推敲,仔细斟酌,断狱时又一再把我的案子往后压,希望能够找到免除处罚的有利证据,您的良苦用心我都知道。定罪之后,行刑时您神情悲怆,脸色凄然,我知道您是在为我难过。您与我素昧平生,您也不是有意偏袒我,而是您为人本性善良,对所有人都怀有仁爱之心。这就是我愿意冒险帮助您逃脱的原因。"

孔子从这件事情中又悟出一些为官从政的道理,他说:"善为吏者树德,不能为吏者树怨。概者,平量者也;吏者,平法者也。治国者,不可失平也。"①意思就是,会做官的人能积德,不会做官的人则会积怨;心存仁慈的人能积德,心狠手辣的人则会积怨;秉公执法的人能积德,徇私枉法的人则会积怨。"概"是用来量平斗斛的工具;官吏是维护法律公正的执行

---

① 《韩非子·外储说左下》。

者。治理国家就要任用那些坚守正义、善于树德的官吏。

为政以德是孔子一贯倡导的执政理念，子羔受其影响，在为政实践中树德积善，仁慈待人，所以在危难之时得到了应有的回报。

(《韩非子·外储说左下》《淮南子·人间训》《说苑·至公》《孔子家语·致思》《金楼子·戒子篇》)

18 弃灰于道者刑

商朝有一条法律：如果有人把灰倒在大街上，就会被处以断手的重刑①。子贡认为这条法律过于严苛，不近人情，他说："把灰倒在大街上是轻罪，处以断手之刑是重罚，古人未免太残酷了！"

孔子说："制定这条法律的人深谙治国之道。我们设想一下：如果有人当街弃灰，大风吹过，灰尘飞扬，必然会遮蔽行人眼睛；行人眼睛被遮蔽，盛怒之下，就必然会与弃灰者发生争斗；行人与弃灰者发生争斗，事态不断扩大，就必然会引发双方氏族的群体争斗，其后果将不堪设想！由此可见，这条法律条文并不严苛，而且具有很强的针对性和适用性。当街弃灰看起来是一件微不足道的小事，但是如果不能及时禁止，极有可能演变成一场无法控制的恶性事件，所以必须对这种行为处以重罚，防患于未然。我们研究古代法律，不能只停留在具体的法律条文上，而应深刻理解其精神实质。这条法律的精神实质是当政者要从简单易行的小事入手，用重刑来严加防范。从当街弃灰这样的小事入手，人们执行起来比较容易，谁也不会因小失大，以身试法，因此更严重的违法行为就可以得到有效制止。这正是古人施政的高明之处。"

① 著者按：《韩非子·内储说上七术》："殷之法，刑弃灰于公道者断其手。"又《说苑·佚文》："秦法：弃灰于道者刑。"

当然，孔子真正崇尚的是德治，刑罚只是实现德政的一种辅助措施或手段，因此他所追求的是一种"威厉而不试，刑错（放置）而不用"的理想状态①。

（《韩非子·内储说上七术》）

19　苛政猛于虎

孔子出游路过泰山脚下②，听到路旁有妇人哭泣之声，哭声甚为悲戚，他立即让御者停车，看见一老妪在路边坟前哭泣，便从车上站立起来关切地问道："您为什么哭得如此伤心？"

老妪回答道："早些年我的公公死于虎口，前两年我的丈夫也死于虎口，今年我的儿子又死于虎口，一家三代人都死于虎患，所以我很伤心！"

孔子说："这里虎患如此严重，您为什么不离开呢？"

老妪叹了一口气，缓缓说道："这里虎患虽然严重，但是没有严苛的税赋和繁重的杂役，地方官吏待人也比较宽和，所以我不愿意离开这里。"

听了老妪的话，孔子深有感触，他回过头来对子贡等人说："弟子切记：政事不公，官吏严酷，税赋繁重，这些苛政暴吏比虎患更加可怕！"

孔子一贯主张实行"宽猛相济"的为政策略，宽政和猛政是两个极端，均不可取，两者应该相互综合、协调，从而达到平和的理想状态，"政宽则民慢，慢则纠之以猛。猛则民残，残则施之以宽"③。"苛政猛于虎"，迫使百姓宁愿忍受虎患而不愿接受苛政，其"猛"已成人祸，理当予以纠之！

（《礼记·檀弓下》《新序·杂事第五》《孔子家语·正论》《论衡·遭虎篇》）

---

① 《孔子家语·始诛》。
② 著者按：《新序·杂事第五》中作"孔子北之山戎氏"，《论衡·遭虎》中作"孔子行鲁林中"。
③ 《左传·昭公二十年》。

20　奉先王雅琴礼乐奏于越

公元前473年，越灭吴后，越王勾践率师一路北上，侵占宋、鲁等国大片领土，并与齐、晋等诸侯强国会于徐州（今山东滕州），致贡于周王。周元王委派使者赐胙致贺，并封勾践为伯。"当是时，越兵横行于江、淮东，诸侯毕贺，号称霸王"①。

越王在齐、鲁一带立足之后，曾打算迁都于琅琊郡（今山东诸城一带），他征调大批民力在那里筑起一个瞭望高台，周长七里，向东可以观望东海。与此同时，他又对外发布招募天下贤士的消息。孔子听到这个消息后，立即带领弟子们携带先王时代的雅琴和合乎周礼的雅乐前往应聘②。

越王会见孔子时，身穿用棠谿出产的优质铁片制作的铠甲，佩带步光之剑，手执屈卢之矛③，三百名壮士在关外列阵迎接。孔子来到越王面前施礼问候，越王说："很好，很好！不知夫子能给我带来什么教导？"

孔子恭敬地答道："我能阐述上古帝王治理天下的政治智慧和施政方略，不过我想通过演奏雅琴的方式来把这些内容介绍给大王。"

越王对孔子所说的内容显然不太感兴趣，因为历史即将进入群雄纷争的时代，此时再空谈五帝三王之道，实在是迂腐之极，因此他感慨地叹息道："越人生性懦弱，头脑简单，习俗鄙陋，他们居住在山上，行走于江湖，平时出行用舟船代替车乘，用桨楫代替马匹。打仗时他们往前冲像旋风一样迅猛，往回撤则不能听从命令。他们喜欢打仗，不怕牺牲，这就是

---

① 《史记·越王勾践世家》。
② 著者按：孔子卒于公元前479年，而越灭吴在公元前473年，因此孔子是不可能"奉先王雅琴礼乐奏于越"的，这只是后人编造的一个故事而已，姑妄听之。
③ 著者按：相传步光是古代良剑，屈卢是古代良矛。

越人的本性和常情，所以您对他们宣扬文明礼让、和睦相处的观念是没有用的，不会有人接受。"

听完越王的话，孔子一言不发，失落地离开了。

孔子在失意之时，也曾萌生过"欲居九夷"的念头[1]，但是如果让他真正抛弃华夏文明传统则是万万不能的。这次他居然天真地想以礼化越，结局自然是再一次碰壁。

(《越绝书·卷第八》《吴越春秋·勾践伐吴外传》)

---

[1] 《论语·子罕篇》。

十三、知人

十五则

【概说】

在孔子看来，建立良好的人际互动关系，必须相互了解，彼此信任，既要做到"人知己"，又要做到"己知人"。但是在两者之中，他似乎更加注重"己知人"的意义，他说："不患人之不己知，患不知人也。"（《论语·学而篇》）

在人际交往中，孔子的思维习惯是把对方放在主体位置来进行思考的，他强调"见贤思齐，见不贤而内自省"（《论语·里仁篇》）的自我反省精神，因此"己知人"是具有一定的道德意义的。此外，对于当政者来说，"己知人"还具有一定的政治功效，孔子在向弟子樊迟解释"知人"问题时说："举直错诸枉，能使枉者直。"（《论语·颜渊篇》）由此可见，"知人"是施政的前提，只有把正直无私的人选拔出来，安排在重要位置上，才能改变政治生态，实现政治清明。

孔子为人谦和，善与人交，他一生阅人无数，积累了相当丰富的知人识人经验，比如"视其所以，观其所由，察其所安"（《论语·为政篇》）等，相关言论在《论语》中还有很多。此外，孔子还对春秋时期许多重要政治人物做出评价，无论褒贬，臧否人物已成为孔子思想的一个重要组成部分，值得深入研究。

01 九徵识人法

世间最难的事情莫过于知人识人，上天仍有春夏秋冬白昼黑夜可以预知，人心则深藏不露，表里不一，难以揣测：有人貌似谦逊，实则内心傲慢；有人貌似强悍，实则内心和顺；有人貌似固执，实则内心通达……所以孔子说："凡人心险于山川，难于知天。"①

知人的目的在于用人，所以知人善任是当政者必须认真对待的问题，如果用对了人就能成事，如果用错了人就会坏事。鲁哀公曾多次与孔子讨论"取人""人有五仪"等问题，可见其知人识人的心情不可谓不迫切②。孔子一生阅人无数，他在实践中总结出许多知人识人的有效方法，九徵之法就是其中之一。

"徵"是考察、检验，"九徵"就是从九个方面（九种方法）来考察和甄别可用之才：一是把考察对象派到偏远地区去任职，在长期不受监督的情况下，可以有效地考察他对上的忠诚度；二是把考察对象安排在身边任职，就近通过日常琐事来考察他对上的敬畏心；三是让考察对象处理各种复杂事务，以此来考察他的协调能力；四是在事前没有准备的情况下，突然向考察对象提出问题，以此来考察他的机智应变能力；五是在时间紧迫的情况下，向考察对象提出定约，以此来考察他为人是否守信；六是让考察对象自主管理财货，以此来考察他不贪钱财的道德自律力；七是让考察对象身处危险境地，以此来观察他临危不惧的气节与操守；八是让考察对象饮酒至醉，以此来考察他酒后不乱的自控能力；九是把考察对象安排在男女杂处的特殊环境之中，以此来考察他抵御色诱的定力。孔子认为，从以上九个方面（情况）来进行全方位的考察，贤与不肖之人就不难甄别

---

① 《庄子·列御寇》。
② 《荀子·哀公》。

了，可用之才也就可以选拔出来了。

（《庄子·列御寇》）

02　誉赏毁罚　贤人不居

选用贤人是各国当政者的首要任务，但是他们在现实政治中却不知道如何选用贤人，以至于误把民间毁誉当作实行赏罚和任用人才的标准，导致庸人当道，贤人远去。"毁"是诋毁，"誉"是赞誉。

有一次，子思就选用贤人问题向孔子请教道①："各国君主都知道选贤任能的重要意义，因为用对了一个人，就可以省去许多麻烦事，可是他们却不能任用贤人，这是为什么？"

孔子答道："这些国君不是不想任用贤人，而是他们缺乏智慧和气度，不知道如何选用贤人。他们自己不动脑子，只是盲目地根据别人的议论来判断，如果别人都说这个人好就重用（誉赏），如果别人都说这个人不好就弃用（毁罚）。用民间的毁誉作为用人标准和赏罚依据，贤人当然不愿意留在这个国家②。"

选用贤人的标准当然是德行和能力，如果仅听毁誉之词，难免会做出错误判断，所以当政者在用人时必须亲自考察和甄别，不能偏听偏信，人云亦云，相同的话孔子早就说过："众恶之，必察焉；众好之，必察焉。"③

（《孔丛子·记问》）

---

① 著者按：子思生于鲁哀公十二年（公元前483年），孔子卒于鲁哀公十六年（公元前479年），孔子去世时，子思尚幼，这段对话显然是后人编造的，姑妄听之。
② 著者按：关于"誉赏毁罚"，可参阅《说苑·政理》中的"晏子治东阿"之事。
③ 《论语·卫灵公篇》。

03　人君孰为贤

有一次，鲁哀公突然向孔子提出一个问题："当今之君，孰为最贤？"春秋末年，各国诸侯大多是昏庸无能之辈，所以"最贤"二字只能是矮子里面拔将军了。

孔子是鲁国"国老"，有义务客观真实地向国君提供各种咨询意见，所以他直言不讳道："当今之世，没有哪一位诸侯国君能称得上贤明，如果实在要说，卫灵公或许算一个。"卫灵公是与孔子交往比较多的一位诸侯国君，孔子对他的印象也不错。

鲁哀公对孔子的回答颇为失望，他质疑道："我听说卫灵公在世的时候，家庭内部事务管理十分混乱，男女长幼之间发生了许多出格的事情，这样的人怎么能称得上贤君呢？"鲁哀公这样评价卫灵公是有根据的，因为卫灵公在私生活方面确实不够检点，他不仅宠幸夫人南子，迫使太子蒯聩出逃晋国，而且还与宋国公子朝关系暧昧，把卫国上下搞得乌烟瘴气。

孔子并不打算曲意附和鲁哀公，他说："我对卫灵公做出正面评价，主要是依据他在朝廷处理政务方面的情况，而不是依据他在家庭处理内部事务方面的情况。"从政治层面来看，卫灵公在卫国历史上确实是一位有作为、敢担当的诸侯国君，他在位四十二年，基本理顺了公室贵族之间的复杂关系，缓解了国内矛盾，为发展经济创造了有利条件。他一生最大的政治功绩是联合齐国组成抗晋联盟，有效维护了中小诸侯国的正当权益，延缓了大国争霸兼并的进程。

鲁哀公似乎对卫灵公存有偏见，他又继续问道："卫灵公在处理国家政务方面有什么值得称道的政绩呢？"

孔子说："卫灵公的弟弟名叫公子渠牟，他的智慧足以治理一个千乘大国，他的诚信也足以守护这个千乘大国，所以卫灵公对他非常信任，委以重任。卫国有一个名叫王林的士人①,只要他发现有贤良之才,就会立即向卫灵公举荐,而卫灵公也会大胆任用他举荐的贤良之才,如果有人没有得到任用,王林就会把自己的俸禄分给他,所以卫灵公当政时期,卫国没有不被任用的贤良之才。卫国还有一个名叫庆足的士人,每逢国家遇有重大事件,他都会主动出仕为官,帮助国家渡过难关,等到危机过去之后,他又会主动辞去官职,把官位让给其他贤良之才,所以卫灵公对他非常敬重。卫国最有名的是一个名叫史䲡的大夫②,他因为与卫灵公政见不同而离开卫国,卫灵公深感内疚,跑到郊外去住了三天,停止弹琴鼓瑟等一切娱乐活动,一定要等史䲡回心转意后才返回宫中居住。在任用贤良之才方面,卫灵公心胸宽,眼界高,魄力大,政治功效也非常显著,因此我认为他称得上贤君。"

在历史上,卫灵公确实善于招揽人才,当年孔子跑到卫国寻求发展,卫灵公也为他提供了"奉粟六万"的优厚待遇,孔子对此印象深刻,所以他在对鲁哀公进行说教时,把举贤任能作为衡量诸侯国君贤与庸的一个重要标准,不过这些都是老生常谈了。

(《说苑·尊贤》《孔子家语·贤君》)

04　人臣孰为贤

贤人政治是儒家学派的一贯主张,也是儒家思想的核心理念,孔子曾多次向当政者强调选贤任能的重要意义,他说:"才难,不其然乎?"③"舜有天下,选于众,举皋陶,不仁者远矣。汤有天下,选于众,举伊尹,不仁

---

① 著者按:《孔子家语·贤君》中记作"林国",此从《说苑·尊贤》。
② 著者按:《孔子家语·贤君》中记作"史鲵",此从《说苑·尊贤》。
③ 《论语·泰伯篇》。

者远矣。"①"文武之政，布在方策，其人存则其政举，其人亡则其政息。"②"政在选贤。"③此外，孔子还经常与弟子们就举贤任能问题展开讨论。有一次，子贡向孔子请教道："当今之世，在各国大臣中，有谁能称得上贤能之人？"

孔子说："当今之世，我不知道谁能称贤。以前齐国有鲍叔，郑国有子皮，他们应该称得上贤能之人。"

子贡说："未必如此吧？与鲍叔同时期的大臣有管仲，与子皮同时期的大臣有子产，他们的功绩远远大于鲍叔和子皮，难道他们称不上贤能之人吗？"

孔子说："你说的没错，但是你只知其一，不知其二。我来问你一个问题：是善于举荐贤能之人的进贤者值得称道，还是让自己成为贤能之人的显达者值得称道？"

子贡回答道："荐贤贤于贤。"这句话比较绕口，意思就是，善于举荐贤能之人的人比贤能之人更贤能（值得称道）。

孔子说："这就对了。我听说，因为鲍叔举荐了管仲，所以管仲才得以显达④；因为子皮举荐了子产，所以子产才得以显达⑤。然而管仲和子产却从来没有举荐比他们更贤能的人，所以他们称不上贤能之人。鲍叔和子皮能知贤，这是'智'；他们又能荐贤，这是'仁'；他们还能引贤，这是'义'，有谁能比他们的贡献更大呢？"

在氏族宗法制的政治体制中，倡导贤人政治是具有积极意义的，但是把国家治理完全寄托在几个贤人身上，这种政治肯定难以维持长久。

（《说苑·臣术》《韩诗外传·卷七》《孔子家语·贤君》）

---

① 《论语·颜渊篇》。
② 《礼记·中庸》。
③ 《韩非子·难三》。
④ 《国语·齐语》："桓公自莒反于齐，使鲍叔为宰，辞曰：'臣，君之庸臣也。君加惠于臣，使不冻馁，则是君之赐也。若必治国家者，则非臣之所能也。若必治国家者，则其管夷吾乎。'"
⑤ 《左传·襄公三十年》："郑子皮授子产政。辞曰：'国小而偪，族大宠多，不可为也。'子皮曰：'虎帅以听，谁敢犯子？子善相之。国无小，小能事大，国乃宽。'"

05　大夫有差等

春秋时期，大夫是贵族身份的标识。贵族大夫通常享有一定的经济待遇和政治特权，但是未必需要直接参与国家治理，所以有的贵族大夫完全可以自顾自家，对于国家政事不闻不问，即便他们参与国家治理事务，因为每个国家的国情不同，每个从政者的思想境界和政务能力不同，所以各人所发挥的作用和取得的政绩也不同。当然，当时人们对于这些从政大夫的从政表现并没有统一的评判标准，也没有多少人关注此类事情。孔子是一个例外，他热衷于研究人，评论人，不仅对许多从政大夫单独做出评价，而且还把各个国家和各个时期的从政大夫放在一起进行比较，进而分出等次。

子家驹、晏婴、子产、管仲都是春秋时期的从政大夫（子家驹除外，其余几位都是政卿），他们虽然国别不同，时期不同，但是具有一定的可比性，所以孔子把他们分为三组来进行比较研究，然后再用比较中的最优者来与"天子大夫"进行比较，从而得出启发人们深入思考的新观点。

子家驹和晏婴比较。子家驹是鲁国公族大夫，鲁庄公玄孙，他为人厚道，不善权变，在公族争权的斗争中，他全力维护鲁昭公的权威和地位，并多次向鲁昭公提出中肯建议，然而他并未能阻止鲁国发生"斗鸡之变"，此后他便随同鲁昭公一同流亡国外。孔子根据子家驹的从政表现，给他下了一个"续然大夫"的定论，意思就是，他对国君只能起到劝谏补过的作用，却不能发挥实际功效，因此他比晏婴要差一等（"不如晏子"）。晏婴是齐国贵族大夫，执政国卿，他历经灵公、庄公、景公三代国君，以善于进谏著称，他对齐景公提出许多有价值的谏言，比如推行礼治、关爱民生、轻赋省刑、举贤任能、崇尚节俭等。晏婴的许多谏言都被齐景公采纳，并取得实实在在的施政功效，所以孔子给他下了一个"功用之臣"的定论,意思就是,晏婴的谏言不仅能纠正国君错误,还能转化为实际政治功效。

晏婴和子产比较。晏婴施政以实际功利为导向,以进言劝谏国君实施相应政策的方式为主,这种施政方式显然比子产要差一等("不如子产")。子产是郑国贵族大夫,执政国卿,他与孔子、晏婴大致是同时期人,彼此有所交结,也相互了解。子产的施政方式主要是在经济上对民众施以小恩小惠,以此来笼络人心,所以孔子说他"有君子之道四焉",其中之一就是"其养民也惠"①。从施政效果来看,子产施惠于民的做法比单纯地向国君进言劝谏的受惠面更广,所以孔子给他下了一个"惠人"的定论。

子产与管仲比较。孟子评价子产道:"惠而不知为政。"②又说:"分人以财谓之惠,教人以善谓之忠,为天下得人者谓之仁。"③荀子也说:"子产,取民者也,未及为政也。"④意思就是,子产只会搞一些小恩小惠的把戏,既没有政治头脑,也没有政治格局,更没有参与大国争霸天下的魄力,所以在政治方面,子产比管仲要差一等("不如管仲")。管仲是春秋初期齐国辅政大臣,也是一位有远见、有魄力的政治家,他辅佐齐桓公在国内推行了一系列内政改革,使齐国国力迅速增强;对外则打出"尊王""攘夷"的旗号四处征战,完成了"九合诸侯,一匡天下"的霸业,所以孔子给他下了一个"如其仁"的定论⑤。

管仲与天子大夫比较。管仲虽然在政治上获得巨大成功,但是在道德修养方面却有诸多瑕疵,他崇尚武力,却不能遵从道义,信奉智谋,却不能推行德政,所以他只能辅佐齐桓公推行霸道,却不能像天子大夫一样辅

---

① 《论语·公冶长篇》。
② 《孟子·离娄章句下》。
③ 《孟子·滕文公章句上》。
④ 《荀子·王制》。
⑤ 《论语·宪问篇》。

佐天子实现王道。霸道与王道的根本区别在于武力威服和道德教化,所以荀子评论道:"管仲,为政者也,未及修礼也。故修礼者王,为政者强。"①

孔子在知人方面确实有独到之处,他通过对几组从政大夫的比较研究,不仅分出彼此间的高下优劣,而且对于从政者来说,这些内容也具有借鉴意义和导向作用。

(《荀子·大略》《荀子·王制》)

06 臧文仲、臧武仲孰贤

鲁国臧氏是公室贵族,先祖臧僖伯是鲁孝公之子,鲁隐公在位期间任辅政大臣,他曾规劝鲁隐公要尊崇礼制,专心理政,不要远涉棠地去观鱼(捕鱼)②。臧文仲、臧武仲是春秋中期臧氏宗主,世袭司寇之职,他们在鲁国历史上不仅是有影响的政治人物,也是褒贬不一的争议人物,所以孔门弟子经常会请孔子比较二人孰贤。

颜渊问孔子道:"臧文仲、臧武仲二人,哪一个更贤能呢?"

孔子答道:"我认为臧武仲比臧文仲更贤能。"

若论历史功绩和政治影响,臧文仲显然比臧武仲大得多,然而孔子却贬臧文仲而褒臧武仲,颜渊感到困惑,他说:"臧武仲虽然人称圣人,但是他身陷祸害却不能免于罪责,致使臧氏失去世袭贵族的身份,这说明他的智慧不足以称道;他不擅长打仗,却要亲自率师出征邾国,结果兵败狐骀,鲁军死伤无数③,这说明他的智慧与圣人的名声不相符。臧文仲虽然去世已有多年,但是他的治政智慧和理政格言仍然被后人奉为圭臬,反复引

---

① 《荀子·王制》。
② 《左传·隐公五年》。
③ 《左传·襄公四年》。

用，可谓不朽。您怎么说臧武仲比臧文仲贤能呢？"

孔子说："臧文仲身死而言立，所以谥号曰文，称文仲。然而他生前在道德修养方面存在诸多瑕疵，具体而言，他有三件不仁之事和三件不智之事。"

颜渊说："您可以说给我听听吗？"

孔子说："臧文仲三件不仁之事：下展禽（弃贤大夫柳下惠而不用）①、置六关（设置六关来征税）、妾织蒲（让妻妾编织蒲席到市场上去卖，与民争利）；三件不智之事：设虚器（私自收藏天子专属器物蔡龟）、纵逆祀（纵容礼官夏父弗忌在主持祭祀仪式时违反昭穆顺序）、祀海鸟（鼓动国人祭祀海鸟爰居）。这些不仁不智之事都违反了周朝礼制，在当时造成恶劣影响！相比较而言，臧武仲虽然在政绩方面不如臧文仲，但是他遇大事却不糊涂，比如他流亡到齐国以后，齐庄公知其贤能，打算封给他田地和城邑，然而他敏锐地觉察到齐国将要发生内乱，就故意用言语激怒齐庄公，因而取消了置田，规避了风险，能够做到这样，足以说明他就是一个成功的智者②。一个真正的智者，不仅能沉着应对眼前的危机，还能成功化解未来的凶险，所以做一个成功的智者是很难的。也许你会问，为什么臧武仲在鲁国没有能够成为一个成功的智者呢？那是因为为人处世仅凭智慧是远远不够的，还必须做到'顺事恕施'，'顺事'就是顺势而为，'恕施'就是善于妥协。臧武仲在'顺事恕施'方面做得不够严谨，所以在鲁国没能免于灾祸。"

弟子冉有和子路也曾就臧文仲纵逆祀和臧武仲率师与邾人战于狐骀等事件分别向孔子请教，孔子仍然坚持保守立场，对他们的不礼行为进行了批判③。

孔子评判历史人物的一个重要标准是言谈举止必须符合礼制规范。臧

---

① 《论语•卫灵公篇》："子曰：'臧文仲其窃位者与！知柳下惠之贤而不与立也。'"
② 《左传•襄公二十三年》。
③ 《孔子家语•曲礼子贡问》。

文仲、臧武仲都是当政重臣,他们主要致力于解决眼前的实际问题,所以行事风格开明务实,不拘礼俗。然而孔子却顽固地坚持礼治主义的保守立场,无论臧氏在辅政期间为鲁国做出多少贡献,都很难得到他的认可。

(《左传·文公二年》《孔子家语·颜回》)

07 误判赵氏

赵氏是指晋国六卿之一的赵简子(鞅),他是春秋时期杰出的政治家、军事家,变法运动的代表人物。孔子在政治上持守旧立场,因此他对赵简子铸刑鼎等多项改革措施都提出尖锐批评,甚至做出"晋其亡乎"的预判[1]。

公元前501年,季氏陪臣阳虎在鲁国叛乱失败后,由齐国而逃亡晋国,投奔到赵简子手下。孔子听到这个消息后对子路说:"赵氏其世有乱乎!"[2] "世"是指赵氏后人,"乱"是指氏族内乱。

子路觉得孔子对这件事情反应过度,阳虎虽然是一个能量很大的奸雄,能把鲁国政坛搅得天翻地覆,但是他现在已经失势,孤身一人投靠赵氏,很难再掀起大浪,况且赵简子也是一个强势之人,智慧和手段足以镇得住阳虎,所以子路对孔子说:"阳虎现在已经无权无势,怎么能作乱呢?"

孔子说:"你对阳虎这个人还不了解啊!此人野心很大,为人强悍,非常势利,谁对他有用就巴结谁,谁对他没用就嫌弃谁,所以人们对他的评价是'亲富不亲仁'。当年他在季氏手下当总管,季桓子待他不薄,可是后来他竟然要谋害季桓子,谋杀未遂后逃往齐国。他在齐国期间为了个人私

---

[1] 《左传·昭公二十九年》。
[2] 《左传·定公九年》。

利，竟然鼓动齐侯发兵攻打鲁国，阴谋败露后被齐国囚禁起来，他又用欺诈的手段逃离齐国，跑到晋国投靠了赵简子。总之，阳虎到哪里就把祸害带到哪里，现在齐、鲁两国都把他当作危险分子，不把他清除就心不安，然而赵简子却收留了这么一个祸害！赵简子为人重利而轻义，容易被利益蒙蔽，现在阳虎在他手下效力，肯定会给他出一些急功近利的坏主意，而赵简子必定会轻信阳虎，做出一些对赵氏后人不利的事情，不过这些严重后果不是一、两代人能看得出来的。"

孔子对于阳虎的判断是正确的，因为阳虎是一个没有道德底线的小人，他可以为了一己私利而随时做出任何违反礼俗的事情。但是孔子对赵简子却不太了解，因而做出了"赵氏其世有乱乎"的误判。在春秋各国诸位政卿中，赵简子是一位统御群雄的帅才，他以利益为驱使，使阳虎"必得其利"；同时又"执术而御之"，使阳虎不敢胡作非为窃取私利。在赵简子和阳虎之间，强弱已经发生根本变化，所以阳虎在赵简子统御之下，不得不规规矩矩，尽心尽力。可见，对付小人就应该用对付小人的办法。

后来赵襄子在讨伐戎狄的战争中，虽然晋军在一日之内连续攻克左人、中人两座城邑，但是他表现得更加谨慎、恭敬，这让孔子改变了对赵氏的误判，他改而由衷称赞道："赵氏其昌乎！"[1]

(《左传·定公九年》《韩非子·外储说左下》《孔子家语·辨物》)

08　楚令尹子西不免于白公之难

白公胜是楚平王之孙，其父太子建在楚国王室争权斗争中失利，举家出逃郑国，后被郑人所杀，他为了逃避郑人追杀，只好逃往吴国避难。白

---

[1]　《吕氏春秋·慎大览·慎大》等。

公胜为人阴险狡诈，报复心极重①，他居吴期间，一直在暗中招募勇士，密谋归国复仇之事，楚国王室已经有所警觉。楚令尹子西也是楚国王室成员，然而他为了个人的虚荣和声誉，居然置国家安全于不顾，打算召白公胜回国，此举无异于引狼入室，因此遭到叶公子高等王室贵族的反对，也引起有识之士的担忧。

孔子与楚国叶公子高、令尹子西等人均有交往，他听说子西打算召白公胜回国，觉得此举风险太大，很有可能引发内乱，因此想及时劝阻子西，他把弟子们召集起来问道："你们有谁能代表我去劝阻令尹子西不要做召白公胜回国之类沽名钓誉的傻事呀？"

子贡自告奋勇地说："我能。"

孔子觉得子贡才华横溢，能言善说，于是就同意了。

子贡随后匆匆赶往楚国劝说子西。在子贡的劝导下，子西不再犹豫了，明确表示他不会召白公胜回国了。子贡返回后向孔子报告了劝说结果，然而孔子并没有消除忧虑，他忧心忡忡地对子贡说："通常来说，人的本性是很难改变的：本性屈从的人，他的行事风格就是屈从（曲为曲）；本性刚直的人，他的行事风格就是刚直（直为直）。不过在某种特定的情形下，人的本性也会发生变化，比如本性刚直的人如果受到利益的诱惑，行事风格就会变得屈从。只有那些胸怀宽广的人才不会受到利益诱惑而改变本性。目前从你劝导的情况来看，子西虽然改变了最初想法，但是他沽名钓誉的本性并没有改变，而且他的胸怀也不够宽广，所以我估计他最终还会召白公胜回国，而他自己也会因此而招致杀身之祸。"

不出孔子所料，令尹子西后来果然不顾众人反对，执意召白公胜回国，并封他于白邑。此后不久，白公胜发动叛乱，楚惠王被废，子西惨遭杀害，史称这一事件为白公之难（白公之乱）。

---

① 《国语·楚语下》："(叶公子高见子西曰)：'其(白公胜)为人也，展而不信，爱而不仁，诈而不智，毅而不勇，直而不衷，周而不淑。'"

叙事者后来评述道:"直于行者曲于欲。"意思就是,本性刚直的人如果没有宽广的胸怀,就会屈从个人的欲望而改变本性。孔子正是基于这一点,对子西的为人做出准确判断。

(《韩非子·说林下》《国语·楚语下》)

09　荆公子行年十五而摄荆相事

荆公子是楚王的某一个儿子,他很不简单,十五岁时就代理国相在朝中处理政事了(摄相事)①,不知道这种做法是不是楚国培养后备人才的一种特有的制度安排,目前未见相关史料记载。

孔子听说此事后很感兴趣,于是就委派使者前往考察,使者返回后向孔子报告道:"荆公子坐朝理政,朝中清静无事,只见廊下立着二十五位壮士,堂上还站着二十五位老者②。"

孔子听后感慨道:"二十五位老者的智慧胜过商汤、周武,二十五位壮士的勇力胜过上古彭祖,合五十人的智慧和力量,治理天下是绰绰有余的,治理区区楚国就更不在话下了!"

孔子这番话强调的还是用人问题。

(《说苑·尊贤》《孔子家语·六本》)

---

① 著者按:《说苑·尊贤》中记为晋国介子推,不确。
② 著者按:《孔子家语·六本》中记为"其堂上有五老焉,其廊下有二十壮士焉。"

10 天生宰嚭以亡吴

太宰是吴国太宰伯嚭，他原本是楚国大夫，因受到楚国令尹子常的追杀而逃亡吴国。伯嚭投奔吴国后，在伍子胥的大力举荐下，受到吴王阖闾的重用，官职一路升迁至太宰，故而又称太宰嚭或宰嚭。伯嚭是一个私心极重的人，他贪财好色，嫉贤妒能，为了独揽朝政，谋取私利，竟然谋害了对自己有知遇之恩的伍子胥。此后他又与越国暗中勾结，出卖吴国利益，放走了最危险的敌人越王勾践，为日后越灭吴埋下了祸根。总之，伯嚭在历史上是一个祸国殃民的奸臣，背负万载骂名。

孔子与太宰伯嚭并没有直接交往，但是两人通过子贡从中传递各种信息，彼此对对方有所了解，可谓知根知底。

根据各类典籍记载，子贡曾到过吴国，与伯嚭也有过交往，并受到伯嚭的赏识，伯嚭曾打算把他举荐给吴王[①]。伯嚭曾向子贡打听孔子的情况，他问道："孔子是一个什么样的人？"

子贡答道："以我的见识，无法知晓。"

伯嚭说："你无法知晓孔子，怎么会投在他的门下？"

子贡说："正因为我无法知晓孔子，所以才投在他的门下。如果一定要对孔子做出评说，我觉得他就像一座物产丰富的大山，山上树林茂密，百姓进入山林之中可以各取所需，有求必应。"

伯嚭又问道："那么你能为孔子这座大山增加高度吗？"

子贡答道："不能，因为孔子已经达到增无可增的高度，我就像一捧土，对于增高毫无意义，而且这种想法也是不明智的。"

伯嚭继续问道："那么你能为孔子承载什么吗？"

[①]《淮南子·人间训》："（子贡）至于吴，见太宰嚭，太宰嚭甚说（悦）之，欲荐之于王。"

子贡说:"不能,因为孔子已经达到载无所载的厚度,我就像一杯酒倒进天下大樽之中一样,根本喝不出来酒的味道,而且有这种想法也是愚蠢的。"

当然,孔子也从子贡那里得到许多关于伯嚭的信息,对他的为人和秉性有所了解,甚至对他的前途和命运也有比较清晰的预判。

有一次,子贡在孔子身边侍坐,他告诉了孔子一个关于伯嚭的小道消息:"听说吴太宰伯嚭死了。"

孔子当即说:"这个消息不准确,伯嚭不可能死的。"

子贡坚称这个消息属实,然而孔子坚持自己的判断。

子贡后来起身行再拜之礼,恭敬地问道:"您是怎么知道伯嚭没有死的呢?"

孔子说:"伯嚭是上天派来完成毁灭吴国使命的,吴国现在还没有灭亡,他的使命还没有完成,所以上天是不会让他死的。"

不久后,果然从南方传来消息:伯嚭仍然没病没灾地活着。

对于一个从未谋面的人,孔子能够做出准确判断,这种知人能力是子贡等弟子短时间内难以学会的。

(《说苑·善说》《越绝书·越绝外传本事》)

11　弟子孰为贤

"贤"是指人在某一方面所具有突出的才能,词义本身并不无褒贬。子贡曾问孔子道:"师(子张)与商(子夏)也孰贤?"孔子答道:"师也过,商也不及。"[①]"过"与"不及"是相对而言的两种极端状态。可见,

---

① 《论语·先进篇》。

"贤"是在比较中分辨出来的。

孔门弟子才情不一，各有所长，如果就某一方面的才能（贤）而论，孔子也未必能及，比如逻辑推理能力，颜渊能够做到"闻一以知十"，孔子自叹弗如①，再比如子贡货殖"亿则屡中"，孔子也难以望其项背②。

有一次，子夏问孔子道："您能评价一下颜渊吗？"

孔子说："颜渊是一个道德高尚的人，我在这方面不如他。"

子夏再问道："您能再评价一下子贡吗？"

孔子说："子贡是一个才思敏捷的人，我在这方面不如他。"

子夏接着问道："您能再评价一下子路吗？"

孔子说："子路是一个勇敢刚强的人，我在这方面不如他。"

子夏又问道："您能再评价一下子张吗？"

孔子说："子张是一个举止庄重的人，我在这方面不如他。"

子夏起身离开座位，恭敬地问道："既然颜渊等人在某些方面都贤于您，为什么他们还要恭恭敬敬地尊您为师呢？"

孔子示意子夏坐下，缓缓说道："我来告诉你原因吧，颜渊等人虽然各有所长，但也各有所短：颜渊道德高尚却不能容忍变通，子贡才思敏捷却不能曲意附和，子路勇敢刚强却不能退却让步，子张举止庄重却不能随和待人。虽然我在某一方面不如他们，但是我能兼有他们每个人身上的优点，并且能克服他们每个人身上的缺点，这就是我的才能。如果把他们四个人的突出才能加在一起来交换我的才能，我肯定是不愿意的！各有所长不如兼而有之，这大概就是他们四个人心甘情愿地奉我为师的原因吧。"孟子后来评述道："宰我、子贡善为说辞；冉牛、闵子、颜渊善言德行。孔子兼之。"③

不得不承认，孔子对于每一个弟子的才情秉性都非常了解，因此他能

---

① 《论语·公冶长篇》。
② 《论语·先进篇》。
③ 《孟子·公孙丑章句上》。

够因材施教,进则退之,退则进之①,教学效果非常好,所以东汉王充评论道:"孔子知所设施之(因材施教)矣。有高才洁行,无知明以设施之,则与愚而无操者同一实也。"②意思就是,孔子善于识人辩才,这是他施教成功的秘诀。

(《列子·仲尼》《淮南子·人间训》《说苑·杂言》《论衡·定贤篇》《孔子家语·六本》)

12 赐之华不若予之实

在孔门四科十哲的名单中,名列"言语"优等的是宰我(予)和子贡(赐),两人都才华横溢,能言善辩,但是风格略有不同,孔子曾评价道:"吾于予,取其言之近类也;于赐,取其言之切事也。近类,则足以喻之;切事,则足以惧之。"③所谓"近类",就是善于用生活中的普通事情来进行类比,通俗易懂;所谓"切事",就是喜欢用华而不实的言辞来讲大道理,令人费解。

在另外一个场合,孔子对宰我和子贡两人的言语风格也进行了类比。宰我受孔子委派出使楚国,楚昭王亲自召见了他,并准备了一辆用象牙装饰的轻便安车,请宰我带回去送给孔子。安车是一种轻便舒适的小车,适合年纪大、有身份的人乘坐。宰我看了一眼安车,回过头来对楚昭王说:"老师不需要如此华贵的安车。"

楚昭王不解地问道:"孔子为什么不需要呢?"

宰我答道:"臣下是根据老师日常生活中所用的器具以及他平时关注和

---

① 《论语·先进篇》。
② 《论衡·定贤篇》。
③ 《孔丛子·嘉言》。

思考的问题做此推断的。"

楚昭王说:"你能具体说说吗?"

宰我说:"自从我投到孔子门下后,私下观察发现,老师孜孜以求的是先王之道,他修德尚义,崇尚节俭,言谈举止无不符合礼制规范;他淡泊名利,出仕为官并不是为了获取俸禄,而是为了行道于天下;如果他与当政者志向不同,政见不合,就会立即辞官而去,毫不犹豫;他生活非常简朴,家人穿的都是粗布衣服,他的车乘没有什么雕饰,马匹也是用草料喂养的;他念兹在兹的是行道天下,天下有道则乐见其成,天下无道则退修其身,这就是老师的人生追求;对于那些华美的事物、曼妙的音乐等奢华事物,他过而不视,遇而不听,毫无兴趣,所以我认为老师不需要如此华贵的安车。"

楚昭王觉得有点意外,于是继续问道:"既然孔子不需要华贵的安车,那么他想要什么呢?"

宰我答道:"当今天下礼制崩坏,道德沦丧,老师想要的是恢复西周盛世的礼制秩序。如果能遇到与他志同道合的贤君,他老人家哪怕徒步行万里,也会来与贤君共同实现政治理想,何必劳烦您不远千里馈赠安车呢?"

楚昭王听后感慨道:"我今天真正了解了孔子的政治抱负和高尚品德了!"

宰我从楚国回去后,把楚昭王召见他的事情一五一十地告诉了孔子,孔子问身边弟子道:"你们觉得宰我对楚王说的话如何?"

子贡答道:"宰我对您的评价太实在了,远远没有把老师的高尚和伟大表达清楚,如果让我来说,我会说您的德行可以与天比高,您的渊博可以与海比深。"子贡说话确实是这种无限夸大的风格,他曾多次夸张地把孔子比作高达数仞的宫墙、不可逾越的日月和不可阶升的上天[①]。

孔子笑道:"言语贵实,因为说实话才能让人相信。如果让我来评判,

---

① 《论语·子张篇》。

子贡华而不实的言辞不如宰我朴实无华的言辞,实话实说的人才是值得称道的。"

孔子知人,对于每一位弟子更加了解,他善于从比较中分辨出他们的细微差别。宰我与子贡虽然都善于言辞,但是一者真实,一者浮华,高下优劣立刻判定清楚,取舍态度也非常明确。

(《孔丛子·记义》)

13 颜渊攫甑中灰饭而食之

孔子受困于陈、蔡之时,曾绝粮七日,众人每天只能吃没有米粒的野菜糊糊来充饥,有的弟子已经饿得站立不起来了,"从者病,莫能兴"①。

孔子对于绝粮之事也无计可施,他白天只能萎靡不振地躺在屋里发呆。好在子贡办法多,他拿了几件随身物品偷偷跑出包围圈,找到当地村民换回一石米。子贡拿回米来后,颜渊、子路赶紧在一间破屋下生火做饭,米饭快烧熟的时候,屋檐上的烟灰飘落进瓦甑里,颜渊就把沾了烟灰的米饭拿出来塞进嘴里吃了。这一举动恰好被站在井台上的子贡看见了,他觉得颜渊平时装清高,危难之时却偷食米饭,因此很生气,跑进屋里问孔子道:"仁人廉士在穷困潦倒的时候会改变节操吗?"

孔子不知道子贡为什么突然问这个问题,于是就随口说道:"改变节操还称得上仁人廉士吗?"

子贡又问:"像颜渊这种德行优等的人是不会改变节操的吧?"

孔子说:"当然。"

子贡先在逻辑上把大小前提确定下来,让孔子无法改口,然后再把颜

---

① 《论语·卫灵公篇》。

渊偷食米饭的事情告诉孔子。

孔子了解事情的原委后，非常肯定地说："颜渊长期坚持勤学苦修，道德修养已经达到很高境界，尽管你说他道德操守有瑕疵，但是我对他仍然深信不疑。我觉得此事也许另有原因，你先不要离开，我把颜渊叫来问问。"

孔子派人把颜渊叫来，一本正经地对他说："前几天我做梦梦见先祖了，也许先祖想给我一些启示，所以你赶快把刚做好的米饭端上来，我要用来祭祀先祖。"

颜渊连忙说道："不行，刚才烧饭时有烟灰落进锅里，我觉得落了灰的米饭不干净，扔掉又太浪费，于是就捡起来吃了。这饭恐怕不能用来祭祀先祖。"

孔子笑着对颜渊说："没关系，我会把落了灰的饭吃掉的。"

颜渊离开后，孔子回过头来对子贡等弟子说道："过去我们总以为亲眼所见不会出错，现在看来亲眼所见也未必真实。过去我们还以为用心揣度必定可靠，现在看来用心揣度也不足为凭。你们要牢牢记住：真正了解一个人，不能仅限于用眼用心，所以知人不易啊！"

知人固然不易，掌握正确的知人方法就更难，像孔子这样的圣人有时也难免会被假象所迷惑。

(《吕氏春秋·审分览·任数》《论衡·知实篇》《孔子家语·在厄》)

14 有诸中必行诸外

孔子居卫期间，接待了一位访客，当时颜渊在一旁侍立，虽然他没有参与谈话，但是对访客的印象不错。访客离开后，颜渊问道："这位访客能称得上仁德之人吗？"

孔子停顿了一下，然后缓缓说道："这位访客内心充满怨愤，但是他说起话来嘴上就像涂了蜂蜜一样，所以我不知道他是否能称得上仁德之人。"

但凡有人向孔子请教某人是否"仁矣乎"问题时，他一般都不会直接做出否定的答复，而是推说"未知"，"未知"的潜台词就是"焉得仁"①。显然，孔子对于这位访客是不认可的，觉得他是一个口蜜腹剑的伪君子，孔子非常厌恶此类人物，曾明言道："巧言令色，鲜矣仁！"②

颜渊不愧是孔子的高足，他仔细体会孔子的话，似乎从中悟到一些道理，脸色也慢慢发生微妙变化，他说："美玉大于一尺，即使埋在十仞厚土之下，也掩盖不住它的光芒；珍珠大于一寸，即使沉在百仞深水之下，也隐藏不住它的晶莹。人心藏于身体之中，体肤只有薄薄一层，因此心里存有一丝温和善良，就一定会从形体和眉目之中表现出来；而心里存有些许冷酷怨恨，也一定会从形体和眉目之中表现出来。想要了解一个人，就不能被外在假象所迷惑，而应该透过表象深入到内心，这样才能了解真实情况。"

孔子一生阅人无数，每每能对人做出精准判断，因为他善于深入人的内心去了解人，这既是一种能力，也是一种修养。后儒评述此事时说："有诸中必形诸外。"意思就是，识人必须由外而内，由表及里。

（《韩诗外传·卷四》）

15　舍于沙丘知主人

孔子居卫期间，有一次带领弟子出游，当晚住在沙丘。沙丘在西周初

---

① 《论语·公冶长篇》。
② 《论语·学而篇》。

年是邢国的一个城邑（今河北省广宗县）。春秋时期，邢国被卫国兼并，卫灵公去世以后就葬在这里①，历史上著名的沙丘之变也发生于此。

孔子等人入住客舍后，客舍主人出来相见，孔子简单地瞄了他一眼，低声说道："此人是一位辩士。"辩士是能言善辩之人，也就是荀子所说的"事起而辨"②。

子路在一旁好奇地问道："您怎么知道他是一位辩士的呢？"

孔子笑道："你看这个人的相貌和动作：他的嘴又大又歪，鼻孔又大又空，服装就像好斗争胜的博戏者，眼神很活泛，走路时脚抬得很高，每一步脚印都很深，就像鹿和牛的蹄印。"

仅凭这些模糊不清的信息，孔子就断定客舍主人是一位辩士，实在是让人摸不着头脑。

（《绎史·孔子类记四》《孔子集语卷十七·寓言十四下》）

---

① 《庄子·阳则》："夫灵公也，死，卜葬于故墓，不吉；卜葬于沙丘而吉。"
② 《荀子·不苟》。

十四、访贤 十二则

[概说]

孔子思想博大精深，仰之弥高，钻之弥坚，这与他善于学习和借鉴各种学说思想密切相关。孔子一生曾经遇见许多德行高尚、思想深邃的贤人达士，有的是他慕其名而登门求教，有的则是他在途中不期而遇。在与这些贤人达士的交谈中，孔子不耻下问，虚心求教，见贤思齐，不仅学到了许多古今知识，而且还明白了许多人生道理，所以他说："三人行，必有我师焉。"（《论语·述而篇》）

每一次访贤，其实都是孔子实现道德自我完善和思想理性升华的契机，所以每一次他都会有许多意想不到的收获。经历得越多，收获就越多，于是他的眼界更加开阔，思想更加深沉，理论更加完备，理想更加坚定……

01 问官于郯子

鲁国立国于东夷之地，少皞之墟，封域之内有许多大大小小的方国，如邾、郕、郯、须句、颛臾等。这些方国历史传统悠久，文化底蕴深厚，在政治上与鲁国是附庸关系，所以方国首领定期要到鲁都曲阜去觐见鲁君。

鲁昭公十七年（公元前525年），郯子（郯国首领）到曲阜觐见鲁君，鲁昭公亲自设宴款待，席间鲁大夫叔孙昭子问道："上古少昊氏用鸟名来命名职官，不知有什么说法？"

古郯国是少昊氏之后，郯子对此当然熟知，他解释道："少昊氏是古郯国的祖先，既然您想了解上古少昊氏的情况，我乐意为您介绍古郯国用鸟名来命名职官的由来。上古帝王常以祥瑞来命名职官，比如黄帝受命时出现云瑞，因此用云纪事，百官师长都以云为名号。炎帝受命时出现火瑞，因此用火纪事，百官师长都以火为名号。共工氏受命时出现水瑞，因此用水纪事，百官师长都以水为名号。太昊氏受命时出现龙瑞，因此用龙纪事，百官师长都以龙为名号。我们古郯国的祖先少昊挚受命时，恰好有凤鸟飞至，此为祥瑞，因此少昊挚便用鸟为名号，命名百官师长：凤鸟氏为历正，玄鸟氏为司分，伯赵（伯劳）氏为司至，青鸟氏为司启，丹鸟氏为司闭，祝鸠氏为司徒，鴡鸠氏为司马，鸤鸠氏为司空，爽鸠氏为司寇，五鸠氏为鸠民，五雉氏为五工正，九扈氏为九农正……自颛顼受命以来，帝王继位再也没有出现过祥瑞，所以用云、火、水、龙、鸟等命名为官名的传统就中断了，此后人们不能用久远的祥瑞来命名职官，只好用身边的事物来命名职官了，甚至用职官为民所做的事情来命名，如司土、司城、司空等，而用鸟名官已经成为历史传说，今天再也不可能出现了。"

郯子对于上古历史如数家珍，娓娓道来，他的博学多知令人大开眼界。孔子当年二十七岁，只是一个普通士人，但是他勤奋好学，对于上古历史尤为感兴趣。他听说郯子博学，于是就登门拜见，虚心向他请教各种历史问题，受益匪浅，事后他对人说："我听说，天子的正统官学虽然散落失传，但是周边的小方国仍然保留了许多珍贵的历史知识和文化传统，因此我们应该拜他们为师，虚心向他们学习。"

（《左传·昭公十七年》《孔子家语·辨物》）

02 遭程本子于郯之途

"郯"是古郯国（今山东省临沂市郯城县一带），位于山东与江淮之间，东临大海，西南与鲁、徐等国接壤，地理位置十分重要。古郯国是少昊氏后裔的受封之地，历史悠久，人文底蕴深厚。孔子自从向郯子学习以鸟名来命名官职的知识后①，对古郯国的人文历史产生了浓厚兴趣，他经常往来于鲁、郯之间，与古郯国不少名流贤士也多有交往。

程本子是古郯国有名的贤士②，孔子对他十分敬仰，但是一直没有机会与他谋面。有一次，孔子在前往古郯国的途中与他偶遇，两人一见如故，相谈甚欢。过了一会儿，孔子回过头来对子路说："你到车乘里去拿一束帛来送给程先生。"这里需要稍作说明，古代士人相见，必须要敬奉见面礼，即所谓"行执挚相见之礼"③，只有对方收下了见面礼，彼此才算正式成为朋友，所以孔子出游时车乘中始终载有临时需要的见面礼，古《传》中记载："孔子三月无君，则皇皇如也，出疆必载质（挚）。"④孔子此时让子路

---

① 《左传·昭公七年》。
② 著者按：《子华子·孔子赠》中记作子华子，《韩诗外传·卷二》中记作"齐程本子"，不确。另，《韩诗外传·卷七》中载有程本子为南假于烹鲫鱼之事。
③ 《仪礼·士相见礼》："挚，冬用雉，夏用脯。"
④ 《孟子·滕文公章句下》。

到车乘中去取一束帛来送给程本子,说明他真心诚意地希望与程本子正式结交为朋友。

子路并没有理解孔子的意思,而且他见孔子与程本子初次见面就聊得没完没了,对于他们这种相见和相处方式颇为不满,于是就假装没听见,站在旁边,一动不动。

孔子此时与程本子谈兴正浓,并没有注意到子路的反应。过了一会儿,他又对子路说:"你到车乘里去拿一束帛来送给程先生。"

子路满脸不高兴,没好气地说:"我曾听先生您说过,士人不经过中间人介绍就不得相见,女子不经过媒人介绍就不得出嫁,这些都是基本的社交礼仪,修德君子必须遵守。"子路所说的社交礼仪在当时确实普遍流行,《仪礼·士相见礼》中就明确规定:士人之间初次拜见必须说明"某子以命命某见",否则就是失礼,主人完全有理由拒不见面,孔子就曾以此为由拒绝与阳货、孺悲等人相见①。

孔子一时说服不了子路,只好引用《诗》中诗句来表达他邂逅程本子的喜悦心情:"野有蔓草,零露漙兮。有美一人,清扬婉兮。邂逅相遇,适我愿兮。"这几句诗出自《诗经·郑风·野有蔓草》,孔子把程本子比作难得一见的美人,与他在此偶遇,完全是机缘巧合,因此不必过分拘泥于社交礼仪,他对子路说:"这位程先生是闻名天下的贤士高人,我能与他在此邂逅相遇,实属有幸!我想用束帛作为见面礼,与他结交为志同道合的朋友,如果错过这次机会,以后各自南北东西,我们恐怕就再也没有机会相见了!你赶快到车乘上去取一束帛来送给程先生吧!"

后人在整理记录此事时引用了子夏的两句话作为断语:"大德不逾闲,小德出入可也。"②意思就是,人在大是大非的原则问题上是不能逾越界限的,但是在无关紧要的小节问题上则可以稍作变通。由此可见,孔子并不

---

① 《论语·阳货篇》。
② 《论语·子张篇》。

是那种刻板固执、不知权变的人。

（《韩诗外传·卷二十卷七》《说苑·尊贤》《孔子家语·致思》《孔丛子·杂训》）

03 见荣启期而知三乐

泰山是鲁国封域之内的名山，鲁公每年都要代表周天子去祭祀泰山，这是一件非常荣耀的事情。孔子是鲁国人，曾多次游历泰山，其间也遇到一些人和事，古籍中多有记载。

有一年，孔子带了几个弟子去游历泰山，途径鲁国孟孙氏郕邑郊外时遇到一个叫荣启期的老者，此人才华横溢，名重天下，但是他不愿意出仕为官。当时他年事已高，穷困潦倒，身上披着一件皮袄，腰间系着一根布带，坐在路旁边弹琴边唱歌，一副自得其乐的样子。孔子见他悠闲自得，无比快乐，就上前好奇地问道："老先生独自在此鼓琴而歌，不知有何可乐？"

荣启期似乎是专门在这里等着教训孔子的，因为他对孔子所宣扬的先王之道、仁义之说很不以为然。他不急不忙地答道："天下可乐之事实在太多，恐怕三天三夜也说不完，我就简单列举几件吧：天生万物，飞禽走兽，草木鱼虫，林林总总，各不相同，但是只有人类才是最高贵的物种，我有幸生而为人，此为一乐；人生而有男有女，然而社会地位却不相同，天高地厚，男尊女卑，我有幸生而为男人，此为二乐；人生而有夭有寿，有的人出生后活不到明天，有的人则死在襁褓之中，而我现在已经活到九十多岁了，此为三乐。常言道，贫穷是普通士人的生活常态，老死则是所有人的人生归属。我活着能维持生活常态，死后能找到人生归属，此可谓生而无忧，死而无憾，所以我每天当然过得开心快乐啦！"听了荣启期这番言论后，孔子幡然有悟，觉得荣启期才是懂得生活真谛的智者，故而对他由衷敬佩。

与荣启期相比，孔子在各个方面都要优越许多，但是他为什么总是栖栖遑遑、席不遑暖、闷闷不乐呢？原因就在于他追求的东西太多了，要求太高了，不能宽待自己，放松心态，回归本真，去体会真正的人生快乐。人不能"拿不起"，更不能"放不下"，否则将永无宁日。《淮南子·主术训》中总结道："荣启期一弹，而孔子三日乐，感于和。"所谓"和"，就是内心不受外部事物的影响和迷惑，始终保持平和、恬静的状态，这样才能体会到真正的人生快乐！

（《列子·天瑞篇》《说苑·杂言》《孔子家语·六本》）

04　丘吾子哭人有三失

孔子到齐国去，途中忽然听到有人在哭，哭声很悲切，他对御者说："赶快，赶快！前面有高人！"

前行不远，孔子看见一个手拿镰刀、身穿布衣的男子站在路旁不停地哭泣，于是便下车关切地问道："请问您是什么人啊？"

那人回答道："我是丘吾子[①]。"

孔子又问道："您现在不在举办丧事的场所，却为何哭得如此伤心？"

丘吾子说："我有三个过失，到了晚年才发现，现在后悔也来不及了，故而悲伤不已！"

孔子好奇地问道："哪三个过失呀？如果您不介意的话，能说给我听听吗？"

---

① 著者按：《韩诗外传》中作"皋鱼"。"皋鱼"与"丘吾"二字声转字异，实为一人。

丘吾子说:"说给你听也无妨:第一个过失是我年少时好学,学成以后走遍天下,游历四方,后来回到家中发现父母都已去世了,身边一个亲人都没有;第二个过失是我成年后曾出仕为官,但是我为人心高气傲,不愿意与庸君奸臣为伍,始终受到排挤,一事无成;第三个过失是我平生结交了许多朋友,我们志同道合,情谊深厚,后来却为了一些琐碎小事和他们断绝往来。常言道:树欲静而风不止,子欲养而亲不待。时至今日我才明白,逝去不再的是岁月,不能再见的是父母。父母在世的时候,我不懂得珍惜与父母共处的时光;父母离世以后,想尽孝已经来不及了,人生中的过失是无法弥补的!我们就此作别吧!"说完他便自刎而死[①]。

丘吾子是何许人也?古代典籍中并无详细记载,《汉书·古今人表》中也查无此人,《孔子家语》中说他"长事齐君",由此推断,他可能是在齐国不得志的贤者。丘吾子的"三失"很具有普遍性,当时人们常常为了追求功名利禄而忽视了最基本的亲情友情,以至于抱憾终生,追悔莫及。丘吾子的话对孔子和门下弟子触动很大,尤其是"树欲静而风不止,子欲养而亲不待"两句,道理至简,寓意深刻,饱含深情,非常容易打动人心,激发情思。此后不久,孔门弟子便陆续辞别孔子回家奉养父母了,前后多达十三人。

(《说苑·敬慎》《韩诗外传·卷九》《孔子家语·致思》)

05 林类衣若悬鹑衰而意不慊

林类和荣启期一样,也是一位世外高人。《淮南子·齐俗训》:"林类、

[①] 著者按:关于丘吾子自尽而死,各种典籍说法不一:《说苑》中记为"自刎而死",《韩诗外传》记为"立槁而死",《孔子家语》则记为"投水而死"。三部典籍,三种死法,这确实是挺有意思的。

荣启期衣若县衰而意不慊。""衣若县衰"是指身上穿的是蓑草编织的衣服;"慊"是怨恨、悔恨。这类人对于人生往往持有一种虚无主义的态度。

林类年近百岁,性情开朗,春天到了,他身上仍然穿着一件破皮袄,在田间边跳边唱,拾捡谷穗。这一情景被孔子看见了,他对子贡说:"远处田野里的那个老叟是不同寻常之人,你可以过去找他聊聊。"

子贡从田头迎面走过去,走到林类面前停下来问道:"老先生生活如此窘迫,却自寻开心,边拾谷穗边唱歌,难道您就没有什么后悔的事吗?"

林类继续边跳边唱,开心地拾着谷穗,根本不搭理子贡。子贡只好对他施礼再三,他才抬起头问子贡道:"我有什么可后悔的?"

子贡说:"您年少时不勤勉努力,成年后又不珍惜时间,到了迟暮之年,行将就木,身边却无妻无子,孑然一人,岂不可悲?而您现在却边跳边唱,在田间拾捡谷穗,真不知道您有什么可乐的?"

林类笑着对子贡说:"我觉得可乐,自有可乐的道理,其实我这个可乐的道理也应该是人人可乐的道理,可是世人却把这种可乐当作可忧,所以他们快乐不起来。你们认为'年少时不勤勉努力,成年后又不珍惜时间'是可忧之事,我却觉得这是可乐之事,因为这样才能让人长寿;你们又认为'迟暮之年,行将就木,身边却无妻无子'是可忧之事,而我却觉得这是可乐之事,因为这样才能让人无牵无挂,享受快乐。"

子贡觉得和他对话很难找到共同点,于是就换了一个话题:"您说的没错,长寿固然可乐,但是再长寿的人也会死亡,死亡总会让人恐惧吧。"

林类听后哈哈大笑,他不以为然地摇头说道:"人们之所以畏惧死亡,是因为他们根本不了解死亡,以为死亡是人生的尽头,生命的终结。其实人的生与死就是人生旅途中的一往一返,人在此处死去(往),也许就会在彼处重生(返),所以死亡只是换一种'活法'而已,既然如此,我为什么要畏惧死亡呢?我已活了近百年了,马上就要换一种'活法'(死)了,所以我现在很开心。因为世人不了解生与死的真谛,总以为活在当下是最好的,所以他们为了活命而辛苦劳碌,年少时要勤行,年长时要竞时,年老时要长寿，其实这些想法都是荒谬的。你怎么知道此处的死亡不是彼处的重生呢？你又怎么知道此处的死亡就一定苦于彼处的重生呢？"

在孔门弟子中，子贡的悟性是最高的，脑子也是最灵光的，但是他被林类的生与死、乐与忧等问题彻底弄懵了，居然无以应对，只好灰溜溜地回去向孔子如实禀报。

孔子听了子贡的复述后，对林类愈加敬重了，他说："这位老叟果然是不同寻常之人，他对于生死乐忧等问题有独到的见解，但是他没有把话说透，有意回避了一个核心问题。"

孔子所说的核心问题是什么？孔子当时并没有明说，古籍中也没有记载。后来有人推测，所谓"核心问题"，就是决定生死的命或天命。孔子在授徒过程中，绝少主动谈及命或天命的话题，"子罕言利与命与仁"①，因为命或天命问题玄妙高深，无法证实，所以多说无益。在孔子的潜意识中，命或天命是冥冥之中主宰人生的一种神秘力量，即所谓"生死有命"②，人们只能顺从天命，努力认知天命，却无法违抗天命。

（《列子·天瑞篇》）

06　大公任言不死之道

大公任是一位避世隐居的高人，大公是古代对老者的尊称，任则是其名。

孔子受困于陈、蔡之时，断粮七日，无人接济，每天只能靠野菜糊糊充饥。大公任得知消息后，前来探望孔子，他关切地问道："您看起来虚弱不堪，快要饿死了吧？"

---

① 《论语·子罕篇》。
② 《论语·颜渊篇》。

孔子有气无力地说："是的。"

大公任又问道："您害怕死吗？"

孔子说："是的。"

大公任说："既然您害怕死，我就给您讲讲不死之道吧：东海有一种叫意怠的海鸟，意怠鸟飞起来上下扑腾，好像飞不高，大多数时间它都是被鸟群带着飞起来的，然后被动地跟在后面，往前飞时不敢领头，往后退时不敢落后，吃食时不敢争抢，只能吃点剩食。因为这种海鸟一无所长，不争也不抢，对谁都没有威胁，所以鸟群列队飞行时它不会受到排挤，外部发生危险时它也不会受到伤害，这就是意怠鸟的不死之道。其实生活中也有许多这样的例子：最先被砍伐的肯定是成材的直木，最先枯竭的肯定是水甘美的深井。由此我们可以明白一个道理：越有用就越危险，越无用就越安全。然而您现在的所作所为恰恰相反，您总想通过炫耀自己的才智来贬损世人的愚蠢，通过标榜自己的清高来揭露世人的低俗，通过彰显昭昭如日月的美德来凸显世人的卑鄙丑陋。您这样做怎么能不招人嫉恨呢？又怎么能不身陷困厄的绝境呢？我曾经听一位德行高深的贤人说过：'自伐者无功，功成者堕，名成者亏。'这几句话意思是，那些喜欢自我夸耀的人终将一事无成，因为有所成必有所败，有所得必有所失。一个人功成名遂之后，就以为自己与众不同，高人一等，洋洋自得，殊不知这恰恰是危险的开始；只有放弃功名利禄，甘愿平庸，与世无争，这才是最安全的不死之道。"

经过大公任的点拨，孔子茅塞顿开，连声称善，他立即断绝所有社会交往，遣散门下弟子，自己跑到大泽之中，穿着破败的衣服，吃着粗糙的食物，整日与飞鸟走兽和谐相处，把人世间所有的事情都忘得一干二净。鸟兽都能接受他，何况人呢？

这个故事的结尾实在荒诞离奇，孔子根本不是这样的人，更不可能发生这样的事，这些只是道家学派编造出来的恶作剧！

（《庄子·山木》）

07　见温伯雪子不言而出

温伯雪子是楚国贤达之士，温姓，字雪子，因为他年岁较长，故称温伯。

温伯雪子从楚国到齐国去，途径鲁国，暂住几日，鲁国有一个习礼之人（暗指儒家）想去拜访他。温伯雪子不耐烦地说："不见！中原地区这些习礼之人只知道那些虚伪的礼仪程式，实际上他们根本不懂得人情事理！"当时，楚国与中原诸国在文化习俗方面存在较大差异，齐、鲁等国以华夏正统自居，崇尚礼乐文明，鄙夷异族文化；而以楚国为代表的蛮夷之邦对中原文化也比较排斥，认为周朝礼制和道德学说在现实生活中已经失去存在的价值和意义，都是糊弄人的过时玩意儿！

温伯雪子从齐国返回时又在鲁国盘桓数日，那个习礼之人再次来求见。温伯雪子说："上次我去齐国时，他来拜访我，这次我从齐国返回，他又来拜访我，看来他一定有什么独到的见解，也许能对我有所启发。"于是他就约见了那个习礼之人。

两人见面之后，结果令人大失所望。见面结束后，温伯雪子回到内室中连声叹气，后悔不已。第二天，那个习礼之人又前来拜访，他故作姿态，拿腔捏调，自以为是地说了一大堆废话，温伯雪子从头到尾没有搭腔。见面结束之后，温伯雪子回到内室中又是连声叹气，他的仆人不解地问道："先生每天会见宾客，回到内室中为什么总是连声叹气呢？"

温伯雪子说："我告诉你其中原委吧：中原地区的这些习礼之人只会装腔作势地讲求那些没有用的礼仪程式，对于人情事理却根本不在乎！就拿这两天来见我的那个习礼之人来说吧，他见我的时候亦步亦趋，小心翼翼，生怕出现什么差错；他动作做作，神情夸张，时而像龙，时而似虎，一举一动都像演戏，其实他内心空虚得很；他规劝我的时候态度就像儿子孝顺父亲一样恭敬，可是他开导我的时候态度又像父亲训斥儿子一般严厉。总之，这些人看起来道貌岸然，彬彬有礼，其实就是没有灵魂的行尸走肉，我和他们根本无法正常交流，所以叹息不已！"

孔子听说此事后，也前去拜访了温伯雪子，不过两人只是枯坐了一会儿，彼此之间没有任何交流互动。孔子告辞出来后，子路不解地问道[①]："老师您希望面见温伯雪子已有很长时间了，可是您今天见到他之后却一言不发就出来了，这是什么原因呢？"

孔子答道："像温伯雪子这样的人，只要看一眼就知道他是一个得道君子，和这样的人在一起，说话是多余的。"

孔子见温伯雪子不言而出，是话不投机半句多？还是此处无声胜有声？相关记载并未言明，所以只能各人理解了。

（《庄子·田子方》《吕氏春秋·审应览·精谕》）

08　陆沉者市南宜僚

市南宜僚是春秋时期楚国著名的勇士，熊姓，名宜僚，楚国王室后裔，因其居住在市南，故又称市南宜僚。《左传·哀公十六年》："市南有熊宜僚者，若得之，可以当五百人矣。"可见他神勇无敌，能以一当半千。

《庄子》诸篇中有关于市南宜僚的零散记载，《山木》中载有他与鲁侯（鲁哀公）之间的对话，鲁侯向他抱怨治国之忧，他则建议鲁侯干脆放弃君位，涉江浮海，远离尘世，找一个僻静的地方去过隐居生活。《徐无鬼》中也载有他奉行"不道之道"（即无为），以玩弄手中小球的超脱姿态成功地避免了卷入白公之乱。可见他受道家思想影响很深，是一位"陆沉者"，这种人虽然生活在陆地上，心志却如同沉入水中，义谓隐身于尘世，逍遥

[①] 著者按：《吕氏春秋·精谕》中记作子贡。

于自然。

孔子在楚国期间，曾临时居住在蚁丘山的一个卖浆人家里。住了一段时间以后，子路发现邻居一家有点怪异，主家除外，还居住了好几家夫妻臣妾，这些人每天进进出出，也不知道他们在忙什么，于是就问孔子道："邻居家里怎么居住了那么多人呀？"

孔子说："这些人都是圣人的追随者。这位圣人隐居在平民百姓之中，每天亲自在田间耕作劳动。他虽然在人世间销声匿迹了，但是他的心志不灭，志向远大；他虽然在日常生活中与人无话不说，但是却有口无心，因为他内心厌恶尘世，不愿意与世俗同流合污。这种人就是'陆沉者'，而这位'陆沉者'是楚国贤者市南宜僚。"

听了孔子的介绍，子路对市南宜僚顿生敬慕之心，因此想请他过来与孔子相见面叙，自己则可以旁听受教，然而孔子却说："你不必多此一举了。市南宜僚知道我是一个热衷政事的人，每到一处都要游说政要官员，推行礼治主张。他知道我是受楚国当政者之邀来到楚国的，恰好又住在他居所的旁边，所以肯定认为我是受楚王指使来请他出仕为官的，而且他肯定认为我是一个爱耍嘴皮子的小人。如果我在他眼里只是一个世俗小人，他连听我说话都觉得是一种耻辱，怎么可能与我见面相叙呢？所以你不必多此一举！"

子路不相信，第二天跑到邻居家一看，果然已经人去室空。

(《庄子·则阳》)

09　途遇姑布子卿

孔子在郑国期间，在郑都东门外与一个叫姑布子卿的高人相向而遇①。

---

① 著者按：原文记作"卫之东门"，有误，当为郑之东门。

姑布子卿是春秋时期有名的面相大师，他曾为许多达官贵人相过面，无不灵验，颇为神奇，故而受人热捧①，但是孔子对于相面之类的旁门左道似乎不太感兴趣，所以他对弟子说："你们几个赶紧驾车靠边避让，因为前面会有人过来为我相面！"

姑布子卿也发现孔子从对面过来，于是对随从说："你们赶紧靠边避让，因为前面会有圣人过来。"

两车相遇后，孔子下车步行，因为这样就不用行礼了。姑布子卿也下车迎着孔子走了五十步，接着又跟在孔子后面走了五十步，然后回过头来问子贡道："这位先生是什么人啊？"

子贡答道："这位先生是鲁国孔丘，他是我的老师。"

姑布子卿说："原来他就是鲁国孔丘啊，我久闻大名。"

子贡说："您觉得我的老师相貌如何？"

姑布子卿说："你老师的相貌不凡，他的额头像尧一样高突，眼睛像舜一样平正，脖子像禹一样粗短，嘴巴像皋陶一样前撅。从前面看，他气宇轩昂，有王者之气；从后面看，他耸肩弓背，佝偻的背部有一尺四寸长，只有这一点不像前面提到的四位圣人。"

子贡听后有点失望，不禁长吁了一口气。

姑布子卿觉得子贡没有完全理解他的意思，于是又补充道："你不必担心，你的老师面色虽然黝黑，但是为人却很友善；嘴巴虽然前撅，但是却不会恶语伤人。总而言之，他远远望过去就像一条疲乏的丧家之狗。"

后来子贡把姑布子卿的话告诉了孔子，孔子对姑布子卿的所有评语都没有异议，唯独对"羸然若丧家之狗"一句不能接受，他说："我孔丘何能何德？怎么能担得起如此评价，他真是高看我了！"

子贡感到十分困惑，因为"丧家之狗"明明是一个贬义词，孔子却觉

---

① 《荀子·非相》："古者有姑布子卿，今之世，梁有唐举，相人之形状、颜色而知其吉凶、妖祥，世俗称之。古之人无有也，学者不道也。"

得这对他是最高褒奖,声称"丘何敢乎",这实在令人费解!

孔子后来对"丧家之狗"做出具体解说:狗最重要的品质是对主人忠诚,即使与主人走失了,找不到家了,它也不会改变忠诚。孔子觉得自己在忠诚方面与狗相同。春秋乱世,天下无道,礼崩乐坏,战乱不已,然而孔子始终坚持复兴西周礼制秩序的政治理想,不遗余力地宣扬"吾其为东周"的政治主张,尽管他周流削迹,四处碰壁,累累若丧家之狗,但是他仍然意志坚定,不改初衷。在孔子的词典里,丧家之狗就是卫道士或殉道者的代名词,所以姑布子卿形容他像丧家之狗,他觉得这对他是最高褒扬。

(《韩诗外传·卷九》《论衡·骨相》)

10 子桑伯子不衣冠而处

关于子桑伯子的身份,各种说法不一,有人说他是秦穆公时期的贵族大夫,公孙氏,名枝,字子桑,以善举贤能而著称,但是他与孔子不是同时期人。与孔子同时期的子桑伯子是一个受到新思潮影响而喜欢标新立异的人,他不拘礼俗,放浪形骸,追求自由生活,崇尚极简主义。

子桑伯子衣着简朴,生活简单,有时在家里干脆赤身裸体,一丝不挂。有一次,孔子去拜访他,他衣冠不整地出来会面,弄得孔子非常尴尬。

从子桑伯子家里出来后,弟子对孔子抱怨道:"您何必见子桑伯子这样的人呢?"

孔子说:"子桑伯子其人,虽然内在涵养(质)很高,但是外在的容貌举止(文)则有所欠缺,所以我想劝他以后在外在的容貌举止方面要有所改变。"

孔子离开后，子桑伯子的弟子也对他抱怨道："您何必见孔丘这样的人呢？"

子桑伯子说："孔丘其人，虽然内在涵养很高，但是外在的礼仪容貌则过于繁盛、复杂，所以我想劝他以后在外在的文饰方面要有所改变。"

后来，弟子仲弓专门请孔子对子桑伯子做出评价，孔子说："可也，简。""简"就是为人简单，处事简约，生活简朴，思维简洁，说话简练等。仲弓根据个人理解，对这个"简"字又做出具体解说："居敬而行简，以临其民，不亦乐乎？居简而行简，无乃大简乎？""简"有"居简"与"行简"之分："居简"是一人独处时仍然能够谨慎自律，勤学苦修，不断完善自己；"行简"则是为人处事的方式比较简单，进而引申为施政措施简捷方便，百姓容易明白，便于执行。孔子对于仲弓这种解说表示认同，他说："雍之言然。"[①]

就"居简"（个人修养）而言，内在涵养固然重要，但是外在的容貌举止也不能忽视，否则礼仪规范就没有意义了。当然，外在的容貌举止虽然能够对提高内在涵养起到一定的作用，但是如果过于烦琐复杂，就会起到相反的效果，反而不利于个人修养。所以孔子说："质胜文则野，文胜质则史。文质彬彬，然后君子。"[②]就"行简"（以临其民）而言，简易其政，无为而治，这是为政的最高境界，孔子当然推崇备至。

（《说苑·修文》）

11　假人林回弃金负子而亡

"君子之交淡若水，小人之交甘如醴。"这两句处世箴言是一个叫子桑

---

① 《论语·雍也篇》。
② 《论语·雍也篇》。

雽的避世高人与孔子对话时说的。子桑雽是什么人？他与孔子是什么关系？他对孔子说这两句话想要表达什么意思？根据相关典籍记载，子桑雽是与孔子同时期的鲁国人，子桑是复姓，雽（户）是人名。从两人对话语气来看，子桑雽的身份或辈分显然高于孔子，所以孔子恭敬地对他说："敬闻命矣。"

孔子周游列国期间受到各种冷遇，遭遇无数凶险，许多人都把政治或经济利益作为人际交往的第一原则，有利则交往密切，无利则关系疏远，孔子对此是深有体会的，同时也感到困惑不解，于是他对子桑雽抱怨道："我在鲁国一再遭受不公待遇，在宋国遭到司马桓魋的驱逐，在卫国长期得不到任用，在陈、蔡之间又断粮七日……经历了各种磨难后，我突然发现有些关系亲密的朋友与我逐渐疏远了，门下也有不少弟子离我而去，这是为什么？"

子桑雽没有直接回答孔子的问题，而是说了一个"假人之亡"的故事。

假是殷商时期的一个小方国，存续时间不长，故而史籍中少有记载；假人是指假国一个叫林回的人；亡是逃亡。在一次战乱中，假人林回舍弃价值千金的玉璧，背负着出生不久的儿子仓促逃亡，有人好奇地问他道："如果按照价值而论，小儿远没有玉璧值钱；如果按照轻重而论，小儿远比玉璧要重得多。然而你却舍弃玉璧，背负小儿出逃，这是为什么？"

林回答道："人与人不同，那些怀揣玉璧而抛弃小儿的人看重的是人与人之间的金钱利益关系，而像我这样舍弃玉璧而背负小儿的人看重的则是人与人之间的天然亲情关系。"林回在逃亡时选择背负小儿而丢弃玉璧，因为他相信天然亲情比金钱利益更有价值，也更值得珍惜。

子桑雽接下来用假人林回携子弃璧出逃的故事来向孔子阐述"君子之交淡若水"的处世道理，他说："人与人如果以利益相交，危难之时就会相互背弃；如果以亲情相交，危急时刻就会相互扶持。相互扶持是君子风范，相互背弃则是小人行径，两者的道德境界相差太远了！君子之交淡若水,小人之交甘若醴。'淡若水'是不离不弃的纯真感情,'甘若醴'则是利害得失的精心算计。"

听了子桑雽的这番话,孔子颇受教益,他说:"我一定谨记您的教诲。"

孔子回去以后,就像变了一个人似的,不读书,不学习,弟子向他请教问题也不回答,这样弟子对他反而更加尊敬。

过了一段时间,子桑雽见到孔子,又对他说:"帝舜在临终前向大禹发布诰命:'汝戒之哉!形莫若缘,情莫若率。'意思就是,外在行为要和顺,内在情感要率真。能够做到外'缘'内'率',就不需要再掩饰什么了。"

子桑雽这番话说得没有由头,而且前言不搭后语,所以也不知道孔子做何反应。

"君子之交淡若水",这句话道出了人际交往的真谛,这既是交友之道,也是道德标准。但凡靠金钱利益来维系的朋友关系都是靠不住的,利在则人聚,利去则人散。真正的朋友关系应该像清水一样纯粹、淡薄,没有利害得失,这样才能维持长久。

(《庄子·山木》)

12　渔夫听琴

孔子说自己"七十而从心所欲,不逾矩"[①],意思就是,他到七十岁以后就可以随心所欲了,而且不会越界犯错。不过这个"矩"是人世的规则,人世以外就另当别论了,因为天外有天,人外有人,渔夫就是这样一

---

① 《论语·为政篇》。

位世外高人，就像《论语》中的楚狂接舆、长沮、桀溺和荷蓧丈人等人一样厌恶人世，标榜清高，崇尚自然。

有一天，孔子闲来无事，带领弟子们到曲阜东门外的缁帷之林去散心。缁帷之林是一个娱乐休闲的好去处，因其林木茂密如帷幕而得名。进入林中，弟子们散坐在四处读书，孔子则端坐在杏坛之上弄弦弹琴。一首琴曲弹了不到一半，附近有一个渔夫听见琴声，便下船登岸循声而来。渔夫须眉全白，精神矍铄，散发披肩，长袖飘飘，一看就不是等闲之辈。他找了一个僻静之处坐下，左手撑着膝盖，右手托着腮帮，认真听着琴曲。一曲终了，他招手让子贡、子路过去，然后用手指着孔子问道："请问弹琴的老者是什么人？"

子路答道："他是鲁国有名的君子。"

渔夫又问道："这位君子姓甚名谁？"

子路答道："他是孔氏族人。"老师的名讳是不能随便说的，所以子路只说了一个姓氏。

渔夫似乎对孔子特别有兴趣，又继续问道："请问这位孔氏君子是什么身份？"

这个问题不太好回答，因为孔子当时在鲁国只有一个"国老"的头衔，官不是官，民不是民，三言两语很难解释清楚，因此子路一时语塞。子贡反应比较机敏，他赶紧把话头抢过来答道："孔氏君子心存忠信，践行仁义，用礼乐来规范自己，用伦理来教导别人。他对上忠于国君，对下施教于民，以利天下为己任。"

渔夫对子贡的回答似乎不太满意，因为这种大而化之的回答就是在玩文字游戏，缺乏最基本的诚意，于是他又皱着眉头问道："孔氏君子是有土地恒产的世袭贵族吗？"

子贡答道："不是。"

渔夫又问："那么他是诸侯国君的辅政大臣吗？"

子贡答道："也不是。"

渔夫听到这里便起身离去，走了几步，他又回过头来笑道："礼乐仁义固然重要，但是劳心苦修恐怕有损于人的真情本性。哎呀，我不得不多说一句，孔氏君子何必为难自己，他这样做只会离大道（万物法则）越来越远！"言下之意，孔子又不是有职有权的大人物，何必为忠君孝父之类的人间俗务劳心烦神。

渔夫离开后，子贡赶紧回到杏坛把渔夫说的话告诉了孔子，孔子推琴起身道："难道他是得道圣人吗？"说罢，他赶紧走下杏坛，追到河边，渔夫此时已经撑船划桨离开岸边，听见孔子呼叫，他转过身来站立在船头。孔子退后三步，恭恭敬敬地对他行再拜之礼。渔夫客气地问道："您叫我有什么事吗？"

孔子谦卑地说道："刚才先生说话刚开了个头就匆匆离去，孔某反应迟钝，没能理解，因此特意在此等候，想听您再多教导几句，能让我有所开悟。"

渔夫笑道："好啊！您真好学啊！"

孔子行礼再拜，然后起身说道："我自幼求知好学，现在已经六十九岁了，但是还没有学到至真至善的道理，所以必须时时处处虚心求教。"

渔夫见孔子态度诚恳，也就不推辞了，他对孔子说道："既然您如此好学，我将尽我所能来解答您的疑惑。目前您主要关心的是人世方面的事务，即所谓人事，那么我就给您讲讲有关人事的道理吧：人事最重要的道理是每个人都要各守其位，各尽其职。天子、诸侯、大夫、庶人如果都能够各尽其职，各安其分，那么就可以实现天下大治了；如果上述四种人的身份和地位发生错乱，那么就会天下大乱。所以治国之道（人事）很简单，只要每个人都做好自己的分内的事情就行了。而您现在既没有天子诸侯治理国家的重任，也没有朝廷大臣命官管理政务的职责，您现在只能算一个有名无实的议政大夫，理应安分守己，居家养老，可是您却不甘寂寞，四处游走，推行礼乐教化，规范人伦道德，设帐教授弟子，这岂不是没事找事，自讨没趣！"

孔子对于人事方面的执念来源于他不切实际的政治理想,尽管他在现实政治中四处碰壁,但是仍然初心不改。渔夫意识到,想让孔子在思想上有所改变,不仅要把做人各安其分的道理讲清楚,还必须揭示人事的复杂和人心的凶险,于是他又具体分析了"人有八疵"和"事有四患"。所谓"人有八疵",就是大多数人都有八种毛病或陋习,排在第一位的是"非其事而事之",这种毛病谓之"摠",就是大包大揽的意思,孔子犯的就是"摠"的毛病,其他毛病依次是"佞""谄""谀""谗""贼""慝""险";所谓"事有四患",就是人事中的四种常见错误,具体是"叨""贪""很""矜"。

听完渔夫的分析,孔子似乎有所触动,故而长叹一声,然后再拜致谢,接着他愤懑地说道:"我一生曾遭遇无数凶险,印象最深刻的四次分别是在鲁国屡遭弃用,在卫国被当作摆设而不受重用,在宋国树下习礼时受到武力威胁,在陈、蔡之间遭受困厄而断粮。至今我仍然没有想明白,如何才能免遭各种磨难呢?"

渔夫神情凝重地对孔子说:"您沉溺于人事俗务太深了,一时很难醒悟!我来给您打个比方吧:一个人害怕自己的影子,讨厌自己的足迹,于是他就拼命奔跑,以为这样就可以摆脱影子和足迹,可是他跑得越远,足迹就越多,跑得越快,影子越就近,像他这样不停地奔跑,最后肯定会活活累死。其实人完全没有必要奔跑逃避,只要躲在阴暗处就没有影子了,静止不动就没有足迹了,然而这么简单的道理有人却不懂,活该他累死!同样,您极力想摆脱各种困厄,就像想摆脱影子和足迹一样,然而这些困厄恰恰是您热衷于推行礼乐仁义所造成的,您越努力推行礼乐仁义,遇到的困扰和灾祸就越多。因此您想摆脱困厄,就必须先摈弃礼乐仁义,去追求人的真情本性,这样才能免遭凶险和磨难。"

孔子被渔夫说动了心,他诚恳地问道:"请问什么是人的真情本性呢?"

这是一个形而上的问题,比较抽象,很难说得清楚,渔夫斟酌再三,着重阐述了两点：一是精诚之至。真情本性是人心中最真实、最能打动人的部分，即所谓"不精不诚，不能动人"。真情本性是无法伪装的，假装哭泣的人，虽悲不哀；心中无爱的人，虽笑不和。二是受之于天。真情本性是先天而具的，人人相同，没有差等。人与人之间之所以出现各种差异，是因为各人的经历和修为不同，有的人淡泊名利，超然物外，全性保真；有的人则热衷人事，急功近利，损耗本性。渔夫最后总结道："圣人法天贵真，不拘于俗；愚者反此，不能法天而恤于人，不知贵真。""法天"是效法自然，"贵真"是珍重本性。在渔夫看来，修身求道的最高原则就是法天贵真，远离人事。

在人生观方面，孔子与渔夫是截然不同的两类人，一个主张积极入世，另一个则主张消极避世，两种人生态度冰火不容。然而随着孔子年近迟暮，理想破灭，他也渐渐产生了厌世情绪，因此渔夫的言论特别能引起他的共鸣，也让他受益良多，于是他起身再拜，毕恭毕敬地说道："今天我有幸聆听高人教诲，这是上天对我的眷顾。先生待我如门人弟子，殷殷教导，让我深受启发。敢问先生仙居何处，我想日后拜师受业，学习人生的大智慧（大道）。"

渔夫推辞道："我听说，同道者无须相约，他们会自然而然地走到一起；不同道者不必强求，他们即使再努力也不会成为同路人。所以您一定要谨慎选择同道之人，共同修身求道，切莫辜负了我对您的期望。您好自为之吧，我就此别过了！"言罢，他撑船缓缓而去，小船慢慢消失在芦苇丛中。

渔夫离去后，孔子还站在岸边呆呆地发愣，后来子贡把驾乘拉了过来，子路把马辔递到他的手里，他仍若有所思地站在那里，直到水面上的波纹平静了，划船的桨声听不见了，他们才驱车离开。

在返回的途中，子路好奇地问道："我跟随老师已有多年，诸侯国君之类的头面人物见过不少，您都是不亢不卑，从容淡定，可是今天您见到这位漂泊于江湖之上的渔夫却恭敬有加，礼数周全，这是我从来没有见过的,弟子们对此都觉得不可思议。"

孔子拍着座前的横木感叹道:"仲由真是太不长进了!你跟随我学习礼乐知识已经有很长时间了,可是粗犷的本性还没有改变!你靠近过来,我对你说:遇到长者不敬是失礼,遇到贤者不尊是不仁。刚才那位渔夫是至尊至贤的得道者,所以我对他必须万分虔诚和恭敬!"

渔夫其实是一个虚构人物,渔夫听琴也是一个虚构故事,而孔门师徒在这里只是道家学派用来嘲弄儒家学派的工具而已。

(《庄子·渔夫》)

十五、授徒 二十九则

概说

严格地说,孔子的第一身份是教育家,因为教育活动在他人生经历中所占比重最大,延续时间最长,影响也最深远,所以后人把他奉为万世师表。

孔子从三十岁开始设帐授徒,从教四十余年,门下弟子累计三千多,贤人七十余。孔子开办儒学,以文、行、忠、信为"四教",并对应设立了"德行""政事""言语""文学"四个考核科目:文与"文学"相对应,主要是通过学习《诗》《书》《礼》《乐》等古代典籍来开阔视野,积累知识,陶冶情操;行与"德行"相对应,主要是通过学礼、习礼、执礼、行礼等实践活动来提高道德修养,增强遵从礼制规范的自觉性;忠与"政事"相对应,主要是培养弟子们的政治素质和从政能力;信与"言语"相对应,主要是培养弟子们在各种场合的言语表达能力和临场应变能力。由此可见,孔子施教不仅是培养精通各种社交礼仪的执礼者,更是培养社会急需的各种实用型人才。

孔子在长期的教育实践中,总结出许多符合规律且行之有效的教学理论与方法,如因材施教、一以贯之、学思结合、叩其两端、不愤不启、切磋琢磨、不耻下问等,这些理论与方法对于提高和巩固教学效果是很有帮助的。

随着孔门儒学影响不断扩大,求学者越来越多,并逐渐形成了一个礼学与仁学二元一体的学说思想派别——儒家。

01 孔门之徒何其杂

有一个叫南郭惠子的人问子贡道:"孔子门下的弟子怎么那么杂啊?"这个"杂"是鱼龙混杂的意思,主要是指孔门弟子在身份、家境、国别、年龄、德行、智力、性情等方面差别很大。比如身份,孟懿子、南宫敬叔等人是鲁国世袭贵族,司马牛是宋国桓氏贵族,而子路是野鄙之人,公冶长是刑余之人,漆雕开是工匠之后,这两种人在日常生活中是不可能平起平坐的;再比如年龄,孔门弟子年长者仅比孔子小几岁(秦商、颜路、曾皙等),而年幼者则要比孔子小五十几岁(冉儒、公孙龙等)。

子贡觉得南郭惠子出言不善,因为当时只有贵族阶层才有接受教育的权利,平民子弟投到孔子门下受教,进而改变身份和地位,这在时人看来是不可接受的。好在子贡能言善辩,他从容应对道:"不知道您有没有注意到:在矫正木材的檃栝旁边堆积了许多曲木,在磨刀石旁边丢弃了许多钝刀,在医术高超的良医门前则聚集了许多病人,而孔子门下鱼龙混杂恰恰说明他授徒有方,有教无类。有德君子只需端正心身,勤学苦修,不断提高道德修养,以开放包容的姿态来对待所有前来求学的人,想来的人不拒绝,想走的人也不挽留,这就是'孔门之徒何其杂'的原因。《诗经·小雅·小弁》中有几句诗:'菀彼柳斯,鸣蜩嘒嘒。有漼者渊,萑苇淠淠。'意思就是,柳枝茂盛,蝉儿才会鸣叫不停;潭水深深,芦苇才会生长茂密。相同的道理,在学识渊博、德行高尚的君子门下,自然就会聚集各种各样的弟子。"

(《荀子·法行》《说苑·杂言》)

02　四邻与四友

"四邻"一语出自《尚书·益稷》："予违汝弼,汝无面从,退有后言。钦四邻。"这是帝舜告诫夏禹要尊重和善待身边的贤相重臣时说的话。"钦"同敬;"四邻"是指左辅、右弼、前疑、后丞,泛指左右大臣。

鲁国孟孙氏贵族孟懿子在研读《尚书》时,对"钦四邻"一句不太理解,于是就问孔子道:"请问《尚书·益稷》中的'钦四邻'一句应该如何理解?"孟懿子是孟僖子之子,孟僖子临终前曾嘱咐他向孔子学习古代礼乐知识①,所以他经常向孔子请教各类问题,《论语》中就载有"孟懿子问孝"之事②。

孔子答道:"'钦四邻'的意思是王者要敬重身边的重臣,因为他们是辅佐王者治理天下的栋梁之材。所谓'四邻',是指王者身边的四位重臣,他们各有所长,各司其职,不可或缺:站在王者身前的称作'疑',他的主要职责是及时回答王者提出的各种疑难问题;站在王者身后的称作'丞',他的主要职责是准确无误地记住国事的各种细节;站在王者左边的称作'辅',他的主要职责是纠正施政过程的各种错误;站在王者右边的称作'弼',他的主要职责是对外发布和宣传王者的各种诰令。上述四位重臣的地位非常重要,因此必须选择最忠诚、最有经验的人来担任。周文王在创建周朝之初,继承了上古帝王'钦四邻'的成功经验,也设置了'胥附''奔轵''先后''御侮'四个重要职位,分别由四位德高望重的重臣担任:担任'胥附'之职的是散宜生,他主要负责协调部族内部关系,加强族众的凝聚力;担任'奔轵'之职的是闳夭,他主要负责协调周族与其他部族之间的关系,扩大周族的影响力;担任'先后'之职的是南宫

---

① 《左传·昭公七年》。
② 《论语·为政篇》。

括,他主要负责处理周文王的日常事务,让文王形象具有更强的号召力;担任'御辱'之职的是太颠,他主要负责保护周文王的安全和声誉,如果有人胆敢冒犯王者权威,他立即拔刀相向,毫不含糊。这几位重臣辅佐周文王,为创建周朝立下了不朽功勋。"

孟懿子见孔子说得头头是道,于是就用调侃的语气问道:"孔门人才济济,儒业兴旺,想必您身边也有'四邻'吧?"

孔子答道:"我身边虽然没有'四邻',但是有'四友'[①]:自从颜渊投到我门下以后,门人之间愈加亲近,所以颜渊就是孔门的'胥附';自从子贡投到我门下以后,许多士人不远千里来投奔孔门,所以子贡就是孔门的'奔辏';自从子张投到我门下以后,我每次出行都是前有光后有辉,所以子张就是孔门的'前后';自从子路投到我门下以后,诽谤孔门的流言蜚语再也听不到了,所以子路就是孔门的'御辱'。"

孔子不仅是孔门弟子的良师益友,他在与诸弟子的相处过程中也得到了许多支持和帮助,师徒之间教学相长,共同进步,孔门形成了相互激励的良好氛围。《晏子春秋·内篇问上》:"仲尼居处惰倦,廉隅不正,则季次、原宪侍;气郁而疾,志意不通,则仲由、卜商侍;德不盛,行不厚,则颜回、骞、雍侍。"《尸子·卷下》:"仲尼意志不立,子路侍;仪服不修,公西华侍;礼不习,子贡侍;辞不辨,宰我侍;亡忽古今,颜回侍;节小物,冉伯牛侍,曰:'吾以夫六子自厉也。'"意思就是,孔子也会有意志不坚、精神萎靡、心情郁闷或学习倦怠的时候,此时门下弟子都会陪伴他,安慰他,规劝他。

(《孔丛子·论书》《尚书大传》)

[①] 《博物志·卷四》:"仲尼四友:颜渊、子夏、子路、子张。"

03　农山言志

　　组织弟子们进行集体讨论，让每个人畅所欲言，各言其志，最后由孔子统一点评，这是孔门教学的重要方法，《论语》中多有相关记载，如《公冶长篇》的《颜渊季路侍》章、《先进篇》的《子路、曾皙、冉有、公西华侍坐》章等。所谓"农山言志"，就是孔子带领弟子们北游农山时组织的一次集体讨论，参与者有子路、子贡、颜渊等人。农山当为巇山①，在今山东省淄博市境内，春秋时期属齐地。

　　孔子登上农山，极目四望，心中顿生感慨，他喟然叹道："登高者必思远，思远者必有赋。你们几个不妨谈谈各自的志向，我将从中做出选择。"

　　子路迫不及待地上前说道："我希望能有这样一个机会：白色的令旗像月亮，红色的战旗像太阳，钟鼓的声音响彻云霄，旌旗的翻飞搅动大地，此时我举起手中的长戟，率领一队人马杀入敌阵，左冲右突，大败敌军，继而长驱直入，掠地千里。能够完成如此壮举的恐怕只有我了，所以让子贡、颜渊跟随我吧！"

　　孔子听后淡然一笑，然后说道："你真是一个威武的勇士！"

　　子贡则上前缓缓说道："我希望能有这样一个机会：在齐、楚两个大国交战的广阔战场上，两军对垒，旗鼓相当，战马嘶鸣，尘埃蔽日，双方勇士短兵相接，死伤无数，此时我身着缟衣，头戴白冠，从容不迫地在两军之间进行劝说，陈述罢兵休战的理由，解除两国之间的冤仇。能够完成如此壮举的恐怕只有我了，所以让子路、颜渊跟随我吧！"

　　孔子听后仍然淡然一笑，不置可否地说道："你真是一个风度翩翩的辩士！"

---

①　著者按：《韩诗外传》中或作"景山"（卷七），或作"戎山"（卷九），此从《说苑》。

子路和子贡都畅谈了自己的志向，颜渊却躲在后面一言不发，孔子问道："颜回，你也上前来谈谈，难道你没有志向吗？"

颜渊答道："文武两个方面，子路和子贡都已经说过了，我还能再说什么呢？"

孔子说："每个人的志向不同，各言其志而已，但说无妨。"

颜渊答道："我的志向与子路、子贡不太相同，本来我不想在这里说什么的，既然老师要求我们各言其志，我就和大家分享一下我的志向吧：我希望能够得到明王圣主的重用，我将竭尽全力辅佐他推行礼乐教化，敦厚民风人情，这样国家就不需要筑墙挖渠，剑戟之类的兵器可以改铸为农具，牛马全部放归平原湿地，妻子不再为丈夫长期离家而担忧，从此以后天下太平，千年无征伐之战！如果我的志向能够实现，那么像子路这样威武的勇士和子贡这样风度翩翩的辩士就没有施展才能的机会了。"

孔子听后连声称赞道："你真是一个道德高尚的君子！如果由你来执政，那么子路和子贡确实无用武之地了！即所谓'大人出，小子匿。圣者起，贤者伏。'"

此时，子路不知趣地问孔子道："如果让您做出选择，您会选择谁的志向呢？"

孔子说："我当然愿意收拾好我的衣冠跟随颜氏君子了！"

理想很丰满，现实很骨感。孔门师徒在现实政治中已经被压抑得太久了，所以他们只能靠臆想一些壮观的场景来聊以自慰。

（《说苑·指武》《韩诗外传·卷七》《韩诗外传·卷九》《孔子家语·致思》）

04 三折肱为良医

孔子归鲁后，宰我便离开孔门，到齐国去出仕为官了。他虽然在齐国官场上混得风生水起，但是却因言语不当而受到孔子批评，事情的起因是梁丘据患病。

梁丘据是齐国大夫，齐景公身边的宠臣。有一次，他因身患疕毒症，在家中休养了三个月。病愈以后，他回到朝中，齐景公邀请群大夫来共同为他庆贺，宰我也在受邀之列。在庆贺大会上，有许多齐大夫好心地向梁丘据提供治病药方，宰我觉得多此一举，于是就对众人说道："提供药方的目的是医治疾病，现在梁丘据的疕毒症已经康复痊愈，你们向他提供治病药方还有何用？难道你们希望梁丘据旧病复发，然后再用你们提供的药方治病吗？"众人听了宰我的话都默不作声，脸上却流露出不悦之色。宰我当时也觉得自己言语不妥，但是又不知道自己说话在哪儿出了问题。

不久后，宰我从齐国回到鲁国，他把齐大夫为梁丘据提供治病药方的事情告诉了孔子，并请教道："不知弟子说话在哪儿出错了？"

孔子先引用了一句古语来批评宰我："三折肱为良医。"这句话在古代很流行，《左传》《楚辞》《说苑》等古代典籍中均有引用，"三"或作"九"，多次的意思，"折肱"亦作"折臂"，就是胳膊骨折。这句话的意思是久病知良医。孔子接着委婉地批评道："梁丘据患疕毒症虽然痊愈，但是还有许多人患有和他相同的疾病，这些人相信'三折肱为良医'的古训，他们认为梁丘据在治疗疕毒症方面肯定积累了许多好经验，所以会有患者来向他索求治病药方。提供治病药方的齐大夫正是出于这种考虑，才纷纷把自己的治病药方贡献出来，希望自己的药方能够得到验证。凡是提供治病药方的人，都会夸耀自己的药方灵验，同时也希望在各种药方的比较中分出优劣。当时你如果能这么想问题就不会失言了。"

"言语"是孔门教学中的一个重要科目，因为善言者能够取信于人，即所谓"言忠信，行笃敬，虽蛮貊之邦，行矣"[①]。善言有时未必在于言语表达，而在于所言是否符合规定情境和人物心理。孔子在这方面又给宰我上

---

① 《论语·卫灵公篇》。

了一课。

（《孔丛子·嘉言》）

05　人贵自知自爱

　　知、仁、勇是儒家学派的三个重要道德规范，即所谓"天下之达德也"①。孔门弟子樊迟曾向孔子请教智慧问题，孔子说"知人"；又请教仁德问题，孔子说"爱人"②。显然，孔子不愿意在言辞上多做解释，因为他历来主张"君子欲讷于言而敏于行"③。

　　与樊迟相比，子路、子贡、颜渊等弟子入门时间较早，修行时间也较长，因此孔子有时会主动考问他们。

　　有一次，子路来见孔子，孔子问他道："有智慧的人应该是什么样？有仁德的人应该是什么样？"

　　子路答道："有智慧的人应该让别人了解自己，有仁德的人应该让别人关爱自己。"

　　孔子说："你是一个够格的士人。"

　　子路离开后，子贡也来见孔子，孔子向他提出同样的问题。

　　子贡答道："有智慧的人应该了解别人，有仁德的人应该关爱别人。"

　　孔子说："你是一个士君子。"

　　子贡离开后，颜渊也来见孔子，孔子也向他提出同样的问题。

　　颜渊答道："有智慧的人首先应该自知，有仁德的人首先应该自爱。"

　　孔子说："你是一个明君子。"

---

①　《礼记·中庸》。
②　《论语·颜渊篇》。
③　《论语·里仁篇》。

士人、士君子、明君子三者虽然只有一字之差，但是意思却大不相同。三者之间的差别主要表现在各人道德修养处于不同的阶段：士人（子路）与人交往时比较关注别人对自己的了解和关爱，却不太注意对方的感受，这种道德修养尚处于初级阶段，所以孔子说子路"升堂矣，未入于室也"[1]；士君子（子贡）是士人之中比较优秀的一类人，他们为人精致优雅，崇尚礼仪，在与人交往时能够推己及人，不仅严格规范自己的言行举止，也能关注对方的感受，这种道德修养已经达到很高境界，所以孔子把子贡比作精致的瑚琏之器[2]；明君子（颜渊）则是深刻理解并积极践行儒家忠恕精神的一类人，他们甘守清贫，勤学苦修，自得其乐，与人交往时不求诸人，反求诸己，做到知人先自知，爱人先自爱，这种道德修养已经达到至高境界，所以孔子说颜渊"其殆庶几乎"[3]！

子路、子贡、颜渊是孔门代表性的人物，他们各有所长，都很优秀，名列"四科十哲"，孔子分别对他们做出评价，虽然评语只有简单的几个字，但是相当精准，区分度很高，真可谓字字珠玑。

（《荀子·子道》《孔子家语·三恕》）

06 善与不善 因人而异

每个人的才情秉性和成长经历都不同，与人相处的方式方法也不同。

子路是卞邑野人，为人直率，他说："别人对我友善，我对别人也友善；别人对我不友善，我对别人也不友善。"

子贡是卫国商人，为人圆滑，他说："别人对我友善，我对别人也友

---

[1] 《论语·先进篇》。
[2] 《论语·公冶长篇》。
[3] 《周易·系辞下》。

善；别人对我不友善，我对别人则灵活应对，可进可退，可善可不善。"

颜渊是修行者，为人善良，他说："别人对我友善，我对别人也友善；别人对我不友善，我对别人仍然友善。"

子路、子贡和颜渊在与人相处方面各不相同，于是他们请孔子做出评判，孔子说："子路所持的是与野蛮人相处的方法，子贡所持的是与朋友相处的方法，而颜渊所持的则是与亲人相处的方法。相处对象不同，与之相处的方法也应有所不同，不存在孰优孰劣。"

孔子认为，与人相处之道应该因人而异，因为人世间既有善良的人，也有邪恶的人，与不同的人相处就应采取不同的方法：对于友善的人，理应报之以友善，否则就违反了做人的道德规范；对于不友善的人，虽然未必报之以不友善，但也不必报之以友善，所以有人问孔子道："以德报怨，何如？"他态度明确地回答道："何以报德？以直报怨，以德报德。"[1]"直"是正直、直率的处世之道，与子路所说的"人不善我，我不善之"在精神上是一致的。

（《韩诗外传·卷九》）

07　子路与巫马期薪于韫丘之下

韫丘，亦作宛丘或宛邱（今河南省周口市淮阳区），是春秋时期陈国都城郊外一座风景宜人的小山丘，青年男女经常相会于此，相互表达爱慕之情，《诗经·陈风·宛丘》就描写了这种爱情场景："子之汤兮，宛丘之上兮。""坎其击鼓，宛丘之下。"

孔子在陈国淹留期间，生活窘迫，日用拮据，因此弟子们经常到韫丘

---

[1]　《论语·宪问篇》。

去砍柴。有一天,子路和巫马期正在韫丘下面砍柴,突然看见陈国富豪处师氏一大帮族人驾驭着上百辆豪华的车乘跑到韫丘之上喝酒狂欢,子路看到这些富人过着奢华的生活,而自己却跟着孔子过着饱一顿饥一顿的清贫生活,两相比较,心里顿时感到无比失落,他对巫马期说:"如果让你离开孔门,忘记你所学到的知识,放弃你所掌握的技能,从此以后再也不见老师了,以此来换取像富豪处师氏那样荣华富贵的生活,你愿意这样做吗?"

巫马期生气地把手中的柴刀扔在地上,仰天长叹道:"我曾听老师说过:'真正的勇士是不会丧失斗志的,志士仁人也不会因为处境困厄而放弃追求。'你我同门受教,难道你不了解我吗?你这样说难道是要考验我吗?抑或你自己已经丧失了斗志?"

巫马期的厉声质问,让子路羞愧难当,他赶忙独自背起薪柴先回去了。孔子见子路一个人先回来了,于是就叫住他问道:"仲由,你和巫马期一起去砍柴,怎么自己先回来啦?"

子路不想隐瞒,就把刚才发生的事情告诉了孔子。孔子听后并没有批评子路,而是操起琴来边弹边唱道:

> 肃肃鸨羽(鸨鸟肃肃振翅羽),
> 集于苞栩(落在茂密的柞树上)。
> 王事靡盬(君主的事情无休止),
> 不能蓺稷黍(没有功夫种稷黍)。
> 父母何怙(年迈的父母怎么糊口)?
> 悠悠苍天(我不禁要问悠悠苍天),
> 曷其有所(哪里有我的安身之处)?

这是《诗经·唐风·鸨羽》第一章的诗句,诗中描写了鸨鸟痛苦地拍打着羽翅,以此来表现它栖非所居的惶恐不安,进而抒发了国人深受徭役之苦的愤懑情绪。孔子借用这首诗来表达自己栖栖遑遑、寄人篱下的苦闷心情,最后他颇为惆怅地对子路说:"也许是因为我的理想在现实政治中行不通,连累你们跟着我四处奔波,吃苦受难,所以你才会羡慕那些富人的奢靡生活。"

人们的精神追求是无法替代物质欲望的,有些人自诩清高,不食人间烟火,其实他们是因为物欲无法满足而刻意压抑自己。世间真正清心寡欲的圣人实在没有几个,绝大多数圣人都是自己装出来的或被人捧出来的!子路虽然为人粗鄙,学业不精,但是他最大的优点是做人不虚伪,敢于说真话,不怕被别人讥笑,这也许是孔子对他既爱又嫌的原因之一。

(《韩诗外传·卷二》)

08　惜乎颜渊以退为进

孔门弟子,秉性各异。子贡重利,不仅出仕求禄,还在各国之间倒卖货物(货殖),从中获利,家累千金;颜渊则甘守清贫,箪食瓢饮,每日诵诗鼓琴,以退为进,自得其乐,故而后人称颂道:"惜乎颜渊以退为进,天下鲜俪焉。"①"以退为进"是不求功名利禄而力求道德精进;"鲜俪"是很少有人能与之相匹。

孔子见颜渊生活过于清贫,就关切地对他说:"回,你过来听我说道说道!虽然你现在经济拮据,地位卑微,但是你的才华和能力是有目共睹的,你为什么不出仕为官呢?这样起码可以获得一份不错的俸禄,缓解家庭经济压力。"

颜渊答道:"我不愿意出仕为官。虽然我家境贫寒,但是在外城有五十亩农田,每年的收成足以让家人喝上稠粥;在内城也有十亩良田,每年种

---

① 《法言·君子》。

植一些桑麻，足以让家人穿上衣服。而我自己每天读书诵诗，习礼作乐，生活很充实，心情也很愉悦。说实话，我现在只有一个愿望：只要能跟着您学习各种修身求仁的道理，心里就会感到无比快乐和满足。"

颜渊的清高绝对不是装出来的，而是他的道德修养确实已经达到如此境界。他曾对孔子说："我愿意把贫穷当作富有，把卑贱当作显贵，不需要逞强好勇就能自威自重，与士人相交而终身无患难，这样的生活不是挺好的吗？"孔子称赞道："颜渊说得太好了！把'贫穷当作富有'是知足而无欲，'把卑贱当作显贵'是谦和而有礼，'不需要逞强好勇就能自威自重'是恭敬而自尊，'与士人相交而终身无患难'是出言谨慎。如果能达到颜渊这样的做人境界，可以称得上极致了，上古圣人也不过如此！"

了解了颜渊不愿出仕为官的愿望后，孔子心情十分复杂，既有怜惜，也有欣慰，更有几分莫名的惆怅和失落，他心情沉重地说："颜渊的想法很好，值得大家好好学习！我以前听人说过三句话：'知足者不以利自累，审自得者失之不惧，行修于内者无位而不怍。'当时我对这三句话的印象并不深，理解也比较肤浅，虽然后来我时常会想起这三句话，并反复思考，但是总觉得仍然没有理解到位。刚才听了颜渊的一番表白，再结合他平时对生活一贯持有积极向上、乐以忘忧的态度，我突然有所领悟：只有知道满足的人才不会被物质利益所拖累，只有分得清利害得失的人才不会担心亏损和失去，只有注重道德修养的人才不会为自己的地位卑微而愧疚。"

在礼制崩坏的年代，以血统定尊卑的传统已经打破，平民阶层可以通过财富积累来改变身份和地位，因此时人道德沦丧，竞相敛财逐利。孔子并不排斥财富，但是他也不鄙视贫穷，更不会因为贫穷而感到羞耻。在孔子看来，真正应该感到羞耻的不是像颜渊这样坚守道德底线的贫寒之士，而是那些疯狂攫取不义之财的暴富之人。

(《庄子·让王》《韩诗外传·卷十》)

09　乐天知命亦有忧

一日，孔子在家中闲坐，子贡进来侍候，他见孔子面有忧色，心有疑惑，又不敢贸然询问，于是就赶紧出来告诉颜渊。颜渊觉得自己也不便主动去询问孔子，于是就在室外操琴而歌，以此来吸引孔子的注意。

孔子听到了琴声，果然把颜渊叫进室内，问道："你为什么在此独自快乐？"

颜渊反问道："您为什么在此独自烦忧？"

孔子说："你先说说你的想法。"

颜渊说："我曾听您说过：'乐天知命故不忧。'现在虽然我生活窘迫，身居陋巷，箪食壶饮，但是每天坚持修身求仁，无忧无虑，这大概就是我独自快乐的原因吧。"所谓"乐天知命"，就是顺应自然法则（天），听从命运安排（命），无论遇到什么挫折都能坦然面对，不怨天尤人。

孔子听后眉头紧锁，表情凝重，隔了一会儿才缓缓说道："我说过这样的话吗？即使我以前说过这样的话，你当时肯定没有正确理解我的意思，现在我再完整表述一遍，以此为准。你只知道乐天知命可以让人无忧的一面，却不知道乐天知命也会让人烦恼的另一面。现在我来告诉你如何正确理解这个问题：修身自律，不计较个人的进退出处和荣辱得失，懂得'生死有命，富贵在天'的道理，不因外界的变化而扰乱心境，这就是乐天知命可以让人无忧的一面。我再来给你说一说乐天知命的另一面：以前我整理《诗》《书》，规范礼乐制度，想通过这种方式来治理天下，流传后世，而不是仅仅为了自我修身或治理鲁国。然而现实情况却令人心寒，鲁国君臣不断破坏礼制秩序，道德败坏，寡廉鲜耻，血脉亲情和人间友情越来越淡薄，我提出的复兴西周礼制秩序的政治主张在当今鲁国根本行不通，这怎么能治理天下和流传后世呢？我现在终于明白《诗》《书》和礼乐制度对于拯救乱世是没有什么作用的,但是却不知道如何进行改革,这就是乐天知命也会让人产生烦忧的另一面。虽然我对社会现状感到失望,但是我在精神领域却有所领悟。简而言之,现在我们所说的乐天知命与上古帝王所说的乐天知命是不同的,我以前所说的乐天知命与现在所说的乐天知命也是不同的。我现在认为,没有主观上的'乐'和'知',才是真正的'乐'和'知',所以心里没有不乐之事,就能乐天下之所乐,没有不知之事,就能知天下之所知,没有不忧之事,就能忧天下之所忧,没有无为之事,就能为天下之所为。据此理解,《诗》《书》和礼乐制度就成为无用之用了,因此不用担心失去什么,也没有必要进行改革了。"

孔子这番言论完全是自欺欺人的精神自我安慰,听起来高深莫测,其实是以空对空。这些言论显然是道家论调,孔门师徒只是被利用的说话傀儡而已。

颜渊也是傀儡之一,他听后似乎有所感悟,他起身面北恭恭敬敬地拜谢道:"弟子也明白了许多。"

颜渊出来后,把孔子关于乐天知命的言论告诉了子贡,子贡听后一脸茫然,一时难以理解,于是回家苦思冥想了七天,食无欲,寝不安,整个人瘦了一圈,但是仍然不得要领,颜渊后来不得不把孔子的言论再给他详细讲解了一遍,他才大致明白。此后子贡又回到孔子门下,每日弹琴唱歌,诵读诗书,终身不辍。

(《列子·仲尼》)

10　为人下者犹土

子贡善问,他每次向孔子请教问题都比较明确具体,所以孔子也愿意和他多说几句,子贡则受益多多。

有一天，孔子闲居在家，子贡在一旁陪坐，他问孔子道："赐为人下而未知所以为人下之道也。"所谓"为人下"，就是为人谦逊，甘居人下。子贡的意思是，我现在已经知道为人谦逊的道理了，但是还不知道为人谦逊的方法（道）。子贡提出这个问题是有原因的，因为他平时为人比较自负，说话不太注意分寸，经常出语伤人，孔子曾批评他道："赐也贤乎哉？夫我则不暇。"①意思就是，你与其整天热衷于讥讽别人，还不如认真反省自己。

孔子见子贡能够认识到自己的错误，并有悔改之意，于是缓缓说道："你的问题很好！其实为人谦逊并不难，只要向你脚下的土地学习就行了。"

子贡一时没能理解孔子的意思，因此孔子继续说道："我们脚下的这片土地，挖掘得深，就会流出泉水；在土壤里种植，就会长出各种庄稼；草木在土地上生长，百兽在土地上繁衍；人活着的时候站立在土地上，人死以后就埋葬在泥土中。土地对人间万物的贡献是无比巨大的，但是它却依然默默无言，从不在意；土地的胸怀宽广无垠，能够包容一切，但是它依然甘居人下，承载万物。自古以来，有德君子都把土地作为修身立世的楷模，所以你想学习为人谦逊的方法，就应该认真学习土地的宽广胸怀和谦逊品格。"

听了孔子的教诲，子贡低首应道："虽然我才疏学浅，但是愿意认真践行老师的教诲。"

（《荀子·尧问》《说苑·臣术》《韩诗外传·卷七》《春秋繁露·山川颂》《孔子家语·困誓》、定州八角廊竹简《儒家者言（二）》）

---

① 《论语·宪问篇》。

11　子贡观于鲁庙之北堂

　　孔子在审美方面有许多独到见解，比如他对于"质"与"文"这两种审美效果做出评论："质胜文则野，文胜质则史，文质彬彬，然后君子。"①"质"是原始朴实的状态，"文"是人为修饰的结果，两者只有完美结合（"彬彬"），才能达到最高的审美境界。当然，这种审美情趣需要结合具体事例才能阐述清楚。

　　有一次，子贡随孔子去参观鲁国太庙，他们从北堂出来后，子贡停了下来，对着北堂的九扇门仔细研究起来。太庙是鲁国君臣祭祀历代先祖的场所，北堂则是供奉神主牌位和放置先祖遗物的地方。

　　过了一会儿，子贡问孔子道："刚才我参观太庙的北堂，还没有看完，又回过头来仔细研究了一下北堂的九扇门，发现这些门不是用整段木材制作的，而是用几段纹理相似的木材拼制而成的，这样做有什么说法吗？这是不是工匠失误造成的呢？"子贡善于从细微之处来观察和思考问题，这种能力是其他弟子不具备的，所以孔子对他提出的问题总是认真回答，从不敷衍。

　　孔子说："建造太庙的北堂当然很有讲究，官府招募的都是手艺精湛的工匠，他们在选用木材时既要考虑材质问题，也要考虑纹理问题。一段完整的木材往往纹理不太美观，而且很难保持一致，要达到纹理完整美观的效果，就必须把几段木材拼在一起。工匠们当时为了追求纹理完整美观的效果，采用了把几段纹理相似的木材拼装成一个整体的制作方法，这样既能体现门的完整性，又具有审美效果，他们真是匠心独运啊！"

　　选用一段完整的木材制门，虽然质朴，但未必美观，这就是"质胜文

---

① 《论语·雍也篇》。

则野"的道理。选用若干段纹理相似的木材制门,虽然美观,但未必完整,这就是"文胜质则史"的道理。只有把"文"与"质"二者巧妙地结合起来,做到浑然天成,这样才能形成最佳的审美效果,这就是"文质彬彬"的审美情趣。

这种观点同样适用于君子修身,不过这是另外一个话题。

(《荀子·宥坐》《孔子家语·三恕》)

12　子贡问玉

春秋时期,男子都喜欢在腰带两侧佩有玉饰,这既是身份高贵的象征,也是内在美德的彰显。《礼记·玉藻》:"凡带必有佩玉。君子无故玉不去身,君子于玉比德焉。"

因为人人爱玉,一块美玉的价值往往高得离谱,当然,其中的利润也相当可观,所以兼职做买卖的子贡问孔子道:"请问有身份的君子为什么都珍视美玉而鄙视珉石呢?是因为美玉少而珉石多吗?"所谓"珉石",就是似玉而非玉的石头,价值低廉。

孔子答道:"欸!赐啊!你这是什么话啊!君子不是因为珉石多而廉就鄙视它,也不是因为美玉少而贵就珍视它,而是因为美玉的品质能够彰显君子的品德:玉温润而有光泽,像仁;细密而有纹理,像智;有棱角而不伤人,像义;悬垂就下坠,像谦卑有礼;敲击它,声音清脆而悠扬,最后戛然而止,像乐;玉的瑕疵掩盖不住美质,而美质也掩盖不住瑕疵,像忠;玉色晶莹剔透,光彩四溢,像信;玉的光气如白色长虹,像天;玉的精气出于山川,像地;朝聘时用玉制的珪璋来通情达意,像德;所有人都以玉为贵,像天下大道。《诗经·秦风·小戎》中说:'每每想起那位君子,他的温和如美玉。'这两句诗表达的就是这个意思。"

把宝玉的各种美质比作君子的各种美德,这在当时是普遍流行的说法,孔子只是把这些内容概括起来,完整地表述了一遍。其实子贡真正想向孔子请教的问题是:为什么在市场上美玉贵而珉石贱?这是一个商业问题,孔子却从道德层面来回答,所以这个答案并不是子贡想要的。

(《荀子·法行》《礼记·聘义》《说苑·杂言》《孔子家语·问玉》)

13　子贡倦于学

在孔子门下,子贡是最优秀的弟子之一,他不仅在学业方面悟性极高,成绩优异,深得孔子赏识,在仕途和经商方面也出类拔萃,得心应手,获得极大成功,所以后人称赞道:"夫使孔子名布扬于天下者,子贡先后之也。"①意思就是,孔子因子贡而名扬天下,可见孔子对子贡的依赖程度。

子贡是一个活动能力极强的人,他不愿意像颜渊、原宪等人那样甘守箪食瓢饮的清贫生活。在学业以外,他还有许多事务要忙,事情一多,时间就不够用了,所以他向孔子提出休学申请,他说:"我跟随您修学已有多年,现在我才思枯竭,力不从心,对于学习也越来越厌倦了,我能否暂时休学一段时间,先去侍奉君主,这样就可以得到休息了。"

孔子知道子贡所说的"倦于学"只是一个借口,他的真实想法是想寻找一个新的发展空间,于是就引用《诗经·商颂·那》中的两句诗来劝导他:"温恭朝夕,执事有恪。"②意思就是,侍奉在位尊者比学习更艰难,更辛苦,从早到晚都必须保持温和恭敬的姿态,做事必须勤勉认真,来不得半点马虎,那样就更没有时间休息了。

---

① 《史记·货殖列传》。
② 著者按:《韩诗外传》中引用的是《诗经·大雅·烝民》中的两句诗:"夙夜匪懈,以事一人。"

子贡见孔子不同意自己休学,于是他又换了一个说法:"既然如此,那么我就休学回家去侍奉父母吧。"

孔子继续引用《诗经·大雅·既醉》中的两句诗作为回应:"孝子不匮,永锡尔类。"意思就是,侍奉父母也不容易,孝子尽孝必须无微不至,永无止境,而且还要将这种精神永远传递下去,所以是不可能得到休息的。

子贡又说:"既然如此,那么我就回家与妻儿生活在一起,这样总能得到休息了吧。"

孔子又引用《诗经·大雅·思齐》中的几句诗来回答:"刑于寡妻,至于兄弟,以御于家邦。"意思就是,回到家里与亲人们生活在一起也是不轻松的,因为你的一举一动都要为妻儿做出表率,进而带动兄弟姊妹,最终还要能促进氏族团结和国家治理,所以也不可能得到休息。

子贡仍然心有不甘,他说:"既然如此,那么我整天和朋友们待在一起,这样总可以得到休息了吧。"

孔子似乎也有意和子贡较真到底,他又引用《诗经·大雅·既醉》中的两句诗来回答:"朋友攸摄,摄以威仪。"意思就是,与朋友相处也是很难的,因为朋友之间需要相互帮助,如何拿捏相处分寸或把握恰当时机,这里面有许多礼仪规范,不比处理其他人际关系来得简单,所以也不可能得到休息。

子贡虽然在孔门弟子中名列"言语"优等,但是遇到孔子也只有被虐的份儿了,他最后赌气地说:"既然如此,从今往后我干脆不与人打交道了,一个人耕田种地总可以得到休息了吧!"

孔子连连摇头,不以为然,他又引用《诗经·豳风·七月》中的几句诗来作答:"昼尔于茅,宵尔索绹,亟其乘屋,其始播百谷。"意思就是,耕田种地并没有你想象的那么简单,白天要割草,夜里要搓绳,天气好的时候还要登高修屋顶,等这些事情都忙停当了,又要下地播种了,所以在田间耕作就更得不到休息了。

听了孔子的话，子贡几乎崩溃了，他沮丧地问道："这也难，那也难，难道就没有可以让我休息的地方了吗？"

孔子指着远处的一片墓茔，一脸严肃地说："从远处观望那边的墓地，坟墓堆得高高大大的，封土填得严严实实的，每座坟墓之间完全隔开，那才是人们休息的地方。《诗》云：'阖棺兮乃止播兮，不知其时之易迁兮。'所以学而不已，阖棺（死后）乃止。"

子贡实在没有想到，孔子居然把"倦于学"的简单问题上升到生与死的高度，他突然有所领悟，若有所思地说："大哉乎死也！君子也好，小人也罢，只有死后才能真正得到休息！"

孔子平时是不愿意与弟子谈论生死问题的，因为此类问题已经超出人们正常的认知范畴，容易造成思想混乱。不过子贡则有别于其他人，因为他性情通达，悟性极高，所以孔子破例就生死问题发表了一番重要言论，他对子贡说："现在人们只知道活着的乐趣，却不知道活着的辛苦；只知道老年的疲惫，却不知道老年的安逸；只知道死亡的恐惧，却不知道死亡的超脱。如果让我来解释死亡问题，死亡就是九九归一，人活着的时候千差万别，人死的时候就殊途同归了。古时候人们把死人称作'归人'，既然死人被称作'归人'，那么生者就应该被称作'行人'，而那些'行'而不知'归'的人则可称作失家之人。如果一个人失家了，世人都可以批评他，如果全天下的人都失家了，那又该怎么办呢？现在最常见的有两种人：一种是远离乡土、抛家舍业、游走四方而不知所归的人，世人称其为狂荡之人；另一种是心术不正、投机取巧、欺世盗名的人，世人称其为智谋之士，这两种人都可谓失家之人。如果你问我，世上什么样的人才能真正参悟生与死的道理呢？我认为只有像上古帝王一样的圣人，因为他们已经完全跳出了个人的生死、取予和得失。"

需要指出的是，孔子这番言论保存在《列子》书中，虽然阐述了许多生与死的大道理，论述也颇为精彩，但是其中渗入了许多道家的思想观点①，因此可信度不高！

（《荀子·大略》《韩诗外传·卷八》《列子·天瑞篇》《孔子家语·困誓》）

14 子路初见孔子

子路是鲁国卞邑的一介武夫，他年轻时好勇斗狠，粗鄙无礼，整天头戴雄鸡样式的帽子，身佩野猪皮饰的长剑，到处耀武扬威，寻衅滋事。他非常讨厌读书，听到诵读之声就会摇头晃脑，故意捣乱，噘着嘴发出怪叫声，吵得人无法安心读书，实在是可恶至极！

子路第一次去见孔子时，穿着一身戎装，拔出佩剑上下挥舞，孔子觉得他很粗鲁，便笑着问道："你有什么爱好？"

子路答道："我喜欢长剑。"

孔子说："我不是问你这个。我是问你有什么特殊才能，而这种才能可以通过学习来不断提高，进而达到别人难以超越的地步。"

子路说："学习真的能提高才能吗？"

孔子说："国君如果没有敢于谏诤的忠臣就会失去正道，士人如果没有敢于提出批评意见的朋友就会听不到真话。驾驭狂奔的马匹不能放下马鞭，张开的弓弩不能用檠继（矫正弓弩的器具）来矫正。木材用墨绳矫正就能正直，普通凡人接受规劝就可以成为圣人。认真学习，虚心求问，任何人都可以取得进步。摒弃仁义道德，讨厌礼仪约束，这种人迟早会触犯刑律。所以君子不可以不学习。"

子路狡辩道："南山有竹子，生长出来就是笔直的，不用人为矫正，把

---

① 《庄子·秋水》："明乎坦途，故生而不说（悦），死而不祸，知终始之不可故也。"

竹子砍下来做箭杆用，可以射穿犀牛皮。同样，人可以充分发挥先天的才能，不需要后天的学习。"

孔子说："制作好的箭栝需要装上羽毛才能保持平衡，安装好的箭头需要打磨锋利才能刺穿厚甲。同样，人先天而具的才能需要经过后天努力学习才能达到别人无法超越的地步。"

子路似乎被孔子这番话打动了，他低着头一言不发，眼睛盯着手中的长剑发呆。孔子继续问道："你手中的长剑有用吗？"

子路说："当然有用！对我友善的人，我对他也友善；对我不友善的人，我就拔出长剑自卫。"

孔子严肃地说道："古代君子以忠诚为本质，用仁义来护卫，足不出户就能知道千里之外的事情。遇到对自己不友善的人就用忠实诚恳的态度来感化对方，遇到以强凌弱或以众暴寡的事情就用仁义道德来进行抵制，所以古代君子根本不需要拔剑相向。"

子路听了孔子的话后，好像突然开窍了，他诚恳地说道："您的话让我深受启发，从今往后我愿意拜在您的门下，接受您的教诲。"

当然，孔子当时对子路说的话远远不止这些，肯定还有许多很能打动人心的内容，否则子路是不会心甘情愿地拜在孔子门下的。

子路投到孔子门下后，虽然仍然不喜欢诵诗读书，在儒学方面一直没有什么进步，粗野的本性也没有多少改变，但是他在政事方面却展现出超强的才干和能力。在孔子悉心教导下，他很快就得到出仕为官的机会，先在鲁国季氏手下当小臣，后来又到卫国去发展，曾经主政蒲邑，政绩斐然，受到孔子的表扬，并被列为孔门四科十哲的"政事"优等。

（《说苑·建本》《说苑·贵德》《论衡·率性篇》《孔子家语·好生》《孔子家语·子路初见》）

15 子路盛服见孔子

子路在穿着方面向来比较随意，也没有什么品位，他经常穿着一身破衣烂衫，神情坦然地和衣着华贵的人站在一起，丝毫不觉得有什么羞愧①。他还愿意把自己的裘皮大衣拿出来给朋友穿，即使穿破了也不在意②。

有一天，子路突然身穿一身华贵的衣服（盛服）来见孔子，孔子觉得很奇怪，于是问道："仲由，你今天一身盛装打扮，这是为什么呀？如何穿着打扮是有讲究的。长江刚从岷山流出时水流很小，小到连浅浅的酒杯都漂浮不起来。等水流汇集到长江下游的渡口时，江面开阔，江水滔滔，如果不把许多船只并在一起，不避开大风，就无法渡江。水流小时不会让人觉得危险，水流大时才会让人产生恐惧，我们可以从中领悟到穿衣装扮的道理。你今天衣着华丽高贵，神情志得意满，就像长江下游的滔滔江水一样，人人畏惧，所以全天下哪有人敢对你提出批评意见呢？"

子路没想到自己身着盛装也会受到批评，于是赶紧回去换了一身普通衣服再来见孔子，他的神情就自然轻松了许多。孔子上下打量了他一番，然后说道："你要认真记住我教给你的做人道理：说话要谨慎，夸夸其谈容易给人留下华而不实的印象；做事要严谨，急于表现容易给人留下轻佻浮夸的印象。如果从一个人的表情和神态之中就能看出他的能耐，这种人是浅薄的小人。有修养的君子应该秉持'知之为知之，不知为不知'的态度③，这是道德修养的最高准则。说话能够遵循这个准则，道德修养就达到'智'了；做事能够遵循这个准则，道德修养就达到'仁'了。道德修养达到仁且智的境界，还有什么不完美的呢？"

---

① 《论语·子罕篇》。
② 《论语·公冶长篇》。
③ 《论语·为政篇》。

子路是最让孔子操心的弟子，因为他平常不愿意循规蹈矩，说话办事总是毛里毛糙的，所以孔子一有机会就会教训他几句，这种情况在《论语》中比较多见。

(《荀子·子道》《韩诗外传·卷三》《说苑·杂言》《孔子家语·三恕》)

16 子路问治国何为先

孔子授徒，基本是不问不答，弟子问得越多越精，他就答得越多越深，所以学业精进的弟子都善于提问，如子贡、宰我、子张等。子路并不善问，因为他不擅长理性思考，不过偶尔他也会灵光一现，提出一些颇有深度的问题。有一次，子路向孔子请教道："贤明君主治理国家，首先应该做什么？"

孔子随口回答道："治国者首先应该尊贤而贱不肖。""尊贤"是尊重贤人，"贱不肖"是鄙夷不肖之人。

子路接着问道："我听说晋国政卿中行文子已经做到了尊贤而贱不肖，但是他最终还是灭亡了，这是为什么呢？"子路的这个问题确实值得认真思考。中行文子，即荀寅，晋国中行氏世袭贵族，晋定公在位时期为晋国六卿之一，他与晋国范氏联手攻打赵氏，后被赵氏打败而出奔鲜虞，史称这一历史事件为"范、中行氏之乱"。从政治立场来看，中行文子思想开明，行事务实，敢于突破传统，进行内政改革。孔子则固守礼制传统，行事相对保守，因此他对中行文子的总体评价是偏于负面的："中行文子倍（背）道失义，以亡其国；而能礼贤，以活其身。"[①]显然，孔子在政治上对中行文子是不太认可的，特别是关于晋国铸刑鼎之事，孔子曾尖锐地批

---

① 《孔子家语·辩政》。

评道:"范、中行氏其亡乎!中行寅为下卿,而干上令,擅作刑器,以为国法,是法奸也。"①

对于子路提出的新问题,孔子不得不认真作答,他说:"中行文子尊贤而不能用贤,贱不肖而不能去不肖。贤良之人知道自己得不到任用而怨恨他,不肖之人知道自己受到鄙视而仇恨他。国内都是怨恨和仇恨他的人,国外敌对势力又虎视眈眈地聚集在郊外,在内忧和外患的双重压力下,中行文子能不灭亡吗?"

尊贤而贱不肖只是一种毫无实际意义的姿态,而用贤而去不肖才是治国者应该付诸行动的良策。这一观点是经过子路一再请教后,孔子才阐述清楚的。

(《说苑·尊贤》《孔子家语·贤君》)

17 子路请释古之道而行由之意

子路不知为何突然闹起情绪,他对孔子说:"请释古之道而行由之意,可乎?""释"是释放、放弃之义;"古之道"是先王之道或文武之道,具体是指由周文王、周武王、周公等周朝先圣创制的礼乐制度,这是维持统治秩序、实现西周盛世的政治法宝,也是孔门儒学的核心价值观,孔子将此作为终生追求的政治目标;"由之意"就是子路(由)个人的意愿和主张。简单地说,子路打算放弃刻板迂腐的儒学,按照自己的意愿行事。

子路为何突然提出这样的想法?叙事者并没有交代清楚,从孔子后面的言论来推断,子路觉得儒学中有许多道德观念过于守旧,各种条条框框限制了他的行为自由,所以他打算放弃习儒。这完全是符合子路的性格特征的。

---

① 《左传·昭公二十九年》。

孔子对子路十分了解，知道他是一时兴起，逞口舌之快，所以并没有动怒，他耐心地开导道："你这样冲动是不可以的。我今天不给你讲大道理，先讲两个故事，然后你再仔细想想。一个故事是寡妇改嫁。从前东夷部落有一个男子，他非常仰慕中原地区华夏诸族的礼乐文化，他家人受他思想观念的影响，也非常崇尚中原文化。这个男子的女儿死了丈夫，他想为女儿再招一个入赘女婿，可是女儿却认为这样做不符合华夏文化中的贞洁观念，因此她宁愿终身守寡，也不愿意改嫁他人。我们应该如何评价这个寡妇不愿意改嫁的行为呢？坦率地说，她并没有真正理解贞洁的意义，她的父亲希望她改嫁，她应该听从父亲的安排，因为孝顺父母比坚守贞洁更重要。如果应该改嫁而不改嫁，这是固守小节而违背大义。这个故事给我们的启发是思考问题不能只知其一而不知其二，更不能因小节而失大义。另一个故事是美妻让兄。苍梧这个地方有一个叫娆的人，他娶了一个很美的妻子，他的哥哥对这个美妻也动了心。苍梧娆后来为了兄弟亲情，主动把美妻让给了哥哥。苍梧娆的让妻行为看起来符合孝悌之道，但是却是不符合礼制规范，因为遵从礼制规范比恪守孝悌之道更加重要，所以苍梧娆让妻不如不让①。这个故事给我们的启发是遇到事情一定要周密思考，反复权衡，前后一致，不能开始不严谨，后来又后悔，结果很无奈。你现在打算舍弃先王之道，想按照自己意愿来行事，你怎么会有这样的念头呢？你怎么知道这样做不是以是为非或以非为是呢？你一定要把这件事情想清楚，否则以后后悔都来不及！"

　　不知道孔子的这番话有没有打动子路，不过可以确定的是子路后来并没有意气用事，离开孔门，他一直是孔子引以为傲的弟子，孔子甚至对他做出"自吾有由（子路），而恶言不入于耳"的评语②。

　　（《说苑·建本》《孔子家语·六本》）

---

① 《中论·贵言》："昔苍梧丙娶妻美，而以与其兄，欲以为让也，则不如无让焉。"
② 《孔子家语·七十二弟子解》。

18　子路问强

　　子路为人逞强好胜,他认为坚强和勇敢是做人最重要的品质,他为此专门向孔子请教有关"强"的问题,这里的"强"可以理解为强者或勇者。

　　孔子觉得子路思维过于简单,理解问题片面、狭隘,于是决定好好教导他一番,他对子路说:"由于地域不同,人们对于强者的理解也各不相同。你刚才问的是南方的强者或北方的强者,还是像你这样的强者呢?我来告诉你吧:用宽厚温和的态度去教导人们,对于蛮横无理的行为能够容忍,不实施对等报复,这是南方的强者,也是修德君子所推崇的强者。每天枕着兵器、穿着铠甲睡觉,随时准备与人决斗,甚至不惜以死相拼,这是北方的强者,也是逞强好胜者所推崇的强者。而我所推崇的强者是能与人和睦相处而不随波逐流,能坚守中立而不偏不倚,国家政治清明时能不改甘守清贫的本色,国家政治混乱时能不改特立独行的气节,这才是强者中的佼佼者!"

　　孔子所推崇的强者并不是行为上的强悍或态度上的强势,而是意志上的坚强和精神上的强大。

　　(《礼记·中庸》)

19　孝行、孝心、孝名

　　孔子出道之前,在乡党笃行孝道,尊老爱幼,同居阙里的宗族子弟受其影响,相互之间都很友爱、谦让,大家一起去狩猎或打渔,回来都会给家有父母需要奉养的人多分一些,这就是孝的感化力量。因此孔子在谈论士人标准时说:"宗族称孝焉,乡党称弟焉。"①意思就是,孝子之名(孝名)必须得到宗族和乡党的一致认可。子路就此向孔子请教道:"这里有个人,他每天起早贪黑,在田间耕地锄草,种植庄稼,手脚都磨出了老茧,以此来奉养父母,但是他在宗族和乡党中却没有得到孝子之名,这是为什么呢?"

孔子说:"想来或许是因为他对父母举止不恭敬,抑或是因为他对父母说话态度不谦逊,抑或是因为他对父母脸色不温和,古人常说一句话:'给我吃啊给我穿,如果对我不敬就不理你!'你刚才所说的那个人,虽然他每天在田间辛苦劳作,奉养父母,但这只是孝行。要有孝子之名,仅有孝行是远远不够的,还要有孝心,这大概就是那个人没有得到孝子之名的原因。那么什么是孝心呢?孝心就是侍奉父母时必须举止恭敬,说话谦逊,脸色温和,一切都是由衷的、自愿的,没有任何虚情假意。如果一个人既有孝行于外,又有孝心于内,那么他在宗族和乡党就能得到孝子之名。"

孔子在教学方面有一个重要原则,即因材施教,他担心只给子路讲大道理未必有效,最好再给他讲一讲具体方法,于是继续说道:"仲由,你坐下来听我慢慢说:即使是举国闻名的大力士,也不能把自己举起来,这不是因为他力量不够,而是客观情势不允许。因此,做任何事情,仅仅依靠自己的力量是不行的,还要借助身边朋友的力量。一个人如果不能努力提高道德修养,那是他自己的错误;如果他努力修身立德,在家里能孝敬父母,友善兄弟,然而在宗族和乡党中仍不能彰显孝子之名,那么就是他身边朋友的过错了。修德君子在家里能敦厚朴实,在外面能广交贤达之士,那么就不可能没有孝子之名。"

孝行是表,孝心是本;徒有其表,难有孝子之名;表里如一,孝名才能得以彰显。

(《荀子·子道》《新序·杂事第一》《韩诗外传·卷九》《孔子家语·困誓》)

---

① 《论语·子路篇》。

20　君子有终身之乐而无一日之忧

积极乐观与消极悲观不仅是人生态度问题，也是道德修养问题。颜渊身居陋巷，箪食瓢饮，然而他却能以积极乐观的态度来面对生活中的窘迫与困苦，孔子因此称赞道："贤哉，回也！"①司马牛向孔子请教君子问题，孔子说："君子不忧不惧。"②又说："仁者不忧。"③由此可见，保持积极乐观的人生态度（"不忧"）是成为有德君子的必要条件。

子路对于"君子不忧"不太理解，因为任何人在生活中都会遇到烦忧之事，于是他向孔子请教道："君子有时也会烦忧吧？"

孔子说："没有。君子在理想没有实现的时候，他们会为追求理想而快乐；一旦理想实现以后，他们又会为实现理想而快乐。因此有理想追求的君子一生都是快乐的，没有一天是烦忧的。而那些没有理想追求的小人就不一样了，他们在愿望没有实现的时候，总是患得患失，烦忧不已；一旦愿望实现以后，他们又整天担心得而复失。因此小人一生都生活在烦忧之中，没有一天是快乐的。"

物质享受所带来的快乐是短暂的，而精神追求所带来的快乐则是长久的。

(《荀子·子道》《说苑·杂言》《孔子家语·在厄》)

---

①　《论语·雍也篇》。
②　《论语·颜渊篇》。
③　《论语·宪问篇》。

21 子路鼓瑟

子路喜欢舞剑,不喜欢弹琴鼓瑟,即使偶尔为之,琴瑟声中也带有一股肃杀之气,令人心浮气躁,坐立不安。

孔子听见子路在门外鼓瑟,不满地对门人说:"由之瑟奚为于丘之门?"①意思就是,子路为什么跑到我家门外鼓瑟?后来他又对弟子冉有说:"太令人失望了,子路不仅学业毫无长进,鼓瑟又偏离正道,走火入魔!古代贤明君王制作音乐,声调中正无邪,节奏舒缓平和,风格偏向于南方流行的音乐,而不同于北方流行的音乐,南方是孕育万物的地方,北方则是征战厮杀的战场。因为君子与小人道德修养的境界不同,所以他们喜欢的音乐以及演奏的风格也有所不同:君子演奏的音乐柔和舒展,不疾不徐,乐声之中带有涵养万物之气,能让人从心里排除忧愁的情绪,从体内驱逐暴戾的冲动,这样的音乐就是人们常说的太平盛世之风;小人演奏的音乐节奏强烈,旋律急促,会让人心里失去中和的感觉,体内产生冲动的欲望,这样的音乐就是人们常说的乱世亡国之风。古时候虞舜制作了五弦琴,用来伴奏《南风》这首诗,诗词唱道:'多么和煦的南风呀,可以化解百姓心中的忧愁;多么及时的南风呀,可以增加百姓生活的财富。'正因为有《南风》这样的音乐教化,虞舜所领导的部族才会迅速兴旺发达起来。虞舜的德政犹如清泉流淌,滋润万民,时至今日,王公贵族世代相传,不敢遗忘。商纣王则喜好北方流行的征伐杀戮之声,所以商王朝很快就灭亡了,时至今日,王公贵族仍然经常提及此事,并以此来诫勉后人。虞舜最初只是一介布衣,但是他能够努力提高个人的道德修养和仁慈性情,最终成为一统天下的帝王;商纣虽然贵为天子,但是他荒淫残暴,弃

---

① 《论语·先进篇》。

德违仁，最终落得国破身亡的下场。比较虞舜与商纣两人的命运，一盛一衰，一兴一亡，难道这些不是由他们道德修养的差异所造成的吗？仲由现在不过是一介武夫，却不遵从先王制礼作乐的初衷，沉湎于亡国之声，这样怎么能保全自己的性命呢？"

冉有后来把孔子的话告诉了子路，子路听了既害怕又后悔，闭门静坐沉思，不吃不喝，以至于形销骨立。

孔子听说后，宽慰子路道："有错能改，说明你进步了。"

孔子听人鼓瑟作乐，不仅能了解这个人的道德修养情况，还能分析天下兴衰存亡的道理。不得不说，儒家造圣的功夫实在太神了！

（《礼记·乐记》《说苑·修文》《孔子家语·辩乐》）

22　子路将行

子路要到外地做官去了，临行前专门去看望孔子，孔子对他说："你要离开我了，我是送你车乘呢，还是教你做人为官的道理呢？"

子路说："您就教我做人为官的道理吧。"

孔子说："为官不能坚持长久就不会实现目标，不勤奋劳作就不会有所收获；做人不忠实坦诚就不会有人亲近你；不讲诚信就不会有人信任你；举止不恭敬就会失礼。你只要谨慎地做好以上五个方面就可以了。"

子路答道："我将终身铭记您的教诲。我还想请教如何才能取信于新结识的人？如何才能少说话多办事？如何才能坚持与人为善而不被人侵犯？"

孔子说："你的问题已经包含在我刚才讲的五个方面了。想取信于新结识的人，自己先要做到忠实坦诚；想少说话多办事，自己先要讲求信义；想与人为善而不被侵犯，自己先要遵从礼制规范。"

《论语·子路篇》中也记载了"子路问政"的言论，孔子的回答是"先之劳之"，子路想请孔子再多说几句，孔子则以"无倦"二字作答。孔子觉得子路是一个头脑简单的人，所以越重要的话就要说得越简单，说多了怕他记不住。

（《说苑·杂言》《孔子家语·子路初见》）

23　过人亦徐言訚訚

"过人"是批评人，"徐言訚訚"是说话委婉和悦的样子。

孔子归鲁后期，与政卿季康子关系紧张，两人经常因政见不同而发生矛盾。有一次不知为了什么事情，季康子又惹恼了孔子，气得他老人家在家里走来走去，不停地批评季康子，弟子子张、子夏也随声附和着。

过了一会儿，孔子走累了，就坐了下来，然而子张和子夏却因刚才的话题发生了争论，两个人都是孔门才俊，年轻气盛，谁也说服不了谁，所以争辩持续了很长时间。后来子夏有点急了，语言越来越刻薄，脸色也越来越难看。子张则相对冷静，他对子夏说："你知道老师与人言谈时是什么样子吗？我来告诉你吧：老师与人言谈时总是态度平和的样子，说话不急不躁，有板有眼，即使双方发生争议，他也能敬重对方，认真倾听对方的陈述，保持沉默，不轻易打断对方。批评对方（过人）时态度很诚恳，从不以势压人。如果自己的道理占上风了，他也会给对方留有余地，表示尊重。老师与人言谈的这种风度就像高山一样巍峨，又像大地一样宽广！这才是真正的君子风度。与此相反，无德小人与人争辩时，总是固执地认为自己的意见都是正确的，对方的意见都是错误的，他们瞪大眼睛，扼住手腕，语速很快，不给对方留有任何反驳的机会，情绪激动时会唾沫乱飞，两眼通红。一旦他们侥幸占了上风，就会大声狂笑，得意忘形，一副卑鄙猥琐的样子，令人不齿！"

关键时刻，子张把孔子抬了出来，他极力夸耀孔子在与人言谈时的君子风度，揭露卑劣小人的种种丑态，弄得子夏无言以对。

在弟子心目中，孔子是一个完美无缺的人，他的谈吐既温和又严肃，既优雅又坦诚，既谦逊又坚定，既感性又理性，这种优雅的谈吐风度为弟子们树立了一个很好的学习榜样。《论语》中对孔子优雅的谈吐风格多有记载："朝，与下大夫言，侃侃如也；与上大夫言，訚訚如也。"①"子温而厉，威而不猛，恭而安。"②"君子有三变：望之俨然，即之也温，听其言也厉。"③

(《韩诗外传·卷九》)

24　与人相交应推其长而讳其短

孔子将要出行，天突然下起雨来，雨势不小，而他的车乘上没有装伞盖，出行受阻。伞盖是古代装在车乘上的一种长柄圆顶装置，夏天遮阳，雨天遮雨，平时不用可以收起来。

孔子正在犹豫之际，有一个弟子好心地说："没有关系的，子夏的车乘上备有伞盖。"

孔子停顿了一下，然后对弟子说道："子夏和子路性情不同，子路是那种愿意把自己的好东西拿出来与朋友分享的人④，而子夏则是一个比较吝啬的人，他把财物看得很重，不愿意与人分享。你们要记住，与人交往要多多了解每个人的性格特点和处事风格，尽量利用对方的长处（推其

---

① 《论语·乡党篇》。
② 《论语·述而篇》。
③ 《论语·子张篇》。
④ 《论语·公冶长篇》："子路曰：'愿车马衣轻裘与朋友共敝之而无憾。'"

长),避开对方的短处(讳其短),这样才能长久地相处下去。"孔子虽然没有直接回答借用子夏伞盖的问题,但是他已经给出了明确答案,而且他一定取消了此次出行。

孔子用"雨而无盖"这件细小的事情来教导弟子们与人相处的方法与技巧,这样的老师怎么会不受到弟子的爱戴和尊敬!

(《说苑·杂言》《孔子家语·致思》)

25 曾子问听狱之术

"听狱"有时也表述为听讼、折狱或断狱等,就是审理案件,量刑定罪,实施处罚;"术"是途经、方法、策略等义。孔子曾经担任鲁国司寇、大司寇等职,掌管刑狱事务,他在司法实践中积累了丰富经验,所以孔门弟子经常会向他请教相关问题。

有一次,弟子曾参向孔子请教听狱之术,孔子答道:"听狱之术有三个重要原则:一是'宽',即对控辩双方要宽容,无论对错,都应该让他们尽情陈述,充分表达自己的意见和观点;二是'察',即认真听取各方的陈述意见,全面真实地了解案情;三是'义',即分析案情要做到合情合理,符合正义。听狱者不能做到'宽',就容易发生错乱;宽容不能做到'察',就容易混淆是非曲直;断案不能做到'义',就容易发生徇私枉法行为。在听讼断狱的过程中,徇私枉法必然会激起民怨,激化矛盾。因此,听狱者要善于从控辩双方的陈述言辞中了解真情,从真情中寻求正义。《尚书·吕刑》中说:'上下比罪,无僭乱辞。'这就是说,判罪时没有刑律依据,就应该比照相关条文,不要让判词出现差错或混乱。"

受孔子影响,曾参对于听狱问题也很有研究,他的弟子阳肤受聘为鲁国孟孙氏士师（典狱官），他为此专门向曾参请教听狱问题①。而曾参的听狱之术则是孔子教授的。

（《孔丛子·刑论》）

26　曾子耘瓜误斩其根

孔门弟子之间的年龄悬殊，甚至有父子同门的情况，比如颜路与颜渊、曾晳与曾参等。孔子不论年长年少，对他们一视同仁，都负有教导之责。同门之中，每个人的道德修养和学业情况并不是依照年龄来排定的，年长者未必优秀，年少者也未必低劣，曾参耘瓜之事就足以说明这一点。

有一次，曾参在瓜地里锄草，不小心把瓜苗的根锄断了，他的父亲曾晳勃然大怒，操起一根大木棍重重地打在他的背上，曾参当场倒地昏死过去。过了好一会儿，曾参才苏醒过来，他装作没事似地从地上爬了起来，怯怯地问曾晳道："刚才因为我犯错而惹怒了父亲大人，父亲大人动怒教训我，您没有气坏身体吧？"说完便回到自己的屋里，又弹琴又唱歌，他希望曾晳能听到琴声和歌声，这样就可以知道自己身体没有受伤了②。

乡邻听说这件事情后，都称赞曾参孝顺，有人还在孔子面前夸赞曾参。孔子听了却很生气，他对门下弟子说："如果曾参来了，不要让他进来见我。"

曾参觉得自己没有做错什么，于是就来拜见孔子，希望能对此事做出解释，然而孔子却不听解释，他厉声批评道："你听说过虞舜侍奉瞽瞍的故事吗？虞舜是瞽瞍的儿子，他侍奉瞽瞍尽心尽力，只要有需要，他立即会

---

① 《论语·子张篇》："孟氏使阳肤为士师，问于曾子。"
② 著者按：关于曾子耘瓜误斩其根之事，宋人洪迈认为是"战国时学者妄为之辞"，见《容斋随笔·容斋三笔卷十二》。

出现在瞽叟身边，听从使唤。但是瞽叟对虞舜非常恶毒，几次三番想加害于他，不过瞽叟只要一动坏心思，虞舜就会跑得无影无踪。这就是人们常说的：父亲打儿子，小棍打就忍受，大杖打就逃跑。虞舜逃跑的目的是避免瞽叟犯下为父不慈的大错，也避免自己犯下为子不孝的罪过。而你现在侍奉你的父亲，父亲盛怒之时却不知逃跑，大杖打在身上也不躲避，如果你被打死了，你父亲就要背上杀天子之民的罪名，而你则是罪不可赦的不孝之子！像你这样的人活在天子统治的国度里，肯定不是效忠天子的子民，还有可能成为害死父亲的凶手！"

曾参听了孔子的训斥后，吓得赶紧承认错误，并再三感谢孔子及时教诲。

在传统的伦理观念中，君礼与臣忠、父慈与子孝是对等关系，不应片面强调一方而忽略另一方，也就是说，君不礼与臣不忠、父不慈和子不孝理应受到同等谴责。然而在曾参耘瓜的事件中，曾晳为父不慈在先，曾参为子不孝在后，他们同为孔门弟子，孔子却不能公平对待，他对曾晳的错误姑息纵容，对曾参的错误则上纲上线，明显有拉偏架的嫌疑，因为他所强调的是君与父的绝对权威："鞭朴之子，不从父之教；刑戮之臣，不从君之政。"①所以不论怎么说，都是臣和子有错！

（《说苑·建本》《韩诗外传·卷八》《孔子家语·六本》、定县八角廊竹简《儒家者言（三）》）

27 孔蔑问行己之道

孔蔑，名忠，字子蔑，孔子同父异母哥哥孟皮的儿子，也就是孔子的

---

① 《说苑·杂言》。

侄儿。他后来也投在孔子门下受教,为七十二贤之一。

孔蔑向孔子请教"行己之道",即为人处世的方法,孔子答道:"知道自己要做的事情却不去做,还不如不知道;对自己亲近的人不信任,还不如不亲近;遇到快乐的事情要乐而不骄,遇到倒霉的事情要积极思考应对之策,不要烦忧。"

孔蔑又问道:"针对我个人而言,您有什么具体建议吗?"

孔子想了想,然后说道:"努力学习自己不会做的事情,主动弥补自己不具备的才能;不要因为自己不能做就怀疑别人的能力,也不要因为自己能做就向别人炫耀;说话再多也不要给自己留下忧虑,做事再多也不要给自己留下隐患。以上几点只有智者才能做到。"

孔蔑虽然是孔门七十二贤之一,其实他并没有那么优秀,在道德修养和为人处世方面,与孔门其他弟子相比,仍有较大的差距。孔蔑曾与宓子贱同时出仕为官,孔子到他的官所去视察,问他道:"你做官以后,得到了什么?又失去了什么?"

孔蔑答道:"我做官以后没有得到什么东西,却失去三样东西:一是政事繁忙,根本没有时间温习功课,所以以前学到的许多知识都忘记了;二是官俸太少,连给亲戚送点微薄之礼都不够,所以骨肉亲情疏远了;三是公事紧急,不能及时去哀悼死者,慰问病人,所以许多朋友都觉得我不通人情而不再来往了。这些就是我做官以后失去的三样东西。"

孔子听了很不高兴,他又到宓子贱的官所去视察,并问了相同的问题。

宓子贱答道:"我做官以后没有失去什么东西,倒是得到三样东西:一是以前学到的书本知识在为政实践中得以运用,所以对于书本知识的理解更透彻了;二是能用所得俸禄接济亲戚,所以骨肉亲情更亲密了;三是办理公事期间顺便吊死问生,所以朋友关系更巩固了。"

同样出仕为官,孔蔑与宓子贱的感受完全不同,说明两人在道德修养和为人处世等方面均存在巨大差距。

(《说苑·政理》《说苑·杂言》《孔子家语·子路初见》)

28　析薪之忧

有一天，孔子在家中闲坐，不知想到了什么事情，突然长叹了一声。在一旁侍坐的子思吓了一跳，以为自己做错了什么，赶忙起身惊慌地问道："您是因为子孙们学业不精、有辱祖先而担忧呢？还是因为尧舜之道不能行于天下而忧虑呢？"

子思是孔子之孙，伯鱼之子，名伋，字子思。因为伯鱼在五十岁时就去世了，所以子思长年跟在孔子身边，耳濡目染，学到许多儒学知识，也深得孔子宠爱。孔子和蔼地对他说："你这个小孩，哪里知道我的心思？"

子思恭恭敬敬地答道："我能有一点点进步，都是得益于您老人家的教诲。我曾听您说过这样一句话：'其父析薪，其子弗克负荷，是谓不肖。'我经常在心中默念这句话，反思自己的行为，唯恐自己有所懈怠。"

"其父析薪，其子弗可负荷"是一句古语，郑国贤相子产也曾引用过："古人有言曰：'其父析薪，其子弗克负荷。'"①"析薪"是劈柴，《诗经》中有"析薪如之何？匪斧不克"的诗句②，意思就是劈柴没有斧子不行；"负荷"是担柴。这两句话的意思是父亲劈柴，儿子却担不动，这样的儿子太不争气了！

孔子听到子思这么说，心里乐开了花，他笑着对子思说："有你这几句话，我就没有什么烦忧了！我的子孙后代必定能恪守孔氏祖辈遗训，世世代代繁荣昌盛！"

"析薪之忧"和"过庭之训"③都是孔子教育子孙努力学习、积极上进

---

① 《左传·昭公七年》。
② 《诗经·齐风·南山》。
③ 《论语·季氏篇》。

的经典案例，后世广为流传。子思后来果然没有辜负孔子的期望，他继承了孔子的衣钵，研修儒学，著述颇丰①，并开创了著名的思孟学派，为继承和发扬儒家思想做出了杰出贡献。

（《孔丛子·记问》）

29　承蜩者说

孔子带领弟子们到楚国去，途中经过一片树林，看见一个驼背老汉在树下承蜩，"蜩"是蝉，俗称知了，"承蜩"就是捕蝉，捕捉方法是用一根细长的竹竿，一头涂上黏性很强的面糊，然后慢慢伸到蝉的身后，猛然一下粘住蝉的翼翅。老汉捕蝉的手法非常娴熟，就像从地上捡东西一样，孔子好奇地上前问道："请问老丈，您捕蝉有什么诀窍吗？"

老汉说道："我捕蝉的诀窍就是反复练习，熟能生巧。开始练习时我在杆头上摞两个鸡蛋，尽量保持稳定，不让鸡蛋掉下来，练习五六个月之后，捕蝉就很少失手了。如果在杆头上摞三个鸡蛋，仍然能保持稳定，那么捕蝉就十拿九稳了。如果能在杆头上稳稳地摞五个鸡蛋，而且还能不让鸡蛋掉下来，那么捕蝉就如同在地上捡东西一样简单了。除此之外，我还要练习身形，身体要练得像古树桩一样不摇不晃；还要练习臂力，手臂要练得像枯树枝一样静止不动。当然，最重要的是要练习聚精凝神的心理素质，天地之大，林林总总，但是在捕蝉人的眼里，只有蝉翼，不见他物。我在捕蝉时不左顾，不右盼，身不动，臂不颤，心若止水，没有任何东西能分散我的注意力，如果能够做到这样，捕蝉就手到擒来了。"

---

① 著者按：据传，《礼记》中的《中庸》《表记》《坊记》《缁衣》诸篇为子思所作。

听了老汉的这番话,孔子颇受启发,他回过头来对弟子们说:"做任何事情,不论简单或复杂,重要或不重要,只要用心专一,排除杂念,就可以达到出神入化的境界。这就是承蜩者教给我们的道理。"

(《庄子·达生》《列子·黄帝篇》)

十六、明经 十八则

【概说】

孔子好古，他对古代历史和文化很有研究，但是他一贯秉持"述而不作"的治学理念（《论语·述而篇》）。《礼记·中庸》："无忧者其惟文王乎！以王季为父，以武王为子，父作之，子述之。""作"是开创、创造；"述"是继承、绍续。继承先人的文化遗产，对古代典籍进行诠释和阐述，但是在总体上不会突破传统而有所创新，这就是孔子对古代文化典籍的基本态度。

孔子所从事的文化活动主要是删《诗》、序《书》、正《乐》、考《礼》、读《易》和编修《春秋》等，就是对古代典籍进行研究、整理、删重、修订、编次、勘误等，司马迁对此评价道："礼乐自此可得而述，以备王道，成六艺。"（《史记·孔子世家》）可见，这些文化活动是具有明确的政治目的的。

孔子的文化活动和他的教学活动是同步的，儒学以《诗》《书》《礼》《乐》等古代典籍为教材，弟子勤学求教，孔子诲人不倦，"以经明带徒聚众为贤乎？则夫经明，儒者是也"（《论衡·定贤篇》）。孔子传授古代典籍和儒学知识，主要是通过答弟子问的方式完成的，所以许多观点虽然很精辟，但是相关内容缺乏完整性和系统性。

孔子在传承中国古代文化方面的贡献是巨大的，许多古代典籍经过他的研究、整理和传授，流传至今，已成为中华民族的瑰宝。

01 读《诗》及《小雅》

《诗经》中的《国风》主要反映的是周朝各地的民间生活，情感朴素而真实；《小雅》则主要反映的是周朝统治者的贵族生活，即所谓"正声"（朝廷之音），这些诗作大多产生于西周末东周初的社会动荡时期，思想内容更加深刻。

孔子读《诗》从《国风》开始，慢慢读到《小雅》诸篇，他对有些诗作的历史背景和思想内涵又有了新的认识，故而掩卷感慨道："我从《周南》《召南》中可以感受到周朝王道的兴盛；从《柏舟》中可以体会到匹夫不可夺其志的坚定意志；从《淇奥》中可以学习到成为谦谦君子的修养方法；从《考槃》中可以领略到贤人隐居山林、独善其身的风度；从《木瓜》中可以了解到礼轻情意重的传统礼俗；从《缁衣》中可以体会到礼贤下士的诚意；从《鸡鸣》中可以感受到古代君子的敬业精神；从《伐檀》中可以了解到无功不受禄的责任担当；从《蟋蟀》中可以体会到上古帝王唐尧的俭朴遗风；从《下泉》中可以感受到怀念盛世贤君的忧患之情；从《七月》中可以了解到先圣后稷立国于豳的艰辛；从《东山》中可以了解到周公东征的伟大功绩；从《狼跋》中可以认识到周公对于周朝的忠诚；从《鹿鸣》中可以学习到君礼臣忠的礼仪知识；从《彤弓》中可以学习到天子嘉奖诸侯的礼仪知识；从《羔羊》中可以体会到用行舍藏的明智；从《节南山》中可以体会到忠臣对于奸佞当道的愤怒；从《蓼莪》中可以体会到孝子思念丧亲的悲恸；从《楚茨》中可以了解到孝子祭祀先祖的盛况；从《裳裳者华》中可以感受到古代君子美容美德的风采；从《采菽》中可以了解到古代明王善待诸侯的意义所在。"

孔子对《国风》《小雅》中的二十多首诗作逐一进行了点评，重点阐述了这些诗作的思想内涵和教育意义，为孔门弟子学习和理解《诗》提供了范式。此外,在《上海博物馆藏战国楚竹书》中有《孔子论诗》一篇,收录了孔子论诗言论十余条,这些材料对于研究孔子的诗学思想是很有价值的。

(《孔丛子·记义》《上海博物馆藏战国楚竹书·孔子论诗》)

02 《关雎》至矣乎!

《诗经》原有诗作三千多首,孔子在整理过程中,先把内容重复的诗篇删除,然后再根据实施礼乐教化的需要做出取舍,重新编次排序,《关雎》一诗则被排在《国风》之首,也是诗三百篇之首,即所谓"《关雎》之乱以为《风》始"①。

《关雎》以"关关雎鸠"起兴,主要抒发的是"窈窕淑女,君子好逑"的男欢女爱之情。孔子对这首爱情诗的评价极高,称其为"至矣乎","至"是达到极致、无法超越的意思,子夏对此不太理解,于是问孔子道:"《关雎》为什么居于《国风》之首?"

孔子解释道:"《关雎》的思想内涵已经达到极致!因为诗中所描述的男欢女爱之情蕴含了天地相合、阴阳相成的深奥道理,艺术形式完美,思想内涵丰富。男女之情既是人之常情,也是人之本性,然而诗中的男女之情不仅符合天地万物发展变化的最高法则②,也符合'乐而不淫,哀而不伤'的礼制规范③,这是很有教育意义的。我们甚至可以这样理解,人世间的所有人伦规范都起源于《关雎》,各类典籍也都以《关雎》为抒情达意的蓝本,所以《关雎》在思想内容方面已经达到极致,堪称典范!人们读

---

① 《史记·孔子世家》。
② 《孔子家语·好生》:"《关雎》兴于鸟,而君子美之,取其雌雄之有别。"
③ 《论语·八佾篇》。

《关雎》之诗，不仅为男女之情所打动，也从中领悟到恪守各种人伦规范的道理，所以你要认真学习和细心体会诗中的思想内涵，这样才能有更大收获。"

子夏喟然叹道："我明白了，《关雎》是我们理解天地阴阳以及人间事理的基础，所以太重要了！"

（《韩诗外传·卷五》）

03　论《诗》至于《正月》之六章

所谓"论《诗》"，就是在正确理解《诗》中诗句的基础上，结合个人文化素养和人生阅历，阐发诗中所蕴含的深刻道理，让人受到启发和教益。《正月》是《诗经·小雅·节南山》中的一首诗，其中第六章主要描写了当时人们所遇到的恶劣生存环境：

> 谓天盖高（谁说天很高）？
> 不敢不局（走路不敢不弯腰）。
> 谓地盖厚（谁说地很厚）？
> 不敢不蹐（走路不敢不蹑脚）。
> 维号斯言（人们喊出这些话），
> 有伦有脊（因为确实有道理）。
> 哀今之人（可恨如今世人邪恶），
> 胡为虺蜴（为何像蛇一样咬人）？

孔子读到《正月》这一章时深有感触，他一生恪守礼制，循规蹈矩，但是却屡遭小人的恶毒算计和肆意诽谤，使他复兴西周礼制秩序的政治理想一次次地破灭，所以他心有余悸地说："那些郁郁不得志的君子们岂不是太危险了吗？如果他们顺从君主，附和世俗，那么就无法实现自己的理想；如果他们违抗君主，背离世俗，那么就有可能危害自己的人身安全。君子修德行善当然是没有错的，但是必须辨明形势，把握时机，当身边的人都不修德行善时，只有你一个人独自坚持，那么人们就会说你非妖即妄。所以人们的主观愿望往往受到客观环境的制约，如果贤良之人没有遇到很好的机遇，那么再美好的愿望也难以实现，甚至有可能引来杀身之祸。历史上的夏桀杀害龙逢，商纣杀害比干，这些事例已充分说明机遇对于一个想有所作为的人来说是多么重要！读《正月》之第六章，让我们明白一个重要道理：我们对天（上）、对地（下）、对人（中）时刻都要保持警惕，该弯腰就弯腰，该蹑脚就蹑脚，该顺从就顺从。实现行道于天下的远大理想固然重要，但是必须审时度势，可为时则有为，不可为时则无为。"

孔子虽然不是宿命论者，但是他在天人关系上一再强调的是"畏天命""知天命"，这充分表现了他理性的一面。

（《说苑·敬慎》《孔子家语·贤君》）

04　子夏读《书》已毕

《书》是《尚书》，儒学必修课程之一；"读"是研读、学习。

《尚书》中记载了上古帝王治理国家的政治智慧和成功经验，内容丰富，卷帙浩繁，子夏在孔子的督促下，花了很长时间，终于把《尚书》全部读完了，孔子对此感到欣慰，他对子夏说："你能不能和我谈一谈你学习《尚书》的体会和收获？"

子夏说："《尚书》是一部以记事为主的古代典籍，书中记载的历史事件和相关论述就像日月轮替一样条理清晰，又像星辰排列一样井然有序，上有尧舜时期的德政，下有三王时期的道义。自从我师从您学习《尚书》以来，从中学到了许多知识，明白了许多道理，也开阔了我的眼界，所以我终生铭记您的教诲，时刻不忘。在我的人生经历中，曾经有过一段艰难困苦的时光，我每日弹琴歌颂古代先王的历史功绩和治世格言，在精神上备受鼓舞，所以完全忘记了生活窘迫和生死忧患。"

孔子对于子夏在研读《尚书》方面取得的进步感到由衷高兴，他说："太好了！看来你可以向人传授《尚书》了。不过目前你对《尚书》的许多理解还只停留在表面上，对于上古帝王的政治思想还没有完全领悟。给你打一个比方，你现在就像刚走进王宫大门，还没有进入内室，无法看清宗庙陈列品的奥妙和王家收藏品的精美。我潜心研读《尚书》多年，虽然已经达到'进入内室'的境界，但是有时还会遇到前有高岸、后有深谷的困境。在遇到难题时，我们能做的只有端正自己，调整心态，用心寻找那些隐秘的义理，比如从《尧典》中可以领悟到'美'的义理，从《禹贡》中可以领悟到'事'的义理，从《咎繇》中可以领悟到'治'的义理，从《洪范》中可以领悟到'度'的义理，从《六誓》中可以领悟到'义'的义理，从《五诰》中可以领悟到'仁'的义理，从《甫刑》中可以领悟到'诚'的义理……只有深刻领会这些核心要义，才能真正理解《尚书》博大精深的思想内涵。"

子夏研读《尚书》确实有不少心得，但是孔子对《尚书》的理解更加精要。在孔子的调教下，子夏学业精进，后来他在魏国西河一带讲学，名气比孔子还大[①]。

（《韩诗外传·卷二》《孔丛子·论书》《孔子集语（上）·六艺》）

[①] 《礼记·檀弓上》："曾子怒曰：'商（子夏），女何无罪也？吾与女（汝）事夫子于洙泗之间，退而老于西河之上，使西河之民疑女于夫子，尔罪一也……'"

05 殷伐有伦

"殷伐有伦"一语出自《尚书·康诰》。周朝立国之初，商纣王之子武庚拉拢管叔、蔡叔等人发动叛乱。当时局势非常危急，周公挺身而出，他先做好安定内部的工作，然后集中力量平定叛乱，诛杀武庚和管叔，流放蔡叔，并将殷商贵族和顽民集中安置在洛邑（今河南洛阳市东），派重兵驻扎在周边就近监视，同时又分封康叔于殷墟之地，建立卫国，负责监管殷商遗民。康叔受封后，周成王专门发布《康诰》，告诫他要用殷人之法治理殷商之民："外事，汝陈时臬，司，师兹殷伐有伦。""殷伐"是商朝的法律制度，"有伦"是实施刑罚要有理有据。子张学习《尚书》时读到这句话，一时不太理解，就向孔子请教道："'殷伐有伦'这句话是什么意思？"

孔子答道："这句话的意思是要求当政者在断狱判案时必须依据事实，符合法理。现在各国诸侯听讼断狱都不太严谨，各国法律制度也不统一，许多当政者仅凭个人主观意志来听讼断狱，法律权威受到严重威胁。"

子张又问道："古代当政者与现今当政者在听讼断狱方面有什么不同？"

孔子说："古代当政者重视礼教，他们通过礼乐教化来预防各种犯罪行为发生，所以能最大限度地减少狱讼处罚；现今当政者不重视礼教，他们主要靠实施刑罚来惩处罪犯。严惩罪犯是必要的，但是从施政效果来看，刑罚惩处往往会引起更多怨恨，如果民众怨恨情绪越积越深，刑罚就会越用越滥，最终有可能发生无法控制的暴乱；而用礼乐教化来感化人心，民众就会自觉遵从礼制，避免触犯刑律，这才是治理国家的根本。所以《尚书·吕刑》中说：'维敬五刑，以成三德。'意思就是，只有谨慎地使用五刑（劓、刵、刖、椓、黥），才能成就三德（正直、刚克、柔克），所以敬刑与成德是一致的。"

（《孔丛子·刑论》）

06　若保赤子

"若保赤子"一语出自《尚书·康诰》，"保"是保护、关爱；"赤子"是初生的婴儿。当时的语境是康叔受封于卫，临行前周成王告诫他要敬明慎罚，要像保护初生婴儿一样来善待殷商遗民，这样才能真正化解殷人的亡国之恨。子张就此向孔子请教道："现今听讼断狱也可以心怀这种'若保赤子'的仁慈心态吗？"

孔子答道："当然可以，古人这种仁慈心态是值得当今官员好好学习的。古代官员听讼断狱向来是对事不对人的，他们虽然憎恶违法犯罪的行为，但是并不憎恶违法犯罪的人，尽管罪犯犯有死罪，但是他们仍然心怀仁慈，尽量为罪犯谋求生路，如果罪犯罪大恶极，死罪难逃，他们还要与三公六卿等官员再三商议，哪怕只有一线希望也要争取赦免，因为他们怀有仁慈爱民之心，不忍心看到刑人于市、弃尸于野的惨状；现今官员听讼断狱则是对人不对事的，他们不在乎违法犯罪的行为，却憎恶违法犯罪的人，在审判过程中，他们常常根据主观臆断来进行有罪推论，必欲定人死罪而心甘，这种险恶的心态和残忍的做法是与古人背道而驰的。"

（《孔丛子·刑论》）

07　哀敬折狱

"哀敬折狱"一语出自《尚书·吕刑》，"哀敬"是在审理案件过程中秉持一种敬慎、哀悯的态度，这是古人在司法实践中总结出来的成功经验；"折狱"是听讼断狱。"折狱"的目的是判定罪行，实施刑罚，因此听讼者必须态度坚决，惩处严厉，决不能心慈手软，有所姑息，这与《吕刑》中所说的"哀敬折狱"就形成了对立，于是弟子冉雍就此向孔子请教道："'哀敬折狱'这句话应该如何理解？"

孔子答道："古代听讼者对于弱势人群格外关照，他们仔细分析贫困者的致贫原因，体恤鳏寡孤独者的生活苦衷，对于那些没有族人照料的老者、弱者以及不肖之人采取特赦，因为只有了解这些人犯罪的真实原因，才有可能对他们产生哀悯之情。听讼者每次判决都必须格外慎重，因为被刑杀的人（大辟之刑）不可能复生，被刑残的人（劓刖之刑）也不可能恢复原貌。古代听讼者在听讼断狱过程尽量遵从以下几个原则：一是不对老者施刑，因为这样有悖人伦；二是不对弱者施刑，因为这样过于苛刻；三是可以宽恕的罪行应尽量赦免，因为这样才能更好地体现刑罚精神；四是判罪量刑时尽量从宽处理，因为这样就可以避免矛盾激化，引起更大动荡。总而言之，原谅小错，赦免轻罪，不对老弱者实施刑罚，这是符合周文王'明德慎罚'的折狱原则的。所以《尚书·吕刑》中又说：'大辟疑，赦。'意思就是，如果听讼者对于实施刑杀存有疑义，就应该赦免。《尚书·大禹谟》中也说：'与其杀不辜，宁失不经。'这就是说，与其枉杀无辜之人，不如错失有罪之人。"

（《孔丛子·刑论》）

08 老而好《易》

孔子在五十岁前后开始对《周易》产生浓厚兴趣，居家时简书堆在座席上，出行时简书装在行囊里，一有时间他就拿出来研读，爱不释手，"孔子读《易》,韦编三绝,铁挝三折,漆书三灭。"①"韦编""铁挝""漆书"都是代指古代典籍;"三绝""三折""三灭"则是指古籍因过度翻阅而坏损。孔子曾对自己学《易》的动机做出解释:"五十以学《易》,可以无大过矣。"②由此可见,孔子对自己五十岁以前的人生经历进行了认真反思,为了避免再犯错误,就需要提高思辨层次,探究命理。他又说:"五十而知天命。"③显然,"老而好《易》"与"知天命"之间存在着某种隐秘联系。

五十岁之前,孔子对于天地鬼神之类虚无缥缈的事情是比较排斥的,子路向他请教鬼神之事时,他不耐烦地说:"未能事人,焉能事鬼?"④所以子贡说:"夫子之言性与天道,不可得而闻也。"⑤但是到了老年,孔子为什么突然对《周易》这部探究命理的卜筮之书产生了兴趣?子贡对此感到困惑,于是问道:"老师您以前教导我们说:'德行不修的人才会痴迷于神灵,智谋不足的人才会依赖于卜筮。'⑥当时我觉得您说的话很有道理,并以此来勉励自己,可是现在您自己怎么对《周易》也产生了兴趣?"

孔子辩解道:"修德君子说话以法度为依据,如果以前说过的话经过验证,发现不符合法度,那么此后就应该做出改变。说话首先应该阐明核心要义,而不应该在言词方面作过多纠缠,《尚书》中有许多言论都体现了这种精神,《周易》也是这样,古代箴言遗训之所以能流传久远,就是因为思想深刻,寓意深远,能够给人以启示。我研究《周易》,其实并不是对卜筮之事感兴趣,而是因为喜欢书中有许多意涵丰富的哲理,你又何必对此质疑呢?"

子贡对孔子的辩解不太能接受,他说:"如果如您所言,那么您这样就更加不妥了。我曾听您说过:'端正态度,保持谦逊,遵循义理,人就不会产生疑惑。'您说您研究《周易》,不是为了探究天道命理,而是喜欢富有

① 《论语谶·论语比考谶》。
② 《论语·述而篇》。
③ 《论语·为政篇》。
④ 《论语·先进篇》。
⑤ 《论语·公冶长篇》。
⑥ 《荀子·大略》:"善为《诗》者不说,善为《易》者不占,善为《礼》者不相,其心同也。"

哲理的言辞，这不会对人形成误导吗？这样做不太合适吧？"

论辩才，子贡不在孔子之下；论视野，子贡则远不及孔子。孔子立即把话题提升到一个更为高远的思辨层次，他说："赐，你真能狡辩啊！我来告诉你《周易》中的深刻道理吧，这些道理对普通百姓是很有帮助的。《周易》能让刚强者知道有所畏惧，让懦弱者知道积极进取，让愚笨者不敢轻举妄动，让欺诈者知道有所收敛。《周易》产生于周文王时代，当时周文王虽然宽厚仁慈，但是却因受到商纣王的猜忌而郁郁不得志，于是他开始研究天地阴阳变化的道理。后来商纣王残暴无道，周文王立志行道于天下，但是他为了避免灾祸，决定采取韬光养晦、以静制动的策略，即所谓'一阴一阳谓之道'①，这就是《周易》形成的历史背景。我之所以喜欢研究《周易》，是因为书中记载了周文王运用天地阴阳变化的规律，采取以静制动的策略，最终完成翦商立周的大业，这样的政治智慧和斗争策略难道不值得我们深入研究，认真借鉴吗？至于周文王如何以属臣的身份事奉商纣王之类的琐事，根本就不是我关注的内容。"

子贡又把话题转到了卜筮问卦方面，他问道："您相信卜筮之术吗？"

孔子说："我没有理由不信，因为我经常用《周易》演卦来卜问凶吉，在一百次卜筮中，至少有七十次是灵验的，就拿前些天卜筮周梁山的事情（此事不详），虽然多次卜问，各有凶吉，但是我按照多次出现的卜筮结果来行事，最终果然灵验了。《周易》蕴含着天地阴阳变化的最高法则和深奥道理，我没有理由不信！"

孔子与子贡关于《周易》的对话应该在孔子好《易》不久后，所以认识未必深刻，思想也不成体系。到了老年，孔子对《周易》进行了深入系统的研究，逐渐形成了一个完整的《易》学体系，许多重要思想主要保存在《易·系辞》等篇中。

（《史记·孔子世家》《帛书易传·要》）

---

① 《易经·系辞上》。

09　读《易》至《损》《益》

孔子读《周易》，读到《损》《益》两卦时，不知有何感慨，突然长叹了一声。《损》的卦象是兑下艮上，《益》的卦象是震下巽上，这两卦主要揭示了减损与增益之间相互转化的辩证关系，内容比较深奥，对于孔门弟子来说，理解起来确实有一定的难度。

子夏见孔子莫名叹息，赶忙起身问道："老师为何突发感叹？"

孔子缓缓说道："损益之道不可不认真省察，谨慎对待，因为这关系人世间的祸福凶吉。《益》之所以为卦，主要取义于春季向夏季的转换，此时白昼渐长，大地复苏，万物生长，故而曰《益》；《损》之所以为卦，主要取义于秋季向冬季的转换，此时黑夜渐长，天气转冷，万物衰败，故而曰《损》。一年四季循环往复，所以《益》开始为吉，终结为凶；《损》开始为凶，终结为吉。损益之道蕴含了天地万物相互转换的道理。《损》之减损和《益》之增益，两者是相互联系的，有时候自我减损就是增益，而自我增益又是减损，两者互为利害转化的前提，都是通向祸或福的门户，我由此联想到历史上的许多事情，故而做此感叹！"

子夏似乎没有完全听懂，又继续问道："既然减损就是增益，增益就是减损，那么求学者还有必要通过学习来增长知识吗？"

孔子回答道："你理解得不对！我所说的减损和增益是指求学的方法，即为学之道，而不是指知识的增加或减少。求学者在学习时脑子里已经有了许多多余的认知，这些都是妨碍学习的，必须清除，只有先做到自我减损，保持虚心求学的状态，才能慢慢积累知识，最终成为知识渊博的人，这就是减损（多余的）就是增益（有益的）、增益就是减损的道理。减损与增益的相互转换，反映了事物发展变化的客观规律。任何事物增益到极致以后就必然会发生变化，因为没有什么事物是一成不变的，这种变化具体表现为由增益到减损或由减损到增益，否则事物就没有发展的余地了[1]。常言道：'自贤者，天下之善言不得闻于耳矣。'意思就是，自以为聪明贤达的人，是听不进任何有益的意见和建议的，因为他们的心里已经被自己的主意充满了。从历史上来看，唐尧在统御天下时能够保持虚心谦让的姿态，所以美名远扬，时至今日愈加彰显；夏桀在位之时骄傲自满，目空一切，所以恶名昭著，时至今日仍难以消除。总之，无论做人做事，都要适时调节减损和增益的关系，让自己始终保持谦虚谨慎的姿态，这样才能持续发展，不断进步。"

子夏听后受益匪浅，他说："请让我把这些话记下来，以后我要终生奉行。"

(《慎子·逸文》《淮南子·人间训》《说苑·敬慎》《孔子家语·六本》《帛书易传·要》)

10　自筮偶得《旅》

"筮"是中国古代流行的一种算命方法，具体方法是取蓍草（俗称长命草）或竹简若干支先进行演卦，然后根据卦象卜问凶吉。《礼记·曲礼上》："龟为卜，策为筮。"卜筮事务通常由职官（太卜、卜师）执掌，因为卜筮需要渊博的知识、丰富的阅历和理性的分析。《周礼·大卜》："大卜掌《三易》之法，一曰《连山》，二曰《归藏》，三曰《周易》。"

孔子在仕途上一直郁郁不得志，五十岁时仍然没有受到重用，因此他很迷茫，不知道自己的前途命运是否会发生变化，于是就自演一卦，得卦为《旅》，卦象为艮下离上，"旅"为羁绊之义，对于客居之人是吉利的，

---

[1] 《韩诗外传·卷八》："天道亏盈而益谦，地道变盈而流谦，鬼神害盈而福谦，人道恶盈而好谦。谦者，抑事而损者也。持盈之道，抑而损之，此谦德之行也。"

卦辞曰:"小亨,旅贞吉。"孔子对于"旅"卦的卦义不太理解,就去请教商瞿。商瞿是鲁国人,比孔子小二十九岁,他对《易经》很有研究,在当时已经小有名气,后来他也投在孔子门下,成为传承儒家《易》学的重要人物。

商瞿对孔子筮得的《旅》卦认真研究了一番,然后说道:"经过综合分析,大致可以做出这样的判断:在您的命运中,虽然有圣人之德和智者之明,但是却没有大人之位。"

孔子听后沮丧地说:"命运是由上天决定的,我只能听从天命的安排了!自古以来,人间出现圣人必有祥瑞,如今象征吉祥的凤凰不飞来,预示变化的天象也不出现。哎呀!就听从上天安排吧!"说罢他连声叹息,此后便意志消沉,不读《诗》《书》,不编修史书,一心研读《易经》,作《九问》《十恶》《七正》《八叹》《系辞》《大道》《大数》《大发》《大义》等阐明《易》理的文章,记载通神之道,阐明成贤之理。孔子对自己著述这些文章的目的做出解释:"我把自己研读《易经》的感悟和体会整理记录下来,目的是想让仁者知道自己的成仁之道,让智者知道自己的达智之道,让圣者知道自己的通神之道。以后想修身成仁的人或修学成智的人都能有所遵循。"

(《孔子集语·六艺上》引《周易乾坤凿度》)

11 自筮得《贲》

古人云:"卜以决疑,不疑何卜?"[①]孔子在人生经历中经常遇到疑难之事,自从他迷上《易经》后,就经常为自己占卜问卦,以解疑惑,看来

[①] 《左传·桓公十一年》。

圣人也是人。

有一天,孔子即兴给自己演了一卦,得卦为《贲》,卦象是离下艮上,卦辞曰:"小利有攸往。"六五爻辞又曰:"贲于丘园,束帛戋戋,吝,终吉。"从总体来看,此卦虽然不是上上大吉,但好歹也是小利小吉,然而孔子对于这个结果似乎不太满意,脸上流露出些许失落的表情。

子贡在一旁观摩①,他见孔子不开心,便走上前说道:"我听说筮得《贲》卦是吉兆,您为什么不开心呢?"

孔子说:"因为《贲》的卦象中有'离',在包羲氏最初制作的八卦中,离为火,艮为山,离下艮上就是山下有火,这意味着颜色不纯正,需要修饰,所以《周易·序卦传》中说:'贲者,饰也。'我历来主张保持天然美质,反对人为修饰,白色就应该是正白,黑色就应该是正黑。我听说朱漆不用配色就很鲜艳,白玉不用雕琢就很宝贵,因为这些东西本质就很美,无须人为修饰。而现在我筮得颜色不纯正的《贲》卦,当然觉得不吉利,所以高兴不起来。"

从表面上看,孔子不喜欢《贲》卦,是因为其颜色不纯正,但是实际上反映的是他根深蒂固的正统观念。对于非正统的人或事,孔子都表示憎恶和反对,他曾明确说道:"恶紫之夺朱也,恶郑声之乱雅乐也,恶利口之覆邦家者。"②紫色似朱而非朱,扰乱本色;郑声似雅而非雅,扰乱正声;利口(佞)似仁而非仁,扰乱正德;伪君子似君子而非君子,扰乱礼制。总之,孔子讨厌所有似是而非、以假乱真的东西!

(《吕氏春秋·慎行论·壹行》《说苑·反质》《孔子家语·好生》)

---

① 著者按:《说苑》和《孔子家语》中均作子张,此从《吕氏春秋》。
② 《论语·阳货篇》。

12　卦遇《大畜》

商瞿是孔门七十二贤人之一[1]，他在拜入孔门之前对《易经》就很有研究，而且小有成就，所以孔子对他颇为赏识，后人都认为孔子传《易经》于商瞿。但是因为《论语》中没有关于他的记载，孔门弟子也没有相关称述，所以有人对他孔门弟子的身份提出异议[2]。

商瞿在三十八岁时仍然无子，他的母亲十分着急，打算为他娶妾继嗣，然而孔子却在此时介绍他到齐国去做官，商母担心他长期远离妻室，耽误生子大事，于是就去找孔子求情，希望不要安排商瞿到齐国去做官。

出仕为官是尽忠，娶妻生子是尽孝，所以商瞿左右为难，不知如何抉择，于是孔子决定通过占卜问卦来为他做出决定。事有凑巧，孔子占卜居然卦遇《大畜》，"畜"为储蓄、积聚、畜养之义，卦象为乾下艮上，卦辞为"不家食吉，利涉大川"，也就是说，商瞿远行到齐国去做官（外出谋食）是利好。当然，详细解读《大畜》卦中的隐秘信息是需要专业知识的，好在孔子精通此道，他综合分析卦辞、爻辞和卦象等内容，最终做出商瞿四十岁以后会生有五子的预言，于是他宽慰商母道："你无须担心商氏无后，卦遇《大畜》是有利于商瞿远行出游的，他在四十岁以后会生养五个儿子，除一子短命夭折外，其余四子都能为商氏传继香火。"

颜渊和子贡是孔子门下两位最有才华的弟子，儒学各科成绩也非常优异，但是他们对《周易》却不太了解，所以就问孔子道："您是根据什么推论商瞿四十岁以后将生有五子的呢？"孔子答道："卦遇《大畜》，艮之二

---

[1] 《史记·仲尼弟子列传》："商瞿，鲁人，字子木。少孔子二十九岁。"
[2] 著者按：见钱穆著《先秦诸子系年·孔子弟子通考》。

世①。九二甲寅木为世，六五景。子水为应。世生外，象生象来。爻生互内，象艮别子。应有五子，一子短命。"颜渊听后仍不理解，请孔子再做进一步解释，孔子说："内象是本子，一艮变为二丑、三阳。爻五，于是五子，一子短命。何以知短命？他以故也。"孔子这番解说已经超出绝大多数人的理解范围，所以颜渊和子贡最终也没能明白。

若干年后，商瞿果然生得五子，其中四子长大成人，商氏家族人丁兴旺，繁衍不息。

需要说明的是，孔子为商瞿占卦问嗣，卦遇《大畜》，这并非出自孔子之手，孔子只是对照卦辞爻辞进行解读而已。筮法规定，每成一卦，必须经过当事人亲手进行四营十八演的复杂过程，当事人的命理也就在营演过程中不知不觉地浸入卦中。总之，演卦占卜之事深奥玄妙，信者则灵。

（《史记·仲尼弟子列传》《孔子集语·六艺》）

13　鼎折足

"鼎折足"是《易经·鼎卦》九四爻的爻辞，辞曰："九四，鼎折足，覆公𫠆，其形渥，凶。"鼎有三足而立，无足则无以立，折足亦不得立，所以在生活中遇到鼎折足、𫠆倾覆之类的事情，人们都以为不祥。当然，任何事情都不是绝对的，如果换一个思路理解，凶也许就是吉。

春秋末年，南方的吴、越等国频繁入侵中原，不断挑起战事，中原各国不得不应战。有一年，鲁国准备出兵讨伐越国，出征之前巫师占卜遇《鼎卦》之九四，爻辞为"鼎折足"。子贡认为占遇此卦为凶兆，因为大军南下远征，折其足意味着出师不利。孔子则认为占遇此卦为吉兆，他说：

---

① 《京氏易传下》："孔子纪云：'有四易：一世、二世为地易；三世、四世为人易；五世、六世为天易；游魂、归魂为鬼易。'"

"北方（鲁国）多旱地，出行主要靠车乘，而南方（越国）多水居，出行主要靠舟船，所以'鼎折足'用于向北方用兵则为凶，用于向南方用兵则为吉。"后来果然如孔子所言，鲁国南下远征越国大获全胜。

关于"鼎折足"，还有另一种说法：孔子委派子贡出使齐国，久去而不归，众人很担心，于是孔子亲自占卜问凶吉，遇《鼎卦》之九四，众人都觉得情况不妙，因为无足不利于远行，然而颜渊却在一旁掩口偷笑。

孔子问道："颜回，你为什么偷偷耻笑众人？"

颜渊答道："因为我觉得众人担心是多余的，根据我的判断，子贡很快就会回来。"

孔子问道："你是依据什么做出如此判断的呢？"

颜渊说："我的依据是'鼎折足'，鼎而无足，归而不行，这说明子贡必定是坐船返回鲁国的，所以归期自然要延宕几日。"

没过几天，子贡果然坐船安全返回鲁国。

(《论衡·卜筮篇》)

14　蓍神龟灵

"蓍"是蓍草，蒿属，古人卜筮时用来计数的工具。蓍草生长周期很长，最长可达数十年，故而又称长命草。蓍草生长周期越长，草茎就越长，卜筮灵验程度也越高（神）。《博物志·卷九》："蓍一千岁而三百茎，其本以老，故知吉凶。"古代礼制规定，天子卜筮用茎长九尺的蓍草，诸侯卜筮用茎长七尺的蓍草，大夫卜筮用茎长五尺的蓍草，士人卜筮则用茎长三尺的蓍草①。"龟"是龟甲，也是古人占卜时用来问卦的工具。龟的寿命

---

① 《说文解字·艸部》。

很长，最长可达上千年。龟的寿命越长，龟甲就越大，占卜灵验程度也越高（灵），所以古代天子占卜用直径一尺二寸以上的龟甲（元龟），公族占卜用直径九寸以上的龟甲（公龟），侯爵占卜用直径七寸以上的龟甲（侯龟），子爵占卜用直径五寸以上的龟甲（子龟）①。由此可见，蓍草和龟甲在古代不仅是卜筮专用工具，也是身份和地位的象征。

因为草茎长的蓍草和寿命长的龟甲都是稀罕宝物，为王公贵族专有，寻常百姓难得一见，更不可能用来卜筮问卦了，所以子路对此产生了疑问，他问孔子道："猪的肩胛骨和羊的大腿骨烧灼之后同样可以通过裂纹来得到征兆，蘿、苇、蒿、芏等长茎草也可以在卜筮时用来计数，人们为什么一定要用蓍草和龟甲呢？"

孔子答道："你的理解有偏差，只知其一不知其二。人们在占卜问卦时之所以选择蓍草和龟甲，是因为取'蓍'与'龟'二字的含义：'蓍'与'耆'同为年久之义，而'龟'与'旧'同为久远之义，这就像人们遇到疑难问题时首先向年岁大、见识广、经历多的长者（耆旧）请教一样。"

显然，孔子的回答是有漏洞的，如果人们用蓍草和龟甲来占卜问卦，仅仅是取其音义的原因，那么就意味着蓍草本身并不神，龟甲本身也不灵，"蓍神龟灵"的说法也就不成立了。

（《论衡·卜筮篇》）

15 《文王操》

音乐对于国民具有教育和感化作用，因此历代统治者对乐教都很重视，将其作为官学的一个重要内容。孔子对音乐也很有研究，他曾与乐官

---

① 《汉书·食货志》。

宾牟贾深入讨论《武舞》的思想内容和艺术表现等问题，展现了渊博的历史知识和深厚的艺术素养①。

孔子曾师从鲁国乐师襄子学习鼓琴②，他学习一首琴曲需要很长时间。师襄子对他说："虽然我在宫廷乐队主司击磬，但我最擅长的是鼓琴，我觉得这首琴曲你已弹得不错了，可以学习新曲了。"

孔子说："虽然我已学会了曲调，但是还没有掌握好节奏。"

过了一段时间，师襄子又对孔子说："现在你已经掌握好乐曲的节奏了，可以学习新曲了。"

孔子说："虽然我已经掌握了乐曲的节奏，但是还没有领悟到乐曲的思想内涵。"

过了一段时间，师襄子又对孔子说："现在你已经领悟到乐曲的思想内涵了，可以学习新曲了。"

孔子说："虽然我已经领悟到乐曲的思想内涵，但是还不了解这首琴曲的作者是什么样的人，他有什么样的经历以及他想抒发什么样的情怀。"

此后，孔子练习琴曲更加勤奋用心，他时而凝神沉思，时而极目远眺，琴声越来越深沉，意境也越来越深远。

又过了一段时间，孔子对师襄子说："我现在终于知道这首琴曲的作者是什么人了，这个人皮肤黧黑，体形颀长，登高望远，心怀四方，他就是先圣周文王，只有像周文王这样心胸博大的圣王才能创制出这种气势恢宏的乐曲！"

孔子听曲能知人达意，师襄子对他敬佩不已，他站起来拱手对孔子一拜再拜，然后说道："这首琴曲确实是周文王创制的，抒发了周文王行道于天下的豪情壮志，故名为《文王操》。"

（《史记·孔子世家》《韩诗外传·卷五》《孔子家语·辩乐》）

---

① 《礼记·乐记》，并见《孔子家语·辩乐解》。
② 著者按：《孔子家语·辩乐解》："襄子曰：'吾虽以击磬为官，然能于琴。'"《论语·微子篇》中有"击磬襄"的记载，故襄子当为鲁国乐师。

16　《猗兰操》

《猗兰操》(《幽兰操》)是一首古曲,相传为孔子创制。孔子在歌曲中抒发了他怀才不遇的幽怨之情。

孔子周游列国长达十四年,其间他拜见了许多诸侯国君,但是却没有人愿意聘用他。鲁哀公十一年(公元前484年),孔子心灰意冷地从卫国返回鲁国,途经一处幽谷,谷中幽兰绽放,阵阵清香沁人心脾,他不由地感叹道:"兰花应是花中之王,然而却与普通花卉生长在一起!"说罢他停下车,操起琴一边弹奏一边歌唱:

> 习习谷风,以阴以雨;之子于归,远送于野;
> 从如苍天,不得其所;逍遥九州,无所定处;
> 时人闇蔽,不知贤者;年纪逝迈,一身将老。

孔子借兰花来抒发自己生不逢时的愤懑情绪。兰花生长在幽谷之中,散发出沁人的香气,然而却无人观赏闻香;孔子心存高远,博古通今,然而却无人赏识,四处碰壁,他感慨自己的遭遇就像独自绽放在深山幽谷之中的兰花一样!

(《琴操·猗兰操》)

17　读史至楚复陈

"楚复陈"这段历史载于《春秋经》:鲁宣公十年(公元前599年),"陈夏徵舒弑其君平国(陈灵公名)";鲁宣公十一年(公元前598年),"楚人杀陈夏徵舒。楚子入陈，纳公孙宁、仪行父于陈"。

这段历史的起因是陈灵公与卿佐公孙宁（孔宁）、仪行父在陈大夫夏徵舒家中饮酒，席间他们用语言侮辱夏氏，激怒了夏徵舒，随后夏徵舒射杀陈灵公，公孙宁、仪行父出奔楚国。孔子对在这一事件中敢于向陈灵公进谏的陈大夫洩冶做出高度评价："《诗》云：'民之多辟，无自立辟。'其洩冶之谓也。"①次年，楚庄王以讨伐乱臣夏徵舒的名义灭陈，把陈国设置为楚国统辖的一个县。

陈国毕竟是周朝分封的诸侯国，奉守虞舜宗祀，然而楚国以"讨有罪"的名义兼并陈国，此举不仅有违周朝礼制，也会失信于各诸侯国，所以楚国大夫申叔时劝谏楚庄王道："夏徵舒弑杀国君，罪大恶极，您诛杀夏徵舒是伸张正义，维护礼制。但是夏徵舒伏诛之后，您却把陈国设置为楚国的一个县，这是贪图别国土地的不义之举。您以讨伐乱臣贼子的名义号召诸侯，最终却以侵占别国土地为目的，这样做不太合适吧！"楚庄王后来听从了申叔时的劝谏，复立陈国，并派兵把公孙宁、仪行父二人护送回陈国。

孔子在编修《春秋经》时读到这段历史，他不由地感慨道："楚庄王多么贤明啊！他能看轻拥有千乘战车的陈国，看重申叔时劝谏他信守诚义说的一句话。如果申叔时不是一个诚实守信的忠臣，就不能把道理讲得透彻明了，合情合理；如果楚庄王不是一个贤明大度的君主，就不能接受申叔时的忠告。"

（《左传·宣公十年至十一年》《史记·陈杞世家》《孔子家语·好生》）

---

① 《左传·宣公十年》。

18 陨霜宜杀

《春秋经》以条目的形式记载了春秋时期鲁国在政治、经济、军事、外交、宗教等领域发生的重大事件,同时也记载了一些奇特的天文现象、物候变化以及自然灾害,这部分内容是很有价值的,人们可以从中总结出自然变化的规律,从而有效地防控灾害,所以历代国君都会仔细阅读《春秋经》,研究相关记载。

鲁哀公在阅读《春秋经》时发现有一个记载颇为费解:"陨霜不杀草,李梅实。"①"陨霜"是霜降,意指时令已经进入初冬;"杀"是杀害、摧残;"实"是树木结果。意思就是,这一年已到初冬降霜的季节,草木理应枯黄了,可是当年地上的草和菽还没有杀青,李树和梅树还继续挂果,这种现象是反常的,其中有何寓意?鲁哀公一时无法理解,于是就派人去向孔子请教,因为孔子曾经参与过鲁国《春秋经》的整理和修订,对于相关记载比较熟悉。

其实,这种物候错乱的现象在《春秋经》中多有记载,大多是因为司历官在计算时发生错误,当闰而不闰,导致时令提前,于是就出现天陨霜而草不杀、李梅实之类的奇异现象。然而孔子并未对此做出科学解释,而是把话题导向施政方面,他说:"《春秋经》中的这个记载表面上阐述的是季节变化与草木生长的关系问题,实际上表达的则是施政过程中的刑杀问题。到了初冬十二月,北风骤起,天气渐寒,草木就会枯萎泛黄,如果草木继续生长,就违反了'可以杀而不杀'的自然规律,这对来年的收成会造成不利影响。同样,当政者也应遵循先王之道,既要推行道德教化,又要实施严刑酷法,对于那些违反法令的人一定要予以严厉惩处,该杀就

---

① 《春秋经·僖公三十三年》。

杀,绝不姑息,否则将会遗患无穷!天有天道,政有政理。树木违反天道就会胡乱生长,施政违反政理就会发生动乱。"

鲁哀公自幼生于深宫之中,长于妇人之手,因此他为人懦弱,不善权谋,常常受制于人。孔子则借"陨霜不杀草"对他提出善用刑杀的建议,真可谓用心良苦。

(《春秋经·僖公三十三年》《韩非子·内储说上七术》)

十七、辨物

十四则

[概说]

辨物就是辨明事物真相，提出科学结论。辨物能知事，知事能明理，明理能得道，所以善辨物者非圣即智，孔子当然名列其中。

首先，辨物需要博学多识。孔子知识渊博，见多识广，什么稀奇古怪的事情都难不住他，所以人们遇到疑难问题都会去向他请教，尽管有人故意给他提供虚假信息，比如季氏的使者把缶中之羊说成狗，他也能给出令人信服的答案。

其次，辨物需要思维缜密，善于逻辑推理。孔子在生活中是一个非常理性的人，说话办事都很严谨，言必有理，事必有据，这些都是建立在理性分析基础之上的，比如他寓居陈国时听到鲁国宗庙发生火灾的消息后，通过分析桓、僖二公生前种种僭礼行为，得出"桓、僖之庙燔"的推断，这种先知先觉的能力不得不令人佩服。

最后，辨物需要灵活运用各种知识。孔子说："举一隅而不以三隅反，则不复也。"（《论语·述而篇》）意思就是，所有知识都是相互关联、触类旁通的，所以各种知识必须综合运用才更有效，比如他在回答会稽巨骨的来历问题时，不仅运用了历史学的相关知识，还综合运用了人类学、考古学、地理学、民俗学等诸多学科的知识，这种能力是普通人难以企及的。

01 土之怪曰羵羊

孔子善于学习，见多识广，人们遇到不懂的问题都会跑去向他请教，他也总能给出让人满意的答案。有一次，鲁国执政国卿季桓子在费邑家中打井，从土里挖出一个土缶，里面装有一个像羊的物件，众人都觉得奇怪，季桓子便派使者去向孔子请教。

使者有意想考验一下孔子，他见到孔子后故意把缶中之羊说成狗，然而孔子并没有上当，他非常肯定地说："根据我有限的知识判断，土缶之中的怪物应该是羊，而不是狗。我听说，山林之中发现的精怪是夔、蝄蜽，水中发现的精怪是龙、罔象，而土中发现的精怪应该是羵羊，这是一种雄雌不辨的怪羊。"

使者听了孔子的解答后，不得不对他的博学多识表示敬佩。

古时候，人们出于某种模糊的宗教意识，把羵羊装进土缶，再埋入土中，以此来祈福消灾，这是一种古老的习俗。不过这种习俗并没有延续下来，后人不解其意，以此为怪。孔子虽然对于这种习俗有所了解，但是对于具体内容也不甚明了，所以就没有多做解说。

（《国语·鲁语下》《史记·孔子世家》《说苑·辨物》《孔子家语·辨物》）

02 会稽巨骨的来历

公元前494年，吴王夫差为报槜李之仇（越大败吴于槜李，吴王阖闾战死），亲率大军讨伐越国，越王勾践在会稽山下部署楯甲五千抵御入侵，但终因兵力悬殊，会稽失守。

吴军攻占会稽山后四处开挖，大肆破坏，将士们在山中挖到一节巨大的骨头,大到要用整辆车才能装得下。这节巨骨是什么来历?没有人能说得清楚。在时人的观念中,有怪异之物出现,往往代表了上天对人类的某种启示(或凶或吉),所以必须搞清楚。当时孔子在诸侯国中名气很大,人们都知道他博古通今,无所不知,于是吴王夫差便派使者到鲁国去向孔子请教。为了打消孔子的顾虑,吴王特意关照使者说:"你千万不要说是我委派你来的。"

吴国使者到达鲁国后,鲁国国君专门设宴款待。宴饮之前,宾主先举行祭祀仪式,使者向鲁君转达吴王夫差的问候,然后再依次向鲁大夫分送礼物,轮到孔子时,孔子为他斟满一樽酒,以表达谢意。祭祀仪式结束后,撤去祭器,开始宴饮,使者走到孔子面前有心无心地问道:"请问夫子,什么骨头最大?"

孔子说:"我听说,当年大禹巡游到会稽山时,召集各地的部族首领(山川之神)前来聚会,防风氏因为没有按照预定时间到达,被大禹杀死,他的骨头大到能装满一整车,据此推断,防风氏的骨头是最大的。"

依照孔子的解释,吴人在会稽山发现的巨骨应该是上古防风氏的遗骸,那么防风氏到底是人是神?孔子并未对此做出明确回答,于是使者又继续问道:"请问谁是守护山川的神灵?"

孔子说:"山川河流都有神灵专守,他们接受天神统领,兴云致雨,以利天下。而社稷江山则由分封诸侯负责守护,他们接受周王统领,定期祭祀山川之神。"在古人观念中,神祇世界与人类世界各有专守,互不相统,神人之间虽然可以相互感应,但是却不可以相互转变。也就是说,如果防风氏是人(部族首领),他就不可能变成神(山川之灵)。

既然防风氏是守护社稷的人,那么只能就人事问人事了,使者进一步问道:"防风氏的专守地在何处?"

孔子答道:"防风氏是汪芒国国君,他负责守护封、嵎二山(今浙江湖州德清县西南)。防风氏最初为漆姓①,虞、夏、商三代称作汪芒,周朝初年称作长翟,现在则称作'大人'。"

使者最后问道:"通常人的身体最长能有多长?"

孔子说:"据我所知,僬侥氏身长三尺,这是身长最短的。而普通人身长不过十尺,一般来说,十尺是人身长的极限②。"显然,身长十尺的极限与会稽巨骨的推论是矛盾的,估计两人都意识到了,所以对话没有再继续下去了,不过使者对孔子的回答是不太满意的。

孔子与使者的对话看起来东拉西扯,一会儿人,一会儿神,漫无头绪,但是仔细分析就不难发现,其间还是有逻辑联系的。既然孔子认定会稽大骨是上古防风氏的遗骸,那么防风氏到底是人还是神?使者的所有提问都是围绕这个焦点展开的,尤其是最后关于"人长之极几何"的问题,已经把孔子前面做出的种种推论否定了,因为他的推论在逻辑上是不成立的。当然,孔子对于鬼神问题向来慎重,他一贯秉持"敬鬼神而远之"③的谨慎态度,所以他也许刻意回避了一些过于敏感复杂的问题。

在与吴国使者的这场对话中,孔子虽然充分展示了他博学多识的一面,但是在理性推理方面则不尽如人意,甚至有牵强附会的重大瑕疵,所以《国语》《孔子家语》等书在记载此事时均未做出评述,因为孔子博而不精,只有《史记》假借使者之口发出一句赞叹:"善哉圣人!"平心而论,这句话只能代表太史公个人观点。

(《国语·鲁语下》《史记·孔子世家》《孔子家语·辨物》)

---

① 著者按:《史记·孔子世家》中作"为釐姓";《孔子家语·辨物》中作"为添姓"。
② 著者按:春秋时期一尺约合20厘米。
③ 《论语·雍也篇》。

03 肃慎氏之贡矢

孔子在陈国淹留期间,陈湣公开始对他礼遇有加①,安排他住在上等馆舍,遇有事情也会向他求教。

有一天,有一只隼鸟落入陈湣公住所的厅院中,扑腾了几下就死了。陈湣公让人仔细查看,发现有一支箭贯穿于鸟身,隼鸟是中箭而亡的。再仔细查看,这支箭的箭杆是用楛木制作的,箭头则是用石头制作的,箭长约有一尺八寸。陈湣公觉得这支箭比较特别,一定有什么来历,就派人连鸟带箭一起拿到馆舍去向孔子请教。

孔子对隼和箭仔细研究了一番,然后对来人说:"这只隼鸟是从很远的地方飞过来的,这支箭也大有来头,从形制来看,应该是肃慎氏的箭!肃慎氏是北方的一个强大部族,早在舜、禹时代,他们就与中原华夏部族建立了良好关系。周武王翦灭商朝以后,打通了中原地区与九夷、百蛮等部族的道路,加强了周朝与各部族的联系。周武王为了加强对周边地区的控制,不仅册封各部族首领为方伯②,还要求他们定期向周朝进贡地产方物。肃慎氏按照周武王的要求,向周王朝进贡了他们所特有的肃慎氏之矢,这种箭的箭杆是用楛木制作的,箭头则是用石头制作的,箭长约有一尺八寸。周武王为了炫耀自己的武功圣德足以感化远方的部族前来进贡方物,并以此昭示后人,永远借鉴,他特意让人在箭杆的末端刻上'肃慎氏之贡矢'几个字,并将此赏赐给了自己的大女儿大姬。后来大姬嫁给虞舜的后裔虞胡公,虞胡公周朝初年受封于陈,立国于此。古时候帝王把珍贵的宝玉分给同姓诸侯,是为了让他们不忘血缘之亲;把远方的贡物分给异姓诸侯,是为了让他们不忘臣服于王。因此,虞胡公受封之时,周武王把肃慎

---

① 著者按:《国语》《孔子家语》均记为陈惠公,不确。此从《史记·孔子世家》。
② 《礼记·王制》:"千里之外设方伯。"

氏的贡矢也分给了他。你如果派职官到旧物府库中去寻找，应该能找到当年的贡矢。"

陈湣公后来派人到府库中去查找，果然在一个金属柜子里找到了那支刻有"肃慎氏之贡矢"的楛矢石砮箭，职官拿着这支肃慎贡矢和那支射落隼鸟的箭比较，形制一模一样，众人对孔子的博学多识都佩服不已。

（《国语·鲁语下》《史记·孔子世家》《说苑·辨物》《孔子家语·辨物》《汉书·五行志》）

04　鲁桓、僖之庙燔

孔子虽然四处周游，居无定所，但是他对鲁国的情况一直比较关注，国内一有风吹草动，他立即能精准分析，做出判断。他在陈国淹留期间，有一次陪陈湣公郊游宴饮，在路上听到行人议论说："鲁国司铎官府发生火灾（燔），火灾延烧到宗庙。"

鲁国的宗庙有很多，但是孔子当即做出判断："火灾殃及的估计是祭祀鲁桓公和鲁僖公的专庙。"

陈湣公不解地问道："您是依据什么做出判断的呢？"

孔子说："我依据的是周礼。周礼中有明确记载：对氏族有功的先祖和对宗族有德的先宗，他们的宗庙是不会遭到毁坏的。纵观鲁国春秋以来的列位国君，只有桓、僖二君无功无德，无亲无故，因此即便人祸没有毁坏其宗庙，天灾也会殃及。据此判断，司铎官府之火延烧到的必定是桓、僖之庙。"

孔子这段话的内容比较复杂，涉及许多礼制方面的问题，需要略做说明。周朝礼制规定，各国诸侯设置祖庙的数量不能超过五座，即一座太祖庙和四座先祖专庙，超越这个数目就是僭越礼制①。鲁国当时在位国君是鲁哀公，鲁桓公是鲁哀公八世祖，鲁僖公是六世祖，无论从世系或功德方面来考量，桓、僖专庙都是违反周礼的，理应拆除②。然而当时在鲁国执掌朝政的是"三桓"集团，季孙、孟孙、叔孙三家都是鲁桓公之后，他们在鲁僖公当政时期又通过发动杀嫡立庶的宫廷政变而获得执政权，出于氏族私利，他们公然违反礼制，把理应拆毁的桓、僖专庙保存下来，这件事情在鲁国造成恶劣影响。孔子由此判断司铎火灾延烧到的专庙必定是桓、僖之庙，因为违反礼制的事情必将受到惩罚，即使人祸可避，天灾终将难逃。

三天之后，鲁国报信的特使到了，陈湣公一问，果然是鲁桓公和鲁僖公的专庙被火烧毁了。陈湣公后来对子贡感慨道："您的老师真是料事如神啊！至今我才深切体会到圣人是值得尊重的！"

子贡听见陈湣公如此夸赞孔子，当下心里很不是滋味，因为孔子离开鲁国后，曾两度适陈，一行人在陈国待了有六七年，陈湣公对孔子始终态度暧昧，不愿重用，他对孔子提出的以礼治国的政治主张也不感兴趣，而陈国许多贵族大夫对孔门师生也不太友善，导致人际关系比较紧张，所以子贡借题发挥道："您能够知道圣人之可贵，这是非常好的，但是如果您能够专心致志地推行圣人之道，用礼乐仁义来教化民众，那就更好了！"

（《左传·哀公三年》《史记·孔子世家》《汉书·五行志》《孔子家语·辨物》）

05　夏十月犹蟊

"蟊"是虫灾，通常在季节性爆发，对农业生产危害极大。虫灾如果

---

① 《礼记·王制》："诸侯五庙，二昭二穆，与大祖之庙而五。"
② 《汉书·五行志》："董仲舒、刘向以为此二宫（庙）不当立，违礼者也。"

严重,史书都会如实记载,而且还会根据其严重程度具体到月份或季节,即所谓"甚则月,不甚则时"①。

鲁哀公十二年(公元前483年),鲁国爆发严重螽灾,《春秋经》和《左传》中均有记载:"冬十有二月,螽。"这则记载说明两点:一是当年鲁国螽灾非常严重,所以记载具体到月份(冬十二月);二是螽灾发生时间异于往年,通常螽灾多发于秋八月或九月,因为到了十一月就"蝗虫为败"了②,然而当年螽灾却发生在冬十二月,即夏历十月,所以季康子说"犹螽",这种情况是比较罕见的。

鲁国执政国卿季康子对螽灾非常重视,但是不知道如何应对,于是就去向孔子请教,他问道:"现在已经是周历十二月,即夏历十月了,然而蝗虫仍然泛滥成灾,这是什么原因?"

孔子说:"我听说,龙星(心宿二的俗称)在天上慢慢消失,天气就逐渐转凉了,地上的昆虫也应该蛰伏了。但是现在龙星仍然遥现于西方天际,尚未沉没,说明司历官计算出现差错。"

季康子问道:"那么差错具体发生在哪个月呢?"

孔子说:"如果在正常年份,到了夏历十月,龙星应该从天空中消失。今年十月龙星仍在西方出现,说明闰月计算有误。"

常言道:家有一老,如有一宝。孔子就是鲁国国宝级的人物。

(《左传·哀公十二年》《孔子家语·辨物》《中论·历数》)

06　夔一足

语言或文字过于简单就容易产生歧义,如果再把万众景仰的圣人牵扯

---

① 《春秋穀梁传·僖公十五年》。
② 《礼记·月令》。

进来，问题就会变得更加复杂，历史上关于"夔一足"的传说就是一个非常典型的例子。

"夔一足"一语不知出自何处①，这句话或这三个字应该如何理解？孔子之时众说纷纭，莫衷一是，鲁哀公专门向孔子请教："古人传说夔这个人（兽）只有一只脚，果真如此吗？这种说法可信吗？"孔子答道："这种说法不可信！所谓'夔一足'，不是指夔有一只脚，而是另有他意。"孔子的具体解说有两种版本，分别对夔做出不同解释，并且对句读也做出规范。

第一种版本是把夔解释为神话传说中的一种怪兽。在各类典籍记载中，夔只有一只脚。《庄子·秋水》："夔谓蚿曰：'吾以一足趻踔而行，予无如矣。'"《山海经·大荒东经》："东海中有流波山，入海七千里。其上有兽，状如牛，苍身而无角，一足，出入水则必风雨，其光如日月，其声如雷，其名曰夔。"这种说法在当时比较流行，但是孔子并没有完全采用，他通过规范句读对夔做出了新的解释，他对鲁哀公说："据传说，夔是一种凶猛残忍的怪兽，人们都不喜欢它，但是不伤害它，因为夔有一个很重要的特点——守信，因此人们都说：'独此一，足矣。'按照这样的理解，'夔一足'并不是说夔只有一只脚，而是说夔仅凭守信这一特点就足以让它免于人类伤害。"鲁哀公对孔子的解答非常满意，他说："确实如此，如果人（包括兽）能做到守信这一点就足够了！"

第二种版本是把夔解释为上古贤人，即尧舜时期的乐官，他负责音乐教化事务。《尚书·舜典》："帝曰：'夔！命汝典乐，教胄子，直而温，宽而栗，刚而无虐，简而无傲。诗言志，歌永言，声依永，律和声。八音克谐，无相夺伦，神人以和。'夔曰：'於！予击石拊石，百兽率舞。'"《孔丛子·论书》："夔为帝舜乐正，实能以乐尽治理之情。"《论衡·书虚篇》："唐、虞时，夔为大夫，性知音乐，调声悲善。当时人曰：'调乐如夔，一足

---

① 著者按：东汉王充认为"夔一足"的传说出自虚妄之书，他在《论衡·书虚篇》中说："世信虚妄之书，以为载于竹帛上者，皆贤圣所传，无不然之事，故信而是之，讽而读之。"

矣。'世俗传言：'夔一足。'"孔子对鲁哀公解释道："夔是人，怎么会只有一只脚呢？夔和其他人并没有什么不同，唯一不同的就是他通晓音乐。尧舜时期，虞舜想用音乐来教化黎民百姓，于是就让重、黎从民间把夔选拔出来①，并举荐给帝尧。帝尧后来任用夔为乐正，主掌乐教事务。夔精通音乐声律，他正定六律，和谐五声，以调和八风，从此天下无不归顺服从。重、黎见得夔一人，就能取得如此巨大的政治成效，因此还想到民间去寻找像夔这样的政治精英，然而虞舜却对他说：'音乐是天地之气的精华，也是政治得失的关键，所以只有圣人才能使音乐和谐，深入人心。音乐和谐了，天下就太平了，这就是音乐的政治功效和根本意义。夔能使音乐和谐，以此来安定天下，像夔这样的人，有一个就足够了！'所以古代传说中的'夔一足'，并不是夔只有一只脚的意思，而是像夔这样的贤人只要有一个就足够了，或者是夔只要有通晓音乐这一个特长就足够了。"

"夔一足"原本只是一个简单的句读问题，因为事涉上古时期的圣贤，后来又经过孔子的权威解说，反而使问题变得复杂起来。孔子借用这个问题来宣扬乐教思想，进行政治说教，对后人影响很大，因此"夔一足"问题一直是人们津津乐道的一个话题。

（《韩非子·外储说左下》《国语·鲁语下》《吕氏春秋·察传》《孔丛子·论书》《论衡·书虚篇》）

---

① 著者按：重和黎是上古帝王颛顼任命的两个职官（由氏族世袭），重为南正，司天以属神，黎为火正，司地以属民。《尚书·吕刑》："乃命重、黎绝地天通，罔有降格，群后之逮在下，明明棐常，鳏寡无盖。"《国语·楚语下》："《周书》所谓重、黎寔使天地不通者，何也？若无然，民将能登天乎？"

07　楚王渡江见萍实

楚昭王渡江时看见江中有一怪物，其形状大如斗，又圆又红，径直撞上楚王乘坐的大船，船工赶忙把它打捞上来。楚王看了觉得很奇怪，问遍身边的大臣，没有人认识此物。

楚王听说孔子见多识广，于是就委派特使到鲁国去向孔子请教。孔子问明情况后说道："这个东西叫萍实，它是一种水草的果实，可以切开来吃。萍实是吉祥之物，只有诸侯霸主才能得到。"

使者返回楚国后，把孔子的话报告给楚王，楚王让人切开萍实尝了尝，果然味道很好。

很久以后，有一位楚国使者出使鲁国时又向鲁大夫提起此事，鲁大夫很好奇，就去找孔门弟子子游核实，他问道："孔子是怎么知道萍实可以吃的呢？"

子游虽然知道此事，但是不了解具体情况，于是他又去向孔子请教。孔子说："当年我到郑国去，经过陈国野外时，听到一群小孩在唱童谣，其中一首童谣唱道：'楚王渡江得萍实，大如斗，赤如日，剖而食之甜如蜜。'童谣唱的内容后来果然在楚昭王身上应验了，而我则是通过童谣预知这件事情的。"

圣人其实并没有什么特别之处，他们只是比普通人更善于从日常生活中捕捉那些容易被人忽略而又具有特殊意义的信息而已。

（《说苑·辨物》《孔子家语·致思》）

08　一足之鸟飞集于公朝

一足之鸟不多见，飞落到齐国朝廷宫殿之上，还在殿前庭院中舞翅翻飞，上下跳跃，这种情况就更少见了！齐国当时在位国君是齐景公，他觉得此事蹊跷，可能有什么重大事情将要发生，因为古人相信出现怪异之物或离奇之象是一种征兆，于是就委派使者到鲁国去向孔子请教。

孔子听了使者的情况介绍后说："这种一足之鸟名叫商羊，它们突然出现，预示即将发生水灾。不知你们有没有注意过，以前有一种儿童游戏，玩者屈起一只脚，抖动着双肩，一边跳一边唱：'天将下大雨，商羊起舞跳。'现在齐国朝廷宫殿出现这种鸟，预示齐国今年将要发生水灾。你赶紧回去向齐侯禀报，动员国民抓紧开挖沟渠，修筑堤坝，防止大水成灾，祸害百姓。"

当年雨季，果然暴雨连续多日，洪水泛滥成灾，许多国家受灾都很严重，老百姓损失惨重，然而齐国却因提前做好了周密部署和应急准备，所以损失不太严重。

齐景公后来感叹道："圣人之言，确实可信，而且必定会得到应验。"

(《说苑·辨物》《孔子家语·辨政》)

09　月离于毕

孔子去世后，孔门弟子追思先师，情难自禁，于是大家就聚在一起商议，打算从弟子中推选出一位主持孔门事务的领袖人物，继承孔子衣钵，传承儒学事业。

在孔门弟子中，有若年轻有为，学业精进，而且他在相貌和身形等方面与孔子比较相像①，因此子夏、子张、子游等人竭力推举他为孔门新主，然而曾参等人则表示反对，他们认为仅凭有若在体貌上与孔子有几分相似是不够的，他还必须在道德修养和学识素养等方面能令人信服。由于双方意见相持不下，慎重起见，大家决定用孔子博学多知的往事来对有若进行考察，考察内容就是"月离于毕"。

"月离于毕"出自《诗经·小雅·渐渐之石》，描述的是天上的一种星象，"月"是月亮；"毕"是毕宿，二十八星宿之一，在今金牛座；"离"是靠近、接近。"月离于毕"的后一句是"俾滂沱矣"，"滂沱"是形容天降大雨的样子。这两句诗的意思是，当天上出现月亮靠近毕宿星座的星象时，滂沱大雨将随之而来。

有一天孔子出行，出门时天空晴朗，万里无云，然而他却吩咐随行的子路带上雨具②，没过多久，天上果然下起了大雨，子路好奇地问道："出门时明明天空晴朗，您是怎么预知天将下雨的呢？"孔子答道："昨天晚上我观察到'月离于毕'的星象，《诗经》中说：'月离于毕，俾滂沱矣。'我由此得知今天将有大雨。"

又有一天，孔子出行，子路在前一天晚上观察到"月离于毕"的星象，于是他自作聪明地带上雨具，孔子却让他别带，那天出门果然没有下雨，子路觉得很奇怪，就向孔子请教其中缘故，孔子说："上一次月亮靠近的是毕宿的北面（离其阴），所以有雨；昨天晚上月亮靠近的是毕宿的南面（离其阳），所以无雨。"古代历法记载，"月离于毕"的星象在一月之中共出现两次，分别是月中之前的"离阴"和月中之后的"离阳"，"离阴"则有雨，"离阳"则无雨（旸）。且不论这些天文气象知识是否有科学依据，但至少表现了古人对于天象变化的细微观察和经验积累。

子路是"月离于毕"之事的当事人，因为他先于孔子离世，所以当时

---

① 《论衡·乱龙篇》："有若，孔子弟子疑其体象，则谓相似。"
② 著者按：《孔子家语》中记作巫马期。

许多细节已无法考证,孔门弟子以此来考问有若,有若却含糊其词,解释不清,因此就没有人支持他出任孔门继承人了。

(《史记·仲尼弟子列传》《论衡·明雩篇》《孔子家语·七十二弟子解》)

10 桓山之悲

孔子在卫国的时候,有一天他一早起来,听见外面有人啼哭,哭声很悲切,他操起琴来试着弹奏,琴声与哭声居然形成共鸣。他走到户外去观察,又听见有人在一旁发出叹息之声,于是问道:"谁在叹息?"

弟子颜渊赶忙上前答道:"是我。"

孔子问道:"你为何在此叹息?"

颜渊说:"我早起听见有人在此哭泣,哭声很悲切,这种哭声不仅有死别离的悲哀,还有生别离的悲痛。"

孔子又问道:"你是怎么知道的呢?"

颜渊说:"因为哭者的啼哭声很像桓山之鸟的鸣叫声①。我听说桓山之鸟生育了四只小鸟,小鸟羽翼丰满后将要飞往四面八方,雌鸟此时就会发出这种悲哀的鸣叫声,因为它们从此以后再也没有相见的机会了。"

孔子将信将疑,于是就让人去询问啼哭的人,那人说:"我的父亲死了,因为家里贫穷,无力办理丧事,所以只好把我的儿子卖给人家来埋葬父亲。现在我不仅痛失父亲,还要和亲生儿子永别,双重悲哀让我悲伤之至!"

孔子听后赞叹道:"颜渊真是善于识别声音的君子啊!"

桓山之悲通常是指生离(子)和死别(父)的双重悲痛,所以《颜氏家

---

① 著者按:《说苑·辨物》中作"完山",桓山在今江苏铜山。

训》中说:"堂上养老,送兄赋桓山之悲,皆大失也。"①意思就是,双亲在世,送别兄长时用"桓山之悲"的典故是错误的。

(《说苑·辨物》《孔子家语·颜回》)

11　有鸟九尾

孔子和子夏渡河时,看见河面上有一只九尾鸟,同行的人都没有见过这种鸟,于是就向孔子请教,孔子说:"这种鸟叫鹑。"鹑又称鹑鸹,形体与雁相似,毛色青苍,常在水面上活动,这就是传说中的九尾怪鸟。

子夏好奇地问道:"您是怎么知道的呢?"

孔子凝神望着水面,过了一会儿说道:"河两岸流传着这样一首民谣:'鹑兮鹑兮,逆毛衰兮,一身九尾长兮。'鹑鸟身上的羽毛凌乱稀少,只有九条尾巴长得又长又美,所以很好辨认。"

孔子学识渊博,他的知识不仅来自官府秘藏的古代典籍,也来自民间传诵的歌谣俚曲。

(《绎史·孔子类记四》引《冲波传》)

12　《灵宝五符》

相传当年大禹治理洪水时曾路过太湖湖畔的牧德山(今苏州城郊木渎山),他在山上遇见一位神人,神人对他说:"你年年在外治理洪水,身困体乏,殚精竭虑,实在太辛苦了!我有一部宝书,名为《灵宝五符》,书中

---

① 《颜氏家训·文章》。

载有治水之法，可以帮助你降龙伏虎，治理水患。"说罢，神人便从怀中取出一部宝书授予大禹，并嘱咐他说："这部宝书不可外传，你治理完水患后，可以将它秘藏于灵山之中。"

大禹得到《灵宝五符》后，掌握了治理水患的方法，降服了蛟龙和水豹，顺利地完成了治水任务。水患治理结束后，大禹遵照神人的嘱咐，把《灵宝五符》秘藏于洞庭包山（苞山）的洞穴之中①，经历了夏、商、周三代，竟然没有被人发现。

到了春秋末年，吴王阖闾当政时期，有一个叫龙威丈人的隐士在洞穴里发现了《灵宝五符》，他把宝书献给吴王。吴王把宝书拿出来给群臣看，书上共有一百七十四个字，却没有人能认得，于是吴王委派使者带着宝书去向孔子请教。

使者见到孔子后说："吴王在宫中闲坐的时候，忽然有一只赤鸟衔着这部宝书飞到吴王面前，吴王和群臣都不认得书上的文字，所以派我来专门向您请教。"

孔子瞄了一眼宝书，然后笃定地说道："远古时期，大禹治水时路过牧德山，山上有一位神人把这部宝书赠予大禹。大禹完成治水任务后，又把这部宝书秘藏于洞庭苞山之中。如今吴王得到的这部宝书大概就是当年神人赠予大禹的《灵宝五符》。至于赤鸟之事，我就没听说了。"使者回去后，把孔子的话报告给吴王，吴王惊叹不已。

关于《灵宝五符》，还有另一种说法：孔子当时引用民间童谣来告诫吴王不可轻易打开宝书，否则将会遭遇灭国之灾："吴王出游观震湖，龙威丈人山隐居，北上包山入云墟，乃入洞庭窃禹书。天地大文不可舒，此文长传百六初，若强取出丧国庐。"②吴王阖闾后来听从了孔子的劝告，又将《灵宝五符》原封不动地秘藏于包山洞穴之中。

---

① 著者按：《御览·地部四十六》引《吴地记》："包山在县西一百三十里，中有洞庭，深远，世莫能测。吴王使灵（龙）威丈人入洞穴，十七日不能尽。"
② 《绎史·孔子类记四》引《灵宝要略》。

《灵宝五符》其实是一部道教经典，大约成书于魏晋时期，《抱朴子》中载："《灵宝经》有《正经》《平衡》《飞龟授秩》三篇，皆仙术也。"道教为了扩大影响，争取信徒，把帝喾、大禹、孔子等古代圣贤拉来做背书，真是人红是非多！

（《抱朴子·内篇辩问》《绎史·孔子类记四》引《吴越春秋》）

13　紫文金简

吴王阖闾在位时期国力强盛，经济繁荣，于是他大兴土木，建造宫殿。匠人进山采石时，在一块巨石中发现一封金简，金简上的文字是用紫沙书写的，这些文字没有人能读懂，吴王便派使者带着金简去向孔子请教。

使者见到孔子后，故意隐瞒了金简的来历，他谎称道："吴王在宫殿闲居时，有一只赤色羽毛的鸟雀衔着这封金简飞进宫中，它把金简放在大殿上就飞走了。满朝大臣没有人能读懂金简上的文字，所以特派我来向您请教。"说完，他把金简呈交孔子。

孔子接过金简来看了一眼，然后非常肯定地对使者说："这封金简上写的是灵宝之方，按照这个方子服药，人可以延年益寿，长生不老。当年大禹治水时来到牧德山（今苏州市郊木渎一带），在山上遇见一位神人，神人见大禹治水辛苦，身体虚弱，就把灵宝之方送给了大禹。大禹按照方子服药，隐居在多水的国度，身体越来越强壮，不仅顺利完成了治水任务，而且寿命也很长，甚至可以到天廷去朝见神人。大禹临终之前，把灵宝之方用紫沙记录在金简上，然后秘藏于洞庭苞山的石函之中。按照你的说法，这封金简是由一只赤色羽毛的鸟雀衔来的，说明天帝想让吴王长命百岁，故而通过赤鸟把紫文金简授予他。你回去后代我向吴王贺喜。"

当然，这个故事是不可信的，因为大禹并没有长命百岁，孔子也只活到七十几岁。

（《抱朴子·辨问》《绎史·孔子类记四》引《吴越春秋》）

14　北方有兽

北方有一种叫蟨鼠的野兽，它的前腿像老鼠一样短，后腿则像兔子一样长，所以他快走时会绊腿，奔跑时会摔跤。还有一种叫蛩蛩距虚的野兽，它的前腿长而后腿短，善于奔跑，但不善于采食。蟨鼠每次采到鲜嫩的青草都会送给蛩蛩距虚吃，而蛩蛩距虚见到有人来了就会背负起蟨鼠逃走。这两种动物各自利用自己的长处来帮助对方，而把自己的短处寄托给对方，这种互助式的合作是动物之间谋求生存的一种本能，与人类的互助互爱是不同的。

孔子对于蟨鼠和蛩蛩距虚的动物特性非常了解，他从它们的互助关系中受到启发，于是借题发挥道："禽兽昆虫尚且知道有恩必报的道理，何况那些追名逐利于天下的士君子呢？为人臣者蝇营狗苟，谋求私利，不知报恩君上，这是灾祸的根源；为人君者骄横跋扈，刻薄寡恩，不知施恩于臣属，这是动乱的根源。可以这么说，所有灾祸和动乱都是因为不知报恩而引发的！"

（《吕氏春秋·不广》《淮南子·道应训》《说苑·复恩》）

十八、不语

七则

概说

《论语·述而篇》："子不语怪，力，乱，神。""不语"是不主动与人谈论，如果有人求问，也尽量回避不答或答非所问，后来用来代指怪、力、乱、神之事，如清人袁枚把他的志怪笔记小说取名为《子不语》。

"怪"是指超出人们认知范围的怪异之事，孔子对于此类事情一贯慎重、严谨，尽量不主动与人谈论，避免发生认知错误；"力"是勇力、暴力，如"羿善射，奡荡舟"（《论语·宪问篇》），这些人都是孔武有力、头脑简单的莽夫，经常会干出血腥暴力的事情，孔子认为这种拿生命当儿戏的鲁莽行为实在不值得夸耀和宣扬；"乱"是指臣弑君、子弑父之类的暴乱行为，孔子认为这些大逆不道的事情不利于礼乐教化，容易引起人们思想混乱，因此不宜与人谈论；"神"是鬼神之事，此类事情往往涉及人与鬼、生与死等内容，幽暗玄冥，无法证实，因此必须出言谨慎，能少说则少说，能不说则不说。

孔子不愿意与人主动谈论"怪，力，乱，神"，是因为这些事情在当时的认知条件下很难解释清楚，所以他刻意回避，以免造成不必要的认知错误和思想混乱。

01 宋元君得神龟

宋元君（公）是春秋时期宋国国君，子姓，名佐，谥号为元，他在位时间与鲁昭公基本相同。在宋国历史上，宋元君是一位比较强势的国君①，他在与国内卿大夫的较量中毫不示弱，手段强硬，"元公毋信，诈杀诸公子，大夫华、向氏作乱"②，可见他并不是一个昏庸无能、任人摆布的君主。

历史归历史，故事归故事。在故事中，宋元君的行为有时则颇为荒唐③。有一天半夜，他梦见有一个人披头散发地从旁门缝隙中向室内窥视，并对他说："我来自宰路之渊，受江神委派到清江河神之所去办事，不料在半道上被一个叫余且的渔夫捕获了④。我现在身处危险之中，也不知道向谁求救，听说君主修德行义，故而特来求助。"

宋元君从梦中惊醒过来，立即召博士官卫平前来询问，卫平仰观天象，掐指算道："这是一只神龟，受江神委派出使于河，途中被渔网所困，囚于笼中。"

宋元君立即下令查访国中有没有一个叫余且的渔夫，查访很快就有结果了，国中确实有一个叫余且的渔夫。宋元君命人第二天把渔夫余且带到朝廷来，他要亲自问话。

第二天一早，渔夫余且被带到朝廷，宋元君问道："你昨天捕鱼有何收获？"

渔夫余且战战兢兢地回答道："昨天我用网捕得一只白龟，龟背周长有五尺。"

---

① 《左传·昭公二十一年》："诸侯惟宋事其君（楚太宰犯语）。"
② 《史记·宋微子世家》。
③ 著者按：《庄子·田子方》中载有"宋元君将画图"的故事，可参阅。
④ 著者按：《史记·龟策列传》中作"豫且"。

宋元君说:"你赶紧把那只白龟奉献给我吧。"

渔夫余且不敢抗命,立即回家把那只白龟取来献给宋元君。白龟献到宋元君面前后,它先伸着脖子向前走了三步,然后又缩着脖子后退到原处。宋元君好奇地问卫平道:"白龟刚才一会儿进一会儿退是什么意思?"

卫平解释道:"君主修德行义,把白龟从囚笼之中解救出来,它先伸着脖子向前走三步是向您表示感谢,然后又缩着脖子退回到原处是请求您把它放生。"

宋元君高兴地说:"太好了!这只白龟果然神奇,我们赶快把它放生吧,免得耽误它的行期。"

卫平建议道:"这只神龟的龟壳是天下至宝,用龟壳来卜问凶吉,十言十吉,十战十胜,十分灵验,能够得到神龟龟壳的人必将成为一统天下的天子。所以微臣建议,君主不如杀龟取壳,卜问凶吉,以安社稷。"

宋元君被卫平说动了心,但是一时拿不定主意,于是他又找卜者来卜问凶吉,卜者说:"如果要卜问凶吉,就得先把白龟杀了,然后才能用龟壳占卜。"

宋元君当时犹豫再三,最终还是决定把白龟杀了,并让人把龟壳保存好,以后用来卜问凶吉。从此以后,宋元君遇到重要的事情,都会让卜者在龟壳上钻一个小孔,用火烧灼之后,通过观察龟背的裂纹来卜问凶吉。说来也挺神奇,宋元君先后用龟壳占卜凶吉多达七十二次(这是一个虚数,表示次数多),占卜结果每次都很灵验。从此以后,宋国在大小战役中有攻必克,有战必胜,所向披靡。宋元公在位期间,宋国国力达到鼎盛,国人都认为是神龟之力。

孔子后来听说此事,虽然觉得有点荒唐,但是却从中悟出一些发人深省的道理,于是他对人说:"既然神龟神通广大,能托梦给宋元君,那么它为什么没能逃脱渔夫余且的渔网呢?既然神龟的龟壳能卜问凶吉,那么当初它为什么没能预测到自己被捕杀的凶险呢?这件事情充分说明,无论生活中的智者或传说中的神仙,他们在认知方面都是有局限的,有所知必然有所不知，比如鱼天生惧怕鹈鹕，然而却不畏惧渔网，因为它们只知道鹈鹕是天敌，却不知道渔网才是最大的危险，这就是大智障于小智、大善亏于小善的道理。在这个世界上，没有人能无所不知，通晓一切，每个人都有认知的死角，所以一个绝顶聪明的人不可能比得过上万人的智慧。既然人的认知是有局限的，那么人们怎样才能正确认知世界呢？最简单的办法是抛弃世俗的小聪明，去追求与自然同化的大智慧。如果再进行深入思考，人们怎样才能获得与自然同化的大智慧呢？这个问题可以用一个比方来说明：如果让一个刚出生的婴儿从一开始就和言语大师生活在一起，那么用不了多久，婴儿就能像语言大师一样能说会道。同样的道理，如果我们摈弃尘世，融入自然，那么就能自然而然地拥有无穷无尽的智慧。"

孔子借神龟的故事，说明"知有所困"的道理，进而得出"去小知而大知明，去善而自善"的结论。这个道理是正确的，但是结论却是错误的。

(《庄子·外物》《史记·龟策列传》)

02　黑牛生白犊的征兆

宋国有一家人累世坚持行善积德。有一天，他们家突然出了一桩怪事，黑母牛突然生出一头白牛犊，一家人觉得这事蹊跷，就去向孔子请教[①]。孔子说："这是吉祥之兆，你们可以用这头白牛犊来祭祀鬼神。"于是这家人就把这头白牛犊宰了，用它做祭品来祭祀鬼神。

---

① 著者按：文中记载的"楚攻宋，围其城"之事发生在鲁宣公十四年（公元前595年），时间比孔子出生还要早44年，因此出现在本文中的孔子完全是后人附会的。《淮南子·人间训》中"孔子"作"先生"，这种表述是严谨的。不过，既然本书以说故事为主，就不必拘泥于历史真实了。

过了一年，这家人的父亲眼睛莫名其妙地失明了，而且他家的黑牛此时又生出一头白色牛犊。父亲让儿子再去请教孔子，儿子这次不太愿意了，他对父亲说："去年我们听从了孔子的话，结果你的眼睛失明了，现在再去请教他，还能有什么好结果呢？"父亲说："圣人之言总是先悖理而后耦合的，现在事情还没有完全搞清楚，你姑且再去询问一次。"于是儿子又去请教孔子，孔子说："这是吉祥之兆，你们可以继续用这头白牛犊来祭祀鬼神。"儿子回到家中把孔子的话复述一遍，父亲说："那就按照孔子的话去做吧。"

又过了一年，这家人的儿子眼睛也突然失明了。这年秋天，楚庄王因宋国杀死楚国使者而发兵攻打宋国，围城数月[1]。当时宋国都城危在旦夕，所有人都被征调去登城守卫，青壮年全战死了，老人和小孩继续守城。城中的食物没有了，后来竟然发生"析骨而炊，易子而食"的惨剧[2]。

楚庄王见宋都久攻不下，于是重新调兵遣将，增强攻城兵力，不久就攻破城池，守城军民尽数被杀，无人幸免。由于这家人的父子眼睛失明，没有参加守城战斗，因此幸运地逃过一劫。

战争结束后不久，这对父子的眼睛居然奇迹地复明了，此时这家人才意识到孔子的英明，他在黑牛生白犊之时就已神奇地预见到最终的结果。时人评论道：祸与福是相互依存、相互转化的，在特定条件下，祸可以转化为福，福也可以转化为祸，只是这种转化是常人难以察觉和预见的。

（《淮南子·人间训》《论衡·福虚篇》《列子·说符》）

---

[1] 《左传·宣公十四年》。
[2] 《史记·宋微子世家》。

03　有鬼魅求见

　　有一天,颜渊和子路陪着孔子在家门口闲坐,突然有一个鬼魅前来求见,孔子和子路都吓得失魂落魄,张大了嘴说不出话来,颜渊此刻表现得则异常神勇,他穿上鞋子,拔出长剑,一把抱住了鬼魅的后腰,鬼魅立即现了原形,原来鬼魅是一条蛇。

　　子路向来以勇者自居,然而在紧要关头却不如文弱的颜渊,可见真正的勇者是不能没有智慧的。孔子由此感叹道:"勇者不惧,智者不惑;智者必有勇,而勇者不必有智。"前面两句话出自《论语·宪问篇》,孔子说:"君子道者三,我无能焉:仁者不忧,知者不惑,勇者不惧。"仁、知、勇是儒家修身立德的重要内容,故而并称"三达德"①。智者的重要特征是不被假象所迷惑,他们能明辨真伪,分清是非,所以在关键时刻能够保持清醒头脑,果敢采取行动;勇者的重要特征则是率性而为,敢于行动,无所畏惧,但是他们的行动缺少理智和计谋,所以结果往往是败事有余而成事不足。后面两句话在《论语》中也有类似表述:"仁者必有勇,勇者未必有仁。"②孔子根据颜渊和子路二人在遇到鬼魅时的迥异表现,得出了"智者必有勇,而勇者不必有智"的结论,褒颜渊而贬子路的意味非常明显。

　　(《孔子集语·杂事》引《御览·卷九四四》)

---

①　《礼记·中庸》:"知、仁、勇三者,天下之达德也。"
②　《论语·宪问篇》。

04　梦麟获书

麟是四大灵兽之一①，麟现身于世，通常预示着人世间将有重大事件发生。

鲁哀公十四年（公元前481年），鲁国叔孙氏族人子锄在曲阜西郊大野泽狩猎，捕获一只麒麟，《春秋经》专门将此事记载在册："西狩获麟。"《公羊传》《穀梁传》《左氏传》也分别对此事做出解说。若干年后，有人又借此事来为刘邦称帝（"帝卯金"）造势，孔子则成为颁布天命的特使。

鲁国西狩获麟之后，孔子有一天在夜里梦见在丰、沛一带（汉高祖刘邦发迹之地）有一股赤色烟气升腾而起，于是他叫上颜渊、子张一同前往察看。他们驱车来到楚地西北范氏街上，看见一个小孩在打麒麟，打伤了它的左前脚，然后又抱来柴草把它盖了起来，孔子上前问道："小孩过来，你叫什么名字？"

小孩答道："我姓赤松，名时乔，字受纪。"显然，小孩名字中的"赤""时""受纪"等都有特殊含义，这些字是受到汉代黄老谶纬之学或阴阳五行之说影响，与汉朝兴起存在某种隐秘联系。

孔子接着问道："你刚才看见什么了吗？"

小孩答道："我看见一只怪兽，外形像獐子，长着羊头，头上有角，头角的末端又长了肉。它刚才正从这里往西走。"

孔子感慨道："天下已有新主了！从天象（岁星）来看，五星已运转至西南方位的井宿，所以这位新主应该是西南方位的朱天之子刘氏②，而陈、项二人则是他的辅佐。"

小孩见孔子一脸严肃，就把柴草掀开让孔子看下面的麒麟，孔子赶忙

---

① 《礼记·礼运》："麟、凤、龟、龙，谓之四灵。"
② 《淮南子·天文训》："西南方曰朱天，其星觜巂、参、东井。"

上前仔细查看。麒麟面对着孔子,蒙起了耳朵,从嘴里吐出三卷图书来,图书宽三寸长八寸,每卷图书上有二十四个字:"周亡,赤气起,火耀兴,玄丘制命,帝卯金。"①意思就是,周朝灭亡以后,代表朱天的赤气将会升起,火德将会兴旺,玄圣孔丘颁布天命:天下皇帝姓刘(卯金)。

汉高祖刘邦称帝(公元前202年)在西狩获麟二百八十年以后,所以孔子梦麟获书只是一个虚妄的故事。不过既然有人讲故事,就有人听故事,信故事,因为故事都是人编的。

(《搜神记·卷八》)

05 鲲鱼成妖

孔门师徒受困于陈、蔡之际,遭遇了最严重的断粮危机,许多弟子都病倒了,然而孔子每天坚持诵读《诗》《书》,弦歌不辍,以此来激励弟子。

有一天深夜,孔子正在屋内弦歌,突然有一个人闯了进来,只见他身长九尺多,身上穿着一身黑衣,头上戴着一顶高帽子,大声吼叫着,惊动了所有人。子贡冲进屋内问道:"你是什么人?"那人并不搭话,伸手便把子贡挟持住了。子路赶忙把那人引到屋外,在院子里与他打斗起来。两人打斗了一会儿,难分胜负。

孔子在一旁观察,发现那人在铠甲和腮帮子之间有一道时开时合的缝隙,缝隙开合之处就像人的手掌一样不停地煽动(其实是未进化的鱼鳃),于是他大声提示子路道:"把你的手伸进铠甲和腮帮子的缝隙中使劲往上拉!"

---

① 著者按:"二十四字"当为"十四字","卯金"二字当竖读为一"劉"字。

子路伺机把手伸进那人铠甲和腮帮子的缝隙中用力拉拽，那人立即倒地而死，大家定睛一看，原来是一条九尺多长的大鲲鱼。

在众人惊魂未定之际，孔子已经明白是怎么回事了，他镇定地对大家说："这个怪物为什么要来到这里？我曾听说，有些活物衰老之后，就会有各种精怪依附在它们的体内，然后再去找那些遭遇凶险或身体亏虚的人。难道这个怪物是因为我在此遭遇断粮之厄、随从都患病倒下才来找我的吗？家畜牲口以及龟蛇鱼鳖草木等活物存活的时间长久了，神怪精灵就会依附在它们的体内，于是这些活物就变成了妖怪，这就是人们常说的'五酉'。所谓'五酉'，就是分布在东南西北中五个方位的怪物，'酉'是老的意思，活物老了就会变成妖怪，现在我们已经把妖怪杀死了，所以就没什么可担心的了。这事还可以这样理解：也许是上天不希望周朝礼乐制度在我手中失传，于是就让这个怪物来延续我的生命，要不然它怎么会在这个时间来到这个地方呢？"

孔子说罢又继续弹琴诵诗，子路则把那条大鲲鱼放在锅里文火慢炖了，鱼肉吃起来味道特别鲜美，那些病倒的弟子吃了鱼肉后都能站立起来了。

第二天，孔门师徒们又精神抖擞地上路了，因为昨天夜里子路炖的那条大鲲鱼，不仅味道美，而且有营养。

（《搜神记·卷十九》）

06　木杖化龙

孔子在失意的时候曾经说过"乘桴浮于海"之类的话[1]，于是有人就编

---

[1] 《论语·公冶长篇》。

造出一个在海上遇见孔子的故事。

鲁国有一个人出海迷失了方向,找不到登陆口岸,他在茫茫大海中漂泊数日,最终来到亶州海域,并在这里遇见孔子和他的七十二位贤弟子。孔子见那人在海上回不去了,就送给他一根木质手杖,让他闭上眼睛抱紧木杖,木杖可以带他回到鲁国。临分手时,孔子特意关照他说,你返回鲁国后一定要告诉国君立即组织国人修筑城墙,预防外敌入侵。

那个鲁人回到海上后把木杖丢入海中,木杖居然神奇地化为一条巨龙,他乘坐巨龙很快就回到鲁国。

那人回到鲁国后,第一时间把自己的经历和孔子要他转达的话报告给国君,然而国君根本不信,那人也没有办法。过了没多久,突然从海上飞来成千上万只燕子,每只燕子嘴里都衔着泥土,它们用泥土来加固城墙。鲁国国君这时才相信孔子的话,立即组织民众修筑曲阜城墙,城墙越垒越高,越筑越厚。

城墙刚修筑完毕,齐国军队就兵临城下了。曲阜城墙非常坚固,齐军久攻不克,最后只好撤兵离去,鲁国因此而躲过一劫。

(《孔子集语·杂事》引《御览·卷九二二》)

07 钟离意修夫子车乘

钟离意,字子阿,会稽山阴(今浙江绍兴)人,年轻时他曾在郡中当过督邮,后历任县令、尚书、尚书仆射等职,东汉明帝永平年间出任鲁相(侯相)。他上任不久后就到当地的孔庙去祭拜,在庙中看见一辆据称是孔子生前用过的车乘,车已破败不堪,于是他从自己的俸禄中拿出一万三千文钱交给户曹孔䜣,让他修理这辆车。他还亲自擦拭庙中陈列的桌几、座席、佩剑、鞋子等,据说这些也都是孔子生前用过的物品。

在钟离意的随行人员中,有一个叫张伯的男子,他跑到厅堂阶下的院子里去清除杂草,在土中发现了七枚玉璧,他见四下无人,便把一枚玉璧私藏在怀里,其余六枚都交给了钟离意,钟离意让掌管文书的主簿暂且收下,先放在桌子上。

钟离意后来又到孔子讲学的房间里参观,看见内室的床头上悬挂了一个陶制坛子,他把孔䜣叫来问道:"这是什么坛子?"

孔䜣答道:"据说这是孔子当年用过的坛子,背面有丹书(写有文字的封条),所以一直没有人敢打开。"

钟离意想了一下,觉得其中必有机缘,于是对人说:"孔子是千古圣人,他把这个坛子悬挂在这里,想必是要昭示后人。"他命人打开坛子,见坛中有一条白绢,白绢上面写有文字:"后世研习我传世著作的人是汉景博士董仲舒,修理我的车乘、擦拭我的鞋子、打开我的坛子的人是会稽人氏钟离意。此外,庭前阶下的院子里还藏有七枚玉璧,玉璧会被一个叫张伯的人发现,而且他会私藏一枚。"

钟离意立即把张伯叫来问道:"玉璧应有七枚,你是不是私藏了一枚?"

张伯吓得连忙叩头,老老实实地从怀里把那枚私藏的玉璧拿出来交给了钟离意。

汉儒董仲舒提出"罢黜百家,独尊儒术"的主张后,孔子就成为世人顶礼膜拜的偶像了,许多圣贤之徒都借着圣人的名头编造出许多荒诞离奇的故事来为自己涂脂抹粉,博取声名,这已经成为中国古代特有的一种文化现象。

(《搜神记·卷三》)

十九、杂事

十则

概说

孔子一生经历了许多事情，有些事情惊天动地，有些事情则平淡无奇。因为孔子身份特殊，所以后人把他生活中的一些琐碎小事也记录（编造）下来，载入典籍。相关记载林林总总，拉拉杂杂，无法分类，因此就统归为"杂事"。

所谓"杂事"，事情虽杂，但内容却很丰富，而且也能让人从中悟出一些道理。

01 孔子葬狗

孔子也养狗,用来看家护院,故称"守狗"或"畜狗",这是为了有别于丧家之狗。

孔子养的狗死了,它活着的时候对主人忠心耿耿,死后主人对它当然要善始善终,不能草草埋葬,于是孔子把子贡叫来,郑重其事地对他说:"常言道,破旧的帷幔不要丢弃,留着埋葬死马;破损的车盖不要丢弃,留着埋葬死狗。久而久之,用旧帷幔裹尸葬马、用破车盖垫底葬狗就成了民间习俗。我家狗死了,可是我现在很穷,家里连一个破车盖都没有,你去想办法找一张席子来垫底,帮我体面地把狗埋了,千万别让它的头直接埋在土里。"

人之于狗,物种不同而已。善待畜狗,是人类对于其他物种的一种基本态度。当然,这种行为看起来是为狗,实际上是为人,因为人们在体面地安葬畜狗的过程中也得到了心理安慰,这才是关键。

(《礼记·檀弓下》《论衡·祭意篇》《孔子家语·曲礼子夏问》)

02 鲁有俭啬者

鲁国有一个很节俭的人,平时他都是用瓦锅来煮食物,食物也很普通。有一次,他觉得自己煮的食物很好吃,就用小瓦罐装了一份送给孔子。孔子高兴地接受了他的食物,吃了也觉得很好吃,就像吃了美味的牛羊肉(太牢)一样开心。

子路是一个有话直说的人,他不解地问孔子道:"瓦锅是简陋粗糙的器具,用它来煮食物,怎么可能好吃?我不明白您为什么吃得美滋滋的?"

孔子笑眯眯地说:"喜欢向上进谏的人心思全在国君身上,无论做什么事都会尽忠效力。同样的道理,有人吃到美食就会思念亲人,恨不得立即与他们分享美食。你刚才问我为什么吃得美滋滋的,不是因为食物或器具,而是因为那个人吃到美食的第一时间想到了我,我当然非常开心。"

孔子与颜渊、子路谈论与人相处之道时说:"老者安之,朋友信之,少者怀之。"①只要你与人为善,坦诚相待,别人有好事就会惦记着你。时常被人惦记,这就是一种幸福!

(《说苑·反质》《孔子家语·致思》)

03 渔者献鱼

孔子到楚国去谋事,遇到一个渔夫,他一定要送几条刚打捞上来的鱼给孔子,孔子觉得这样不妥,故而推辞不受②。渔夫说:"天气炎热,市场又远,鱼无法卖掉,与其把鱼扔掉,不如献给有德君子。"

孔子觉得渔夫说的是大实话,也就不再推辞了,他向渔夫拜了再拜,把鱼收下了。回到家中,孔子让弟子扫地抹桌,准备用鱼来祭祀祖先。弟子说:"渔夫本来打算把这些鱼扔掉的,老师却要用鱼来祭祀祖先,这是为什么呀?"

孔子说:"我曾听说,担心食物变质而把食物送给别人的人都是有仁爱之心的,他有东西愿意与别人分享。我接受了仁者的馈赠,哪有不用来享祭祖先的道理呢?"

渔者献鱼未必想得那么复杂,然而孔子却小题大做,硬是扯出一通道理来!

(《说苑·贵德》《孔子家语·致思》)

---

① 《论语·公冶长篇》。
② 著者按:《新序·杂事二》中记为"楚人有献鱼楚王者"。

04 遥望吴阊门

自从孔子有了圣人的名头后,孔门徒子徒孙们就编造出许多荒诞离奇的故事来,把孔子美化成一个天赋异禀、无所不能的超人。后人不辨真假,信以为真。

据古书("传书"或"儒书")记载,孔子与颜渊同登泰山,到达山顶后,孔子向东南方向极目远眺,看见远处吴国都城的阊门外系着一匹白马,他为了考验颜渊,就用手指着东南方向问道:"你能看见东吴阊门吗?"

颜渊顺着孔子手指的方向仔细观望,然后略带迟疑地答道:"能看见。"

孔子又问:"你能看见城门外有什么吗?"

颜渊瞪大眼睛看一会儿,不确定地说:"模模糊糊看见有一条布带系着什么东西,好像是蓝色的。"

孔子赶紧蒙住颜渊的眼睛,不让他再多看一眼,随后两人就一起下山了。回到家中没过几天,颜渊一下子苍老了许多,头发白了,牙齿也脱落了,不久就夭亡了。

泰山与东吴相距千里,孔子站在泰山之巅不仅能清晰地看见东吴阊门外系有一匹马,而且能准确地分辨出马的颜色。这种虚妄之事纯属无稽之谈,然而传书者言之凿凿,并将其载于竹帛之上,他们对此做出的解释是,孔子道德修养已经达到超凡入圣的境界,能够化育天下之民,穷尽千里之目。颜渊显然功力不够,道德修养勉强达到"其心三月不违仁"的境界①,因此他要穷千里之目,就必须调用毕生能量,耗尽全部精力,故而元

---

① 《论语·雍也篇》。

气大伤，不幸夭亡，所以东汉桓谭总结道："颜渊所以命短，慕孔子所以殇其年也。"①

东汉王充是一位具有科学精神的智者，他认为"传书"中所记载的故事都是故弄玄虚的"虚言"。按照常识判断，人的目力通常不过十里之远，如果超出这个距离，就不可能看清什么了，哪怕是古代有名的目明者离朱（离娄）也无法做到。因此，妄言颜渊"强力自极，精华竭尽，故早夭死"是荒谬可笑的，颜渊真正的死因应该是"用精于学，勤力不休，气力竭尽"②。

（《论衡·书虚篇》）

05 子路募金赎友 孔子仗义执言

孔子为了维持自己的清誉，每到一处都要选择一个有地位、名声好的主家，比如他在齐国选择住在高昭子家，在陈国选择住在司城贞子家，在卫国则选择住在颜雠由和蘧伯玉家，这些人在本国都是受人尊敬的贤君子。

颜雠由是卫国知名的贤君子③，他为人仗义，善事父母，孔子第一次到卫国时，经子路介绍，最先选择住在他家，可见他的为人是得到孔子认可的。

颜雠由和子路有一点儿亲戚关系（子路妻子娘家的亲戚），而且两人意气相投，相与为友，所以孔子住在他家得到了悉心照顾，子路对他也非常感激。后来有人在卫灵公面前说孔子的坏话，孔子担心自己受到诬陷，于

---

① 《新论·启悟》。
② 《论衡·书虚篇》。
③ 著者按：《史记·孔子世家》记为颜浊邹，有误。

是就离开了卫国。

孔子居卫期间，颜雠由是主家，他因孔子住在他家的缘故多少受到一点牵连。若干年后，颜雠由被人诬陷入狱，即将被处以死刑。子路得知这个消息后，立即赶到卫国与刑狱官交涉，表示自己愿意用赎金来为颜雠由抵罪，刑狱官答应了他的请求，于是子路又匆忙赶回鲁国筹措赎金。孔门弟子闻讯后纷纷捐助，很快就筹集到所需赎金，子路紧接着再赶往卫国缴纳赎金，营救颜雠由。

子路为颜雠由筹措赎金的事情在鲁国引起一些人的关注，他们认为子路动机不纯，携有私心，有人挑衅地问孔子道："子路接受众人的捐赠来救赎自己的亲戚，这样做恐怕不符合道义吧？"

孔子则语气坚定地说："颜雠由是无辜的，他是被人诬陷的！子路通过募集赎金来营救颜雠由的举动，纯粹是出于朋友道义，而非亲戚私情。孔门弟子们为了维护正义而积极捐助，这种行为难道不值得人们敬佩吗？因为吝啬金钱而不愿援手救人，这种事情连普通人都做不出来，何况是子路的同门友朋呢？《诗经·秦风·黄鸟》中说：'如可赎兮，人百其身！'意思就是，秦国民众愿意用自己的一百次生命来救赎'三良'①，这种义举难道不值得尊敬吗？同样，子路现在为了救赎朋友而四处奔走，孔门弟子自觉自愿地捐出钱财，他们的行为也应得到称赞！看来你对于朋友之情、君子之义完全不了解！"

孔子平时为人宽厚、谦和，与人说话也比较客气，但是这次他老人家确实动了肝火，说话的口气非常严厉，因为颜雠由是孔子敬重的贤君子，而且问话者来者不善，他直接向孔门弟子发起挑衅，所以孔子不得不针锋相对，努力维护孔门声誉。

（《孟子·万章章句上》《史记·孔子世家》《说苑·至公》《孔丛子·记义》）

---

① 著者按："三良"是指春秋时期秦国子车氏的三个优秀青年，秦伯任好去世后，他们为其殉葬，国人无不哀恸，作《黄鸟》之诗，事见《左传·文公六年》《史记·秦本纪》等。

06 猫捉老鼠乱琴音

大雅之人必有大俗。即使圣人,也有童真稚气,不过这与孟子所说的"赤子之心"不太一样。

一日,孔子独自在室内弹琴,曾子和子贡在门外仔细聆听①。曲终之时,曾子诧异地对子贡说:"往日老师的琴声清澈平和,意境悠远,今天的琴声却有点异常,似乎透露出贪婪凶狠的含义和邪恶诡谲的行径,像这种缺乏仁爱而又贪得无厌的音律让人无法理解,怎么会出现这种情况?"

子贡也有相同感受,但是一时吃不准,所以没有回应曾子,他决定直接去向孔子求问。子贡进入室内,欲言又止,因为对于音乐的理解是非常个性化的,向来是仁者见仁智者见智,所以不能冒失。孔子见子贡面带难色,索性放下琴来等待。子贡犹豫了半天,还是把曾子的话告诉了孔子。孔子听后惊讶地说道:"哎呀!曾参真是天下难得的贤人!他对于音乐的理解能力太强了!曾参说的话确实没有错,我来告诉其中原委吧:有一次我在弹琴的时候,突然看见一只老鼠从洞里钻了出来,屋里的猫见到老鼠就想去捉,它眯着眼拱着腰,沿着房梁慢慢爬行,小心翼翼地避开障碍物,可是无论它如何周旋,离老鼠总有一步之遥。刚才我弹琴时脑子里浮现出当时猫捉老鼠的情景,于是就不知不觉地把这种意念体现在旋律和节奏之中,所以琴声中就透露出贪婪凶狠的含义和邪恶诡谲的行径,曾参居然能听出其中的情趣和意味,确实不简单!"

能够从音乐中读懂艺术形象,领悟艺术境界,这对于专业音乐人来说并不稀奇,但是对于孔门师生来说确实令人敬佩。

(《韩诗外传·卷七》《孔丛子·记义》)

---

① 著者按:《孔丛子·记义》中记为曾子和闵子。

07　子路搏虎

孔子和子路出行，两人来到一处荒山，赶路赶得口渴，孔子就让子路去找水喝。子路来到山下的河边取水，在水边遇到一只老虎，他与老虎奋力搏斗，硬生生地把老虎的尾巴拽断了，最终杀死老虎。子路心想，如果把老虎的断尾带回去，孔子一定会夸他是勇士，于是他就把老虎的断尾揣在怀里带了回去。

子路取水回来后，兴奋地问孔子道："上等武士与老虎搏斗，会抓住老虎哪个部位？"

孔子答道："抓住虎头。"

子路又问道："中等武士与老虎搏斗，会抓住老虎哪个部位？"

孔子答道："抓住虎耳。"

子路继续问道："下等武士与老虎搏斗，会抓住老虎哪个部位？"

孔子答道："抓住虎尾。"

子路原本想博取孔子表扬的，不料却换来了羞辱，于是他悻悻地离开孔子，把揣在怀里的虎尾也悄悄扔掉了。

子路一个人坐在一堆石头旁边，越想越气，他决定报复孔子，于是就捡起一块石盘藏在怀里，他打算用石盘砸死孔子。

回到孔子身边后，子路气汹汹地对孔子说："你明明知道水边有老虎，却故意支使我去取水，你这么做是想谋杀我吗？"说完，他从怀中摸出石盘，准备行凶，不过他又心有不甘地问孔子道："上等武士杀人用什么？"

孔子从容地答道："用笔墨。"

子路又问："中等武士杀人用什么？"

孔子答道："用语言。"

子路继续问道："那么下等武士杀人用什么呢？"

孔子瞥了一眼子路伸进怀里的手，意味深长地说："用石盘。"

听孔子这么一说，子路以为孔子已经识破了自己的阴谋，吓得扔下石盘慌张跑掉了。

(《金楼子·杂记上》)

08　饥约则妄取　赢饱则伪行

同样一件事情，在崇拜者眼中，即使再渺小也会变得很伟大；在批判者眼中，即使再伟大也会变得很渺小。比如孔子在陈、蔡之间遭遇困厄之事，在儒家著作中，孔子被美化成一个能够坚守理想、不畏艰难的正人君子，他虽然身处绝境，仍然能够坚持道德操守，不失君子风度；然而在墨家著作中，孔子则被丑化成一个猥琐、虚伪、令人不齿的小人。

孔子受困于陈、蔡之间，绝粮数日，每天只能吃野菜糊糊，许多弟子都病倒了。到了第十天，子路想办法从外面弄来一头小猪，蒸熟以后端上来给孔子吃，孔子也不问小猪的来路就吃了起来，根本顾不上"肉虽多，不使胜食气"之类的礼仪①。过了几天，子路又在外面抢夺别人的衣服换酒回来给孔子喝，孔子也不问酒的来路就喝了起来。

孔子应召返回鲁国后，鲁哀公设宴款待孔子。在筵席上，孔子装腔作势，矫揉造作，席子摆得不正不坐，肉切得不方正不吃②。子路在一旁觉得纳闷，就上前问道："您现在的表现为什么和当初受困于陈、蔡之时大不相同呢？"孔子说："你靠近一点，我来告诉你：当初受困于陈、蔡之时，我们为了生存，当然顾不上礼仪；现在我们回到贵族大夫的群体之中，吃饱吃好已不成问题，所以要追求更高层次的'义'。现在情况发生变化了，我

---

① 《论语·乡党篇》。
② 《论语·乡党篇》："席不正，不坐。""割不正，不食。"

们的一举一动都必须符合社交礼仪,做到得体适宜,否则有失身份。"

这个故事是墨家学派编造出来的,目的是揭露儒家礼乐仁义的虚伪性。墨子对此评论道:"夫饥约则不辞妄取以活身,赢饱则伪行以自饰,污邪诈伪,孰大于此!"①"饥约"是饥饿之时,"赢饱"是饱食之时。意思就是,孔子在吃不饱肚子的时候,为了活命,他可以纵容弟子子路采取各种不正当的手段来获取食物,获取食物之后,他就大快朵颐,吃相难看,有辱斯文;然而孔子在得宠的时候,面对美味佳肴,却装出一副谦谦君子的模样,这也不吃,那也不喝,一切都要符合社交礼仪规范,矫揉造作,虚伪得很!墨子通过"饥约"和"赢饱"的对比,揭露了孔子奸邪狡诈的丑陋嘴脸和儒家尊崇礼制的虚伪行径!孔子的后人当然不能容忍有人恶意诋毁圣人,他们对墨家言论又做出反驳:"所谓厄者,沽买无处,藜羹不粒,乏食七日。若烹豚饮酒,则何言乎厄?斯不然矣。且子路为人,勇于见义,纵有豚酒,不以义不取之。"②其实,这种反驳只是口水仗而已,并没有什么实际意义。

(《墨子·非儒下》《孔丛子·诘墨》)

09 两小儿辩日

孔子虽然博学多识,但是也有知识盲点,他甚至对一些基本的科学常识问题都回答不上来。

有一次,孔子在东游途中遇到两小儿正在激烈辩论,便好奇地上前询问他们为什么争辩。

小儿甲说:"我认为早晨太阳刚出来时离人近,而中午太阳到头顶上时

---

① 《墨子·非儒下》。
② 《孔丛子·诘墨》。

离人远。"

小儿乙则说:"我认为早晨太阳刚出来时离人远,而中午太阳到头顶上时离人近。"

孔子和蔼地对他们说:"那么请你们各自说说理由吧。"

小儿甲说:"早晨太阳刚出来的时候像车盖一般大,到了中午却像个盘子,这不正是近处看起来大而远处看起来小的道理吗?"

小儿乙反驳道:"早晨太阳刚出来的时候让人觉得清凉清凉的,到了中午却炎热得让人有手伸进热水里的感觉,这不正是靠近觉得热而离远觉得凉的道理吗?"

听完小儿的争辩后,孔子也无法做出正确判断,于是两小儿讥笑道:"人们都说您博学多知,果真如此?"

两小儿关于日近与日远的争辩,代表了当时人们对于天地自然的认知水平。当时因为科学技术不发达,人们对于天体运行、恒星公转以及地球自转等天文知识知之甚少,所以只能凭直观来理解和分析日近日远问题。直观不是科学,无法合理解释所有自然现象,即便是孔子,也会遇到不知其所以然的尴尬。

(《列子·汤问篇》《新论·启寤篇》《论衡·说日篇》《金楼子·立言篇九上》)

10 刈蓍遗簪

孔子与弟子出游,走到少泽野外,看见一个妇人站在草泽的洼地里哭泣,哭声十分悲哀。孔子觉得奇怪,就让弟子前去询问,弟子问妇人道:"请问你为什么哭得这么伤心啊?"

妇人答道:"刚才我在这里割蓍草,不小心把一只蓍草做的发簪弄丢了,怎么找也找不到,所以很伤心。"

弟子说:"割蓍草弄丢了一只发簪,值得这样悲伤吗?"

妇人说:"我心疼的不是一只发簪,而是一件旧物,因为我是一个念旧的人。"

许多人对于故人或旧物都有一种严重的依赖心理,即所谓"代马依北风,飞鸟扬故巢"①,刈蓍遗簪表达的就是这种情绪。同样,许多人对于自己的故国也有一种难以割舍的情怀,孔子离开鲁国时依依不舍地说:"迟迟吾行也,去父母国之道也。"②他居陈期间又反复念叨:"归与!归与!"③孔子所表达的也正是这种情绪。

(《韩诗外传·卷九》)

---

① 《韩诗外传·卷九》。
② 《孟子·万章章句上》。
③ 《论语·公冶长篇》。

二十、终记 三则

孔子晚年逐渐淡出政坛，离群索居，开始潜心研读、整理和修订古代典籍，"诵《诗》读《书》，与古人居；读《书》诵《诗》，与古人谋"（《尸子·卷下》）。这一时期，孔子的主要工作是考《礼》、正《乐》、序《书》、删《诗》、读《易》、作《春秋》等。孔子对于中国古代文化历史的贡献是巨大的，影响是深远的，所以后来有人夸张地说："天不生仲尼，万古如长夜。"（《朱子语类》）

孔子晚年体弱多病，精神委顿，时常为"吾不复梦见周公"而感到沮丧（《论语·述而篇》）。鲁人西狩获麟之后，孔子的人生已经走到终点，他相信一切皆有天命安排，所以很淡定，诵读经书，手不释卷。鲁哀公十六年（公元前479年）夏四月已丑，孔子去世，终年七十三岁。

[概说]

01　以备王道成六艺

"六艺"原本是周朝贵族教育中的六种基本才能和技艺,《周礼·保氏》:"养国子以道:乃教之六艺,一曰五礼,二曰六乐,三曰五射,四曰五御,五曰六书,六曰九数。"汉孝武时期,刘向父子在校订经传、诸子、诗赋群书的基础上,作《六艺略》一篇,把《诗》《书》《礼》《乐》《易》《春秋》等六部儒家经典统称为六艺,于是就有了孔子"以备王道成六艺"之说①。

孔子生不逢时,多次求聘于诸侯,却一直得不到任用,于是他便逐渐淡出政坛,重新回归到"哲人"的状态②,开始研究和整理古代典籍。他以渊博的知识、丰富的阅历和理性的思维来审视这些古代典籍,考古论今,去芜存菁,删繁就简,终成六艺。《孔子家语·本姓解》:"孔子生于衰周,先王典籍错乱无纪,而乃论百家之遗记,考正其义,祖述尧舜,宪章文武,删《诗》述《书》,定礼理乐,制作《春秋》,赞明《易》道,垂训后嗣,以为法式,其文德著矣。"由此可见,孔子"成六艺"的目的仍然是为后人定立"法式"。

一、删《诗》。《诗》(《诗经》《诗三百》)是孔门儒学基础课程之一,孔子说:"不学《诗》,无以言。"③可见,学《诗》与言语表达是密切相关的。汉代流行的说法是,旧时《诗经》有数千篇④,孔子删去重复者,并对其进行了校勘、核对和编辑,使其内容更加准确,语言更加精练,形式更加规范,便于广泛传播。

---

① 《史记·孔子世家》。
② 《礼记·檀弓上》:"孔子蚤作,负手曳杖,消摇(逍遥)于门,歌曰:'泰山其颓乎!梁木其坏乎!哲人其萎乎!'"
③ 《论语·季氏篇》。
④ 《汉书·艺文志》:"古者《诗》三千余篇,及至孔子,去其重,取可施于礼义。"

二、序《书》。《书》(《尚书》)是孔门儒学基础课程之一,《书》主要记录了从上古到春秋两千多年间九十多位帝王的重要历史,内容非常丰富,所以学《书》可以提高从政能力("政事")。《书》最初有三千二百余篇,然而到孔子之时,大多已经佚失,仅存百余篇,经孔子整理、修订后定为一百一十八篇,并为之《序》。

三、考《礼》。《礼》是孔门儒学最重要的课程,主要内容是古代典章制度和礼仪规范(《夏礼》《殷礼》《周礼》等)。据《汉书·艺文志》记载,原本秘藏于宗庙之中的上古礼书已经遭到人为破坏,或者散失民间,孔子访周问礼时曾有幸看到这些残缺不全的礼书,所以他后来不辞辛苦,专门到杞、宋等国去查阅古代典籍,考证古代礼制,他说:"夏礼,吾能言之,杞不足征也;殷礼,吾能言之,宋不足征也。文献不足故也。"① 可见,孔子花费了大量的时间和精力,对上古礼书进行了深入细致的考证。

四、正《乐》。孔子继承了周朝官学的传统,在孔门儒学中也设有《乐》教,与《诗》教结合起来进行。孔子对于《乐》是很有研究的,他与鲁大师等人讨论音乐问题时就表现出很高的专业素养②。音乐最直观的呈现是声音,所以正声(调)是音乐的基础。孔子归鲁后在正《乐》方面做了大量的修正工作,他说:"吾自卫反鲁,然后乐正,《雅》《颂》各得其所。"③

五、明《易》。《易》(《易经》《周易》)是一部占卜之书,蕴含了天地万物变化和人生命运转折的丰富哲理。孔子晚年喜《易》,终日手不释卷,以至于韦编三绝。研读《易》书之外,孔子还序《彖》《系》《象》《文言》等,对《易》进行了系统诠释,并向商瞿等少数弟子传授了读《易》心得。

六、作《春秋》。《春秋》是以鲁国春秋十二公为经的一部编年体史书。鲁人西狩获麟以后,孔子自知时日不多了,便开始在鲁太史编撰的基

---

① 《论语·八佾篇》。
② 《论语·八佾篇》。
③ 《论语·八佾篇》。

础上对《春秋》进行了整理、修订,"笔则笔,削则削"①,历时九个月完成了这部一万九千余字的皇皇巨作,他把自己所有的政治智慧和人生经验全部都倾注在这部著作中,所以他说:"知我者其惟《春秋》乎!罪我者其惟《春秋》乎!"②

孔子"成六艺"的目的是"以备王道",所谓"王道",就是由周公主持制作的周朝典章制度。由此可见,孔子晚年所从事的整理古代典籍等文化活动其实是他政治活动的延续和人生理想的升华。

(《史记·孔子世家》《汉书·艺文志》)

02 西狩获麟

鲁哀公十四年(公元前481年)春正月,鲁国发生了一件怪异的事情——西狩获麟③。《春秋》三传均载有此事,并分别做出解说。这一年孔子七十一岁,弟子颜渊、子路也在这一年夭亡。

曲阜城西有一大片沼泽地,时人称之为大野。有一天,鲁国叔孙氏的车夫钮商去大野狩猎④,捕杀了一头怪兽,当时在场的人都不认识,于是钮商折断了怪兽的左前足,然后用车子运载回来。叔孙氏也没有见过这种怪兽,他认为这是不祥之物,于是就将其丢弃在城外的五父之衢,并让冉有将此事通报孔子。

冉有跑去向孔子报告道:"叔孙氏的车夫钮商在大野捕杀了一头怪兽,兽身像獐子,但是头上生有肉角,这是什么妖物?"

---

① 《史记·孔子世家》。
② 《孟子·滕文公章句下》。
③ 《春秋公羊传·哀公十四年》:"十有四年春,西狩获麟。何以书?记异也。"
④ 著者按:《春秋公羊传·哀公十四年》中记为"薪采者",即采樵薪的村夫。

孔子说:"那头怪兽现在在什么地方?我要亲眼见见。"他随即让子羔驾车,子贡随行,一同赶往五父之衢,途中他对子羔说:"如果冉有所言属实,那么这头怪兽十有八九是麟。"

到达五父之衢后,孔子下车仔细查看,然后肯定地说:"这是麟呀!它为何而来?为何而来啊!"说罢便用衣袖掩住脸面失声痛哭起来,眼泪把衣襟都打湿了。

子贡见孔子哭得如此伤心,不解地问道:"您为何恸哭呢?"

孔子说:"麟是灵兽①,如果人间有王者当世,施仁布德,天下太平,它就会自动现身于世②,这是祥瑞之兆。然而当今周室衰微,天下无道,诸侯争霸的乱局不知何时才能结束,此时麟现身于此,显然时机不对,难免让人忧心。更令人痛心的是那个愚昧无知的车夫居然捕杀灵兽,犯下如此罪恶居然还无动于衷!就身份而言,他根本没有资格去狩猎,更没有权利捕杀灵兽③!灵兽死于小人之手,我能不痛心疾首吗?"

过了一会儿,孔子情绪稍有平复,他又伤感地说道:"我孔丘与普通人,就好比麟与兽,灵兽现在现身被杀,这预示着我已经时日不多了,我的政治理想也将从此破灭!"

西狩获麟之事对孔子精神打击很大,后人对此解释说:"阶此而观,天命成败,圣人知之,有所不能救,命矣夫。"④意思就是,孔子自知天命难违,故而沮丧失落。孔子此时人已渐老,理想破灭,情绪低落,心境悲凉,于是诵歌一首:

唐虞世兮麟凤游,
今非其时来何求?

---

① 《春秋公羊传·哀公十四年》:"麟者,仁兽也。"《礼记·礼运》:"麟、凤、龟、龙,谓之四灵。"
② 《春秋繁露·符瑞》:"有非力之所能致而自至者,西狩获麟,受命之符是也。"
③ 《春秋公羊传·哀公十四年》:"薪采者则微者也,曷为以狩言之?"
④ 《春秋繁露·随本》。

麟兮麟兮我心忧。①

西狩获麟后，孔子便杜门不出，不问世事，与世隔绝，全身心地编修《春秋》。关于编修《春秋》的目的，孔子曾明确表述道："夏道不亡，商德不作；商德不亡，周德不作；周德不亡，《春秋》不作；《春秋》作，而后君子知周道亡也。"②显然，孔子编修史书的目的主要是分析和总结历史发展的规律，在政治上为后人提供值得借鉴的经验。在编修方法上，孔子主要依据周朝礼制来规范文字记载，因此书中如果改动一句话或一个字，事件性质就有可能发生根本改变，比如吴、楚国君自称为王，《春秋》则贬之为"子"，践土之盟实为晋文公召周天子，《春秋》则讳言曰"天王狩于河阳"，此类文辞修订的例子有很多，所以《春秋》编修完成之后，子游、子夏之徒竟然不能改动一字。

（《春秋穀梁传·哀公十四年》《春秋公羊传·哀公十四年》《春秋左氏传·哀公十四年》《史记·孔子世家》《春秋繁露·随本》《论衡·指瑞篇》《孔子家语·辨物》《孔丛子·记问》）

03　哲人其萎乎！

"哲人其萎乎！"这是孔子的自伤之词。孔子到了晚年，体弱多病，精神委顿，神情恍惚，经常出现幻觉，他意识到自己即将走到人生的终点，心中难免有点儿悲凉。

鲁哀公听说孔子身体欠安，便派公室太医前往探视，太医问孔子道："您老人家饮食起居如何？"

---

① 《孔丛子·记问》。
② 《说苑·君道》。

孔子说:"我春季居住在透风的草屋中,夏季居住在阳光充沛的屋子里,秋季居住在避风处,冬季居住在避阳处,平时饮食正常,喝酒不勤。"

太医称赞道:"您很会养生,保持这种生活状态是最好的良药。"

有一天早上,孔子起来后背着手,拖着手杖,逍遥自在地在门口散步,口中不知不觉地吟唱道:

泰山其颓乎(泰山要崩塌了吧)!
梁木其坏乎(栋梁要毁坏了吧)!
哲人其萎乎(善于思考的人要委顿了吧)!①

唱完之后,孔子就回到屋内,面朝门坐着发呆。

子贡听到歌声之后,自言自语道:"泰山要是崩塌了,以后我还有什么可以仰望?栋梁要是毁坏了,以后我还有什么可以依靠?善于思考的哲人要是委顿了,以后我还有谁可以效仿?老师今天看起来意念消沉,他老人家可能要生病了吧?"于是他赶紧进入屋内探望。

孔子见子贡来了,对他说道:"赐!你为何这么晚才来啊?我有重要的事情对你说:前几天我梦见自己坐在堂前两楹之间祭奠,这也许预示着我时日不多了,一切都该了结了。夏朝人办理丧事时把灵柩停放在对着东阶的堂上,那是居于主位;殷商人在办理丧事时把灵柩停放在堂前两楹之间,那是居于宾位与主位之间;周朝人办理丧事时则把灵柩停放在对着西阶的堂上,那是迎接宾客的地方。我是殷商人的后裔,理应按照殷商礼俗来办理丧事。但是天下无道已久,我毕生致力于行道于天下,然而天下诸侯却无人响应,所以我死后怎么能停柩在堂前两楹之间的尊位呢?"孔子临死之前,还在为自己没能实现复兴西周礼制的理想而自责,甚至认为自己没有资格享受停柩于堂前两楹之间的礼遇。

---

① 《礼记·檀弓上》。

七天之后，即鲁哀公十六年（公元前479年）夏四月己丑日，孔子病情恶化，陷入昏迷。弟子瞿商一早占得一卦，卦曰孔子死期是当日中午。孔子醒来之后立即让弟子取书来读，要不然他一个上午无事可做，后人评述道："圣人之好学也，且死不休，念在经书，不以临死之故，弃忘道艺。"①当日中午，孔子去世，终年七十三岁。

孔子虽然不是鲁国公族大夫，但是他与公室关系密切，鲁哀公对他非常敬重，把他当作值得信赖的师长，遇有重要的事情都会向他咨询。孔子去世后，鲁哀公追念孔子生前的显赫功绩而悲恸不已，更为自己没能重用孔子而感到自责，为此他专门发布悼文以悼念孔子：

> 旻天不吊，不憗遗一老，俾屏余一人以在位，茕茕余在疚。呜呼哀哉尼父！无自律。②

尽管鲁哀公对孔子去世表示深切哀悼，情真意切，但是他在悼词中用了"余一人"的天子称谓，这显然是有违礼制的。子贡对此多有微词，他说："君主恐怕很难在鲁国善终了！因为老师生前说过：'失去礼仪是昏庸，失去名分是犯错。'用这两句话来评价君主：老师在世时不能重用，老师去世后才致辞哀悼，这是失礼；在悼词中自称'余一人'，这是失名。君主既失礼又失名，怎么能善终呢？"

孔子去世后，孔门弟子不知道按照什么礼数来服丧，因为孔子与弟子之间的关系虽然不是父子，却胜似父子，怎样做才能既不违反礼制规定，又能表达对孔子的爱戴之情呢？大家意见很难统一。后来子贡建议道："颜渊夭亡时，老师就像对待儿子夭亡一样，但是他没有穿丧服，办理子路丧事也是这样。所以我们对待老师的丧事，也应该像对待父亲去世一样，但

---

① 《论衡·别通篇》。
② 《左传·哀公十六年》。

是不必穿孝子丧服,只要能真实表达自己的哀痛之情就可以了。"

众弟子觉得子贡的话有道理,于是都穿上吊丧的服装,腰间系上一根麻带,即所谓"要(腰)绖",这是一种变通的做法。《礼记·檀弓上》:"绖也者,实也。"意思就是,腰绖是用来表达内心真实哀痛的。腰绖是孝子的标识,不仅在家要系,出门也要系,所以有些社交活动会受到限制。子夏觉得腰绖不太方便,于是提议道:"我们在家群居时可以腰绖,出门就可以免了。"子游则表示反对,他说:"我听老师说过,对待朋友的丧事,在家腰绖,出门则可以免除。但是自己的尊长去世了,出门腰绖也是可以的。"关于丧葬过程的许多礼仪细节,孔子在世时,大家如有疑问,可以去向他请教,孔子去世以后,只能由弟子各自理解了,所以"儒分为八"是必然的。

孔子的丧事是由公西赤主持操办的,因为他在孔门弟子中是最擅长执礼司仪的,当年孔子让弟子各言其志时,他就明确表示说:"宗庙之事,如会同,端章甫,愿为小相焉。"①孔子的丧事十分隆重、周全,整个过程就是一场完美的礼仪盛典,观礼者甚众,连千里之外的燕国士人也前来观摩。公西赤在孔子口中放了三勺米,衣衾十一领,朝服一套,戴上了章甫官帽,佩戴了象牙环佩,环佩直径有五寸,用青白色的丝带系着。桐木内棺厚四寸,柏木外椁厚五寸,并装饰了遮挡灵柩的布帷,设置了障棺的翣扇。他还按照周人的丧葬习俗,在灵车两侧安装了供人牵引的长带;按照殷人的丧葬习俗,在幡旗上设计了齿形边饰;又按照夏人的丧葬习俗,用素练包裹旗杆,旗杆上高挑八尺长的魂幡。

孔子的灵柩安葬在曲阜城北六里的泗水河畔,墓地方圆一里,墓穴深不及水,坟茔上面的封土为半斧形,高约四尺,坟茔四周种植了松柏等数百种树木,许多树木当地人从未见过,也叫不出树名,据说这些树木都是

---

① 《论语·先进篇》。

孔门弟子从各个国家带来栽种的，所以孔子坟茔至今不生荆棘杂草[1]。后来有好事者传言："孔子当泗水之（而）葬，泗水为之却流。此言孔子之德，能使水却，不湍其墓也。"泗水能为孔子墓葬而倒流，言之凿凿，神乎其神！东汉王充对此驳斥道："如泗水却流，天欲封孔子之后，孔子生时，功德应天，天不封其身，乃欲封其后乎？"[2]意思就是，生前不办事，死后诸葛亮！

孔子落葬以后，孔门弟子在墓前结庐守孝，各人根据记忆，把孔子生前的言论整理汇集起来，于是就有了《论语》一书。三年守孝结束后，众弟子相向而哭，诀别而去，唯有子贡感念夫子恩情，又独自留下来再守心孝三年。此后又有一些孔氏族人和孔门弟子把家搬迁到孔墓附近定居下来，前后共有一百多户，渐渐形成规模，于是人们将此地命名为孔里。

（《左传·哀公十六年》《孟子·滕文公章句上》《礼记·檀弓上》《礼记·玉藻》《史记·孔子世家》《论衡·别通篇》《孔子家语·终记》《风俗通义·愆礼》《孔子集语卷十三·事谱十一下》）

---

[1] 《金楼子·志怪》。
[2] 《论衡·书虚篇》。

本书采撷文献要目

一、经书

《论语义疏》（［梁］皇侃撰，中华书局2013年10月第1版）

《四书章句集注》（［宋］朱熹撰，中华书局1983年10月第1版）

《论语正义》（全二册）（［清］刘宝楠撰，中华书局1990年3月第1版）

《论语集释》（全二册）（程树德撰，中华书局2013年10月第1版）

《论语译注》（杨伯峻译注，中华书局1958年6月第1版）

《周易古经今注》（重订本）（高亨著，中华书局1984年3月第1版）

《周易译注》（黄寿琪、张善文撰，上海古籍出版社2012年8月第1版）

《周易大传今注》（高亨著，齐鲁书社1979年6月第1版）

《诗经今注》（高亨注，上海古籍出版社1980年10月第1版）

《诗集传》（［宋］朱熹集注，赵长征点校，中华书局2011年1月第1版）

《尚书译注》（李民、王健撰，上海古籍出版社2012年8月第1版）

《礼记译解》（全二册）（王文锦译解，中华书局2001年9月第1版）

《大戴礼记解诂》（［清］王聘珍撰，王文锦点校，中华书局1983年3月第1版）

《仪礼》（彭林译注，中华书局2012年6月第1版）

《周礼注疏》（全三册）（［汉］郑玄注，［唐］贾公彦疏，上海古籍出版社2010年10月第1版）

《孝经郑注疏》（［清］皮锡瑞撰，吴仰湘点校，中华书局2016年7月

第1版）

《十三经注疏》（全二册）（中华书局1980年10月第1版）

《七纬（附《论语谶》）》（全二册）（［清］赵在翰辑，钟肇鹏、萧文郁点校，中华书局2012年9月第1版）

二、史书

《春秋左传集解》（全五册）（上海人民出版社1977年8月第1版）

《春秋左氏传注》（全四册）（杨伯峻编著，中华书局1981年3月第1版）

《春秋公羊传注疏》（全二册）（［汉］何休解诂，［唐］徐彦疏，刁小龙整理，上海古籍出版社2014年11月第1版）

《春秋穀梁传译注》（承载撰，上海古籍出版社2004年7月第1版）

《国语》（全二册）（上海师范大学古籍整理研究所校点，上海古籍出版社1988年3月第1版）

《国语》（陈桐生译注，中华书局2013年4月第1版）

《战国策集注汇考》（全三册）（诸祖耿撰，江苏古籍出版社1985年7月第1版）

《吴越春秋译注》（张觉译注，上海三联书店2013年12月第1版）

《越绝书校释》（李步嘉校释，中华书局2013年5月第1版）

《史记》（全十册）（［汉］司马迁撰，中华书局1959年9月第1版）

《汉书》（全十二册）（［汉］班固撰，中华书局1959年9月第1版）

《渚宫旧事校释》（［唐］余知古撰，杨炳校校释，武汉出版社1992年7月第1版）

《绎史》（全十册）（［清］马骕撰，王利器整理，中华书局2002年1月第1版）

三、子书

《老子校释》（朱谦之撰，中华书局1984年11月第1版）

《列子集释》(杨伯峻撰,中华书局1979年10月第1版)

《庄子集释》(全四册)(郭庆藩辑,王孝鱼整理,中华书局1961年7月第1版)

《孟子译注》(全二册)(杨伯峻译注,中华书局1960年1月第1版)

《墨子校注》(全二册)(吴毓江撰,孙启治点校,中华书局1993年10月第1版)

《荀子译注》(张觉撰,上海古籍出版社2012年8月第1版)

《韩非子校注》(《韩非子》校注组,江苏人民出版社1982年11月第1版)

《慎子集校集注》(许富宏撰,中华书局2013年8月第1版)

《文子疏义》(王利器撰,中华书局2000年9月第1版)

《鹖冠子集解》([周]鹖熊撰,[唐]逢行珪注,聂济冬、宋艳丽、孙娟整理,凤凰出版社2018年12月第1版)

《尸子疏证》([清]汪继培辑,魏代富疏证,凤凰出版社2018年12月第1版)

《鬼谷子》(许富宏译注,中华书局2014年5月第1版)

《曾子辑校》(王永辉、高尚举辑校,中华书局2017年12月第1版)

《管子轻重篇新诠》(全二册)(马非百撰,中华书局1979年12月第1版)

《管子集校》(《郭沫若全集·历史编》第五、六、七卷)(郭沫若集校,人民出版社1984年10月第1版)

《晏子春秋》(汤化译注,中华书局2011年5月第1版)

《孔丛子校释》(傅亚庶撰,中华书局2011年6月第1版)

《吕氏春秋》(全二册)(陆玖译注,中华书局2011年10月第1版)

《新语校注》(王利器撰;中华书局1986年8月第1版)

《新书校注》([汉]贾谊撰,阎振益、锺夏校注,中华书局2000年7月第1版)

《淮南子》（全二册）（陈广忠译注，中华书局2012年1月第1版）

《春秋繁露》（张世亮、钟肇鹏、周桂钿译注，中华书局2012年6月第1版）

《法言》（韩敬译注，中华书局2012年10日第1版）

《政论昌言》（孙启治译注，中华书局2014年7月第1版）

《盐铁论》（陈桐生译注，中华书局2015年4月第1版）

《论衡校释》（全二册）（黄晖撰，中华书局2018年8月第1版）

《孔子家语》（王国轩、王秀梅译注，中华书局2011年3月第1版）

《中论解诂》（［魏］徐幹撰，孙启治解诂，中华书局2014年5月第1版）

《长短经》（［唐］赵蕤撰，中华书局2017年11月版）

《诸子集成》（全八册）（国学整理社辑，中华书局1954年12月第1版）

《新序》（［汉］刘向撰，马世年译注，中华书局2014年2月第1版）

《说苑校证》（［汉］刘向撰，向宗鲁校证，中华书局1987年7月第1版）

《风俗通义校注》（全二册）（［汉］应劭撰，王利器校注，中华书局1981年1月第1版）

《白虎通义》（［汉］班固撰，中国书店2018年8月第1版）

《山海经译注》（陈成撰，上海古籍出版社2012年8月第1版）

《金楼子》（［梁］孝元帝撰，中国书店2018年2月第1版）

《颜氏家训》（檀作文译注，中华书局2011年10月第1版）

《拾遗集》（王兴芬译注，中华书局2019年4月第1版）

《博物志》（郑晓峰译注，中华书局2019年10月第1版）

《搜神记》（马银琴译注，中华书局2012年1月第1版）

四、集书

《楚辞集注》（［宋］朱熹集注，上海古籍出版社1979年10月第1版）

《韩诗外传集释》([汉]韩婴撰,许维遹校释,中华书局1980年6月第1版)

《古逸丛书·珊玉集(外三种)》([清]黎庶昌编撰,华东师范大学出版社2017年1月第1版)

《孔子集语校注》(全三册)(郭沂校注,中华书局2017年4月第1版)

五、其他

《尔雅译注》(胡奇光、方环海撰,上海古籍出版社2012年8月第1版)

《世本八种》([清]秦嘉谟等辑,中华书局2008年8月第1版)

《说文解字》([汉]许慎撰,中华书局1963年12月第1版)

《初学记》(全二册)([唐]徐坚等著,中华书局1962年1月第1版)

《容斋随笔》([宋]洪迈撰,孔凡礼点校,中华书局2015年1月第1版)

《留青日札》(全三册)([明]田艺蘅撰,上海古籍出版社1985年9月第1版)

《日知录集释》(全二册)([清]顾炎武著,黄汝成集释,栾保群、吕宗力校点,上海古籍出版社2014年6月第1版)

《郭店楚墓竹简》(荆门市博物馆编,文物出版社1998年5月第1版)

《上海博物馆藏战国楚竹书》(全九册)(马承源主编,上海古籍出版社2001年至2012年出版)